新时代北外文库

波斯文化多元性研究

The Diversified Study on Iranian Culture

穆宏燕　著

人民出版社

　　穆宏燕　女，1966 年 5 月出生，四川人，1990 年毕业于北京大学波斯语言文学专业，获硕士学位。现为北京外国语大学亚洲学院教授、博士生导师，北京大学东方文学研究中心特聘研究员，中国外国文学学会理事，中国非通用语学会理事。其学术研究领域为东方文学，研究专长是以波斯（伊朗）文学为轴心，覆盖西亚—中亚的宗教、历史、文化、艺术等多个领域。至今出版学术专著 3 部《凤凰再生——伊朗现代新诗研究》《波斯古典诗学研究》《伊朗小说发展史》，学术随笔札记 1 部《波斯札记》，译著《玛斯纳维全集》（第一、二、六卷）、《欧玛尔·海亚姆四行诗百首》《伊朗现代新诗精选》《灵魂外科手术——伊朗现代小说精选》《恺撒诗选》《伊朗当代短歌行》《萨巫颂》《瞎猫头鹰》《亡者交响曲》《伊朗诗选》（上下册）、《波斯湾航海家在中国港口的遗迹》等 12 部，发表学术论文约 150 篇，其学术成果获得过省部级、中国和伊朗国家级多种荣誉奖项。主持并完成省部级项目多项，现主持国家社科基金重大项目 1 项。

内 容 提 要
EXECUTIVE SUMMARY

　　波斯（伊朗）是世界文明古国之一，古波斯帝国悠久的历史和灿烂的文化一直是伊朗民族心中的骄傲。波斯伊斯兰化后，其自身的文明文化继续高度发展。中古时期，波斯文学十分丰富发达，在世界古典文学中占有重要地位。波斯文学与苏非思想二者密切融合，相互支撑。同时，波斯文学还与细密画插图艺术密切结合，形成文学与艺术的双重辉煌。因此，中古时期，波斯文学、艺术与宗教哲学紧密交融在一起，对伊朗民族的文化心理起着重要的铸造作用。伊朗的琐罗亚斯德教文化传统和伊斯兰教文化传统，都曾有过繁荣发达的辉煌，这既是伊朗引以为骄傲的资本，也是伊朗这个文明古国在现代化的进程中，在传统与现代之间进退失据、陷入彷徨迷惘的缘由。本书从文学出发，架构起伊朗的宗教哲学、艺术文化和社会政治，力求全面呈现伊朗民族的精神内蕴。

《新时代北外文库》编委会

出版说明

　　2021 年是中国共产党成立 100 周年,也是北京外国语大学建校 80 周年。作为中国共产党创办的第一所外国语高等学校,北外紧密结合国家战略发展需要,秉承"外、特、精、通"的办学理念和"兼容并蓄、博学笃行"的校训精神,培养了一大批外交、翻译、教育、经贸、新闻、法律、金融等涉外高素质人才,也涌现了一批学术名家与精品力作。王佐良、许国璋、纳忠等学术大师,为学人所熟知,奠定了北外的学术传统。他们的经典作品被收录到 2011 年北外 70 年校庆期间出版的《北外学者选集》,代表了北外自建校以来在外国语言文学研究领域的杰出成果。

　　进入 21 世纪尤其是新时代以来,北外主动响应国家号召,加大非通用语建设力度,现获批开设 101 种外国语言,致力复合型人才培养,优化学科布局,逐步形成了以外国语言文学学科为主体,多学科协调发展的格局。植根在外国语言文学的肥沃土地上,徜徉在开放多元的学术氛围里,一大批北外学者追随先辈脚步,着眼中外比较,潜心学术研究,在国家语言政策、经济社会发展、中华文化传播、国别区域研究等领域颇有建树。这些思想观点往往以论文散见于期刊,而汇编为文集,整理成文库,更能相得益彰,蔚为大观,既便于研读查考,又利于学术传承。"新时代北外文库"之编纂,其意正在于此,冀切磋琢磨,交锋碰撞,助力培育北外学派,形成新时代北外发展的新气象。

　　"新时代北外文库"共收录 32 本,每本选编一位北外教授的论文,均系进入 21 世纪以来在重要刊物上发表的高质量学术论文。既展现北外学者在外国文学、外国语言学及应用语言学、翻译学、比较文学与跨文化研究、国别与区域研究等外国语言文学研究最新进展,也涵盖北外学者在政治学、经济学、教

1

育学、新闻传播学、法学、哲学等领域发挥外语优势,开展比较研究的创新成果。希望能为校内外、国内外的同行和师生提供学术借鉴。

北京外国语大学将以此次文库出版为新的起点,进一步贯彻落实习近平新时代中国特色社会主义思想和党中央关于教育的重要部署,秉承传统,追求卓越,精益求精,促进学校平稳较快发展,致力于培养国家急需,富有社会责任感、创新精神和实践能力,具有中国情怀、国际视野、思辨能力和跨文化能力的复合型、复语型、高层次国际化人才,加快中国特色、世界一流外国语大学的建设步伐。

谨以此书,

献给中国共产党成立100周年。

献给北京外国语大学建校80周年。

文库编委会

庚子年秋于北外

目　录

文学与艺术文化

文学与社会政治

自　序

　　波斯(伊朗)是世界文明古国之一,有着悠久的历史和灿烂的文化。"伊朗"一词乃是从"雅利安"一词变形而来。伊朗雅利安人大约在公元前 1500 至前 1000 年期间,从中亚河中地区迁入伊朗高原。他们在伊朗高原上创造了非常灿烂的文明和文化。

　　公元前 550 年,一代豪雄居鲁士大帝(？—前 530 年)建立了阿契美尼德王朝(前 550—前 330 年)。该王朝是伊朗历史上最强盛的朝代之一,因居鲁士家族属于迁入伊朗高原的伊朗雅利安人的波斯部落,希腊人把阿契美尼德王朝称为"波斯帝国"。由此,"波斯"一词也成为伊朗的通用称谓。阿契美尼德王朝在大流士一世时期(前 521—前 485 年)达到极盛,这时的伊朗文明高度发达:政治上,国家政权机构设置和管理运作十分成熟,建立起了一套完整的政治制度和社会结构体系;社会生活繁荣富足奢华,经济发达;文化艺术灿烂辉煌,阿契美尼德王宫"波斯波利斯"可谓是人类上古时期最宏伟壮丽的宫殿建筑群,尽管被亚历山大烧毁,但其残垣断壁至今依然令人震撼,其高超精湛的建筑和浮雕艺术至今令人赞叹不已。

　　波斯阿契美尼德王朝以琐罗亚斯德教为国教。该教由先知琐罗亚斯德于公元前 11 世纪左右在中亚地区对印度—伊朗雅利安人的古吠陀教进行改革的基础上创建。由于琐罗亚斯德教是人类走出原始巫术崇拜之后第一个由某个具体的人自觉创立的具有明确教义的宗教,因此琐罗亚斯德因此被称为人类的第一位先知。琐罗亚斯德教是波斯在伊斯兰化前的国教,贯穿阿契美尼德(前 550—前 331 年)、安息(前 230—224 年)和萨珊(224—651 年)三个王朝,它对整个伊朗文化、对伊朗民族性格和民族文化心理的铸造起了决定性的作用。这种根深蒂固的作用使后来的伊斯兰教在伊朗完全伊朗化。表面上看,琐罗亚斯德教文化现在在世界上似乎已经没有什么重要性,其实不然,琐罗亚斯德教文化作为波斯的千年帝国文化,对世界文化曾产生过重要影响,其影响因子已经积淀在东西方各大文化中。

公元651年,萨珊波斯帝国被阿拉伯人征服。阿拉伯人在波斯的统治是波斯历史上影响深远的重大历史事件,给波斯社会带来许多新的因素和深刻的变化,全面改变了波斯文明的发展方向。当时的实际情况是,波斯的文明程度远远高于刚刚脱离蒙昧时期的阿拉伯文明,波斯文明在被伊斯兰教改变的同时,伊斯兰文明也被波斯文明所改变,波斯的伊斯兰化使得阿拉伯的伊斯兰文明从部落文明迅速转变为高度发达的帝国文明,阿拉伯帝国在政治制度、社会生活、文化艺术等各方面都深受波斯文明的影响。乃至,美国著名历史学家西提在其著作《阿拉伯通史》中说:"波斯的艺术、文学、哲学、医学,成了阿拉伯世界的公共财富,而且征服了征服者",阿拉伯人自己的东西只有两件被保留下来:"一是变作国教的伊斯兰教,一件是变成国语的阿拉伯语"。当然,这种影响不是单向的,而是双向的彼此渗透。

但是,波斯人在接受伊斯兰教的同时,也将伊斯兰教波斯化。长期成熟的封建制度使世袭与血统观念在波斯人心中根深蒂固,因此将先知穆罕默德的堂弟及女婿阿里视为穆罕默德合法的继承人,并以阿里的后代子孙为伊玛目(精神领袖),形成与伊斯兰教逊尼派迥然有别的信仰体系,即什叶派。什叶派信仰中融入了伊朗自身一千多年的琐罗亚斯德文化传统。尽管在波斯萨法维王朝(1502—1735年)建立之前,统治波斯的异族阿拉伯与突厥—蒙古系的统治者们皆信奉伊斯兰教逊尼派,但什叶派的信仰在波斯民间积沙成堆,并最终在萨法维王朝时期建立起了以伊斯兰教什叶派为国教的宗教体系,由此在教派上与阿拉伯世界信奉的逊尼派对峙。波斯文化属于帝国文化,具有高度的凝聚力,也具有高度的同化力,中古时期入侵和统治伊朗的异族统治者均被波斯文化所同化。

中古时期,波斯人用达里波斯语创造出了繁荣灿烂的中古文化和浩繁的诗歌作品,在世界中古史上占有十分重要的地位。中古时期的波斯文化与伊斯兰苏非神秘主义结合十分紧密。苏非派是伊斯兰教内部衍生的一个神秘主义派别,主张通过种种外在或内在的修行实现"人主合一"的至境。11世纪末,大教义学家安萨里(1058—1111年,波斯人,以阿拉伯语著述)将苏非神秘主义纳入伊斯兰教的正统信仰,使苏非主义在伊斯兰世界的意识形态中居于统治地位达五六个世纪之久。中古时期的波斯文学作品受到苏非思想的深刻影响,一般认为菲尔多西(940—1020年)之后的波斯诗人或多或少都具有苏非思想。并且,苏非思想还带给中古波斯文学十分独特的审美特征。苏非思想与波斯文学二者密切融合,相辅相成。可以说,是诗的艺术魅力支撑了苏非思想在波斯文化中的兴盛,反过来也正是深厚的苏非思想支撑着波斯中古诗歌成为世界瑰宝。

中古时期的波斯文学还与细密画插图艺术密切结合,形成文学与艺术的双重辉煌。细密画艺术兴起于蒙古统治波斯的伊儿汗王朝(1256—1355年),经过约一个世纪的发展,在帖木儿王朝(1370—1507年)和萨法维王朝(1502—1775年)达至繁荣昌盛的顶峰,成为伊斯兰绘画艺术的杰出代表。细密画艺术在波斯的兴盛,是多种外因与内因交互作用的结果。中国造纸术的传入和宫廷画院体制及其艺术风格的影响,是其中的重要外因;苏非思想的影响则是细密画书籍插图艺术兴盛的重要内因。历代统治者把绘制细密画插图书籍作为一种政治文化的策略和手段,从而使得细密画书籍插图艺术在整个西亚—中亚地区发扬光大,成为伊斯兰艺术中的一朵奇葩。因此,中古时期,波斯文学、艺术与宗教哲学紧密交融在一起,对伊朗民族的文化心理起着重要的铸造作用。

因此,伊朗雅利安民族三千年的文明史,琐罗亚斯德教和伊斯兰教各占1500年,前者是伊朗传统文化之根,后者是伊朗民族文化的血脉,都曾有过繁荣发达的辉煌,二者相辅相成,形成了今天的伊朗文化。在20世纪以来的现代进程中,具有古老而深厚文化传统的伊朗人,努力思考如何既要适应现代化和全球化带来的种种新变化,又要保持和捍卫自己本民族的文化传统,并努力探索一条适合于伊朗民族自身文化的发展道路。

因此,本书秉持能够较为全面地呈现伊朗民族精神内蕴的宗旨,所选文章,从文学出发,架构起伊朗的宗教哲学、艺术文化和社会政治,努力使本书成为一个有机整体。然而,本书所选文章时间跨度二十年,笔者的思想也在不断发展变化,因此书中难免有不周全的地方或错误,恳请读者不吝批判指正。

2020 年 3 月 16 日

文学与苏非哲学

波斯中世纪诗歌中的苏非思想审美价值

公元 651 年,曾经不可一世的萨珊波斯帝国被阿拉伯大军所灭,从此波斯沦为阿拉伯帝国的一个行省。阿拉伯人在强行传播伊斯兰教的同时,也强行推行阿拉伯语,禁止萨珊帝国的巴列维语,致使巴列维语消亡。然而,波斯人并不甘心使用阿拉伯语,随着反抗阿拉伯人统治的"舒欧比思潮"①的兴起,八九世纪之交,波斯霍拉桑地区的一种地方语言"达里语"得到迅速推广和传播,乃至流行波斯全境,至此波斯新的民族语言达里波斯语诞生了,并一直沿用至今。波斯人正是用达里波斯语创造了繁荣灿烂的中世纪文化,从 9 世纪至 15 世纪长达六百年的时间里,波斯诗歌璀璨夺目,经久不衰,著名的大诗人如群山耸立,在东方古典文学史乃至世界古典文学史上占有重要地位。

然而,值得注意的是在浩如烟海的波斯中世纪诗歌中,带有浓厚苏非神秘主义色彩的诗歌占据着非常重要的地位。一般认为,菲尔多西(940—1020年)以后享有世界声誉的大诗人,大多是苏非诗人或具有苏非思想的诗人。苏非神秘主义被称为伊斯兰教的"教中之教"。这种具有浓厚神秘主义宗教色彩的诗歌在波斯统治了几百年的诗坛,并在世界古典诗坛上占据重要地位,成为世界文学的经典。一部文学作品要成为经典,必须具有为世界各民族共同接受和欣赏的较高的文学审美价值。那么,苏非思想带给波斯中世纪诗歌的是一种什么样的审美价值呢?这正是本文试图探讨的问题。

---

① "舒欧比"为阿拉伯词,意为"部落""种族""人民",该词源于《古兰经》经文。被阿拉伯统治的穆斯林(尤其是波斯人)援引该经文,主张非阿拉伯穆斯林与阿拉伯穆斯林平等,享有同等的权利,由此在思想领域形成一股反抗阿拉伯人统治的社会思潮。

一

　　11 世纪是波斯民众心理重要的转型时期,他们的人生态度、生活方式乃至情趣爱好皆与 9—10 世纪有较大差别,由此影响到整个社会的审美心态发生重大转变。

　　9—10 世纪是伊朗历史上一个群雄并起的时代。这时阿拉伯人对波斯的统治逐渐减弱。为了摆脱巴格达哈里发的统治,具有一定势力和实力的伊朗贵族在伊朗本土纷纷自立地方王朝,其中影响较大的有东南部的扎法尔王朝(861—900 年),西部地区的白益王朝(945—1055 年),以及东北地区的萨曼王朝(875—999 年)。这些地方王朝表面上虽仍臣服于巴格达哈里发,但实际上具有相当大的独立性。各个地方王朝的君主们大力网罗诗人,倡导达里波斯语,积极推行伊朗文化,为恢复民族自信心而为伊朗伊斯兰前的历代帝王大唱赞歌。诗人们歌颂“力拔山兮气盖世”的英雄,歌颂伊朗古代帝王们南征北战、开疆辟土的丰功伟绩。有志之士们向往建功立业,纷纷效力于各地方王朝;古代勇士们保家卫国的故事四处传播,为人们津津乐道,整个社会洋溢着浓烈的爱国热情,形成了一种崇尚勇武刚强的审美风范。这个时期的文学作品散发着一种激昂慷慨的阳刚美,最具有代表性的是菲尔多西的《列王纪》。这部史诗般的作品记述了萨珊王朝灭亡以前伊朗历代帝王的文治武功和勇士们勇猛善战的英雄业绩,全书充满了激昂的爱国主义思想,场面恢弘壮观,故事情节跌宕起伏,扣人心弦,即使其中的四大悲剧故事也表现出古希腊式的悲壮的阳刚美。这时期的抒情诗都喜歌颂春天,歌颂青春,歌颂朝气蓬勃的事物。波斯文学之父鲁达基(850—940 年)在抒情诗中也吟出豪气干云的诗句:“应去奋勇杀敌,以使敌人心惊胆战;应当慷慨济友,以使朋友解脱饥寒。”①其《暮年颂》似在悲叹暮年,实际上充满了对青春年少、豪爽快乐的赞美。

---

　　① 何乃英:《伊朗古今名诗选评》,北京师范大学出版社 1992 年版,第 48 页。

　　然而,到了 11 世纪上半叶,生活于锡尔河下游的一支突厥部落通过多年的征战,建立起萨珊王朝覆灭后第一个统治伊朗全境的政权——塞尔柱王朝(1037—1194 年)。塞尔柱人是一支游牧部落,其文明程度较低,缺乏统治伊朗这样一个文明大国的经验。因此,塞尔柱王朝的君主们是靠伊朗人来统治伊朗的,这使伊朗的文化得以延续。但是,对伊朗人民来说,尚未完全独立,又一次遭到文明程度低于自己的异族的入侵和统治,民族自信心遭受重挫,昔日浓烈的骄傲自豪之情逐渐烟消云散。多年的战乱使人们惶惶不可终日,陷入深深的悲观失望之中。而这时苏非思想已在伊斯兰世界流行。这种具有浓厚出世色彩的宗教思想正好迎合了当时伊朗人民的心理,加上塞尔柱王朝统治者们的大力提倡和扶植,苏非神秘主义在伊朗迅速兴盛起来。

　　苏非神秘主义产生于阿拉伯,但使之发扬光大的是波斯人。在伊斯兰教兴起初期,上层集团和下层教众在物质生活上并无太大差距,是比较平等的。然而到了倭玛亚王朝(661—750 年)时期,一方面,统治集团过着骄奢淫逸、豪华靡费的生活,这引起了普通教徒的强烈不满,认为他们背弃了对真主的纯洁信仰。另一方面,也是出于对死后上天堂的向往和下地狱的畏惧,在下层教众中开始流行禁欲和苦行。这是早期的苏非神秘主义。9 世纪是苏非主义的发展时期。这时期产生了一批苏非理论家,使苏非神秘主义有了自己的理论体系。概括地讲,苏非神秘主义就是通过一定方式的苦行和修道,滤净自身的心性,修炼成纯洁的"完人",在"寂灭"中和真主合一,在合一中获得永存。

　　伊朗在中世纪真可谓命途多舛,几乎一直处于异族的统治之下。在塞尔柱突厥人之后,花拉子模人对伊朗有过短暂的统治,紧接着被蒙古大军征服,建立了伊儿汗国(1256—1355 年)。蒙古人的势力衰微后,攻占伊朗的又是一支突厥部落,建立了帖木儿王朝(1370—1507 年)。长期的异族统治是苏非思想在伊朗经久不衰的重要原因。连年的战火,异族的统治,使伊朗人深切感到现实的痛苦,便遁入内心世界。而异族统治者,他们也乐于用消极避世的苏非思想来消磨伊朗人的反抗情绪,因而大力提倡。因此在长达几百年的时间里,苏非思想一直是伊朗社会的主导思想。苏非思想把伊斯兰教从注重世俗改变为强调出世,这不只是简单的宗教观念和宗教修持方式的变化,更促成了思维方式的变化,致使人们的整个人生观念和人生态度发生改变。的确,苏非神秘主义的兴盛给伊朗人民的社会生活和民众心理带来了巨大的变化,由菲尔多西时代崇尚建功立业、积极进取的入世精神转变为厌倦现实生活,向往超尘绝俗,避世独处,崇尚清心寡欲。浓厚的出世情绪消磨了进取心,外在的功名心完全让位于内心的安宁自在,力求在静思冥想中寻找对宇宙、人生的最根本的解释。

苏非神秘主义形成为一股强大的思想潮流时,对文学思想的影响是巨大的。它首先深刻地影响了诗人们的世界观、生活态度和审美情趣,从而影响到他们的创作倾向。在波斯,很多著名的大诗人本身就是苏非长老或苏非人士,或者说很多苏非长老或苏非人士都是当时名重一时的诗人。这里,我们只须把菲尔多西后的享有世界声誉的著名诗人列出名单,便能比较清楚地看到这一特点:海亚姆(1048—1122 年)、萨纳伊(1080—1140 年)、内扎米(1141—1209 年)、阿塔尔(1145—1221 年)、莫拉维(1207—1273 年)、萨迪(1208—1292 年)、哈菲兹(1327—1390 年)、贾米(1414—1492 年)。这些诗人中,萨纳伊、阿塔尔、莫拉维、贾米皆是苏非长老,其中莫拉维和贾米还是重要的苏非思想家。内扎米是苏非修行者。萨迪的身份较为特殊,虽不在教团也不具体修行,但却有僧人的身份,可借用佛家"居士"一词称之为苏非居士(尽管不太贴切)。哈菲兹虽既非长老也非苏非人士,却是公认的具有浓厚苏非色彩的诗人。只有海亚姆是否具有苏非思想争议较大。其他享有国内声誉的苏非派诗人或具有苏非思想的诗人也不少,就不再一一举例。可以这么说,阿拉伯盛产苏非理论家,而波斯盛产苏非诗人。要写出上乘诗作,"诗人对宇宙人生,须入乎其内,又须出乎其外。入乎其内,故能写之。出乎其外,故能观之。入乎其内,故有生气。出乎其外,故有高致。"①理论家擅长严密的理论建构,却少了诗人的天赋。只有当诗人的天赋与苏非思想结合在一起时,才可能产生具有较高文学价值的苏非神秘主义诗歌。作为一名苏非长老或修道者,其修道深于他人,对苏非玄理的领悟深于他人,因此其达于沉醉的程度也深于他人。而诗人的锐感使他们在体悟苏非神秘主义玄理后能产生一种心灵主体的特殊感受。这种特殊感受使他们把形而上的玄理化为优美流畅的诗句,既能

---

① 王国维:《人间词话》,人民文学出版社 1984 年版,第 60 页。

从中体味到神秘玄理,又能领略到艺术情趣。若非这些一身兼二职的苏非派诗人或具有苏非思想的诗人的高超艺术才能,浓厚的宗教色彩很可能使波斯中世纪的诗歌成为枯燥乏味的宗教偈颂,谈不上什么文学艺术价值。

本来形而上学与文学的范畴是迥然不同的,然而苏非思想具有较强的实践性,它指导人生实践,与纯粹的形而上的哲学思辨不完全相同,因而与文学产生了某种契合点,使苏非神秘主义的研究对象成了波斯中世纪诗歌的主要表现对象。诗歌的神秘主义化倾向也是从这时开始的,很多诗歌常常是言在此意在彼,表现出一种模棱两可、难以明确界定的情趣旨意。请看莫拉维的两首四行诗:

> 花间徘徊与情人,心闲无意眼览花;
>
> 情人含怒言无羞,红颜在此却顾它。①

> 秀发似网缠且缠,红唇如蜜叹复叹;
>
> 相会誓言空又空,离别之痛添再添。②

这两首小诗可以作为优美的普通情诗来欣赏,但其中蕴藏了深刻的苏非思想:第一首诗讲的是,在修行中“心见”真主时,千万不能心有旁骛,否则会导致真主的愤怒;也可理解为,除真主外世间万物皆不值得顾恋。第二首诗描述的是长时间的修行中没能“心见”真主的痛苦心情。

二

苏非的修道形式是一个个彼此独立的教团,教团的首领即长老。一个教团内,由长老传道,指导教徒修行。11 世纪,苏非神秘主义的理论体系已基本完备。当苏非思想在波斯兴盛起来后,波斯的苏非长老们面临的迫切问题不是如何构建理论体系,而是如何把深奥的苏非哲理向广大的苏非信徒深入浅

---

① 《波斯名家四行诗选》(波斯文版),鲁赞涅出版社 1973 年版,第 207 页。
② 《波斯名家四行诗选》(波斯文版),鲁赞涅出版社 1973 年版,第 217 页。

出地讲解。普通信徒一般文化水平较低,对纯理论的苏非哲理难以理解,而用讲故事、打比方的方式给他们讲,就易懂得多,也容易被接受。因此,应运而生的便是苏非说理诗的迅速兴盛。说理诗中主要是叙事诗,也有四行诗等一些别的诗体。叙事诗体为每联的上下句押韵,各联之间一般需要换韵脚(个别有不换的),联数不限,形式比较灵活,很适合于讲故事。第一个用叙事诗的形式宣扬苏非思想的诗人是萨纳伊,其代表作品是叙事诗集《真理之园》。之后,阿塔尔、内扎米、莫拉维和贾米都是以叙事诗集著称于世。苏非诗人们把自己对苏非哲理冷静和深刻的认识用各种各样的故事表现出来。这些故事或取材于历史,或援引《古兰经》,或来源于民间,或是诗人杜撰,总之都是一些文学性和哲理性都较强的故事,再经过诗人用高超的艺术手法加工成诗句,不仅形式优美流畅,朗朗上口,便于记诵,也便于流传,而且其思想的深刻更加深了其艺术的魅力,因此被大家奉为经典。例如阿塔尔的著名长诗《百鸟朝凤》就是诗人用两个同形词(在波斯语中,"凤凰"一词与"三十只鸟"的拼写完全相同)巧妙敷衍的故事:众鸟为了去朝觐飞禽之王凤凰而历尽艰辛和磨难,最后只有三十只鸟抵达目的地,但那里并没有什么凤凰,这时他们才认识到凤凰就是他们自己。诗人用精湛的语言,通过众鸟之间的反复争论,层层递进地把诗人想表达的苏非哲理阐述得精妙无比:真主原本存在于每个信徒心中,只要潜心修行,便能"心见"真主,与真主合一,而不一定要跋山涉水去朝觐。

　　一方面,苏非思想如果排除其宗教因素和具体的宗教修持,作为一种哲学观实际上是对绝对精神的追求。而这种对绝对精神的追求,是人类所共有的一种精神活动,在世界各国文学中都有所反映,只是形式不同罢了。苏非诗人们"从自己的特殊存在中解放出来,把自己沉没到永恒的绝对里"①,苏非诗歌的主要思想正是对绝对精神的追求。莫拉维(即鲁米)的六卷叙事诗集《玛斯纳维》是苏非思想的集大成之作,被誉为"波斯语的《古兰经》",其精湛的语言,大量的比喻、隐喻和象征使阐述深奥哲理的苏非诗歌具有了很高的文学欣赏价值,不仅使修行者也使普通读者产生共鸣,形成了一种审美的共性,为审美大众所接受。请看莫拉维的《笛赋》:

---

① 〔德〕黑格尔:《美学》第 2 卷,商务印书馆 1981 年版,第 85—86 页。

请听这芦笛鸣悠悠,诉说着别恨和离愁。

自从把我断离苇丛,男男女女怨诉笛孔。

伤离别使我胸腔裂,让我把相思苦倾泻。

人一旦远离其故土,会日夜寻觅其归属。①

诗人用芦笛象征人的灵魂,阐述了一种形而上的思想:真主把灵魂从上天降入泥身,从此灵魂就为了回归原初而不断寻觅和追求。而普通读者不作形而上的思考,也能与诗产生共鸣,引起个人的或民族家国的思乡寻根的情感。在《玛斯纳维》中,诗人时常打断故事,插入一些纯粹谈理的艰涩难懂的诗句。笔者认为这些纯粹谈理的诗句若作为一首首单独的诗歌,也许文学审美价值较低,但莫拉维的这些诗句镶嵌在用故事讲哲理为主的庞大的作品中,不仅不会减损作品的文学价值,反而使作品成为博大精深之作。

另一方面,苏非思想重人生实践。做理想的"完人",实际上是一种思想品德的修炼,追求各种理想的人格:虔诚敬畏,热烈执着,忠贞不渝,谦逊不骄,知足常乐,蔑视富贵,甘于清贫,乐善好施,坚韧不拔……等等。虽然这些品格是相对于真主而言,但其中绝大部分是人类所共有的优秀品质,为世人所追求。对这些优秀品质的阐述和歌颂在各个诗人的作品中都可见到,但以萨迪的散文兼诗歌故事集《蔷薇园》和叙事诗集《果园》最为集中,均有专章进行论述。萨迪是以苏非思想为主流的波斯中世纪诗歌中的一个变音。作为一名苏非居士,其思想之本无疑是苏非思想,也向往与真主合一。这种苏非思想在其诗歌中的表现是很明显的。但他并没有简单地囿于苏非思想的出世精神,而是以一颗仁爱之心和积极入世的生活态度努力把人们的注意力从"独善其身"引向"兼济天下"。这与他三十年的游方僧生活有重要关系。三十年中,他的足迹遍布伊斯兰世界,看到了下层人民生活中太多的苦难和不幸,使他把思考的重点放在如何使人民能够安居乐业、幸福生活上,形成了具有鲜明人道主义色彩的仁爱思想。他一方面主张统治者应该施仁政,认为"要长治久安应放弃暴政实行仁政"②,"如若一国之主夜夜高枕安眠,贫苦人就休想睡得香

---

① 莫拉维:《玛斯纳维》第1卷(波斯文版),图斯出版社1996年版,第3页。

② 萨迪:《果园》,张鸿年译,北京大学出版社1989年版,第59页。

甜;如若国王深夜警醒关心黎民,百姓就能悠然而卧得意舒心"①。另一方面,他把"爱"作为人与人之间的行为准则:

> 亚当子孙皆兄弟,兄弟犹如手足亲。
>
> 造物之初本一体,一肢罹病染全身。
>
> 为人不恤他人苦,不配世上枉为人。②

这首诗现作为国与国之间和平相处的准则悬挂在联合国总部。更难能可贵的是萨迪还认为真正的苏非圣徒应是爱人之人,"敬主修行无非是为民效力,否则念珠拜垫与破袍又有何益?"③这种仁爱思想的根基无疑是伊斯兰教思想,仁爱的最终目的是实现苏非思想"人主合一"的最高境界。然而,在苏非思想占主导地位,浓厚的出世色彩弥漫人们的精神生活的时代,萨迪作为一名苏非居士,用具有强烈入世精神的仁爱思想训导教众,实在是非常难能可贵的。

<h1 style="text-align:center">三</h1>

8 世纪下半叶,女苏非拉比阿(717—801 年)把纯洁无私的爱引进苏非神秘主义,这是具有重大意义的改变。它把真主与人的关系,由主奴关系改变为恋爱关系,使人从自认为奴的、战战兢兢、诚惶诚恐的畏主的单一情感中解放出来,赋予苏非修行者恋人角色的激情,把真主作为尽情喜爱的对象来膜拜。这种认知方式的改变,对文学的影响是巨大的。它对波斯苏非情诗的繁荣产生了直接的推动力(这里"苏非情诗"的概念泛指抒发对真主的爱恋之情的一切诗歌,非专指苏非长老或苏非人士写的情诗)。

苏非的修行有动、静两种。"静"指闭关四十日,静思冥想,"精骛八极,心游万仞",心智展开翅膀翱翔;"动"指千万次重复不停地赞念,后来还在赞念

---

① 萨迪:《果园》,张鸿年译,北京大学出版社 1989 年版,第 45 页。

② 张鸿年:《波斯文学史》,北京大学出版社 1993 年版,第 145 页。

③ 萨迪:《果园》,张鸿年译,北京大学出版社 1989 年版,第 46 页。

中引入了音乐和舞蹈,加速精神恍惚,达到如痴如醉的境界。情感的高峰体验可以是激烈的,也可以是静虚的。不论激烈或静虚,都是一种痴迷的状态,这种痴迷状态对诗歌的艺术想象和艺术构思具有直接的启迪作用;柏拉图认为只有处在"迷狂"的状态下才能产生真正的诗①。如果说波斯说理诗出自苏非诗人们理性的认识,苏非情诗则发自诗人内心的迷狂。诗人们在用大量的说理诗训导教众的同时,把心中对真主的狂热爱恋的情感倾注在情诗中。他们把真主比作情人佳丽,把自己比作追求者,唱出了一曲曲秾丽缠绵的恋歌。

长篇恋歌的魁首当推内扎米。尽管内扎米也有苏非诗人所擅长的短篇劝诫故事集《秘密宝库》,但最受人们喜爱的是其两部长篇爱情叙事诗《蕾莉和马杰农》和《霍斯陆和西琳》。这两部长诗不再是情节简单的劝诫故事,而有着完整的扣人心弦的故事情节。《蕾莉和马杰农》取材于阿拉伯民间广为流传的一个爱情故事:蕾莉与马杰农各属不同的部族,两人因同窗共读而相爱,但遭到各自家族的反对,被强行拆散。在绵绵不断的痛苦相思中,马杰农渐渐丧失理智而疯狂。蕾莉抑郁而死,不久马杰农也随之死去。《霍斯陆和西琳》写的是萨珊国王霍斯陆娶异族之女西琳为后,遭到大臣们的反对,但两人热烈相爱,其间插入了石匠法尔哈德对西琳的狂热而执着的爱恋。这两个故事虽然写的都是广为流传的世俗的爱情故事,但作为苏非修道者的内扎米把自己心中对真主的狂热爱恋倾注在诗歌中。马杰农因爱和相思而丧失理智陷入疯狂,正是苏非修道者对真主痴狂爱恋的体现,霍斯陆与西琳之间的爱情的世俗味道较浓,但法尔哈德对西琳的爱则纯粹是苏非修道者与真主之间的人神之恋。在内扎米之后,大量的苏非诗人如贾米等用马杰农对蕾莉、法尔哈德对西琳的爱来诠释苏非的神爱。

苏非情诗中数量最多的是四行诗和抒情诗。四行诗体制短小,适合抒发刹那间的情感感悟,若用来说理,则会丧失诗歌的文学性,成为纯粹谈理的工具。因此,笔者认为说理的四行诗的文学审美价值较低,而抒情的四行诗的文学审美价值却很高,从本文前面所引的莫拉维的两首四行诗可窥见一斑。前面提到的各大诗人都擅长用四行诗体作诗,其中影响最大的是海亚姆的四行

---

① 柏拉图:《文艺对话集》,人民文学出版社 1963 年版,第 8 页。

诗(因对海亚姆是否具有苏非思想争议较大,这里不作讨论)。抒情诗是波斯诗歌的一种特殊体裁,一般 7 至 15 联,首联上下句押韵,以后各联的下句押同一韵。这种诗体韵律绵长,适合抒发充沛的情感。前面提到的各大诗人皆是抒情诗的高手,莫拉维、萨迪、内扎米、哈菲兹等皆有抒情诗集传世,其中以哈菲兹最负盛名。

哈菲兹的抒情诗是波斯中世纪诗歌的一个高峰,其对伊朗社会民众心理产生的深远影响延续至今。甚至,其"显示出精神的自由和最优美的风趣"①的诗歌对欧洲文艺复兴之后的文坛也产生了较大的影响。哈菲兹抒情诗所蕴藏的思想是十分复杂的,大量的比喻、隐喻、双关语和同义词的运用使其很多诗作的内涵丰富而复杂,百人百释,千人千解。但作为一个在苏非思想占主导地位的社会中成长起来的诗人,哈菲兹虽非苏非人士,其思想意识中苏非色彩还是很浓厚的,其诗歌中大量的情诗完全可以看作是抒发对真主的爱恋之情。如:

> 心是盛她慈爱的闺房,
> 眼是映她美貌的明镜;
> 我没对两个世界低头,
> 却在她隆恩之下屈颈;
> ……
> 爱的王国欢乐的宝藏,
> 我之所有全是她馈赠;
> 何惧献上我自己和心,
> 只愿她在健康中长青;②
> ……

因为人们对苏非情诗已经形成了一种审美定式:描写男女相爱的可看做诗人在痴迷中"心见"真主,或已达到和真主合一的境界;描写失恋痛苦的则是指未得到真主的眷顾;描写不懈追求所恋佳人的,则象征诗人正努力追求与

---

① 黑格尔:《美学》第 3 卷下册,商务印书馆 1981 年版,第 226 页。
② 《哈菲兹诗集》(波斯文),伊朗书法协会出版社 1994 年版,第 44 页。

主合一的境界。我们固然可以把苏非情诗作为世俗的普通情诗来欣赏,但这种苏非情诗的审美定式,也使人们把波斯中世纪诗歌中一些可能并非描写神爱而是描写人间世俗爱情的诗歌,当成苏非情诗来欣赏。

然而,哈菲兹的诗中又具有大量的反宗教的成分,很多诗歌对苏非信徒进行抨击指责和挖苦讽刺,甚至还公然写出"如若哈菲兹的想法合乎伊斯兰教义,天呐,那彼世岂不真会代替今生"①的诗句,险些致祸。应该如何看待这个问题呢? 笔者认为不能因哈菲兹诗中的反宗教成分而否定诗人的基本宗教信仰和苏非思想意识。诗人所反对的是那些表面清高、内心并不虔诚的欺世盗名的宗教人士,当时的社会中确实有不少这样的虚伪的苏非信徒;反对的是某些束缚人的具体的教条,因为哈菲兹天性落拓不羁,崇尚自由。

爱情是世界文学中的永恒主题,苏非情诗尽管表现的是一种神爱,但不论是精神的爱还是世俗的爱,"由于忘我,爱情的主体不是为自己而生存和生活,不是为自己操心,而是在另一个人身上找到自己存在的根源,同时也只有在另一个人身上才能完全享受自己"②。因此,在人身上所唤起的情感体验是一致的,这正是苏非情诗能够为世界各国人民所共同欣赏和接受的重要原因。

四

苏非思想对波斯诗歌的影响,不仅直接表现在诗歌创作的思想内容上,使苏非思想成为波斯中世纪诗歌的主流思想,而且使波斯诗歌的总体风格发生了根本改变,由9—10世纪激昂慷慨的阳刚美,转向平和自然或秾丽婉约的阴柔美。因为时代的审美风范会直接作用于文学,文学也会体现出时代的审美特征。

平和自然的审美特征主要表现在说理诗中。萨纳伊、阿塔尔、莫拉维、内扎米、萨迪和贾米身为苏非长老或苏非人士,肩负着言传身教的责任,因此他

---

① 张鸿年:《波斯文学史》,北京大学出版社1993年版,第172页。
② 黑格尔:《美学》第2卷,商务印书馆1981年版,第327页。

们以"传道授业解惑"为宗旨的说理诗的风格总体上都比较自然平和,好似一位慈祥老人的谆谆教诲,把艰深的哲理用平易朴实的语言娓娓道来,即使连引数物类比,也没有排比所惯有的气势。

秾丽婉约的审美特征主要表现在苏非情诗中。"秾丽"主要表现在语言上,运用了大量感情色彩浓烈的词语,诸如炽热、痛苦、泣血、烈焰、芳香等。"婉约"则表现在叙写角度上,苏非情诗几乎全是从诗人自己的角度即男子的角度来描写心中的佳人。本来,"母权制的被推翻,乃是女性的具有世界历史意义的失败"①,从此妇女就处于从属的被动的地位。男人对女人的追求,不论多么曲折多么被动,从根本上说,男人是征服者,女人是被征服者。然而,苏非情诗中的"佳人"却是至高无上的真主,追求者实际上是被征服者,因此少了男人作为征服者所惯有的豪情。并且,苏非情诗中的强烈主观抒情与普通情诗的强烈感情抒发不同。普通情诗的热情澎湃或温柔缠绵是一种现实的或现世的情感,而苏非情诗的热情却是一种心灵创造的境界中的情感,唯其对象是真主,因而格外婉约缠绵。

朱光潜先生曾说道:"诗虽不是讨论哲学和宣传宗教的工具,但是它的后面如果没有哲学和宗教,就不易达到深广的境界。"②苏非说理,诗和情诗的主旨虽然或在宣传宗教或在抒发宗教情感,但诗人们高超的艺术才能使宗教思想与诗歌的艺术魅力达到了完美的融合。可以说,是诗的艺术魅力支撑了苏非思想在波斯文化中的兴盛,反过来也正是深厚的苏非思想支撑着波斯中世纪的诗歌成为世界瑰宝。

(本文原载人大复印报刊资料中心《外国文学研究》卷,2000 年第 3 期)

---

① 《马克思恩格斯选集》第 4 卷,人民出版社 1972 年版,第 52 页。
② 徐葆耕:《西方文学:心灵的历史》,清华大学出版社 1997 年版,第 39 页。

中波古典情诗中的喻托

    中国有一类古典情诗具有一种特殊的喻托功能,就是诗人以怨女思妇自比,用男女之情隐喻君臣关系,寄寓诗人在仕与隐方面的幽怨情怀。譬如李白《玉阶怨》:"玉阶生白露,夜久侵罗袜。却下水精帘,玲珑望秋月。"诗中宫女深夜痴痴久伫玉阶,乃至露水浸湿罗袜而不觉,其内心盼望君王临幸的情感是多么强烈,然而殷殷企盼全是空劳牵挂。这何尝不是李白自己的写照。波斯中世纪诗歌中的情诗也同样具有喻托功能,即以情恋人间的情爱来隐喻诗人对真主的爱,寄寓诗人热烈的宗教情感。譬如萨迪(1208—1292 年)的四行诗:"长夜漫漫眠难成,黎明时分渐入梦。难眠只因思佳人,入梦只为睹芳容。"①这首诗比普通情诗多了一层含义,可看作是诗人抒发在夜间自觉地对真主的向往之情。

    首先,应当说明的是,喻托是诗歌的一种常见的艺术表现方式。很多诗歌我们"通过文字得到的是一种意义,而通过文字所表示的事物本身所得到的则是另一种意义。头一种意义可以叫做字面的意义,而第二种意义则称为譬喻的,或者神秘的意义"②。这种喻托一般来说是以个案化的方式存在于诗歌中的。而本文所论述的喻托功能是指一个民族文学中一种普遍化的方式。

    其次,本文所论述的喻托功能与诗歌的多义性是不同的。多义性是诗歌的一种常见特征。词汇的多义性是引发诗歌多义性的一个重要因素,因为语言符号与它所指的对象之间的关系很多是一对多的关系。亚里士多德早在

---

① 《萨迪诗集》(波斯文),玛赫塔布出版社 1998 年版,第 1038 页。
② 伍蠡甫:《西方文论选》上卷,上海译文出版社 1979 年版,第 159 页。

《诗学》中就提出过诗歌词汇的双重、三重乃至四重义。① 到了 20 世纪,西方符号理论学家们对诗歌的多义性进行了更为全面和深入的研究。一般来说,诗歌的多义性是指一首诗可以作出多种阐释,这首诗与那首诗之间的多义性阐释可能完全不同。

本文所谈的喻托功能是指众多诗歌都含有一个相同的喻托。简言之,诗歌的多义性是指 A 诗可以作 a、b、c、d 等多种阐释,B 诗可以作 e、f、g、h 等多种阐释,当然 A 诗与 B 诗的多义性也可以出现交叉。而本文所论述的喻托是指 A、B、C、D……等若干诗歌都有一个相同的隐喻义项 a。对这种喻托功能,本文拟从以下三方面进行阐述。

一、这种喻托功能产生的历史文化原因

情诗原本无所谓喻托,描写的是生活中具体的某段爱情,比如中国《诗经》中的情诗基本上都是无喻托的。这种喻托功能的形成是有其特定的历史环境和条件的。国内很多论著都谈到了中国古典情诗的这种喻托功能,并指出这种喻托功能的形成与儒家思想和楚辞传统密切相关。② 但是,这种喻托功能是怎样与儒家思想和楚辞传统结合在一起的呢? 这个问题值得深究。

人生须臾,生命短暂。古往今来,永恒一直是人类共同追求的一个目标,是人的一种精神活动。中国文化宗教色彩淡薄,人们的心里没有永恒的天堂的支撑。那么,如何能在这短暂的生命中实现永恒? 名垂青史、流芳百世便是一种永恒,是中国文人们孜孜以求的目标,成为他们安身立命的行为规范和心理模式,即所谓"留取丹心照汗青"(文天祥《过零丁洋诗》)。那么如何才能名垂青史、流芳百世呢? 简言之,就是"报国"二字,"忘身辞凤阙,报国取龙

---

① 亚里士多德:《诗学》,人民文学出版社 1984 年版,第 72 页。

② 参见叶嘉莹:《汉魏六朝诗讲录》《古典诗词讲演集》,河北教育出版社 1997 年版;《游国恩学术论文集》,中华书局 1999 年版;袁行霈:《中国诗歌艺术研究》,北京大学出版社 1998 年版;刘学锴:《李商隐诗歌研究》,安徽大学出版社 1998 年版。国内谈到中国古典情诗的喻托功能的论著非常多,无法一一罗列,这里仅列出几本笔者比较欣赏的论著,难免挂一漏万,望行家海涵。

庭"(王维《送赵都督赴代州得青字》)。"报国"是中华文化的精髓之一。西方文化以人为本,而中国文化以国为本,以国家的存在作为个人存在之根本,推崇一切从国家利益出发、扼制个人欲望、舍己为众、忧国忧民的人生价值观。大禹治水三过家门而不入正是这种思想的体现。屈原一心报国却壮志难酬,满腔的苦闷都倾泻在了《离骚》中。

夏启把"禅让制度"变成"家天下"后,"普天之下,莫非王土;率土之滨,莫非王臣。"(《诗经·小雅·北山》)天子国君逐渐成为国家的代表和象征。在秦始皇建立起统一的封建集权制国家之后,"朕即国家"的概念更加巩固。西汉时期,汉武帝采纳董仲舒的建议,"罢黜百家,独尊儒术",用儒家思想建立起完整的社会统治思想,并在政治制度上把儒学和文人求官谋禄密切地结合起来,使读书人全都成为儒生。董仲舒抛弃了孟子"君为轻,民为贵"的民主思想,建立起一种以维护皇权的绝对权威为特征的新儒学,把"忠君"与"报国"密切地结合在一起,成为一个不可分割的概念。从此,"忠君报国"成为儒家思想的核心之一,成为中国人个人价值实现的坐标,人的价值实现的程度如何取决于个人的才能被国家即被君主采用的程度如何。于是,中国的读书人一个个争相踏上"忠君报国"之路,以天下为己任,他们希望在政治舞台上有所作为,大用天下,大济苍生,成就千秋英名,在仕宦中实现自己治国安邦的理想,念念不忘"致君尧舜上,再使风俗淳"(杜甫《奉赠韦左丞丈二十二韵》)。

但是整部中国封建帝王史,昏昧的君主占多数,即使是明主,因受个人爱好和眼光的局限,不可能赏爱每个人。但人各有其才,作为臣子,如果得不到君王的任用就没有机会实现自己的价值。再加之官场腐败,文人们"忠君报国"的满腔激情总是遭受挫折,仕途总是坎坷不平,他们把这种挫折感倾吐在他们的诗歌中。"不才明主弃,多病故人疏"(孟浩然《岁暮归南山》)。这是中国古典情诗喻托功能形成的历史文化基础。

一般来说,诗人内心的幽怨情怀不能也不便直接公开地表现,借助一个喻体婉转隐晦地表现是较为妥当的方式。在我国古代,臣的地位与妻妾相同,《周易·坤·文言》说:"坤,地道也,妻道也,臣道也。"臣子依附君王和女子依附男子的性质是相似的。女子的价值在容貌,男子的价值在德才。一个花容月貌的女子倘若得不到男人的欣赏，就徒然衰老，是件很可悲的事，所谓"恐美人之迟暮"。而一个德才兼备的男子，得不到君主的垂青，没有施展的机会，就白白度过一生，这是更可悲的事。这种可比性是屈原在《离骚》中以美人自比的理论依据。《离骚》中恐迟暮之美人实际上就是怨女思妇的形象。屈原先事楚怀王，却"忠而见谤"，被放逐不用，与女人空有花容不被赏爱相同。应该说，后世情诗中的内容在《诗经》中已基本齐备。《诗经》中的情诗，或写男女相悦，或写幽会，或写女子追求男子，或写男子追求女子，或写女子春心萌动的微妙心理，或写怨女思妇，但用男女之情隐喻君臣关系，寓托自己的幽怨情怀这种方式却是屈原首先使用于《离骚》等楚辞篇章。中国文学历来讲究引经据典，屈原一心报国的忠贞形象成为后代士大夫们的精神楷模之后，屈原《离骚》中的以美人或香草（香草实际上是美人的另一代称）自喻的喻托方式也就成为文士们竞相仿效的方式，由此形成中国古典情诗中多以遭弃的美丽女子隐喻自视德才兼备却遭弃用的诗人自己的传统。这是中国古典情诗喻托功能形成的直接原因。因此，中国古典文学从屈原以降，诗人们大都采用这种香草美人式的喻托，以表现仕宦上的不得志。

中国古代文人最怕的就是一腔热血付诸东流，担心生命落空。孔子在《论语·子罕》中也说："沽之哉！沽之哉！我待贾者也。"因此，"士为知己者死，女为悦己者容。"一旦得赏识，赴汤蹈火在所不辞。反之，则幽怨哀伤，借男女相思之情，抒君门九重之感，缠绵悱恻，凄楚动人，充分表现了中国士大夫们的政治悲剧。曹植遭其兄曹丕多年的压制，看不到出头的希望，在其诗《南国有佳人》中正是用"恐美人之迟暮"来喻托自己内心的悲哀："南国有佳人，容华若桃李。朝游江北岸，夕宿潇湘沚。时俗薄朱颜，谁为发皓齿？俛仰岁将暮，荣耀难久持。"这首诗伤心功名无望，英雄无用武之地，叹息生命落空，喻托十分明显。李商隐的《无题》："八岁偷照镜，长眉已能画。十岁去踏青，芙蓉作裙衩。十二学弹筝，银甲不曾卸。十四藏六亲，悬知犹未嫁。十五泣春风，背面秋千下。"这首诗以美丽的女子到了出嫁年龄却得不到如意郎君的眷爱之忧伤，隐喻诗人在仕途上满腔才智得不到君主赏爱的幽怨情怀。这类具有喻托的情诗在中国古典诗歌中不胜枚举。这种喻托方式也形成一种文化积淀，成为中国文学和文学批评的一种普遍的审美方式。

伊朗文化从古至今一直具有浓厚的宗教色彩,其古典情诗中喻托功能的形成与伊斯兰教中苏非神秘主义的产生有着密切的关系。可以说,苏非神秘主义是对伊斯兰教的一个重要补充。本来,宗教文化的一个显著特点就是关注后世,永恒的天堂是人们精神生活的支撑点。苏非神秘主义虽然也讲后世,也讲天堂地狱,但它的着眼点却是"现世"。苏非神秘主义在实践方面主张苦行和修道。但这种苦行和修道与基督教中的苦行和修道并不相同。基督教中的苦行和修道是人的"赎罪"方式,以期在后世灵魂能进入天堂。而苏非神秘主义的苦行和修道是通向"人主合一"这一"至境"的桥梁。苏非神秘主义认为通过苦行和修道,能使人滤净心性,祛除后天的"人"性,恢复先天的神性,修炼成"完人",实现与真主合一,在合一中获得永存。

"人主合一"有三个层次:一是功修者的合一。这种合一可以在刻苦修行中实现,一般表现为在沉思冥想中"心见"真主,或通过舞乐的配合在癫狂中进入"人主合一"的至境。这种合一具有短暂性、多次性的特点。二是圣徒的合一。虽然这一层次的合一状态时间长于前者,但也是非永久性的。在合一状态下,圣徒可自称真主。三是先知的合一。这是永久的合一,这时人性完全转化为神性。① 由此可见,"人主合一"的实现并非在来世,而是在现世。即使是最高层次的先知的合一,也是在现世就可以达到的。苏非派认为穆圣就是达到"先知的合一"的完人。因此,在苏非神秘主义中"永恒"的实现不是在来世上天堂,而是在现世就可以获得。并且,天堂不等同于真主,天堂是个广泛的概念,而真主是个至高无上的概念,因此"人主合一"的永恒高于"进入天堂"。当"真主"的概念在人们的头脑中成为一种绝对精神时,追求"人主合一"的苏非神秘主义就从一种宗教变为一种哲学。把着眼点从后世转变为现世,这是苏非神秘主义对伊斯兰教的第一个补充,也是苏非情诗的喻托功能形成的第一个基础,它使现世的"男女结合"与"人主合一"之间产生了可比的关联。"我把情人镶嵌进了我的眼睛,只有这样才能有愉悦的心情。眼睛和情人已完全融为一体,眼里只有情人,情人扎根眼中。"②阿布赛义德·阿布尔赫

① 金宜久:《伊斯兰教的苏非神秘主义》,中国社会科学出版社1995年版,第65—66页。
② 张晖译:《痴醉的恋歌——波斯柔巴依集》,漓江出版社1991年版,第7页。

尔(967—1048年)的这首诗正是苏非修行者在修行中"心见"真主,进入"人主合一"状态的写照。

"人主合一"的至境是苏非修行的终极目标。但是,在传统宗教观念中真主是至高无上的主宰,人在真主面前是十分卑微渺小的奴仆。在这巨大的心理距离的落差面前,要实现"人主合一"几乎是不可能的。因此,对人主关系的认知方式进行改变的"神爱"思想在苏非派中便应运而生。这是具有重大意义的改变。它把真主与人的关系,由主奴关系改变为情恋人关系,使人从自认为奴的、战战兢兢、诚惶诚恐的畏主的单一情感中解放出来,赋予人恋人角色的激情,把真主作为尽情喜爱的对象来膜拜,使"人主合一"在心理距离上成为可能。这是苏非神秘主义对伊斯兰教的第二个补充。

这种认知方式的改变对文学的影响是巨大的,它使追求"男女结合"与追求"人主合一"之间产生了直接的可比性,是苏非情诗中喻托功能形成的直接原因。波斯诗人们把真主比作情人佳丽,把自己比作追求者,以世俗的男女之情喻托心中对真主的狂热爱恋。写男女相爱,可以看作诗人在修行中"心见"真主,进入了与主合一的状态,如前面所举的阿布尔赫尔的诗。写女子冷酷无情,可以看作是诗人难以找到近主之路,没得到真主的眷顾,如哈菲兹(1327—1390年)的诗:"勾魂秋波似飞镖,中者无不心旌摇;知心佳偶怎见弃,铁石心肠如冰窖。"①莫拉维(1207—1273年)的诗:"如你绚丽之园没见过,勾魂水仙难敌你秋波,你却将贞洁深深包裹,很久很久也不来看我。"②写相思之情,则反映了诗人对"人主合一"境界的执着追求,如贾米(1414—1492年)的诗:"我可怜的心在爱火中熔消,为追求你,我把这存在本身弃抛;终于认识到自己配不上这结合,只好在离别的伤痛中忍熬。"③"合一"状态岂能常有,因此波斯情诗中描写女子冷酷无情和抒发相思之苦、离别之痛的诗远远多于第一类描写男女相爱的诗。

综上所述,可以说中国情诗多以失意女子喻男子仕途失意,波斯情诗则多以女子之难以接近喻男子近主之道的艰辛。从11世纪开始,苏非思想逐渐成

---

① 《哈菲兹诗集》(波斯文),信息出版社1982年版,第546页。
② 《夏姆士全集》(波斯文),目光出版社1998年版,第1294页。
③ 《贾米诗集》(波斯文),伊朗研究中心出版社1999年版,第853页。

为伊朗社会的主导思想,长达五百年之久。① 苏非文学成为这时期的主流文学,苏非情诗中以男女之爱喻托对真主的炽热恋情成为一种普遍的方式,以至形成为一种普遍的审美定势。笔者认为正是这种喻托功能使苏非情诗的内涵摆脱了普通情诗的单纯而变得十分深广,使伊朗中世纪的诗歌在世界古典诗坛上占据重要地位。

苏非思想虽然产生于阿拉伯,但在伊朗的土地上得到发扬光大。苏非思想不仅在阿拉伯世界流行,还波及到巴基斯坦、印度和中亚地区,在这些国家中都出现过苏非文学,其中也有一些具有这种喻托功能的苏非情诗。而由于苏非思想在这些国家和地区始终未能成为社会的主导思想,苏非文学也未在其本国文学中成为主流文学,因此这种喻托功能远没有像在波斯那样成为一种普遍的存在。

在西方文学中,《圣经·雅歌》中以夫妇男女之情喻神人之爱的方式并没有形成传统,在欧洲中世纪的文学中也没有得到充分的表现。欧洲中世纪文学中虽也有不少用情诗来抒发对上帝的神圣之爱的作品,但这时期文学的主流是"原罪",更多的作品表现的是:在上帝面前,人不是狂热的恋人,而是赎罪的罪人。文艺复兴之后,虽然也出现过玄言诗,如以约翰·多恩(JohnDonne)为代表的英国 17 世纪的玄言诗派写了很多热烈的情诗来寓托其宗教感情,但声势浩大的人文主义浪潮冲毁了情诗对神人之爱的喻托基础。没有了基础,这种喻托宗教情感的情诗便成为零砖碎瓦,因而这种喻托功能始终未能成为欧美文学中一种普遍的审美方式。

二、对诗歌表现特征的影响

首先,这种喻托功能对诗歌的叙写角度产生了影响。虽然中波古典情诗都以"男女之情"作喻,但这种喻托的喻体和本体在中波情诗中正好相反。中

---

① 关于苏非思想在 11 世纪成为伊朗社会主导思想的原因,参见穆宏燕:《波斯中世纪诗歌中的苏非思想审美价值》,《国外文学》1999 年第 4 期。这里不再赘述。

国古典情诗中,喻体"男"对应的本体是"君王",喻体"女"对应的本体是"诗人"①自身;而波斯古典情诗中,喻体"男"对应的本体是"诗人"自身,喻体"女"对应的本体是"真主"。因此,中国古代诗人有一个性别转换的问题,即从生活中的男性转换为诗歌中的女性。一般来说,要男人在心理上接受这种转换是很难的,因此很难让自己站在女性主观的角度,以第一人称"我"(女性)来进行抒写。加之,中国士大夫们内心的幽怨情结本来就不能用第一人称"我"(不论男性还是女性)来直接宣泄。因此,中国古代诗人只能让自己站在女性客观的角度,以第三人称"她"来进行抒写。因此,中国具有喻托的古典情诗其叙写角度大多是客观的。请看李端的《鸣筝》:"鸣筝金栗柱,素手玉房前;欲得周郎顾,时时误拂弦。"诗人站在客观的角度描写了一个女子欲得如意郎君眷顾的微妙心理,寄寓了诗人渴望君主垂青的心情。前面所举的李白的《玉阶怨》和李商隐的《无题》都是站在客观的角度"写他人之情,抒自己之怀"。

而波斯古代诗人则没有这种性别转换的问题,诗人总是以自身男性的性别来直抒胸臆。

在波斯,女人是男人的财产,男人地位的高低常常体现为拥有女人的多寡。波斯诗人没有厚重的儒家伦理道德的约束,他们认为男人对女人的追求是理所当然的事,是一件体现男人能力的事,值得炫耀和大书特书。"挥金如土,袋内有散不尽的金银,城中陪伴的都是玉乳酥胸的美人"(鲁达基,850—941年)②,这样的诗句正是这种思想的写照。当苏非思想盛行后,以男女之情喻托对真主之爱这种方式使得波斯诗人们更加毫无顾忌地抒发自己内心炽热的情感,激情洋溢地描绘他们眼中的美女:"你的花容是世人的祈祷方向,你的月貌俘获了世间的帝王。不论虔诚信徒还是禁欲贫僧,无不因你的流盼而激奋迷惘。"(萨纳依,1080—1140年)③因为抒写内心对真主的热爱是件正大光明且应极力宣扬的事,与中国士大夫们的幽怨情结迥异,因此诗人完全可

---

① 由于中波两国古代的诗人绝大多数是男性,因此这里"诗人"一词不包含女性。
② 张鸿年:《波斯古代诗选》,人民文学出版社1995年版,第34页。
③ 张晖译:《痴醉的恋歌——波斯柔巴依集》,漓江出版社1991年版,第33页。

以以第一人称"我"（男性）和从男性主观视角出发的第二人称"你"（女性）来公开地直接描写自己内心的情感,比如:"你的影子是我的家园,你的卷发把我癫狂的心系缠"（莫拉维）①,完全是直抒胸臆的方式。即使是前面所引的哈菲兹的短诗,诗人也是站在自己主观的视角来描写女子的无情。因此,这种喻托功能对波斯情诗主观角度的描写方式起了极大的促进作用。

其次,这种喻托功能对诗中女性所具备的特征产生影响。中国古代诗人以女性自比,婉转地抒写自己内心的幽怨情结时,着眼点在己。用符号来表示就是:a、b、c、d 等若干诗人即诗中的女性,与同一个喻托对象君王（男性）。诗人各不相同,因此诗中的女性也各不相同,都是个案,是个性化的女性。前面所举的李白的《玉阶怨》和李商隐的《无题》以及李端的《鸣筝》就是写的三个完全不同的女性。而波斯诗人以男女之情喻神人之爱时,着眼点在彼（即真主）。用符号来表示就是:a、b、c、d 等若干诗人即诗中的男性,与同一个喻托的对象真主即诗中的女性。因此,波斯诗人看似对很多女人抒发爱情,具有泛爱色彩,但却千人一面,雷同化,因为他们面对的都是同一个"美人"——独一的真主,女人其实只是诗人们抒发对真主的热爱的一个道具而已。因此,诗中的女性具有强烈的共性特征。而主观角度的叙写方式使波斯情诗中女性共性化的特征更加突出,因为波斯诗人们往往并不打算记述具体的人物事件,只是主观地抒发内心涌动的激情,因而诗中的女性概念化,具有非常强的象征内蕴。

三、对后世文学批评的影响

用西方现代的符号学理论来说,一个符号在传统文化中长久使用,就形成了一个语码（code）,使你一看到它就会产生某些固定的联想。本文论述的喻托功能正是由于诗人们长期普遍地主观刻意为之,形成特定的审美义项和联想义项,积淀于传统文化中,作用于读者的审美功能和联想功能,对后世的文

---

① 《夏姆士全集》（波斯文）,目光出版社 1998 年版,第 1277 页。

学批评产生了深远的影响。如前所述,中国具有喻托的情诗一般采用的是客观角度的描写方式,诗中女性个案化。这两个特点结合在一起,其结果是读者在阅读时,也一般是站在客观的角度带着审视和考证的眼光去理解和欣赏,很难融进读者的主观情感。当我们在评阅中国古典诗歌时,一旦遇到描写怨女思妇、或描写女子渴求男子垂爱的诗歌,自然而然地会作喻托方面的联想,往往进而对诗人的仕途生涯进行深入的考察。反过来,当我们试图论及某个诗人在仕途上的坎坷时,也常常用该诗人的这类诗作进行论证。由于中国历史有非常丰富的史料记载,文人诗歌创作的背景大多可考。因此,有的情诗有喻托是显而易见的,有的情诗没有喻托也是共识,如汉代李延年的《北方有佳人》没有喻托,而后来的曹植的《南国有佳人》却是有喻托之作。还有一种情诗对作者本人来说可能没有喻托,但读者却从中看出了喻托。正是因为这种喻托方式成为一种普遍的审美方式之后,才会出现这种情况。比如温庭筠的词从作者的身世看,应当是没有喻托的,但后世说词人张惠言却从中看到了"美人迟暮"之喻托。关于这种喻托对后世文学批评的影响,著名的加拿大华裔词学家叶嘉莹教授在很多论著中都有详细的论述,她指出温词之所以能使读者产生这种有关喻托的联想,正是由于其文本中所使用的一些语码,可以唤起读者对文化传统中的一些语码的联想。[①] 比如,温庭筠《菩萨蛮》:"小山重叠金明灭,鬓云欲度香腮雪。懒起画蛾眉,弄妆梳洗迟。"在这首词中,"画蛾眉""梳洗弄妆"正是女子为企盼得到男人垂爱而做的事,所谓"女为悦己者容"。若该女子容华渐消,心灰意冷,便会懒于画蛾眉,迟迟不愿梳洗弄妆。再如李商隐的很多隐晦的情诗,有些完全可能是诗人所遭遇的忧伤而难言的爱情的写照,但论者也往往把它们与诗人的坎坷仕途联系在一起。

在波斯,这种喻托功能使后世读者和论者对波斯情诗的阅评形成特有的方式。11 世纪之前的波斯情诗,有些肯定是表达对真主之爱的,因为苏非思想早在 11 世纪之前就在伊斯兰世界流行了,但我们一般不对这之前的诗歌作这种喻托分析,因为在这之前苏非思想还未成为伊朗社会的主导思想,这种喻

---

① 参见叶嘉莹:《叶嘉莹说词》,上海古籍出版社 1999 年版;《唐宋词十七讲》《唐宋词名家论稿》《古典诗词讲演集》《迦陵论词丛稿》,河北教育出版社 1997 年版。

托方式也未成为整个民族文学的普遍的审美方式。论者可以认为内扎米 (1141—1209 年)的两部长篇爱情叙事诗《蕾莉和马杰农》与《霍斯陆和西琳》有喻托,却无人会认为菲尔多西(940—1020 年)的《列王纪》中的爱情故事有喻托。人们可把哈菲兹的情诗当作苏非情诗来欣赏,但却不会把鲁达基的情诗当作苏非情诗来读。11 世纪之后,苏非思想成为伊朗社会的主导思想,这种喻托方式成为情诗中普遍的方式,这之后肯定也有些情诗并非描写神爱,而是描写世俗之爱,诗人有可能完全是为自己所钟爱之女人而创作,未必有宗教情感的寓托,但诗中使用的语言符号使读者产生了喻托之联想。波斯情诗主观角度的抒写方式和诗中女性特征的共性化,加上有关诗歌创作的可供考证的背景资料不详,使这些情诗的性质究竟是苏非情诗还是世俗情诗难以明确界定,其结果是这些情诗能为任何人所用,读者在阅读时很容易融进自己的情感。任何人都可用苏非情诗来抒发自己心中对真主的热爱之情,当然也可把这些苏非情诗向生活中某个具体的佳丽吟诵。苏非信徒们也常常把世俗情诗借来为己所用。因此,从接受美学的角度来说,读者对这些情诗完全可以根据自身的感受而定,既可以把一些苏非情诗当作世俗情诗来欣赏;反之,也可以把一些可能是世俗情诗的诗歌当作苏非情诗来理解。只要不超越 11 世纪这个界线,笔者认为都是可以的。

中国古典诗歌的这种喻托功能,随着清王朝的覆灭而结束。虽然儒家思想仍浸润着中国文人的精神生活,但君臣义项中,君的一方已不存在,因此整个喻托功能便失去了存在的基础。波斯苏非情诗的喻托功能,随着萨法维王朝(1502—1775 年)的建立,什叶派成为国教,苏非派受到遏制而开始衰弱和消退。但是,苏非思想已积淀成伊朗文化的一部分,苏非思想从哲学的角度成为伊朗文人深层文化结构的一部分,常常在他们的作品中表现出来,如:赫达亚特(1903—1951 年)的小说《瞎猫头鹰》和夏姆鲁(1925—2000 年)的诗歌。

(本文原载《国外文学》2002 年第 2 期)

波斯古典诗歌中的诗酒风流

——以海亚姆、莫拉维、哈菲兹为例

读波斯古典诗歌,给人印象最深的莫过于美酒与情人这两个意象:波斯情人手执一壶美酒,在诗歌中往来穿梭,任情挥洒,使整个波斯古典诗歌弥漫着一股浓浓的酒香。掩上诗集,读者口中仍久久留香,回味无穷。携情人共饮似乎是波斯诗人最感惬意的一种生活方式,诗人们在美酒醇香的刺激下、在情人琴声的撩拨中,激情勃发,才思泉涌,吟诵出一首首奇妙诗篇。从波斯文学之父鲁达基(850—940年),到波斯中世纪最后一位大诗人贾米(1414—1492年),美酒加情人的意象几乎渗透了每个诗人的诗作。可以这么说,美酒情人与诗人本身的才华密切融合,形成一种诗酒风流,在中世纪的伊朗蔚然成一个时代之风气。

一

波斯中世纪的这种诗酒风流首先与其传统文化密切相关。伊朗在前伊斯兰时期信奉琐罗亚斯德教(祆教),该教崇尚饮胡摩汁,把胡摩汁视为人的生命力的源泉,能延年益寿。琐罗亚斯德教的经书《阿维斯塔》中就谈到琐罗亚斯德家族和伊朗人的祖先贾姆希德及其后代子孙都因饮用胡摩汁而青春常在,力大无穷。[1] 这种胡摩汁被后人解释为酒,称为胡摩酒。琐罗亚斯德教的祭司们大概常饮酒,以至于后来波斯诗人们常把酒称为"祆教之酒""摩冈(即

---

[1]　参见元文琪译:《波斯古代诗选,阿维斯塔》,人民文学出版社1995年版,第6—11页。

祆教祭司)之酒"。伊朗是个文明古国,成熟的文明往往也代表着富足奢华的社会生活,而宗教又往往对社会风气起着导向作用,以琐罗亚斯德教为国教的伊朗尚酒风气十分浓厚。希罗多德早在两千多年前就谈到过伊朗人崇尚饮酒的社会风气:伊朗人自古以来就好酒贪杯,耽于声色之乐。他们非常喜欢酒,并且有很大的酒量,甚至他们专在喝得醉醺醺的时候才讨论重大事件。① 尽管伊朗伊斯兰前的历史文献散佚殆尽,但这种奢华的社会风气在现有的文学作品中还能窥见一斑。在描写伊朗古代帝王的诗歌里,常常见到丰盛的筵席、飘香的美酒、陪侍的佳人,极尽豪奢。

亚历山大征服伊朗后,希腊人曾统治伊朗80余年(前331—前250年)。晚期希腊的各个哲学派别都对伊朗有过影响,但对伊朗社会风气影响最深的莫过于伊壁鸠鲁学派,因为这种影响一直延续到伊斯兰时期。伊壁鸠鲁(前341—前270年)认为:"幸福生活是我们天生的最高的善,我们的一切取舍都从快乐出发。"②这种快乐的实质是指理性的、正直的、有节制的快乐,违背了这一精神,就不可能尝到什么真正的和心安理得的快乐。因此,伊壁鸠鲁反对放荡者的快乐或肉体享受的快乐,反对酗酒和迷恋女性和娈童。然而这种以快乐与享受为道德准则和人生目的的哲学在伊朗发生了变异,伊朗人更多的是接受了这种快乐原则表面上的东西,而对其内在实质视而不见。因此,在伊朗,伊壁鸠鲁的快乐享受原则蜕变为美酒情人相伴的强调感官享受的享乐主义,这实在是有点背道而驰。

651年,伊朗在萨珊王朝灭亡后,成为一个伊斯兰国家。伊斯兰教本是禁酒的,但历代哈里发政权或各个地方政权似乎对酒总是禁而不严的(即使在当今伊斯兰世界,也只有推行原教旨主义的国家或派别组织才严厉禁酒),酒馆、酒摊大量存在。著名的埃及历史学家艾哈迈德·爱敏认为是波斯人把纵情酒色的风气带给了久居沙漠、生活朴素的阿拉伯人:"没有波斯人,阿拉伯人怎会知道精心设计的歌会、穷奢极侈的酒会以及舒适享乐的生活呢?"③这

---

① 希罗多德:《历史》上册,王以铸译,商务印书馆1985年版,第69页。
② 范明生:《晚期希腊哲学和基督教神学》,上海人民出版社1998年版,第134—135页。
③ 艾哈迈德·爱敏:《阿拉伯—伊斯兰文化史》第二册,纳忠译,商务印书馆1990年版,第170—171页。

从侧面反映出伊朗人纵情酒色的风气是多么根深蒂固。

然而,亡国后的伊朗人的纵情酒色与波斯帝国如日中天时的享乐主义已大不相同。在太平盛世,人们饮酒作乐、豪气干云,酒杯里盛的是富足与奢华;在衰亡之世,人们也纵情酒色,酒杯里盛的却是沧桑变幻的感慨和人生的痛苦。伊朗在萨珊王朝灭亡后,整个中世纪几乎都处于异族的统治之下。阿拉伯人、突厥人、花拉子模人、蒙古人、鞑靼人似走马灯一般,这个走了那个又来。连年的战火、异族的统治,使伊朗人深切感受到人世的无常、生命的短暂、现实的痛苦,充满幻灭感,"今朝有酒今朝醉"式的及时行乐的思想更加大行其道。这种痛苦与幻灭的感觉对于情感敏锐的诗人们来说就更加深沉,能够麻醉人痛感神经的酒因此为诗人们所格外青睐,巷中酒肆、郊外酒摊成了诗人们经常留恋盘桓的地方。酒肆、酒摊里陪侍酒者大都是年轻美貌的姑娘(波斯语称为"萨姬",意为"斟酒人"),诗人在酒酣微醉之时,便对萨姬抒情,吟诗作歌,形成一种诗酒风流。

这种与深沉的人生痛苦紧密相伴的诗酒风流的代表当推海亚姆(1048—1122年)。《海亚姆四行诗集》现比较通行的可靠版本是伊朗纳希德出版社编纂的,共收录178首,其中具有酒意象的诗占半数以上。海亚姆用"酒"这个意象把自己内心的各种痛苦在诗歌中宣泄得淋漓尽致。

岁月乖戾、人生短暂、世事变幻对锐感的诗人与对钝感的普通人造成的心理冲击的程度是无法相比的。"昔日帝王饮酒宫,鹿生幼崽狐筑窝。帝王一生在狩猎,请看坟墓将他捉。"[①]昔日的奢华与今日的荒凉形成强烈的反差对比,让人生出人世沧桑变幻的极度感慨。这里,"酒"炫耀着昔日的奢华,印证着人世的沧桑巨变。"佳人光临晨饮时,捧来美酒又弹曲。千万人杯皆入土,夏生冬死太须臾。"这里,"酒"凝聚着现实的快乐,然而杯底里沉淀的却是人生苦短的惨痛。

海亚姆在生前并不以诗著名,而是以数学家、天文学家、医学家的身份受到人们的敬仰。科学家的身份,决定了他必然以理性主义的眼光去看待宇宙万物、人生人死等诸多问题,因此他信奉的是以法拉比(870—950年)和伊本·西那(980—1037年)为代表的伊斯兰教中的理性主义哲学,其核心是承

---

① 《海亚姆四行诗集》(波斯文),纳希德出版社1994年版,第10页。

认真主创造宇宙万物,而宇宙万物一经创造出来,便是独立于真主的客观存在。这种理性主义的源头正是伊壁鸠鲁的原子论学说和新柏拉图主义的学说。海亚姆的哲学思想在其诗歌中的表现是十分充分的,以致后人把他称为诗人哲学家。"陶工手中买陶罐,陶罐开口秘密言:曾是国王握金樽,现成醉者手上罐。"①人死入土,尸体分解成原子与泥土融为一体,而这前人的尸土又被做成今日醉者手中的杯盏。朴素唯物主义的哲学与海亚姆诗人的锐感相结合,生出来的却是强烈的沧桑变幻的感慨。这里,"酒杯"成为人生无常的一个见证。"佳人快起慰我心,以你美丽解难困。你我泥土成罐前,美酒一罐共酣饮。"这里,"酒"是与乖戾岁月争夺人生的争夺者。可以说,诗人以酒为媒体,在宇宙与人生、永恒与短暂之间努力寻找着自己的精神归属。

海亚姆生活的 11 世纪正是伊朗社会的转型期。著名伊斯兰教教义学家安萨里(1058—1111 年)把苏非神秘主义纳入正统伊斯兰教,二者相结合,逐渐成为伊朗社会的主导思想。苏非神秘主义的主要学说之一"存在单一论"认为:宇宙万物是真主属性的幻化和显现,除真主外无物存在。这时,伊本·西那的理性主义学说被视为异端,伊本·西那的著作遭到焚毁。自称是伊本·西那弟子的海亚姆,其内心的痛苦是可想而知的。然而,这种痛苦却是无法公开表达的,只好宣泄在诗中。而这些充满异端思想的诗歌也是不能公之于众的,这是海亚姆生前不以诗名著称的一个重要原因。作为科学家的海亚姆视正统教派为钳制人思想独立和心灵自由的桎梏。"红砖胜过帝王国,酒碗味赛贞女食。清晨酒徒叹息声,胜却贤哲之妙语。"②"滴酒胜过帝王权,胜过御榻和国土。清晨酒徒呻吟声,胜过伪僧假顺服。"③这二首诗如出一辙,对所谓的正统者进行了毫不留情的抨击。这里,"酒"成了诗人与正统宗教抗争、争取思想自由、追求心灵自由的武器。"人说醉者下地狱,内心抵触又反抗。恋人醉者入地狱,明朝天堂空似掌。"④伊斯兰教视饮酒为一种罪孽,要下地狱。但诗人却偏我行我素,纵酒为乐。海亚姆在认识论上与占正统地位的

① 《海亚姆四行诗集》(波斯文),纳希德出版社 1994 年版,第 98 页。
② 《海亚姆四行诗集》(波斯文),纳希德出版社 1994 年版,第 161 页。
③ 《海亚姆四行诗集》(波斯文),纳希德出版社 1994 年版,第 168 页。
④ 《海亚姆四行诗集》(波斯文),纳希德出版社 1994 年版,第 113 页。

宗教思想所产生的冲突,一般只产生在少数精英身上,若公开对抗,必招祸患。饮酒的"逆徒"却是众多,俗话说法不责众,因此诗人把饮酒作乐作为追求心灵自由、反对正统教派的一种外在形式。"饮酒作乐是信条,摆脱是非乃宗教。何是岁月之聘金? 快乐舒畅心情好。"①在政治严酷的年代,海亚姆追求着属于自己精神自由的空间。这里,"酒"成了庇护心灵自由的港湾。

人生须臾,却装满了无数的痛苦。"何以解忧,唯有杜康。"于是在海亚姆那里,曹孟德成了知音,酒成了消解人生痛苦的灵丹妙药。"冬去春来又一年,生命之书快翻完。忧愁是毒解药酒,畅饮休悲乃箴言。"②"酒"能消解人生短暂的痛苦。"溪边田间花开时,两三佳丽相为侣,递过酒杯饮一盏,忘却庙堂清真寺。"③同样,"酒"也能消解正统教派压制心灵自由的痛苦。借酒浇愁的外在表现形式便是及时行乐。"生命永恒在畅饮,青春收获也在此,正当酒花醉友时,生活乃是尽欢娱。"④面对人生的种种痛苦,海亚姆选择了伊壁鸠鲁的快乐享受原则。这里,"酒"成了人生的真谛。"红花碧草尽欢笑,一周光阴又入土。摘花畅饮须及时,转眼花黄草也枯。"⑤这里,及时行乐的"酒杯"里深藏的是人生苦短的凄凉。人生短暂,须及时行乐,而及时行乐更觉人生短暂。纵情愈深,痛苦也就愈深。因此,李太白的话才是真理:"举杯销愁愁更愁。"海亚姆把人生的种种痛苦融于酒,又把酒融于生命,然后从生命的深处倾洒于诗篇。读海亚姆的酒诗,如同聆听痛苦心灵的泣诉。

二

波斯中世纪的这种诗酒风流还与其宗教文化密切相关。一方面,从 11 世纪起,苏非神秘主义逐渐成为伊朗社会的主导思想。苏非神秘主义在修行方

---

① 《海亚姆四行诗集》(波斯文),纳希德出版社 1994 年版,第 113 页。
② 《海亚姆四行诗集》(波斯文),纳希德出版社 1994 年版,第 114 页。
③ 《海亚姆四行诗集》(波斯文),纳希德出版社 1994 年版,第 115 页。
④ 《海亚姆四行诗集》(波斯文),纳希德出版社 1994 年版,第 118 页。
⑤ 《海亚姆四行诗集》(波斯文),纳希德出版社 1994 年版,第 139 页。

面追求的正是一种迷狂状态,在迷狂中"心见"真主。获得这种迷狂状态的方式是多种多样的,可以是沉思冥想的内省方式,也可以是长时间的赞念、跳旋转舞等外在方式,甚至针刺肉体、蹈火等极端方式。不论什么方式,其特征皆是欲使人的精神游离于自我意识之外,让人的精神去体会自我意识之外的无限广阔的时空。酒的生理和心理作用也是可以使人达到这种迷狂状态的,正如尼采在《悲剧的诞生》中所说:"在酒神狄奥尼索斯的激奋的情感中,个人往往达到忘我的境界","这醉狂的世界突破个体的范限,以整体的神秘感,使自己从个体的范限中解放出来。"①因此,酒所带来的醉狂在生理和心理机制上与苏非神秘主义所追求的迷狂是相通的。

另一方面,苏非神秘论者对《古兰经》中的有些经文往往作神秘主义的阐释。《古兰经》有多处提到"酒":"他们将饮封存的天醇,封瓶口的,是麝香。"(83:25-26)②"天醇的混合物,是由太斯尼姆来的,那是一洞泉水,真主所亲近的人将饮它。"(83:27-28)"他们的主,将以纯洁的饮料赏赐他们。"(76:21)。"天醇""纯洁的饮料"这两个词在阿拉伯语原文中即是"酒"一词,波斯语的《古兰经》也把这两个词直接译成酒。《圣训》曰:至上的主为他的朋友们准备了酒,任何时候饮它都会沉醉,会因沉醉而精神振奋。③ 苏非神秘论者把经文中的"天醇""纯洁的饮料",以及《圣训》中的"酒"解释为真主的神智之酒。神智是一种认主的神秘智慧,这种智慧本身是真主直接赐予的,直接来源于真主,不同于来自实践经验或他人传授的知识。④ 因此,神智是苏非神秘主义认为在认识真主的过程中不可或缺的智慧。诗人们还以《古兰经》和《圣训》中的这些章节为依据,称呼真主为"萨姬",比如:选活力持久者的爱情,即为你斟劲酒的萨姬。(《玛斯纳维》1:219)⑤

---

① 陈鼓应:《悲剧哲学家尼采,悲剧的诞生》,生活·读书·新知三联书店1996年版,第309页。

② 马坚译:《古兰经》,中国社会科学出版社1996年版,括号中为章节数,以下同。

③ 莫拉维:《玛斯纳维》(第六卷)(波斯文版),萨法·阿里沙赫出版社1996年版,第643联前题目。

④ 参见金宜久:《伊斯兰教词典》,上海辞书出版社1997年版,第181、161页"神智"词条和"神智论"词条。

⑤ 莫拉维:《玛斯纳维全集》,穆宏燕等译,湖南文艺出版社2002年版。括号中数字为卷联数,以下同。

当诗人们通过酒能获得一种精神的觉悟,在他们眼中,这酒已不是现实中一种能够麻醉人或使人精神兴奋的液体物质,而是人在探求生命真谛的过程中的引航船,是使人精神获拯救的诺亚方舟,是使人认识真主、觉悟真主的神智。由此,现实中物质的酒得到升华,与宗教上的神智之酒结合在一起。这种结合使波斯诗人不仅把酒融于生命,倾酒于诗章,更将酒融于自己的宗教情感。因此,波斯诗人们的诗酒风流与苏非神秘主义在伊朗的迅速流行出乎意料地结合在一起,成为伊朗中世纪一种特殊的文化现象。

诗酒风流与宗教情感的结合又可分为二类:一类是非宗教人士的,以哈菲兹为代表,对于这类诗人,宗教只作为其信仰的根本而存在;另一类是宗教人士的,以莫拉维为代表,对于这类诗人,宗教是其生活的全部。我们这里先讨论莫拉维。

莫拉维(1207—1273年)的叙事诗集《玛斯纳维》和抒情诗集《夏姆士集》是苏非神秘主义诗歌的经典之作,其中《玛斯纳维》被誉为"波斯语的《古兰经》"。在这两部诗集中,有相当多的篇章涉及"酒"。作为苏非派长老和思想家的莫拉维,其"酒杯"中盛的完全是苏非神秘主义的学说。

莫拉维把酒分为"真主之酒"和"魔鬼之酒":"真主之酒喝完如纯麝香,魔鬼之酒喝完又臭又脏。"(1:323)"真主之酒把人们带向那乐师(指真主),肉体之酒获益于这乐师(指尘世的感官享受)。"(6:646)"饮了真主之酒,会使人精神振奋,成为红玉中的红玉之红玉"(6:944),"饮了魔鬼之酒,在清算日,酒鬼的口中会散发出恶臭"(2:1414),会受到惩罚。"只要你是位单纯普通人,魔鬼会追着让你饮迷醇。"(1:1875)因此,"在此沉醉你就远离彼沉醉,有此沉醉你就不见彼酒杯"。(1:576)

"魔鬼之酒"无疑是指刺激人感官享受的现实中物质的酒。而"真主之酒"又可分为两类:一类是非现实非物质的神智之酒,比如:"饮了真主之酒,话语之水会沸腾在哑巴口,初生婴儿也会成雄辩之士,山峰饮了那酒也变得歌喉婉转。"(6:2655–2657)又如:"我们的口粮是盛在金樽里的美酒,对于狗来说瓦盆和肉汤就足够。"(6:1902)另一类是使人进入迷狂状态的现实中物质的酒,比如:"请把火焰般的美酒放在我手中,那时你再看我醉意朦胧的驰骋。"(6:2017)又如:"萨姬啊,我们又醉酒生事吵闹不休,请给玫瑰红的美酒,让我们成为同一色。"①第一句无疑是写饮物质之酒后的酒醉状态,第二句中"酒"的含义已发生转变。《玛斯纳维》第二卷2387—2399联讲了一名督察与酒鬼的故事:半夜三更,督察看见一男子醉倒在墙根,欲把他送进监狱(这说明当时虽然对酒禁而不严,但仍视酗酒为罪孽)。督察想通过气味来断定他酗酒,便让酒鬼哈气,酒鬼开口却"呼啊呼啊"作语。这里,"呼啊呼啊"是双关语,即是象声词,又是苏非在迷狂中对真主的呼唤。酒鬼在沉醉中不停地将真主呼唤,因此,他喝的酒便是真主之酒。

同为现实中物质的酒,如何区分其为真主之酒还是魔鬼之酒?笔者的理解是:倘若饮者在酒醉时其灵魂处于懵懂昏昧的状态,这酒便是魔鬼之酒;倘若饮者在酒醉中却是灵魂的清醒,直逼宇宙人生的本真,这酒便是真主之酒。

然而,如前所述,在大多数情况下,真主的物质之酒和神智之酒是合二为一,不可区分的。只要这酒能使人认识真主、觉悟真主,那么,这物质之酒便是神智之酒,或者说,这物质之酒是神智之酒的载体,因为这物质之酒的本质已被改变。《玛斯纳维》第二卷3398—3423联讲了个故事:有人告诉一门徒说,其谢赫(即苏非长老)经常沉湎在娱乐场所滥饮,十分放荡,根本没有一点信仰。晚上,门徒前往酒肆去查看真情。从窗户外,果然看见其谢赫在饮酒。门徒很气愤,冲进酒肆质问谢赫为什么要饮这魔鬼之酒?谢赫不慌不忙地把酒杯举给门徒,让他尝一尝。门徒一尝却是蜜。门徒再一看,整个酒肆里的酒都成了蜜,"真主之光将它充塞满盈,肉体之杯已碎,变成绝对光明"。(2:3410)这时,其他的饮酒者都匍匐在谢赫面前,说:"伟大的谢赫啊,你来到酒肆,你的光临使所有酒都变成了蜂蜜。你改变了酒的污秽本质,也请改变我们灵魂中的卑鄙。"(2:3421—3422)酒变蜂蜜只是个寓言,阐述的是此物质之酒非彼物质之酒的道理。

那么,是什么改变了物质之酒的污秽本质?苏非神秘主义认为是对真主的神爱。神爱学说是苏非神秘主义的重要组成部分,它认为人只有淹没于对真主的神秘之爱中,焚毁私欲,灵魂才能得以净化,才能达到爱者(指人)——

---

① 莫拉维:《夏姆士集》上卷(波斯文版),内高赫出版社1998年版,第623页。

爱—被爱者(指真主)三者和谐完美的统一。① 《玛斯纳维》开篇就写道:倾注芦笛的是爱的火焰,注入美酒的是爱的沸腾(1∶10)。把对真主的狂热的爱倾注在物质之酒中,在物质之酒带来的迷狂中觉悟真主,这便是神爱对物质之酒的改变,物质之酒因神爱而得到升华,成为启迪人认识真主的神智之酒。因此,苏非神秘主义认为神爱是人获得神智的根本途径。② 由此,笔者领悟到波斯古典诗歌中美酒情人紧密相伴之妙谛。

物质之酒与神爱的结合,使酒肆里的美貌姑娘"萨姬"成为诗人们向真主"萨姬"倾诉爱情的替身。"在酒店里只有那萨姬是我们的主人,主人就是她啊,真主也是她,我们只知道她"。③ 这里,倘若把"酒店"理解为非现实中的真主之酒店,那么第一句中的"萨姬"即指真主本身,那么,第二句中"真主也是她"便不成立。因此,这里诗人是面对现实酒店中的萨姬抒情,但此时诗人头脑中的"萨姬"已不是现实中的萨姬,而是至高无上的真主。这句诗颇具代表性,它代表了波斯情诗的一种普遍的表现方式,即诗人常常面对现实中的美人抒情,而诗人在抒情时心中的美人已不再是眼前的佳丽,已经转为真主,即所谓"眼中之竹非胸中之竹"的道理。这是波斯情诗中所爱对象的抽象性形成的关键原因。

我们在莫拉维的酒诗里读到的是浓厚的宗教之情。把自己完全交给真主的人,是感受不到人世沧桑、人生无常、生命苦短的痛苦的,其痛苦只有一个来源,即与真主分离。

三

在波斯中世纪的诗坛上最具有诗酒风流本色的是哈菲兹(1327—1390年)。《哈菲兹诗集》现存抒情诗和别的诗体的诗歌共 500 余首,其中具有酒

---

① 参阅金宜久:《伊斯兰教词典》,上海辞书出版社 1997 年版,第 161 页"神爱论"词条。
② 金宜久:《伊斯兰教词典》,上海辞书出版社 1997 年版,第 161 页"神爱论"词条。
③ 莫拉维:《夏姆士集》上卷(波斯文版),内高赫出版社 1998 年版,第 623 页。

意象的诗歌近八成,可以说酒的意象贯穿整个哈菲兹诗歌,成为哈菲兹诗歌的有机组成部分。哈菲兹的"酒杯"里,盛的是狂放不羁,是对精神自由的追求,是真正的风流。后来,哈菲兹的这种风流传到欧洲,倾倒了无数的诗人和哲学家。①

哈菲兹对精神自由的追求,首先表现为对苏非外在修行的公然蔑视、抨击和嘲讽。这里,酒是精神自由的代名词,是对抗以外在修行为代表的僵固教条的武器。在展开论述以前,先必须辨明几个概念:

"苏非神秘主义"一词的阿拉伯原文是"塔萨沃夫"(tasavvof)。"塔萨沃夫"包括两部分:一是"艾尔方"('erfān)。"艾尔方"在词根上与"麻勒法特"(ma'refat,即神智)一词关联,指的是苏非神秘主义中的理论体系,包括以沉思冥想为主要特征的内省式的精神修炼,意译为"神秘论"。另一部分是"塔萨沃夫"。"塔萨沃夫"在词根上与"苏非"(sufi,修行者)一词关联,指的是苏非神秘主义中外在的具体修行实践,意译为"外在修行"。因此,"塔萨沃夫"既指苏非神秘主义本身,又专指外在的修行实践。作为一种思潮,其核心当然是其理论体系,因此,人们在谈论"塔萨沃夫"(苏非神秘主义)时,往往指的是"艾尔方"。因此,有时这两个词是同义词,是可以互相替换的。但当"塔萨沃夫"指外在修行实践时,又是和"艾尔方"相对的,不能互相替代。这是极容易混淆的两个概念。

具备"艾尔方"智慧的人被称为"沃勒夫"('āref),意译为"神秘论者",一般指道行高超的长老,而在教团跟随长老修行(这种修行往往是外在修行)的信徒被称为"苏非"(还有"法基尔"等其他一些称呼)。在苏非神秘主义的兴盛时期,沃勒夫往往同时也是苏非(不排除个别例外),而大多数的苏非是不能称为"沃勒夫"的。因此,在莫拉维的诗里,有些地方"沃勒夫"与"苏非"这

① 哈菲兹诗歌传到欧洲后,产生很大影响。歌德读了哈菲兹的诗集后,激情勃发,创作了《东西诗集》,还专门作诗献给哈菲兹,见钱春绮译:《歌德诗集》下册,上海译文出版社 1982 年版,第 337 页。黑格尔在其《美学》中多处论及哈菲兹,说哈菲兹的许多诗歌"显出精神的自由和最优美的风趣"。见《美学》第三卷下册,第 226 页。恩格斯也在著作中多次谈到哈菲兹,说:"读放荡不羁的老哈菲兹的音调十分优美的原作是令人十分快意的。"见《马克思恩格斯论艺术》第二卷,第 102 页。其他诸如普希金、莱蒙托夫、叶赛宁等许多大诗人和尼采、丹纳等哲学家都在自己的著作中对哈菲兹有过赞誉,不一一列举。

两个词可以互相替换,也有些地方"苏非"一词是不能替换为"沃勒夫"的。然而,目前国内学术界没有将"艾尔方"与"塔萨沃夫"及"沃勒夫"与"苏非"这两组概念区分开,在很多时候混为一谈。

对于修行者来说,"塔萨沃夫"(外在修行)与"艾尔方"是统一的,是构成苏非神秘主义不可分割的两个方面。然而,对于不在苏非教团的广大教众来说,过的是柴米油盐的常规生活,他们不是修行者,因此"塔萨沃夫"所推行的种种外在的具体修行实践,他们一般是做不到的,对他们思想产生影响的主要是"艾尔方"神秘理论。因此,在广大教众中,"塔萨沃夫"(外在修行)与"艾尔方"呈现出分离的趋势。随着时间的推移,这种分离趋势愈加明显。外在修行因不合常规生活越来越成为少数信徒的实践方式。这少数的修行者也越来越不被人们理解,逐渐成为人们嘲讽的对象。

伊朗萨法维王朝(1502—1775年)建立后,扼制苏非神秘主义,使"塔萨沃夫"(外在修行)逐渐退出伊朗的历史舞台,现在只在极少数偏远地区的道堂里,才见得到苏非修行者,而"艾尔方"学说却积淀成为伊朗传统文化的一部分。在现在的伊朗,沃勒夫与苏非完全是两个不同的概念,很多卓有成就的人文学者都自称是"沃勒夫",而否认自己是"苏非"。这种情况颇似中国的道家与道教。道家与道教本是两个不同的东西,后来结合在一起,再后来二者又分离,以炼丹术为主要特征的道教成为道观里极少数道士坚守的信仰,而道家则成为中国传统文化的组成部分。

进行外在修行的苏非从受人尊敬到被人嘲讽,是一个渐变的过程,其起始时间是不可考的。但是,我们在哈菲兹的诗集里读到大量嘲讽苏非的诗歌。哈菲兹博闻强识,自幼就能背诵《古兰经》("哈菲兹"一词的原意即为"能背诵《古兰经》者"),在青年时期就诗名远播,他的诗作被人们争相传诵。这说明对苏非的嘲讽在哈菲兹时代不仅不是个别现象,而且还为人们所津津乐道。让我们来看两首例诗:

> 苏非啊,快把花儿摘,快把僧袍弃,
>
> 快把这枯燥的修行交给可口的酒汁,
>
> 快用琴瑟的旋律取代你那妄语狂言,
>
> 快把念珠和僧衣交付给美酒和酒肆,

那繁琐的修行并不受萨姬美人青睐，

快到旷野中,把它交付给春风香息。①

快来,苏非,让我们脱掉伪善的僧袍,

把这虚伪的标志一笔勾销!

让我们把给寺院的捐赠捐给美酒,

把那虚伪的僧衣脱下往酒里抛。

真主的秘密啊就在幽玄的帷幕中,

让我们趁着酒意揭启她脸上的面罩。②

诚然,某些恪守教条的苏非视饮酒为罪恶,然而,如前所述,苏非饮酒者大有人在。把僧袍当酒,并非真的是劝苏非进入酒肆纵酒为乐,而是劝苏非抛弃繁琐修行,去追求精神自由,在精神自由中觉悟真主。因此,在哈菲兹的诗歌里,酒成了精神自由的代名词。在他看来,那些束身修行、足履绳墨的道貌岸然的苏非是多么滑稽可笑,繁琐的修行完全就是对精神自由的扼杀。"既然我心里的血已被修道院污染,那么用酒给我施洗也是理所当然。"③哈菲兹把纵情于酒作为通向自己人生目的的一种生活方式,并将之融于自己的生命形态。"若苏非从美酒的光中悟得幽玄的奥秘,就会明白每个人的本质都由这红酒构成。"④前面已论述物质之酒与神智之酒的内在联系。哈菲兹寄情的无疑是物质之酒,然而,在哈菲兹心中这物质之酒即是觉悟真主的神智之酒,在精神自由中获得的觉悟胜过种种的教条和修行。"做真主的勇士吧,在诺亚方舟里,有狂风巨浪吞不没的陆地。"⑤在哈菲兹的诗里"诺亚方舟"常常指代"酒杯",而诺亚方舟本身又是人在大洪水中唯一能获拯救的工具。这双关语义的叠加使"酒"成为人在纷扰尘世,挣脱束缚,获得精神拯救的唯一工具,这"酒"既是物质之酒,又是神智之酒。因此,在哈菲兹的生命意识里作为追求

---

① 《哈菲兹诗集》(波斯文版),书法出版社 1994 年版,第 291 页。

② 《哈菲兹诗集》(波斯文版),书法出版社 1994 年版,第 213 页。

③ 《哈菲兹诗集》(波斯文版),书法出版社 1994 年版,第 18 页。

④ 《哈菲兹诗集》(波斯文版),书法出版社 1994 年版,第 38 页。

⑤ 《哈菲兹诗集》(波斯文版),书法出版社 1994 年版,第 8 页。

精神自由之媒体的物质之酒,隶属于莫拉维所说的真主之酒的范畴。

哈菲兹对精神自由的追求还表现为对爱情的追求。爱是一种能促使人激情迸发的情感。爱情使无数人成为诗人,也使无数诗人吟出不朽的篇章。哈菲兹的情诗由于大量使用苏非神秘主义惯常使用的一些术语(比如:光、倒影、显现、面纱等),以及其所爱对象的抽象性,使他的诗歌呈现出模棱两可的情趣旨意。追求世俗之爱的人认为哈菲兹是情歌圣手,哈菲兹诗中"生命诚可贵,爱情价更高"的情怀,使无数人倾倒。追求神爱的人,却品味出哈菲兹神爱至上的境界,更是对他推崇备至,把他的情诗奉若经典。他生前好友古兰丹姆在他编纂的《哈菲兹诗集》序言中就说道:"苏非派歌颂真主时,听不到哈菲兹激动人心的诗,就唤不起狂热的感情,酒徒欢聚时,不吟咏他的情意缠绵的诗句,就感到意犹未尽。"①"萨姬哟,快把香浓的醇酒斟满,爱情之路啊,总是先易后难。酒家老人吩咐:快快膜拜那美酒。行路者深知路在何方该如何走。"②这时,酒是爱之路上的必备口粮。若这爱是世俗之爱,这酒便是爱的激情的发酵剂;若这爱是神爱,这酒便是神爱之路上启迪人觉悟真主的神智之酒。让我们再看一首例诗:

> 萨姬哟,快用美酒的光辉照亮我们的酒杯,
>
> 歌手啊,快唱吧,世事已如我们心意,
>
> 我们在酒杯里看见了情人芳容的倒影,
>
> 懵懂者啊,怎知我们嗜酒成癖的欢愉。③

若以世俗之爱论之,"酒杯里看见了情人芳容"则把恋人对情人的思念写得刻骨铭心、出神入化。若以苏非神秘主义的观点论之,诗人既是在物质之酒中沉醉,在沉醉中"心见"真主,又是因真主的神智之光(美酒的光辉)照耀人的存在(酒杯)而获得觉悟,在觉悟中目睹真主的显现,这其中的愉悦真的是普通人无法参透的。

爱本身能使人的精神生出翅膀,自由翱翔。然而,世俗之爱与情欲密不可分,还常常掺杂着许多私心杂念,这些无疑是精神之翅的拖累。而神爱却荡涤

---

① 张鸿年:《波斯文学史》,北京大学出版社 1993 年版,第 178 页。

② 《哈菲兹诗集》(波斯文版),书法出版社 1994 年版,第 1 页。

③ 《哈菲兹诗集》(波斯文版),书法出版社 1994 年版,第 9 页。

了情欲,荡涤了一切杂质,只剩爱本身——纯净的爱。这时,爱成了生活的目的,成了生命价值的体现。在这样纯净的神爱中,人的精神之翅是彻底的舒张,自由自在地飞翔。"艾尔方"学说发展到后期,神爱成为其精髓,为广大教众所接受。考虑到哈菲兹所在时代的宗教文化环境,以及哈菲兹本人对精神自由的追求,笔者更倾向于认为哈菲兹的情诗在很大程度上抒情的对象是"眼中之竹非胸中之竹"。"在爱之路上,寺院与酒店并无两样,哪里有情人的芳容哪里就有光。"①这里,"寺院"与"酒店"并列在"爱之路"上,正说明这"爱之路"是神爱之路,不论是在"寺院"还是在"酒店",只要专注于对真主的爱,就可以觉悟到真主。

哈菲兹把纵情于酒与爱情至上、蔑视教条完美地结合在一起,形成一种落拓不羁的任情性格。这种落拓不羁的任情性格在诗歌中所形成的一种特定的潜质,使哈菲兹在对人世沧桑、人生短暂的感慨上,虽然继承了海亚姆思想的衣钵,却给人不一样的体会和感受。"百花绽放时光好,只有酒杯应握牢,园中畅饮须及时,一周之后花已凋。"②"天已破晓快斟酒,苍穹旋转不停留,短暂世界毁灭前,沉湎红酒醉方休。"③这两首诗都极像海亚姆的诗。然而海亚姆的诗让我们体会到诗人在及时行乐中内心深藏的痛苦,而哈菲兹的诗却让我们感受到诗人在人生短暂的感慨中饮酒的豪情。"抑或郁金香深知世事变幻无常,一降生就从未让酒杯离开手掌。"④在海亚姆的诗中世事无常是痛苦的缘起,而在哈菲兹那里世事无常成为纵酒为乐的借口。"尘世的痛苦已让我疲惫不堪,除了美酒还有什么能把我羁绊,酒家老人啊,快来救救我,用一口美酒使衰老的我青春再现。"⑤这里,诗人渴望的是美酒带来的沉醉消解尘世的痛苦,体会沉醉中精神自由翩跹的愉悦。

哈菲兹在落拓不羁、任情自得、逍遥浮世中,执着于自己的人生目的:摆脱约束,在醉态迷狂中体验生命的欢欣,在精神自由中走向生命的圆满,回归真

---

① 《哈菲兹诗集》(波斯文版),书法出版社1994年版,第29页。
② 《哈菲兹诗集》(波斯文版),书法出版社1994年版,第50页。
③ 《哈菲兹诗集》(波斯文版),书法出版社1994年版,第79页。
④ 《哈菲兹诗集》(波斯文版),书法出版社1994年版,第125页。
⑤ 《哈菲兹诗集》(波斯文版),书法出版社1994年版,第257页。

主。在哈菲兹那里,追求生命的价值,追求精神的自由,与追求宗教情感上的皈依并不是矛盾的二者,而是统一的一元。哈菲兹诗歌中浓厚的神爱色彩也证明了这一点。追求精神自由,并非是要摆脱真主绝对意志的支配,而是要挣脱僵固的教条对人思想的束缚,超脱纷扰的尘世对人精神的玷污。因此,追求精神自由与投身于真主的怀抱非但不矛盾抵触,而且,投身于真主的怀抱正是追求精神自由的目的之所在。正如哈菲兹自己所说:"在这苍穹下我将做那意志的奴仆,不论以什么形式皈依即是自由。"①

酒让海亚姆更加体会到生命的痛苦,酒却让哈菲兹在摆脱痛苦中体验到生命的欢欣;在酒的沉醉中,哈菲兹获得的是精神的自在自由,是一种随意与畅达,而莫拉维在沉醉中是对绝对意志的倾情关注,是一种刻意与执着。正是这种随意与畅达,使得哈菲兹的诗歌在经典化的水平上民众化世界化了,这一点正是莫拉维所不及的。

海亚姆与哈菲兹二者诗酒齐名,其地位和影响在伊朗之外可谓并驾齐驱,难分伯仲,然而在伊朗国内,海亚姆其著名诗人的地位首先是由欧洲人确立后,才转入伊朗国内的,民众喜爱的程度、尤其是官方赞赏的程度都远不及哈菲兹。酒香浓郁的哈菲兹诗歌,几个世纪以来,成为伊朗这个伊斯兰社会中各个阶层的人士共同喜爱和推崇的经典。据统计,《哈菲兹诗集》在伊朗的发行量仅次于《古兰经》。至今,伊朗人遇事问吉凶时,总是用《哈菲兹诗集》来占卜。由此可见,哈菲兹诗歌已融入伊朗民众的精神生活之中。在笔者看来,这正是由于海亚姆对精神自由、思想独立的追求更多的是秉承了具有古希腊哲学特征的伊斯兰理性哲学传统,而游离于伊朗本民族的文化传统和宗教精神之外;而哈菲兹对精神自由的追求,是与本民族的文化传统和宗教精神紧密融合为一体的。

国内绝大部分学者是唯物主义的无神论者,因此有些学者在分析海亚姆和哈菲兹的诗歌时常常把自己的意识形态加之于诗人身上,认为他们都是反宗教的。笔者认为这种观点是错误的。这种观点本身就不是以历史唯物主义的眼光去看待问题。在神权占统治地位的中世纪,宗教意识形态贯穿其一生

---

① 《哈菲兹诗集》(波斯文版),书法出版社 1994 年版,第 307 页。

的人,在根本信仰上是不可能反对这个宗教本身的,其反抗在很大程度上是同一宗教内的教派或观点之争,然后是反对该宗教中某些人为的束缚人的僵固的教条。打个比喻,比如你因愤世嫉俗而骂自己的国家,有时甚至骂得有些过分。但试问在内心深处你根自己的国家吗? 你想过要反叛她吗? 毫无疑问,对绝大多数的骂者来说,其内心深处是爱国的。因此,我们不能因某个人的骂而断定这个人就是叛国者。

最后必须谈到的一点是,酒本身与诗的关系历来十分密切。在很多时候,酒是诗人灵感的催化剂。尼采在《悲剧的诞生》中认为日神阿波罗和酒神狄奥尼索斯所代表的梦幻与醉狂是艺术的两个动力。[①] 一般说来,在酒带来的激奋情绪中,情感丰沛、才思敏锐的诗人总是诗情勃发,美妙诗句似泉喷涌。在世界文学中不乏这样的例子。伊朗中世纪诗人辈出,是一个空前的诗歌繁荣的鼎盛时期,形成这种局面的原因是多方面的,酒的生理和心理作用不能不说是其原因之一。波斯诗人把酒色与诗、酒色与宗教、宗教与诗完美地结合在一起,使得充满美酒美色的波斯古典诗歌毫无香艳奢靡的浮华,只有痛苦与激情。

(本文原载《东方文学集刊》(1),湖南文艺出版社 2003 年版)

---

① 陈鼓应:《悲剧哲学家尼采,悲剧的诞生》,生活·读书·新知三联书店 1996 年版,第309 页。

莫拉维与《玛斯纳维》

一

莫拉维(1207—1273 年)是波斯最伟大的苏非神秘主义思想家和诗人,也是苏非神秘主义理论的集大成者,他将他之前的苏非神秘主义理论家们的理论融会贯通,创作出煌煌六卷叙事诗集《玛斯纳维》,该诗集是苏非神秘主义思想的集大成之作。在伊朗,《玛斯纳维》具有崇高的地位,被誉为"波斯语的《古兰经》"。

苏非派是伊斯兰教内部衍生的一个神秘主义派别。关于"苏非"一词的来源有多种说法,比较流行的说法是"苏非"一词源自阿拉伯词"苏夫"(suf,意为"羊毛"),因该派信徒都穿着俭朴,通常穿粗羊毛编织的简陋衣服,而被人们称为"苏非"(sufi),意为"穿粗羊毛衣服的人"。苏非派的修道形式是一个个彼此独立的教团,教团的首领即长老。一个教团内,由长老传道,指导教徒修行。该派对《古兰经》经文和教义进行神秘解释,在履行宗教功课方面也具有浓厚的神秘色彩。概括地讲,苏非神秘主义就是通过一定方式的修行(或外在的苦行修道或内在的沉思冥想),滤净自身的心性,修炼成纯洁的"完人",在"寂灭"中和真主合一,在合一中获得永存。因此"人主合一"是苏非派功修的最高目的和最高精神境界,是苏非神秘主义的核心。其经文依据是《古兰经》①7∶29∶"你们要像他创造你们的时候那样返本还原。"《古兰经》

---

① 马坚译:《古兰经》,中国社会科学出版社 1996 年版,以下同。

35：18："洗涤身心者,只为自己而洗涤。真主是唯一的归宿。"《古兰经》2：
46："他们确信自己必定见主,必定归主。"在《古兰经》中,真主在用泥土创造
了人类始祖阿丹之后,将自己的精神吹入阿丹体内,使阿丹由此获得灵魂(精
神)而具有了生命。因此,人在先天本质上是神性的,比其他的生物都高级,
是受天使们跪拜的。人只要通过种种修行,便可以滤净自身的"人"性,恢复
先天的神性,最终复归真主。

　　苏非神秘主义产生于阿拉伯地区。在伊斯兰教兴起初期,上层集团和下
层教众在物质生活上并无太大差距,是比较平等的。然而到了倭玛亚王朝
(661—750年)时期,统治集团过着骄奢淫逸、豪华靡费的生活。一方面,这
引起了普通教徒的强烈不满,认为他们背弃了对真主的纯洁信仰。另一方面,
也是出于对死后上天堂下地狱的向往和畏惧,在下层教众中开始流行禁欲和
苦行。这是早期的苏非神秘主义。八九世纪是苏非神秘主义的发展时期。这
时期产生了一批苏非理论家,提出了"神爱""神智""寂灭""永存"等重要概
念,使苏非神秘主义有了自己的理论体系。11世纪,大苏非安萨里(1058—
1111年)把苏非神秘主义引入正统教义并使之与正统教义相结合。从安萨里
开始,一位伊斯兰教教义学家或教法学家往往同时又是一位苏非。13世纪,
大苏非伊本·阿拉比(1165—1240年)的"存在单一论"标志着苏非神秘主义
的理论体系已基本完备。

　　苏非神秘主义虽然产生于阿拉伯,但使之发扬光大的是波斯人。伊朗在
中世纪真可谓命途多舛,几乎一直处于异族的统治之下。长期的异族统治是
苏非思想在伊朗经久不衰的重要原因。连年的战火,异族的统治,使伊朗人深
切感到现实的痛苦,因而遁入内心世界。而这时苏非思想已在伊斯兰世界流
行,这种具有浓厚出世色彩的宗教思想正好迎合了当时伊朗人民的心理;而作
为异族统治者,他们也乐于用消极避世的苏非思想来消磨伊朗人的反抗情绪,
因而大力提倡和扶植。于是苏非神秘主义在伊朗迅速兴盛起来,在11—15
世纪长达五百年的时间里,苏非思想一直是伊朗社会的主导思想。

　　当苏非神秘主义形成为一股强大的思想潮流时,对伊朗民众的社会生活、
精神需求、文学艺术等方面都产生了巨大的影响。苏非神秘主义对伊朗文化
的影响十分深远,且根深蒂固,犹如儒道释对中国文化的影响一般。在文学领

域,苏非神秘主义在伊朗的盛行消弭了文学家与宗教学家的界限。在波斯,很多著名的大诗人本身就是苏非长老,或者说很多苏非长老都是当时名重一时的诗人。作为一名苏非长老或修道者,其修道深于他人,对苏非玄理的领悟深于他人,因此其达于沉醉的程度也深于他人。而诗人的锐感使他们在体悟苏非神秘主义玄理后能产生一种心灵主体的特殊感受,这种特殊感受使他们把形而上的玄理化为优美流畅的诗句,既能从中体味到神秘玄理,又能领略到艺术情趣。本来形而上学与文学的范畴是迥然不同的,然而苏非思想具有较强的实践性,它指导人生实践,与纯粹的形而上的哲学思辨不同,因而与文学产生了某种契合点,使苏非神秘主义的研究对象成了波斯中世纪诗歌的主要表现对象。因此,波斯的苏非诗人们把诗人的天赋与苏非神秘主义思想密切融合,力求用自己的诗歌为广大信众授道解惑,用诗歌反映出自己对宇宙人生的最根本的认识,为此创造出了具有极高宗教价值、哲学价值、思想价值和文学价值的苏非神秘主义诗歌。苏非神秘主义思想如果排除其具体的宗教因素和宗教修持,作为一种哲学观实际上是对绝对精神的追求。黑格尔在论莫拉维时说:苏非诗人们"从自己的特殊存在中解放出来,把自己沉没到永恒的绝对里"[1],苏非神秘主义诗歌的主要思想正是对绝对精神的追求。比如《玛斯纳维》开篇的《笛赋》:

> 请听这芦笛讲述些什么,
> 它在把别恨和离愁诉说;
> 自从人们把我断离苇丛,
> 男男女女诉怨于我笛孔;
> 我渴求因离别碎裂的胸,
> 好让我倾诉相思的苦痛;
> 人一旦远离自己的故土,
> 会日夜寻觅自己的归宿。[2]
> ……

---

① 黑格尔:《美学》第二卷,商务印书馆 1981 年版,第 85—86 页。
② 莫拉维:《玛斯纳维全集》,穆宏燕等译,湖南文艺出版社 2002 年版,以下同。

诗人用芦笛象征人的灵魂,用断离了苇丛的芦笛的呜咽哭诉,象征了人因原罪而迷失了方向的灵魂为回归原初而不断寻觅和追求。这种追求正是人为寻求个体精神与宇宙间的绝对精神相和谐而做出的不懈努力。

在苏非神秘主义盛行之前,波斯诗歌是宫廷诗占据诗坛统治地位,十分繁荣兴盛,而苏非神秘主义使波斯诗歌从歌功颂德、优美而浅薄的宫廷诗转向阐述宗教哲理的神秘主义诗歌,使波斯诗歌的思想内容变得深广。这是波斯文学的一次重大转变。朱光潜先生曾说道:"诗虽不是讨论哲学和宣传宗教的工具,但是它的后面如果没有哲学和宗教,就不易达到深广的境界。"①苏非神秘主义诗歌的主旨虽然在阐述宗教哲理和抒发宗教情感,但苏非神秘主义诗人们高超的艺术才能使宗教思想与诗歌的艺术魅力达到了完美的融合。可以说,是诗的艺术魅力支撑了苏非神秘主义思想在波斯文化中的兴盛,反过来也正是深厚的苏非神秘主义思想支撑着波斯古典诗歌成为世界瑰宝。

11 至 13 世纪苏非神秘主义的理论体系已基本完备。当苏非神秘主义思想在波斯迅速兴盛,波斯的苏非长老们面临的迫切问题不是如何构建理论体系,而是如何把深奥的苏非神秘主义哲理向广大的苏非信徒深入浅出地讲解。普通信徒一般文化水平较低,对纯理论纯思辨的苏非神秘主义哲理难以理解,而用讲故事、打比方的方式给他们深入浅出地讲解,就易懂得多,也容易被接受。因此,应运而生的便是苏非神秘主义叙事诗的迅速兴盛。苏非诗人们把自己对苏非神秘主义玄理冷静和深刻的认识用各种各样的故事表现出来,这些故事或取材于历史,或援引《古兰经》和《圣训》,或来源于民间,或是诗人杜撰,总之都是一些文学性和哲理性较强的故事,再经过诗人用高超的艺术手法加工成诗句,不仅形式优美流畅,朗朗上口,便于记诵,也便于流传,而且其思想的深刻更加深了其艺术的魅力,因此被大家奉为经典。比如萨纳伊(1080—1140 年)的《真理之园》、阿塔尔(1145 — 1221 年)的《百鸟朝凤》、内扎米(1141—1209 年)的《五卷书》、贾米(1414—1492 年)的《七宝座》等皆是苏非神秘主义文学的经典之作,而莫拉维的《玛斯纳维》是波斯苏非神秘主义文学中最伟大的著作。"玛斯纳维"本是一种诗体的名字,押韵方式是每一联

---

① 转引自徐葆耕:《西方文学:心灵的历史》,清华大学出版社 1997 年版,第 39 页。

的上下联押韵,即 aa,bb,cc……,联与联之间换韵。这种诗体一般用于叙事,因此"玛斯纳维"一般译为"叙事诗"。由于莫拉维用该词作书名,该词也成了专有名词。

二

莫拉维全名为:毛拉挪·贾拉尔丁·穆罕默德·巴尔赫依·莫拉维·鲁米。以"毛拉挪""莫拉维"和"鲁米"之名而著名。"毛拉挪"意为"大毛拉"(毛拉是对伊斯兰教学者的称呼),是莫拉维所获的封号;"莫拉维"为"苏非长老"或"神学家"之意,是伊朗人对他的习惯敬称;因莫拉维长年居住在曾属于东罗马帝国版图的科尼亚(今属土耳其共和国),欧洲人便习惯称之为"鲁米",意为"罗马人"。

莫拉维于 1207 年出生于巴尔赫。其父亲巴哈尔丁·瓦拉德(? —1231)是一位伊斯兰教教义学家,也是一位很有名望的苏非长老,在呼罗珊地区传经布道。1219 年,蒙古人入侵巴尔赫,巴哈尔丁·瓦拉德带着 300 多名门徒举家迁徙。他们在途经内沙布尔时,拜见了当时著名的苏非长老阿塔尔。阿塔尔把自己阐述苏非奥义的著作《隐秘之书》赠送给了少年的莫拉维,使莫拉维深受其影响。巴哈尔丁·瓦拉德一行经过巴格达到了麦加朝觐,然后应小亚细亚地方朝廷之邀一路辗转到了科尼亚,在那里传经布道,建立苏非教团。巴哈尔丁·瓦拉德去世于 1231 年,葬于科尼亚。

24 岁的莫拉维继承了其父亲之位。这时的莫拉维虽然具备了有关苏非奥义的知识,在教团内也有一定的名望,但并未进行具体的修行。1232 年,其父亲的弟子赛义德·布尔汗诺丁·特尔玛兹从故乡千里迢迢来到科尼亚寻导师,到了科尼亚才知导师已故世。特尔玛兹便指导莫拉维开始修行,让莫拉维一连修了三个"闭关四十日",使他体验到滤净心性的美妙感觉。在特尔玛兹的指导下,莫拉维的修行日渐高深。不久,二人前往叙利亚的阿勒颇和大马士革,在那里认识了当时最具有影响力的苏非理论家伊本·阿拉比,莫拉维深受其影响。特尔玛兹死于 1240 年。莫拉维在 40 岁左右就成了名重一时的大苏非学者,尤其在小亚细亚更具有崇高的威望,人们都把他奉为精神导师,众多的信徒聚集在他周围,形成了著名的"莫拉维苏非教团"。在近 800 年的历史长河中,该教团的势力时强时弱,但从未中断,影响十分深远,乃至在当今欧美出现的"鲁米热"中仍可见其影响。

1244 年的某一天,一位不知来自何方的毫不知名的苏非游方僧夏姆士·大不里兹来到了科尼亚,与莫拉维一见如故,莫拉维视之为自己生命的知音,二人长期一起废寝忘食地探讨苏非奥义,吟诗作对,跳旋转舞。此时,莫拉维不到 38 岁,夏姆士 60 岁。莫拉维与夏姆士的旷世遇合一直是伊朗文学史上的一桩美谈,这次遇合使莫拉维焕发出诗人的激情,吟出了大量的神秘主义诗歌。若没有这次遇合,莫拉维很可能不会成为一位伟大的诗人。

然而,莫拉维的门徒们看到自己的导师居然拜倒在一个毫不知名的游方僧面前,全副心思都放在他身上,不再关心自己的门徒,于是妒火中烧,进行造谣中伤、挑拨离间,迫使夏姆士于 1245 年悄悄离开科尼亚,到了大马士革。夏姆士的离去使莫拉维感到寝食难安,十分痛苦,写了大量的信和激情澎湃的诗歌寄给夏姆士,又派自己的儿子苏丹·瓦拉德前去大马士革把夏姆士请了回来。两颗相互敬慕的心又聚在一起进行促膝长谈。过了几年,门徒们再次燃起妒火,对夏姆士进行百般折磨。1249 年,夏姆士失踪了。莫拉维派人四处寻找未果,自己又亲自前往大马士革寻找,仍未果。有人说他到了一个谁也不知道的地方隐居起来了,也有人说他被那帮卑劣的门徒们暗害了,到现在为止这一直是桩悬案。

夏姆士的失踪使莫拉维感到极大的痛苦和激愤,在这种痛苦而激愤的心情中,在对夏姆士的思念中,莫拉维写了大量的诗歌。这时,给莫拉维痛苦的心灵带来抚慰的是萨拉合尔丁·扎尔库布。扎尔库布是科尼亚人,是一位金匠,没有很多文化,但他很能理解莫拉维的心,莫拉维也把他认作是夏姆士的再现。扎尔库布帮助莫拉维把写给夏姆士的诗歌汇编成《夏姆士集》,共有抒情诗 2500 首左右。扎尔库布陪伴了莫拉维十年,于 1259 年去世。

1260 年,霍萨姆尔丁·恰拉比来到莫拉维面前。霍萨姆尔丁也是位成名的大苏非,以本·阿赫依·土尔克(意为"豪爽的突厥人之子")之名而著称。两人相互视为知己,在一起长年探讨苏非奥义。莫拉维对霍萨姆尔丁十分器重,也深刻认识到他对自己的促进作用,敬称他为"真主之光",还曾说道:"夏姆士是太阳,扎尔库布是月亮,霍萨姆尔丁是星星,全都能指引路人。但在黑夜里,人们更多的是靠星星来辨别方向。"①的确,霍萨姆尔丁是夏姆士之后给莫拉维的人生带来重大影响的挚友,正是他建议莫拉维写一部阐述苏非奥义的传世之作。莫拉维接受了他的建议,从1260年开始着手写作《玛斯纳维》。一般是莫拉维吟诵,霍萨姆尔丁记录,然后把整理好的诗句向莫拉维复述一遍。两人经常通宵达旦地进行这项工作。《玛斯纳维》这部书写了十年之久,其间因霍萨姆尔丁的妻子于1262年去世,为安慰霍萨姆尔丁,莫拉维把《玛斯纳维》的写作暂停了两年,从1264年重新开始,一直到莫拉维生命的最后时日。

莫拉维于1273年12月去世,葬于科尼亚。出殡那天,科尼亚全城的百姓都来为他送行,哭声震天,大家都蜂拥上去争先抚摩他的灵枢,很多非穆斯林就在那天皈依了伊斯兰教,由此可见莫拉维当时的崇高声望。

除了《夏姆士集》和《玛斯纳维》外,莫拉维还有《四行诗集》《隐言录》(Fih-ma-fih)和《书信集》传世。《四行诗集》收录了约1600首四行诗。《隐言录》是莫拉维在讲经布道时的口述,由其儿子和一些门徒记录整理而成,也是用故事和典故来阐述苏非玄理,因是用散文体写成的,比较明白易懂。《书信集》则是莫拉维给自己友人们的书信的汇集。

三

《玛斯纳维》是一部讲述苏非神秘主义玄理的博大精深的叙事诗集,一共6卷,共计25000联诗句左右。《玛斯纳维》的内容从听众的角度可分为三类:一是莫拉维在讲经布道的集会上吟诵的,这部分内容比较浅显易懂,适合于大众的理解水平。二是莫拉维在与自己的好朋友们聚会时吟诵的,这部分内容的理论色彩就比较重。三是莫拉维在与霍萨姆尔丁单独相处、探讨苏非奥义

---

① 卡里姆·扎曼尼:《玛斯纳维注释》(波斯文版),信息出版社1995年版,前言。

时吟出的,这部分内容则晦涩艰深。《玛斯纳维》中有些诗句是在回答听众的提问,但把问题省去了,因此在逻辑上有些不连贯,这也影响了读者的理解。一方面,《玛斯纳维》是一部艰深的作品,在当时莫拉维的朋友们和门徒们就对有些章节不能理解,求他给予详细解释。从这部书问世以来就不断有人为之作注释。但另一方面,《玛斯纳维》书中的故事或取材于历史典故,或援引《古兰经》和《圣训》,或来源于民间寓言故事,都是一般信众比较熟悉和容易理解的故事。莫拉维用这些并不复杂的故事、用精湛的语言、大量的比喻、隐喻和象征,把深奥的苏非玄理深入浅出地阐述得精妙绝伦,使整部《玛斯纳维》不仅具有博大精深的宗教哲学思想,而且具有很高的文学欣赏价值,不仅使苏非信徒也使普通读者产生共鸣,形成了一种审美的共性,为审美大众所接受。

《玛斯纳维》采用的是大故事套小故事的艺术手法,重重叠叠,表面上有时离最初的大故事之题千里,实际上却是围绕某个玄理层层递进地进行阐述,并且每个大故事之间也环环紧扣,煌煌六卷中重重叠叠的故事涵盖了苏非神秘主义思想的方方面面。"存在单一论"是苏非神秘主义的一个核心思想,由著名的大苏非伊本·阿拉比提出。简单地说,"存在单一论"就是:真主是惟一的绝对实在,真主具有本质和无数种属性,自然万物都是真主各种不同属性的幻化和显现,它们源自真主,终将复归于真主。因此,自然万物皆是一种幻在,只有真主才是惟一绝对的实在。该理论源自著名的清真言:万物非主,惟有真主。《玛斯纳维》中有大量的故事是阐述这一思想的。比如,第一卷中"傻瓜追逐影子鸟"的故事:"一鸟儿飞翔在天空,其影映地似鸟动。一傻瓜想捕那影子鸟,拼命追逐体力全消耗。不晓彼乃空中鸟之影,此影本原何在也不明。他对鸟影频频射箭,箭袋因追逐变空扁。其生命之箭袋耗空生命逝速,只因他热衷于对影子的追逐。"现实世界只是隐秘世界的一个影子,是一个幻在,只有真主所在的隐秘世界才是真实的,才是绝对的存在。人由于认知上的缺陷,往往对本原处于无知中,因此迷失在幻象世界中。莫拉维为向普通教众讲解对真主、对第一动因的认识,运用了很多生动直观的故事和比喻,"辘轳之喻"是其中一个非常经典又形象的譬喻。莫拉维说,井中的水桶打水,其实并非水桶自己所为,水桶被井绳控制着,而井绳又被辘轳控制着,左右着辘轳的是人的手,而左右着手的是人的脑,而主宰着人脑的是至高无上的真主。而人往往如水桶,对左右着自己的力量一无所知。

那么,真主在何处?这是普通教众最想知道的一个问题。莫拉维用了很多的故事来阐述这一问题。比如,第六卷中的"穷人寻宝"的故事:一个穷人向真主祈求财富,真主降示天启给他:"在一拱顶旁,脸朝格布勒,把箭上弦,射箭。箭落之处即是藏宝处。"于是,这个穷人不停地拉弓射箭,但始终没有挖掘到宝藏。在穷人绝望之时,真主的声音又响起:"我只让你把箭上弦,射箭。何曾让你拉弓?"这时,穷人才明白宝藏就在自己的最近处。这个故事阐述了苏非神秘主义一个十分重要的思想:真主就在我们最近处,而人在寻觅真主之路上往往背道而驰。该思想源自《古兰经》50∶16:"我比他的命脉还近于他。"苏非神秘主义认为,当人滤净自己的心性,就会发现大自然的一草一木、一粒尘埃都揭示了真主的存在。

"滤净心性"是苏非派功修的直接目标,是恢复人的神性,实现与真主合一的基石。莫拉维用了很多警句、比喻和故事来阐述"滤净心性"的重要性。比如,"把封口瓶子放置在阔水,内中空气使之漂浮不坠;安贫乐道之气充塞心田,便能平静于尘世之水面。"第一卷中有个十分精彩的故事:罗马人和中国人都声称自己的绘画技艺更高,于是国王让他们比赛。比赛在两间门对门的大厅里进行。中国人在自己的大厅里画出了精美绝伦的图画,而罗马人在他们的屋子里整天只做一件事——打磨墙壁,把墙壁磨得光亮无比。结果,中国人的画全映在了罗马人的墙上。该故事阐述了人只有滤净心性中的种种杂质,才能恢复光亮无比的纯洁的神性。

苏非神秘主义中"泯灭自我"是与"滤净心性"相关的一个重要思想,对此莫拉维也作了深刻的阐述。我们来看第一卷中"鹦鹉和商人的故事":一个商人要去印度做生意,临行前问自己的鹦鹉需要什么礼物,鹦鹉说你替我问问印度原野上那些自由自在的鹦鹉,它们是如何得到自由的。商人在印度看到那些自由自在的鹦鹉,便问出自家鹦鹉托付的话。不想,那些鹦鹉听了后,全都扑地而死。商人回到家中,对自家的鹦鹉说出看到的一切。那鹦鹉听了后,全身战栗,倒在笼中死去。商人伤心地打开笼门,想处理掉死鹦鹉。但那鹦鹉忽然展开翅膀飞走,获得了自由。在该故事中,莫拉维把肉体比喻为鸟笼,灵魂比喻为鸟儿,阐述了只有泯灭自我,灵魂才能得解脱。那么,"泯灭自我"是否就是指肉体死亡?关于这个问题让我们再看第六卷中"一法学家千方百计获得布哈拉总督布施的故事":布哈拉总督十分慷慨大方,总是布施孤残贫疾人。一法学家一次又一次地伪装成孤残贫疾人,想获得布施,但都被总督识破,没能得到布施。法学家最后无奈地装成无钱入殓的死人,终于获得了总督的布施,法学家得意扬扬,撕破伪装。这时,莫拉维借总督之口说出了十分精辟的话语:"当你没有死,你没从我殿堂获得半点赏赐。"莫拉维认为,只有当人泯灭自我,才会获得真主的恩赐,"'在死去之前去死'的秘密就在于此,紧跟着死亡会降下无数恩赐。""在死去之前去死"是苏非神秘主义的一个重要思想,第一个"死"无疑指肉体的死亡,第二个"死"指泯灭自我。因此,"肉体死亡"与"泯灭自我"是两个不同的概念。笔者的理解是,"泯灭自我"在苏非神秘主义中是指人通过功修,滤净自身的"人"性,泯灭物质的自我,进入一种纯粹的精神境界,恢复先天的神性,进入"寂灭",复归真主。

总之,《玛斯纳维》是一部阐述苏非神秘主义思想的博大精深的宗教哲学著作,囊括了苏非神秘主义的各种理论的精华,阐述了苏非神秘主义思想的精髓,是深邃的思想海洋,蕴藏着瑰丽的珍珠。可以说,是深厚的苏非神秘主义思想和诗的艺术魅力使《玛斯纳维》成为博大精深的文学经典和思想瑰宝,莫拉维以高超的艺术才能使宗教哲学与诗歌的艺术魅力达到了完美的融合。莫拉维也以此诗集垂名青史,被奉为伊朗诗坛"四大柱石"之一,成为伊朗人民的精神导师。

(本文原载《回族研究》2005 年第 2 期,人大复印报刊资料中心《外国文学研究》卷,2005 年第 9 期全文转载)

《玛斯纳维》在中国东乡族中的传诵[①]

一、中国东乡族与穆夫提门宦的关系

中国东乡族主要集居在甘肃临夏回族自治州东乡族自治县,其他省地比如新疆、青海、宁夏、云南等也居住有少量东乡族人。东乡族人自认其祖先是居住在中亚河中地区的撒尔塔(Sarta)人。中亚撒尔塔人族源成分复杂,学界至今没有定论,但大致认为撒尔塔人是高度波斯化的突厥人与突厥化的东伊朗人(主要是粟特人)的混合体。公元 13 世纪,随着蒙古西征而东返的过程中,大量撒尔塔人随蒙古军队东迁至中国内地,其中一部分撒尔塔人在河州东乡地区成边屯垦,世代繁衍,形成现今的东乡族。当然,在东乡族形成的历史过程中,也融合了周边回、蒙、汉等多个民族成分,然而从中亚东迁来的撒尔塔人无疑是其主体,乃至东乡族人至今仍自称撒尔塔人。东乡语属阿尔泰语系蒙古语族,混杂了很多波斯语和阿拉伯语成分,迁入中国内地后又吸收了不少汉语词汇,其文字记载是采用波斯语字母拼写的消经(又称"小经"或"小儿经")文字。

中古时期,以撒马尔罕、布哈拉等著名城市为中心的河中地区属于波斯文化圈的疆域,波斯文化在此地区十分繁荣昌盛。高度波斯化的撒尔塔人在东迁时,将波斯的多种宗教文化经典随同带入;在东迁之后的历史岁月里,也主动认同波斯的多种宗教文化经典,使之在本民族中代代相传。东乡族(撒尔

---

① 说明:本文章为穆宏燕、尔萨·马长寿合著。

塔人)所认同的波斯宗教文化经典在其具体使用中,又与其所信仰的虎非耶·穆夫提苏非门宦密切相关。因此,这里有必要对虎非耶·穆夫提的道统做一个简要的梳理。这里需要说明的是,国内学界目前对穆夫提门宦的道统源流某些地方尚有争议,以下只是笔者根据教内资料,参考学界各家之言,整理而成。笔者这里的目的不在于将该门宦的道统源流历代逐一核实无误,而是旨在通过该道统源流的梳理,说明中国东乡族人对波斯宗教文化经典的传承关系。

虎非耶·穆夫提门宦道统源流:

1)"虎非耶·逊底格耶"(KhufiyyahSadīqiyyah)时期。指从圣使穆罕默德到第五代教长伊玛目贾法尔·萨迪格(Ja'farSādiq,702—765年,什叶派第六任伊玛目)。其中,第二代教长艾布·伯克尔(也是穆圣之后第一任哈里发)被尊称为"逊底格",意为"忠诚者、挚友",指艾布·伯克尔是穆圣最忠诚的挚友。

2)"虎非耶·妥夫忍耶"(KhufiyyahTayfūriyyah)时期。指从第六代教长巴亚齐德·妥夫尔·拜斯塔米(AbūYazīdTayfūrBistāmī,?—874年,波斯著名大苏非,将"寂灭"概念引入苏非派,使苏非神秘主义发展到一个新阶段),到第十代教长优素福·哈马丹尼(YūsufHamadānī,1049—1140年)。优素福·哈马丹尼出生于波斯哈马丹,后在中亚呼罗珊地区传授苏非之道,是中亚苏非派的早期传引人,从他开始中亚地区出现事实意义上的苏非教团。

3)"虎非耶·和卓康"(KhufiyyahKhājākāniyyah)时期。指从优素福·哈马丹尼第四弟子即第十一代教长和卓·恰哈里·阿卜杜哈里给·给吉都瓦尼('Abd-ol-KhāliqGhijduvāni,?—1220年,在中亚地区建立"和卓康苏非教团"),到第十六代教长和卓·赛义德·阿米尔·库俩里(AmīrKulālī,?—1370年)。

4)"虎非耶·纳格什班迪耶"(KhufiyyahNaqshbandiyyah)时期。指从第十七代教长和卓·白哈恩丁尼·纳格什班迪·布哈里(KhājahBahā'ol-DīnīNaqshbandiBukhārī,1317—1390年,在中亚布哈拉地区建立影响深远的"纳格什班迪耶"苏非教团),到第二十一代教长赛义德·和卓·麦海都木·阿扎姆(MakhdūmAzam,1461—1543年,曾深入到今天的新疆喀什等地区传教,从而将"纳格什班迪耶"道统从河中地区引入新疆,是新疆地区"依禅尼耶"苏非教团的奠基人)。

5)"虎非耶·依禅尼耶"(KhufiyyahĪshāniyyah)时期。指从麦海都木·阿扎姆的长子、第二十二代教长赛义德·穆罕默德·额敏·依禅·卡俩尼(ĪshānKalāni,?—1542年,又译"依禅卡朗",依禅白山派始祖,即著名的大和卓),到第二十五代教长赛义德·依禅·阿法格·赫达亚统拉赫(ĪshānHidayatol-Rāh,1606—1695年,即阿帕克霍加)。

6)"虎非耶·穆夫提"(KhufiyyahMuftī)时期。指从道统第二十六代教长、亦称中原第一辈教长马守真(1633—1722年),直到今天的第四十代马富春教长。

从以上的简单梳理中,我们可以看到,东乡族(撒尔塔人)东迁的时间基本上是在"虎非耶·和卓康"时期。或许在东迁之时,撒尔塔人已经全体信仰了"虎非耶·和卓康"苏非教派(这只能是一种推测,无法考证),因此在他们东迁之后依然奉后来创建的"纳格什班迪耶"和"依禅尼耶"为自己的教门,也因此在马守真教长受命于其父赫达亚统拉赫(阿帕克霍加)、于1673年创建穆夫提教门时,绝大部分东乡族人皈依该教门,将之视为是与其祖先的教门一脉相承的一个教门。

大约因是直接从波斯文化繁荣昌盛的河中地区东迁而来,且东迁之时撒尔塔人已高度波斯化,因此东乡族族内世代认同并传诵波斯宗教文化经典,并将之作为自己教门苏非道乘修行的依据。这些经典既有他们本民族东迁时带入的,也有后来的"纳格什班迪耶"和"依禅尼耶"教长们传教时带入的。

二、中国东乡族在做尔麦里时念诵的十大"拜提"

"拜提"(Beyt)是一个阿拉伯语词,波斯语也用。其最初本意是指门的两扇,因此其延伸意义也指房屋。用在诗歌中,"拜提"指诗歌的上下两句,即"联",一个"拜提"即是一联诗歌。然而,在东乡族内世世代代的流传过程中,"拜提"的意思慢慢发生改变,从"一联诗歌"演变为指长篇著作中插入的"一段诗歌",再进而演变为指念诵这段诗歌的仪式所包含的"内容与形式"的结合体,即"念诵拜提"的意思已近似于"念经"。因此,"拜提"在某种程度上具有了"经"的意义。

东乡族信仰穆夫提门宦的信众在其前辈教长老人家们的归真日或诞辰日做"尔麦里"('amal,指苏非功修)时念诵"拜提",还在伊斯兰教节日如圣纪节、开斋节、宰牲节的尔麦里活动中也都念诵"拜提"。做尔麦里当天晚上,念诵"拜提"之前,要行净礼并焚香,焚香人在焚香时要脱帽以示尊敬。点燃香之后,焚香人戴上白帽,与众信徒聚坐在一起,进行反复不停地赞念,通宵达旦。念诵者在赞念中完全沉浸于自己的内心世界,根据念诵者功修程度的不同,念诵者会产生不同的状态,有个别功修程度高的念诵者会出现"瓦吉德"(vajd,狂喜)状态,在"瓦吉德"中进入寂灭(Fanā),在寂灭的心灵状态中,体验到与真主合一的至境,即"百嘎"(Baqā',永存)。笔者在基层调研中深切感受到,在伊朗本土已经基本上不复存在的"纳格希班底耶"苏非教团的修行仪式,在东乡族信仰的穆夫提门宦中却相对比较好地保存了下来。这对研究苏非派的发展和传承具有重要的意义。

东乡族信仰穆夫提门宦的信众所念的拜提是有其"得力哩"(Dalīl,证据、原因、原本)的,即波斯语的原本。据东乡族人自己所说,这些"得力哩"是其祖先从撒马尔罕东迁的时候就带过来的(然而,笔者认为,其中一些是后来的教长带入的,因为在撒尔塔人东迁之时,有些"拜提"尚未产生),既世世代代口口相传,也世世代代手抄传承。然而,在传抄过程中难免会出现笔误(比如某个字母多了一个点或少了一个点),或者出现单词的讹写,比如把本该连写的词断开了,或把本该断开的词连写在一起,给辨认和整理带来了一定的困难。在波斯语诗句原文之后有东乡语的注释,是用波斯语字母拼写的东乡语的发音,即消经(小经)。

笔者深入到甘肃临夏回族自治州东乡族自治县大树乡前进村苦龙社,进行基层调研。该社有 20 余户人家,100 多人口。在苦龙社,笔者亲身耳闻目睹了马热苏阿訇和安巴阿訇念诵东乡族人世代相传的这些"拜提"。目前据悉,东乡族信仰穆夫提门宦的信众所念诵的有波斯语"得力哩"的"拜提"有三十多个,但最普遍为东乡族人所念诵的有十个"拜提"。如下:

1. 真主之光(NūrKhudā)。该"拜提"的内容主要是赞美真主,赞美真主之光的照耀使降入尘世中的人获得对"马勒法特"(Ma'rifat,神秘智慧)的觉悟。

2. 麦海都木(Makhdūm)。"麦海都木"的本意是"老爷、主人"的意思。该"拜提"的内容主要是赞美虎非耶·穆夫提门宦第二十一代教长赛义德·和卓·麦海都木·阿扎姆(Azam,"伟大、崇高"之意)。穆夫提门宦信众普遍认为,其门宦在第五代教长伊玛目贾法尔·萨迪格(即什叶派第六任伊玛目)将道统与圣裔血统汇集于一身之后,在麦海都木·阿扎姆教长身上道统与圣裔血统再次合一。《西域同文志》《和卓传》《阿帕克和加传》《大霍加传》等典籍都载有麦海都木·阿扎姆先人谱系,均将之溯及什叶派第八代伊玛目阿里·礼萨·本·穆萨(AlīRisāBunMūsā,765—818 年),因此麦海都木·阿扎姆是圣使穆罕默德的第二十一代后裔子孙。并且,麦海都木·阿扎姆教长是将"纳格什班迪耶"道统从河中地区引入今天的新疆地区的引入人,是"依禅尼耶"苏非教团的奠基人,而穆夫提门宦的道统直接来自"依禅尼耶"。因此,东乡族信仰穆夫提门宦的信众对这位教长格外敬重。

3. 满树给(Ma'shūgh)。在苏非神秘主义神爱理论中,有三个关于"爱"的概念词。一是"艾什格"('Eshgh),指"爱"本身;二是"阿谢格"('Āshigh),指主动去爱真主的人,即苏非信徒;三是"满树给"(Ma'shūgh),指被爱者,指真主。该"拜提"的主要内容是讲述苏非神秘主义的神爱之道,在爱中实现爱者与被爱者的合一。

4. 《玛斯纳维》(Mathnavī)。此书是波斯著名大苏非思想家、哲学家、诗人莫拉维(毛拉那·鲁米,1207—1273 年)的重要著作,全书共有六卷,被誉为"波斯语的《古兰经》",在伊朗宗教文化中具有崇高的地位,在伊斯兰世界也具有深远的影响。作为一名苏非思想家,莫拉维在这部著作中阐述了苏非主义方方面面的思想,比如:真主独一、神爱、修身养性、泯灭自我、人主合一,等等。东乡族信仰穆夫提门宦的信众念诵的《玛斯纳维》"拜提"的主要内容是讲述这部著作的重要性,教导信众要读《玛斯纳维》,读《玛斯纳维》的意义何在,等等。

5. 米拉芝(Mi'rāj,登霄)。该"拜提"讲述的是穆圣登霄,在大天使哲布勒伊来的引领下,游览天园的圣迹。

6. 热斯坦（Rastan, Ristan）。"热斯坦"在波斯语中的意思是"获救、解脱"。该"拜提"讲述的是苏非神秘主义的得救、解脱之道。

7. 赫斯勒图·木哈马达特（Khislat-ol-Muhamadat）。"赫斯勒图"是"品性"的意思；"木哈马达特"是"赞扬、称颂"的意思；两词连在一起即是指"值得称颂的品德"。该"拜提"讲述的是圣女法蒂玛在临终前嘱托丈夫阿里（第四任哈里发）要教导子女铭记赞念真主、走真主之道等四件功修之事，并对法蒂玛高贵圣洁的品德及其所嘱托的四件功修之事进行赞念。

8. 展开那米（Jangnāma）。意译为"圣战记"。该"拜提"讲述的是卡尔巴拉惨案。从圣女法蒂玛生哈桑和侯赛因讲起，一直讲到在卡尔巴拉战斗中伊玛目侯赛因英勇牺牲。

9. 米拉尕黑（MilāGhākh）。该"拜提"讲述康国（即撒马尔罕）勇士米拉尕黑去赴圣战，临行前，在与心上人玛芝侬（Majnūn）小姐告别时，各持一半镜子作为信物。十八年之后，米拉尕黑回乡，与心上人玛芝侬小姐已经彼此不认识了。后来，在穆尔希德（Murshīd，教长、导师、老人家）的介绍下，二人各持一半镜子相认，镜子重新合二为一，二人圆满结合。该"拜提"讲述的是一个苏非神秘主义的神爱故事，主旨在于阐释这样一个道理：苏非修行者欲达到与真主合一的境界，一定要经过穆尔希德这一中介，才能找到通向与真主合一的道路。现代东乡族作家汪玉良创作的叙事长诗《米拉尕黑》，乃是根据东乡族这一古老的"拜提"而再创作的文学作品，讲述世俗男女青年的相爱结合。因此，我们不能将之与东乡族穆夫提门宦教民做尔麦里时念诵的《米拉尕黑》等同。

10. 和哲阿姑（KhājahLāmāmā）。或可译为"尊者老妈妈"。东乡语采用汉语"老妈妈"一词来称呼端庄美丽的女性。该"拜提"旨在赞美真主是最美丽的形象。其经文依据是《古兰经》①95：4："我确已把人造成最美的形态。"因此，苏非派惯常将创造了最美形象的真主本身视为具有最美丽的形象，并且往往用美丽的女性比拟真主。这是苏非神秘主义文学的惯常表现方式，在波斯古典文学中有典型反映。东乡族世代相传的这第 9 和第 10 "拜提"，也体现

---

① 马坚译：《古兰经》，中国社会科学出版社 1996 年版。

了这种文学表现方式。

在念诵这些"拜提"时,一般要在前面加念序曲。序曲是赞圣词,一般要反复念五遍,然后才开始念诵"拜提"正文。正文结束之后,再次念诵五遍赞圣词,最后以"都阿"结束。笔者收集到的信息是,在早先时代,在不同场合的"尔麦里"活动时,念诵的"拜提"是不同的。也就是说,某个"拜提"的念诵是有其专门的场合的。然而,随着岁月的流逝与人事的变迁,慢慢地就不讲究"场合"的作用了。现在,东乡族穆夫提门宦的信众在做尔麦里时,一般是根据各自不同的情况,对哪个"拜提"更熟悉就更多地念诵哪一个,或是将数个"拜提"持续不断地念诵,通宵达旦。

东乡族穆夫提门宦的信众,将念诵"拜提"视为其"托勒格提"(Tarīghat,道乘)功修的重要途径,通过念诵"拜提"以提高自己功修的"麦嘎姆"(Maghām,品阶)。

这里需要说明的是,在东乡族绝大部分信仰穆夫提门宦的信众中才念诵这些"拜提",而信仰别的门宦的东乡族人或许知道其族内有这些"拜提"世代相传,但他们自己并不念诵。而信仰穆夫提门宦的其他穆斯林民族,比如回族,在其"尔麦里"赞念中也并不念诵这些波斯语的"拜提",而是念诵其他的赞念词或汉语的新"拜提"。因此,可以说,在做"尔麦里"时念诵这些波斯语的古老"拜提"是东乡族人所特有的。

东乡族念诵这些"拜提"的独特性还表现在:除了在穆夫提门宦前辈教长老人家们的归真日和诞辰日做"尔麦里"时念诵之外,还往往在普通教民自己先父母的归真日或诞辰日念诵这些"拜提"。这一点在中国其他穆斯林民族中是没有的。因此,可以说,念诵这些"拜提"是中国东乡族(撒尔塔人)特有的文化传统,是其民族历史记忆的体现,自从他们东迁以来,世世代代相传至今。

三、《玛斯纳维》在中国东乡族中的传诵

在上述十大"拜提"中,从信仰的角度来说,当是《真主之光》最为重要,也

最为东乡族穆夫提门宦信众所普遍念诵,也是包括回族在内的所有穆夫提信众都会念的一个"拜提"。然而,从对信众进行苏非之道的教导来说,《玛斯纳维》则最为重要。这与《玛斯纳维》这部著作在东乡族中的传承密切相关。

本文前面已述,《玛斯纳维》是波斯著名大苏非思想家、哲学家、诗人莫拉维(毛拉那·鲁米,1207—1273年)的重要著作,被誉为"波斯语的《古兰经》"。莫拉维出生于巴尔赫(今阿富汗境内)。其父亲巴哈丁·瓦拉德(Bahā'ol-DīnValad,?—1231年)即是一位很有名望的苏非长老,在呼罗珊地区传经布道。1219年,莫拉维跟随父亲带着300多名门徒举家迁徙,一路辗转到了现今土耳其境内的科尼亚,在那里传经布道,建立苏非教团。莫拉维在40岁左右就成了名重一时的大苏非学者,尤其在小亚细亚更具有崇高的威望,人们都把他奉为精神导师,众多的信徒聚集在他周围,形成了著名的"莫拉维苏非教团"。莫拉维从1260年开始着手写作《玛斯纳维》,前后延续十年之久,直到生命的最后时日。

《玛斯纳维》问世之后即在西亚和中亚各个苏非教团中产生重要影响。由于中亚地区既是莫拉维的家乡,也是其父亲曾经传经布道赢得教内声望之地,并且"莫拉维苏非教团"的影响十分深远。因此,《玛斯纳维》在中亚地区的"纳格希班底耶"和"依禅尼耶"苏非教团中深受推崇。东乡族人世代相传,第二十五代教长赛义德·依禅·阿法格·赫达亚统拉赫(阿帕克霍加)在"三进中原"传教时,肩背褡裢,褡裢的前口袋里放的是《古兰经》,后口袋里放的是《玛斯纳维》。乃至,赫达亚统拉赫在遗嘱说:"我现在已经活了89岁,我的每口气数在对真主上没有疏忽大意。我打开了《玛斯纳维》的精髓,我公开地说一切机密。"(来自教内资料)由此可见,《玛斯纳维》这部经典在该教团内的崇高地位。

由于波斯文化的强大辐射作用,在中国西北穆斯林四大苏非门宦虎非耶、格底林耶、库布林耶、哲合林耶中,对萨迪的《蔷薇园》《果园》《哈菲兹诗集》及贾米的《拉瓦一合》(《真境昭微》)和《艾什阿特·拉姆阿特》(《光辉的射线》)等波斯苏非经典的尊崇与讲授,或许具有共同性。然而,对《玛斯纳维》的尊崇却可以说是东乡族虎非耶·穆夫提门宦信众所特有的,这或许与东乡族对其民族东迁的历史记忆密切相关。东乡族穆夫提门宦信众将《玛斯纳维》视为《古兰经》和《圣训》之后的第三教法源,着重用于对"托勒格提"功修方面的教导。笔者收集到有波斯语"得力哩"的东乡族念诵的《玛斯纳维》"拜提"(波斯语原诗句之后有东乡语消经阐释),经过辨认整理,内容如下:

《玛斯纳维》赞念(Zikr)词:

1. "谁想与安拉同坐就须与苏非同坐。"【此句乃《玛斯纳维》第一卷1529联前题目】

2. 你若想获得永恒的存在就请读毛拉那·鲁米尊者的神圣的《玛斯纳维》。

3. 谁读此书并以此书行事就会使自己的生命成为奥秘之源泉。

4. 无垠的大海播种出精神之一滴它就成为矿山世界的二十四分之一。【在苏非神秘主义术语中,"大海"喻真主,"矿山"喻人的内心】

5. 在此书中阐释辟尔与门徒的奥秘从诞生二者的地方存在着合一的奥秘。【辟尔:指苏非导师】

6. 此书向我们讲述"同坐的意愿""与安拉同坐"的真理属于穆斯塔法的话语。

7. 它的寻觅每时每刻都出自我,它的言辞也时时刻刻出自我。【"它"即此书《玛斯纳维》;"我"指穆斯塔法(即圣使穆罕默德)或指安拉降示给穆圣的启示。《古兰经》】

8. 须知与它交谈即是与我(交谈),"与它同在即是与我(同在)"出自那话语。

9. 所有出自它的一切不论好与坏不要看作出自它而是出自独一。

10. 它的形象就如同在真主手中的笔在每一张纸页所书写的字行。

11. 出自它的言行须知属于真主,它讲述恩赐本身出自他。【他:指真主】

12. 当它从我摇晃它的手和脚,谁没有看见它就会遭遇亏损。

13. 某人啊,须知它是我的本质之表象它如此看视并驱逐那些没落者的气息。【"没落的"指《古兰经》6:76经文:他说:"我不爱没落的。"】

【《玛斯纳维》在多处地方涉及该节经文,比如第2卷第298联:哈利勒说"我不爱没落的。"第1815联:"真主不爱没落的。"】

14. 如果你想要拜见那降示(的启示)就去与那尊者时时刻刻面对面

同坐。

该赞念词教导信众要读《玛斯纳维》，以及读《玛斯纳维》的意义何在，等等。从中可以看出，《玛斯纳维》对东乡族穆夫提门宦信众在修行苏非之道方面具有非常重要的指导作用。东乡族穆夫提门宦信众大部分都会念《玛斯纳维》"拜提"。然而，笔者在调研中了解到，在漫长的历史变迁中，六卷本的波斯文《玛斯纳维》原著抄本在东乡族族内已经很难寻觅到，只有个别人有收藏（马长寿老师收藏有一套）。尽管如此，《玛斯纳维》中许许多多的故事却通过东乡族阿訇们的讲经布道，依然在东乡族内世代流传。阿訇们采用《玛斯纳维》中的故事，把深奥的苏非神秘主义哲理向广大信众深入浅出地讲解。普通信徒一般文化水平较低，对纯理论纯思辨的苏非神秘主义哲理难以理解，而用讲故事、打比方的方式给他们深入浅出地讲解，就易懂得多，也容易被接受。有很多故事，阿訇可以脱口而出，却因岁月迁移而不知出自《玛斯纳维》。笔者因是《玛斯纳维》的主要汉译者，对《玛斯纳维》中的故事比较熟悉，听阿訇们一讲，笔者便能基本判断出自《玛斯纳维》。东乡族内流传的源自《玛斯纳维》的故事很多，笔者这里仅举几例：

1）中国画家与罗马画家竞技的故事

该故事出自《玛斯纳维》[①]第一卷3467—3499联，讲的是：国王（在苏非作品中惯常比喻真主）下旨让中国画家与罗马画家竞赛，比试谁的绘画技艺更高超。中国画家每天在墙上用最美的颜色精工细作，绘制最美的图画；罗马画家则说："任何颜料颜色皆于事不宜，我们只是打磨。"他们关上门打磨个不停，让墙壁变得光洁如同镜子。结果，中国画家所画的美丽图画全都映照在了罗马画家打磨光洁的壁镜中。这是《玛斯纳维》众多故事中流传最广的一个故事。该故事旨在说明，罗马画家正是苏非修道者，他们的工作就是每天不断打磨自己的心灵之镜，让其光洁无比，映照最美的造物主本身及其最美的被造物。

镜子之喻是苏非神秘主义最惯常采用的比喻之一，其经文依据正是《古兰经》95∶4："我确已把人造成最美的形态。"人从镜子中观照自己。心灵之镜光洁，那么人从中看见的自己的形象便是光洁；心灵之镜布满尘垢，那么人

---

① 莫拉维：《玛斯纳维全集》，穆宏燕等译，湖南文艺出版社2002年版，以下同。

从中看见的自己的形象便是污浊。因此,"打磨镜子"成为苏非神秘主义的专用术语,指滤净人心中的种种私欲。人只有滤净心性中的种种杂质,才能恢复光亮无比的纯洁的神性,才能在镜子中观见最美的形象。

2) 鹦鹉的故事

该故事出自《玛斯纳维》第一卷1547—1762联,其间穿插有别的故事。该故事讲的是:一个商人要去印度,临行前问自家笼中饲养的鹦鹉需要什么礼物。鹦鹉说,很羡慕印度原野上那些自由自在的鹦鹉,请商人老爷帮忙向它们询问自由之道。商人到了印度,看见那些鹦鹉,便向它们说出自家鹦鹉所捎带的话。没想到,印度鹦鹉顿时浑身战栗,死了过去。商人忙完生意上的事回到家,自家鹦鹉问他捎带口信的结果。商人说,那些鹦鹉听了我捎带的口信便吓死了,我到现在还后悔呢。商人笼中的鹦鹉顿时也浑身战栗,死了过去。商人捶胸顿足,后悔不已,但也无可奈何,只好把自家的死鹦鹉从笼中拿出来扔掉。这时,鹦鹉振翅高飞而去。该故事讲述的是苏非修行中"泯灭自我"之道。人的灵魂就如同鹦鹉,囚禁在肉体之牢笼中。其经文依据是《古兰经》90:3—4:"我以一个父亲和他所生的子孙盟誓,我确已把人创造在苦难里。"人只有滤净自己的心性,泯灭自我,才能获得灵魂的解脱与拯救。

3) "在死去之前去死"的思想

"在死去之前去死"作为苏非神秘主义之道的一个重要思想,在东乡族穆夫提门宦的阿訇们讲经布道时经常被讲授。上述"鹦鹉的故事"核心旨意即是该思想,然而这句话本身出自《玛斯纳维》第六卷3799—3842联"一法学家千方百计获得布哈拉总督布施的故事"。该故事讲述:布哈拉总督十分慷慨大方,总是布施孤残贫疾人。一法学家一次又一次地伪装成孤残贫疾人,想获得布施,但都被总督识破,没能得到布施。法学家最后无奈地装成无钱入殓的死人,终于获得了总督的布施。法学家得意扬扬,撕破伪装。这时,莫拉维借总督之口说出了十分精辟的话语:"当你没有死,你没从我殿堂获得半点赏赐。"莫拉维认为,只有当人泯灭自我,才会获得真主的恩赐,"'在死去之前去死'的秘密就在于此,紧跟着死亡会降下无数恩赐。"因此,"在死去之前去死"这句语录中,其第一个"死"指人的自然死亡,第二个"死"指泯灭自我,指人通过功修,滤净自身的"人"性,泯灭物质的自我,进入一种纯粹的精神境界,恢复先天的神性,进入"寂灭",复归真主,获得永存。其经文依据是《古兰经》90:1-2:"我以这个地方盟誓,你将在那里,不受羁束。"

4)巴亚齐德教长朝觐的故事

该故事出自《玛斯纳维》第二卷 2218—2251 联,讲的是:巴亚齐德教长在去麦加朝觐的途中遇见谢赫,二人一见如故,攀谈起来。谢赫问巴亚齐德要去哪里,行囊里都装了些什么。巴亚齐德回答说,要去麦加朝觐,行囊里装的都是干粮和行资。谢赫说,你把干粮行资都放我这里,"你围绕我绕行七次,此举胜过朝觐绕行之举……尽管克尔白是他富丽堂皇的家,我的内心也是他的秘密之家。"此句诗歌意出《圣训》:"天地不能容纳我(指真主),但信士的心能容纳我。"该故事的核心旨意在于阐释苏非神秘主义一个十分重要的思想:"真主就在我们最近处"或"真主就在信士心中",其经文依据是《古兰经》50:16:"我比他的命脉还近于他。"《玛斯纳维》第六卷 869 联也同样说道:"他总在现场,无须进那崇门。"这里指道行高深的苏非长老心中时刻有克尔白,真主就在心中,不需要形式上的朝觐。这样的故事旨在说明苏非修行的重要性。

5)与人自身的私欲作战乃是大圣战

在《米拉尕黑》"拜提"的原意中,米拉尕黑所赴圣战乃是指人与自己内心的私欲作战,即修行苏非之道。这正是《玛斯纳维》思想精髓的体现,即将人与自己内心私欲作战称为大圣战,而将外在的对敌战争称为小圣战。《玛斯纳维》第一卷 1373—1389 联即是"关于从小圣战到大圣战的解释",其中说道:"我已从外部之战回返,转向内心深处的征战。我们从小圣战迈步回返,与先知共赴一场大圣战。"

通过上面的这些实例,结合笔者在基层调研中所了解到的实际情况,可以这么说,东乡族穆夫提门宦的阿訇们不仅用《玛斯纳维》中的故事给信众讲授信仰真主之道和追求与主合一的苏非修行之道,而且用《玛斯纳维》中的故事对《古兰经》的一些经文进行诠释,这样更便于普通信众的理解。因此,《玛斯纳维》在东乡族穆夫提门宦信众中的作用和地位胜过其他波斯经典,在中国十个信仰伊斯兰教的民族中,这或许也是绝无仅有的。

(本文原载《回族研究》2016 年第 1 期)

融会贯通东方神秘主义

——塞佩赫里思想研究

一

　　苏赫拉布·塞佩赫里是伊朗现代诗坛上的神秘主义诗歌大师,也是一位杰出的画家,是伊朗现代主义画派的开拓者。1928 年,塞佩赫里出生于伊朗古城卡尚,在家乡完成初、中级教育后,考入德黑兰大学艺术学院。1953 年,以优异成绩毕业于美术系,获学士学位。大学毕业后,曾在政府部门工作。1961 年起,辞去公职,专门从事诗歌和绘画创作,同时游历世界各地,到过印度、巴基斯坦、克什米尔、阿富汗、日本、法国、西班牙、荷兰、意大利、奥地利、美国、希腊、埃及等国家和地区。1980 年 4 月 21 日,在德黑兰巴黎医院因白血病去世。

　　塞佩赫里是一位极具天赋的诗人,其第一部诗集《颜色之死》(1951)就引起诗坛的广泛关注。塞佩赫里又是一位性格极其内敛的诗人,从小厌倦喧嚣与嘈杂,他的心灵一直在纷扰的尘世中寻找躲避之处,从第二部诗集《梦中生活》(1953)起,塞佩赫里开始关注以佛教文化为代表的东方文化,最后他找到了"佛陀的花园",获得了内心的安宁,在静观中获得一种精神的超脱。塞佩赫里在 20 世纪 60 年代伊朗全面西化的浪潮中游历东西方,对东西方文化进行了对比性的考察和审视,深深迷恋上了东方神秘主义文化,认为在西方工业文明的喧嚣中,唯有东方神秘主义文化才能使人拥有内心的宁静和灵魂的安详,才能使人的精神达到一种永恒的境界。由此,塞佩赫里创作了大量的神秘主义诗歌,表现自己对东方神秘主义的认识和体验。这些诗歌依次收录在以下诗集中:《背井离乡的太阳》(1961)、《悲悯的东方》(1961)、《水的脚步声》(1965)、《行者》(1966)、《绿色空间》(1967)、《我们无为,我们观看》(1977)。这些诗集以深邃的神秘主义思想和纯熟的诗歌语言艺术在伊朗现代诗坛上树起了一座神秘主义的高峰。塞佩赫里的诗歌翻译成了英、法、德、阿拉伯、西班牙、土耳其、瑞典、中文等语种,在世界诗坛上具有较大的影响。

塞佩赫里的神秘主义诗歌可以分为两个时期:前期诗集为《梦中生活》《背井离乡的太阳》《悲悯的东方》,后期诗集为《水的脚步声》《行者》《绿色空间》《我们无为,我们观看》。前期诗歌主要表现塞佩赫里对东方神秘主义的一种探索性认识,后期诗歌主要表现诗人获得人生觉悟后对世间万物的一种圆融观照。

塞佩赫里是一个生活在自己的精神世界中的诗人,20 世纪 40 年代末 50 年代初伊朗轰轰烈烈的群众政治运动对他的思想并没有太大的触动。当诗人们纷纷用笔去表现自己周遭的现实生活之时,塞佩赫里却走进了自己的内心世界。《梦中生活》是塞佩赫里在思想上走向东方神秘主义的序曲,主要表现了诗人对"自我"的剖析,以及东方神秘主义对诗人的吸引,诗人由此开始了心灵的探索。诗人的心灵探索,首先是对自我存在的审视:"我房间中的水池已浑浊。/我听到我血管中血的低吟。/我的生活在深沉的黑暗中流逝。/这黑暗,将我存在的轮廓照亮。"(《消失的瞬间》)"房间"这个象征意象在塞佩赫里的诗歌中出现很频繁,它象征了人的自我存在。"水池"则是心灵的象征。在塞佩赫里的诗歌中,"光明"与"黑暗"从来不具有政治象征意义。这里,"黑暗"指尘世,指尘世中人的懵懂与蒙昧。诗人在黑暗中觉醒,在黑暗中审视自我存在的状态:一潭浑浊的水。诗人在喧嚣的尘世中找不到自己的位置,对自我存在感到十分的茫然,频频发出"我在何处""我来自何处""我去往何处"的疑问。这时,东方神秘主义之光照亮了诗人的心灵:"我在何处?/我感到我到了一清醒之地。/我在这清醒之光中看到我整个的存在:/我是否是一个错误的迷失的影子?"(《没有回应》)东方神秘主义之光使诗人看清了人的现实存在本身,诗人将现实生活视为一场梦,人的自我存在在其间只是一具没有灵魂的活僵尸:"我从对面观照自己:/是一个充满死亡的坑。/我在自己的尸体上行走。/……忽然，一道光降落在我的尸体上。/我在惶惶然中活了过来:/两个脚印充盈了我的存在。/来自何处? /去往何处? /只看到两只脚印。/也许是脚错误地放在了地上。"(《碰撞》)

《梦中生活》中大量的诗歌表现了以佛教文化为代表的东方神秘主义文化对诗人的吸引。《苦涩的梦》写道:"月光之鸟/在啼啭。/云在我房间中哭泣。/眼中懊悔之花绽开。/东方的身躯在我窗户之棺木上移动。/西方在垂死挣扎/正在死去。/太阳的橙色植株/在我房间之死水潭中渐渐生长。"这里,诗人用东方破晓、西方沉落象征了自己对东西方文化的认识。"太阳的橙色植株"指阳光——佛家的智慧之光,它照亮了诗人的自我存在,在诗人心中扎根生长。《莲花》一诗更是清楚地表现了佛家思想对诗人的深刻影响:"我越过了我的梦的边界/一朵莲花的暗影/落在这整个的荒原上面。/哪一股无畏的风/把这莲花的种子带到了我梦的国土? /……我自身凡是有死亡的地方/就有一支鲜活的莲花长出。//回廊的顶坍塌了/莲花的茎绕着所有的柱子蜿蜒/哪一股无畏的风/把这莲花的种子带到了我梦的国土?""莲花"毫无疑问是佛教的象征,是佛家思想重塑了诗人的认识观,使诗人对现实生活有了全新的认识。《声音中的花园》一诗暗用佛陀悟道后在鹿野苑初转法轮之典故,说明了是佛陀传道的声音、是佛家的智慧惊醒了诗人浑浑噩噩的尘世梦:"我在一花园中获得解脱。/一道无色的轻盈的光在我身上掠过。/是我自己置身于这个花园/还是花园充盈在我周围? /园中的空气从我身上流过/它的枝叶在我身上颤动。/难道这花园/不是一个灵魂的影子/——落在生活的死水潭上片刻?"由此,"佛陀的花园"成为塞佩赫里思想的凝练象征,成为塞佩赫里的标志。

倘若说《梦中生活》中东方神秘主义惊醒了诗人的尘世梦,那么《背井离乡的太阳》则表现了诗人对东方神秘主义的主动探索,是梦醒之后的人生选择。印度古代传说中将帝王的谱系分为太阳族和月亮族。释迦族属太阳族。"背井离乡的太阳",第一层含义即指释迦牟尼抛弃荣华富贵的王子生活,出家修行。第二层含义则指诗人自己的心灵修行和寻道的过程。这时的诗人还处在"惑"的阶段,其探索充满了曲折反复、茫然无措。《背井离乡的太阳》第一版有一篇序言,该序言体现了塞佩赫里对东方神秘主义文化的认识:"亚洲人获得了一种广阔无垠的合一。亚洲人在这方面已走得很远,他们不具方向感地生活着。而西方世界尚未远离名色(nama-rupa),他们没走出几步,就又回到幻相(maya)世界。……西方将超自然建立在一种清醒之上,而东方却将之建立在似醒非醒之间,甚至更多的是将之建立在梦幻之中。西方的智慧,是使自然驯服于自己。而东方的智慧,是使人与自然和谐。……西方世界的孤独往往导致痛苦和不安。东方世界的解脱,是一种悲悯。在欧洲的愤怒和焦虑面前,亚洲表现出的是温柔平和。……在哥特艺术中耶稣基督的脸上流露出的是痛苦,而阿旃陀石窟的佛像的双唇始终在微笑。……亚洲获得了一种悲悯的观照,认识到须臾:生命如露水,并付出了广阔而巨大的慈悲。西方世界的训导是:杀戮,吃喝。而东方却高擎:不杀生(ahimsa)。在西方,是给予人们获拯救的佳音。而在东方,解脱是那样的广阔乃至雪也渴求修士的超度。……亚洲人的认识观是从阴影开始的,阐述种种难以言状的奥秘,将'空'作为一种观照对象,在'空'上建立起体系,并且将'非存在'解释为近似于'空'。赞颂'空':'空'里的安宁是一种难以言说的状态。……"①这篇序言体现了塞佩赫里对东西方文化的对比性认识,对了解塞佩赫里的思想状态是十分有价值的,只是,该序言倘若用在后一部诗集《悲悯的东方》中,也许更合适。《背井离乡的太阳》更多的诗歌是表现诗人的探索,以及探索过程中的茫然无措。当然,"茫然"是寻道过程的必然阶段,"背井离乡"一词本身就含有"茫然"之意。

当塞佩赫里接触到佛教文化,一下就被深深吸引住了,由此开始了对东方神秘主义文化的主动探索:"在我们之间是彷徨的荒野。/是没有灯的夜晚,是陌生的大地之榻,是对火的遗忘。/在我们之间有'一千零一夜'的寻寻觅觅。"(《同行者》)这样的探索主题在很多诗歌中出现:"古老的菩提树铺展在他的生活上方。/大地呼唤着甘霖。/……我没有找到从你走到门口的路。/大地呼唤着甘霖,我呼唤着你。……"(《影子的移动》)释迦牟尼在菩提树下觉悟成佛,菩提树作为觉悟的象征出现在塞佩赫里的很多诗歌中。另外,

---

① 转引自卡米亚尔·阿贝迪:《同太阳相处》(波斯文版),拉瓦亚特出版社1996年版,第141—145页。

相传释迦牟尼做太子时,一次随父亲净饭王行耕种仪式,释迦牟尼入座树荫下,进入禅定。这时,随着日光的移动,别的树影皆移,独释迦牟尼所处之树影不移。"影子的移动"象征了诗人尚未得道的茫然。同样的典故还出现在《沙苏撒》一诗中:"在树荫中——太阳在愉快的畏惧中观看这菩提树将太阳遮挡。/……菩提树在灯笼的光芒中矗立。/它的叶在沉睡,像一支摇篮曲。/……菩提树的花在我母亲的摇篮曲中开放:/永恒在树枝上。/在一堆泥土旁/在遥远的地方,我独自一人坐下。/树叶在我的感觉上滑动。"这里,诗人用"不移的树荫"象征觉悟,象征心灵的安宁。诗人从小就喜欢安宁独处,诗人认为是佛光在冥冥中的照耀,从小到大,诗人一直在追寻这安宁之源:"……/从童年的摇篮曲,到这太阳的惶惶然,我一直等着你。在绿色笼罩的夜晚,在清晨的河水中,在太阳的大理石光芒中,我呼唤你。/在这焦渴的黑暗中,我呼唤你:沙苏撒!"诗人苦苦追寻,但仍处在茫然中:"太阳在窗口燃烧。/窗户充满了树叶。/我随叶一起颤抖。/我没有结合的线索。"

这种茫然,是寻道过程中的茫然,是渴望一种更深刻的认识而暂时未得的茫然,并非是对所寻之物一无所知的茫然。这在《近者啊》一诗中有清楚的说明:"在最隐蔽的花园,我采摘过水果。/而此刻,近枝啊,别再挂念我的指尖。/我手指的急切并非因想采摘而激动,而是渴望认识。"其实,在《背井离乡的太阳》中,诗人对东方神秘主义文化已经有了相当程度的了解,这在该诗集的序言中有清楚的体现。这种了解在该诗集的不少诗歌中也有反映,比如对佛教典故的运用,本身就反映了诗人对佛教的了解。

在诗集《悲悯的东方》中,诗人告别了黑暗,告别了茫然,走向了认识上的光明。整本诗集都散发着诗人对东方神秘主义的体验的气息,诗歌名称奇特而神秘,具有浓厚的佛教色彩,充分显示出佛教文化对塞佩赫里的影响。该诗集是塞佩赫里对东方神秘主义执着追寻的结果,也是塞佩赫里从佛教走向道禅的起点,在这部诗集中,"塞佩赫里为自己的思想从炼狱中超脱出来进行着最后的努力。他将自己的整个存在都抛进了悲悯的东方的内部,同时充满了灵魂的安宁。"①

---

① 卡米亚尔·阿贝迪:《同太阳相处》(波斯文版),拉瓦亚特出版社1996年版,第162页。

　　"悲悯"是佛家思想的重要组成部分之一。伊朗学者由于对佛教思想的生疏,往往将悲悯理解为忧伤痛苦①,这是错误的。在佛教中,"悲"是"慈爱"之义,"大悲"即是大爱。因此,悲悯不是一种忧伤痛苦的负面情绪,而是对众生的怜惜、怜爱,是一种至善的爱,是用佛眼观众生。在佛眼看来一切众生皆处在苦难中,佛教苦集灭道四圣谛中第一圣谛便是苦,人受缚于生、老、病、死、忧愁等种种苦难(忧伤痛苦之"悲"恰恰被视为人生的一种苦),所以要布施众生,要普度众生。悲众生,也悲自身,要普度众生出苦海,也要解脱自身于苦难。于是,悟苦之因,悟苦灭之道,最终获得无上解脱涅槃。因此,悲悯是一种觉悟。《悲悯的东方》表现的即是诗人获得初悟的喜悦,完全没有忧伤痛苦的情绪,也没有了《背井离乡的太阳》中寻道的茫然与焦虑。诗人全身心沉浸在佛家思想中,被其悲悯、宽容、和谐、安宁的人生哲学所折服,并认为这是人与自然和谐相处、赖以生存的根本。

　　对觉悟的认识和体验是《悲悯的东方》的主旋律。《运动着的》一诗阐释了诗人对佛教的认识和理解:"一支无茎的花儿在梦的空间,其甘冽的水是/悲悯。/悲悯的目光。那是眼的清醒,手的无叶。""无叶"是苏非神秘主义术语,指对物质的摈弃。这里,诗人清楚地说明了悲悯是一种觉悟。诗人用莲花、净水、悲悯的目光,绘出一幅关于佛教特征的最凝练的图画。《津渡》一诗表现诗人已然获得觉悟:"我从梦之泉回来,湿漉漉的水罐在我手上。/鸟儿在啼啭,莲花正盛开,我打碎了湿漉漉的水罐。/我关上门。/在回廊上坐下来观看你。"诗人从尘世梦醒来,进入到一个莲花盛开的佛的世界。于是,诗人打碎了旧的自我存在,坐下来静静地品味获得精神觉悟的安宁。而《菩提》一诗则是对觉悟的阐释:"那一刻,门开着。/没有叶,没有枝,花园呈现出寂灭。/空间之鸟沉寂,这沉寂,那沉寂。沉寂是一种话语。/……声音的迹象淡去,呼唤的迹象淡去,帘子难道已折叠收起?/……每一河流,都成了海洋。/每一存在,都成了觉者。"

　　获得觉悟的塞佩赫里从长诗《水的脚步声》开始,进入了一个全新的思想

---

　　① 霍贾特·艾马德:《到同行者的花园》(波斯文版),伊朗优秀图书宣传中心出版社1999年版,第228页。

境界。前面几部诗集充满了诗人对东方神秘主义的刻意探索与追求，而从《水的脚步声》开始，诗人进入了一个自在达观的境界，进入了禅境，没有了"刻意"。塞佩赫里完成了从"茫然"走向"安宁"的思想历程。长诗《水的脚步声》是塞佩赫里为父亲之死、为安慰母亲而作，阐述了诗人对生与死的达观认识。"水"是塞佩赫里诗歌中的常见意象，是思想、心灵、精神的象征。"水的脚步声"即是指诗人的思想之旅。整首长诗即是诗人的思想之流，汨汨奔涌："我去做世界的客人/我走到悲悯的原野/走到神秘主义的花园/走到知识之灯的回廊/从宗教之阶梯走上去/直到怀疑之巷底/直到'无求'之凉爽空气中。"整部长诗是诗人在一番心灵探索之后获得的人生觉悟，是诗人"清洗眼睛，以另一种方式看"生活，即诗人用禅眼或曰悟眼去看人对真主的信仰、人的生死、人的日常生活、人所处的周遭世界等一系列人所必然面对的东西。全诗将生活的真谛娓娓道来，从容安详而深刻，是伊朗现代新诗最伟大的作品之一。长诗《行者》是《水的脚步声》的继续，仍是诗人的思想之旅：一旅行者经过了长长的旅行之后，回到伊朗，在朋友家的庭院中，向主人讲旅途的所见所闻，旅行者的思想也随之沉浸在无边的哲思中。"行者"正是象征了诗人行走在寻道之路上，思想之旅永不停止。全诗内容涉及生死、神爱、合一、寻道等很多方面的问题；该诗还以大量篇幅讲述了犹太、巴比伦、伊朗等古老民族遭受的劫难，叹息古老文明的衰落；该诗还表现了塞佩赫里对印度古老文明的特殊向往；该诗还抨击了现代工业文明对人心灵的戕害，是塞佩赫里屈指可数的极少数关乎现实的诗篇之一。《行者》是塞佩赫里思想之流汪洋恣肆的流淌，内容博大而深刻，与《水的脚步声》一起并称塞佩赫里诗歌的双子座。

诗集《绿色空间》是塞佩赫里诗歌的又一座高峰，是对东方神秘主义文化沉思的结晶。《绿色空间》的每一首诗都很优秀，几乎没有平庸之作：一是语言美，达到纯熟的致境；二是意境美；三是思想美，是塞佩赫里思想的精华。"这本书不仅仅是一部诗集，更是一部伟大的思想作品，出自一位东方的思想家。"①

"绿色空间"即指大自然。《绿色空间》是生机勃勃的大自然与诗人灵魂

---

① 霍贾特·艾马德：《到同行者的花园》（波斯文版），伊朗优秀图书宣传中心出版社1999年版，第315页。

的融合,是诗人在经历了《背井离乡的太阳》中的茫然与焦虑不安之后,找到的灵魂的安宁和精神的闲适状态。诗人静静地待在自己独处的角落,在大自然的美丽与静谧中,娓娓地诉说着自己的心境,流溢着一股浓浓的身心的闲适、安宁与愉悦,获得了一种远东哲学所特有的个人存在与自然存在之间的和谐融合,达到了人与自然的合一,整部诗集充满了禅思、禅意、禅境。

倘若说《悲悯的东方》是在阐释觉悟,那么《绿色空间》则是在呈现觉悟。《单纯颜色》一诗用单纯颜色象征了一份单纯安宁的生活:"天湛蓝/水湛蓝/我在阳台上,拉娜在水池边。//拉娜在洗衣服。/树叶在飘落。/早晨我母亲说:令人忧郁的时节。/我对她说:生活是一只苹果,应当连皮一起吃。……"全诗表现了一种恬然自安的心境,一种闲适的生活状态。《光、我、花、水》一诗把读者从纷扰的世界带到了一个安宁的空间。在那里,诗人在水边、树旁,伴着飞鸟与月光,在大自然中娓娓而谈:"没有云/没有风/我坐在水池边/鱼儿、光、我、花、水皆在徜徉。/点点滴滴的生活是那样纯净。//我母亲摘着香草/面包、香草、奶酪、澄净的天空、水灵灵的牵牛花。/近在咫尺的超脱:院子的花丛中。"光、花、水代表了大自然,诗人将自己看作大自然序列中的一部分,表现了人与自然的合一,超脱就在身边。紧接着诗人写道:"……我在黑暗中看见道路,我满载着灯笼/我满载着光和沙/我满载着树木/我满载着路、桥、河、浪/我满载着水中树叶的阴影/我的内心是多么孤独。"这时的诗人找到了路,找到了光,灵魂处在与自然合一的安宁状态。"光"象征精神的解脱之路,"沙"象征着尘世生活。塞佩赫里所持的哲学并不是一种抛弃尘世生活的出世哲学,而是一种精神与尘世的和解,是精神在尘世中的适意人生哲学,是禅的哲学。塞佩赫里诗中的孤独不是一种凄楚落寞的负面感觉,而是一种闲适的独处,充盈着的是一种内心的安宁与愉悦。伊朗学者由于对道禅哲学中的独处与恬然自安缺乏深刻的理解,往往将这种孤独理解为一种负面的情绪感觉。《到同行者的花园》一书的作者就将该诗最后一段理解为:诗人心中满载着大自然,但所有的这些东西都填不满诗人内心的孤独。① 这种理解

---

① 霍贾特·艾马德:《到同行者的花园》(波斯文版),伊朗优秀图书宣传中心出版社 1999 年版,第 331 页。

显然是错误的。这种充满安宁与愉悦的孤独是《绿色空间》的主旋律,萦绕在很多诗歌中,《独处》一诗写道:"月挂在繁华之上空,/繁华之人在梦中。/在这月光中,我嗅闻独处之砖。/邻居家的园子中亮着灯,/而我的灯熄灭。/……山离我很近:在枫树、沙枣树后边。/看得见荒野。/看不见石头,看不见小花。看得见远处的荫凉,如同水的孤独,如同神的歌。/……月亮挂在孤独的上空。"这里,独处与繁华相对,"邻居家亮着灯的园子"是一种繁华,"我的灯熄灭"是一种孤独与安宁。诗人的独处是繁华中的独处,是在喧嚣的尘世生活中获得的内心安宁。《瞬间的绿洲》更是表现这种孤独的经典之作:"……人在这里是孤独的/在这孤独中,榆树荫一直流淌到永恒。"《到同行者的花园》一书的作者在这里对孤独的理解同样是错误的,他说:"……孤独的感觉让诗人一刻也不得安宁。……这种孤独,如诗人所说,直到永恒,直到死亡也不放过他。"[1]我们再来看塞佩赫里自己对孤独的理解,在《蓝色的房间》一书中塞佩赫里说道:"东方人从内心走进生活。禅画家与大自然融合和谐,与竹林飞鸟同处,便多画竹林飞鸟。日本人崇尚永恒的孤寂。……孤独在我们看来具有令人心旷神怡的特征,而西方人将空寂视为萧索。"[2]《蓝色的房间》是塞佩赫里在生命的最后时日,在病榻上写的未完之作。该书第三部分《与大师对话》,是塞佩赫里对东西方绘画艺术中的大师及其作品的评述。其中,塞佩赫里对中国绘画和日本绘画的特征作了较为详细的介绍,显示出塞佩赫里对道禅精神具有深刻的理解。因此,塞佩赫里诗中的孤独是一种禅境,而不是一种负面情绪。

《我们无为,我们观看》是塞佩赫里的最后一部诗集,其主旋律是对真主创世、语言产生、原罪、先知使命等一系列原初问题的沉思和观照。伊朗评论界对该诗集褒贬不一,有的认为没有比前几部诗集更具思想的光辉,有的却认为反映了塞佩赫里更深刻的思想。笔者认为,该诗集是塞佩赫里在获得了心灵的觉悟、精神的解脱和自由之后,思想的一种升华。因为塞佩赫里在前几部

---

① 霍贾特·艾马德:《到同行者的花园》(波斯文版),伊朗优秀图书宣传中心出版社 1999 年版,第 382 页。

② 苏赫拉布·塞佩赫里:《蓝色的房间》(波斯文版),内高赫出版社 2003 年版,第 89—90 页。

诗集中思考的都是个体问题,是对个体精神自由的探索,以及对这种个体精神自由状态的一种展示。而在《我们无为,我们观看》中,塞佩赫里思考的焦点更多的是"人类"。"无为"并非无所作为,而是一种精神的完全解脱与自由,无为状态下有着洞悉一切的悟眼,《我们无为,我们观看》是塞佩赫里站在觉悟的高峰,回过头去看人类的历史。因此,从塞佩赫里自身的思想历程来说,《我们无为,我们观看》体现了塞佩赫里思想的一个新高度。但是,前几部诗集因吸收了印度哲学和远东哲学中的思想精华,并将之与伊朗的宗教文化传统——苏非神秘主义融合在了一起,具有一种前人所不具有的光彩和深度。而在《我们无为,我们观看》中,基本上没有了印度哲学和远东哲学的色彩,诗人是从伊斯兰教传统哲学的角度去审视。而对原初问题,伊朗古代的先贤们已进行了大量的深刻的探索、思考和阐释。因此,从哲学思想史的发展来看,《我们无为,我们观看》没有比前人更加具有光彩的思想。《这里曾有鸟儿》《古老的夜章》《这里永远是梯赫》《直到尽头都置身现场》等诗歌是诗集《我们无为,我们观看》中的优秀篇章。

二

我们在上面着重分析了塞佩赫里对佛家思想的探索和觉悟。但是,我们不要忘记,塞佩赫里不是一位中国诗人,也不是一位日本诗人,而是一位伊朗诗人,其血管中流淌着的是伊朗自身的宗教文化传统之血液。苏非神秘主义是伊朗宗教文化的核心,犹如儒道释之于中国文化。波斯古典文学十分灿烂辉煌,而苏非神秘主义文学是波斯古典文学的重要组成部分,拥有很多的大师和经典作品,比如萨纳依(1080—1140年)的《真理之园》,阿塔尔(1145—1221年)的《百鸟朝凤》,鲁米(1207—1273年)的《玛斯纳维》《夏姆士集》,内扎米(1141—1209年)的《奥秘宝库》,贾米(1414—1492年)的《黄金之链》《献给艾赫拉尔的赠礼》《信士的念珠》,等等。因此,可以说中世纪的波斯文学在相当大的程度上成为阐释和传播苏非神秘主义宗教哲学的载体,由此形成了文学、宗教、哲学的高度融合。这是伊朗传统文化一个十分显著的特征。

在 20 世纪,虽说苏非神秘主义思想还在伊朗文化中发挥着潜移默化的重要作用,但苏非神秘主义文学传统在新文学中已经衰微。在塞佩赫里出现之前,只有伊朗尼(1925—1973 年)的诗歌较为集中地表现了苏非神秘主义思想,但伊朗尼的诗歌并不被伊朗诗界认可,没有形成太大影响。而塞佩赫里的神秘主义诗歌不仅获得了极大的成功,而且其著名诗人与杰出画家的双重身份,使他的诗歌在现代诗坛上影响深远。因此,是塞佩赫里在伊朗现代诗坛上重新扛起了苏非神秘主义诗歌这面传统旗帜。塞佩赫里十分迷恋苏非神秘主义文化,将鲁米(又称莫拉维)视为东方最伟大的诗人和神秘主义者,酷爱读鲁米的苏非神秘主义抒情诗集《夏姆士集》。临终前,在病床上还向其妹妹帕丽都赫特·塞佩赫里讲历史上著名的苏非长老们的故事,还叮嘱其妹妹要认真读苏非神秘主义的经典著作。毫无疑问,苏非神秘主义是塞佩赫里的思想之根。

塞佩赫里有很多诗歌直接表现了苏非神秘主义思想。读过鲁米的《玛斯纳维》的读者,会一眼看出塞佩赫里的《鱼儿的口信》一诗与鲁米诗歌的关联。《玛斯纳维》第四卷 2202—2244 联讲述了一条鱼儿逃离水潭爬到大海获得拯救的故事。塞佩赫里的《鱼儿的口信》以鱼儿的缺水和盼水表达了自己的精神渴望:"……你如果在花园的悸动中看见了真主,请鼓起勇气/就说鱼儿们的水池中没有水。//风去拜访梧桐。我去拜访真主。"该诗最后两句,是塞佩赫里诗歌的经典诗句,体现了塞佩赫里对苏非神秘主义的精神皈依。《地址》一诗是充分反映塞佩赫里的苏非神秘主义思想的经典之作。诗中询问"友人的家在何处?"的骑士("友人"是苏非术语,指真主),是一位寻道者。回答骑士的行人是苏非导师,他用一连串的自然景物(白杨、花园、孤独之花、喷泉、流动的空气、孩童、光之巢)象征了苏非神秘主义修行的七个阶段:追求、神爱、神智、无求、认独一、震惊、寂灭①。通过道乘——爬上高高的松树,最后"从光之巢中抓获雏鸟"——从寂灭到永存,实现"人主合一"。《拜见的声音》也是反映塞佩赫里的苏非神秘主义思想的经典之作,是诗人对苏非神秘主义玄理的参悟,是诗人灵魂拜见真主的声音。诗歌写的是:清晨时分,诗人

---

① 霍贾特·艾马德:《到同行者的花园》(波斯文版),伊朗优秀图书宣传中心出版社 1999 年版,第 369 页。

提着篮子去广场买水果。而这买水果的过程即象征了诗人参悟苏非玄理的过程。最后,诗人带着空篮子回了家,母亲问为何什么水果也没买,诗人回答:"无边无际的水果怎能在这篮子中装下!"诗人深深震撼于苏非玄理的博大精深。《观看章》也是一篇经典之作,多处运用《古兰经》和《圣训》中的典故,是对人类初始的沉思,是对先知使命的沉思,可以说是诗集《我们无为,我们观看》的序曲。

苏非神秘主义作为伊朗宗教文化传统的核心,对伊朗知识分子的思想和人生观的影响是潜移默化且根深蒂固的。伊朗的知识分子或多或少地都具有苏非神秘主义思想,在现代诗人们的作品中苏非神秘主义思想也或隐或显地有所反映。塞佩赫里与其他诗人的不同在于:苏非神秘主义对于其他诗人来说更多地表现为一种文化背景或一种文化底蕴,而对于塞佩赫里来说则是贯穿于其思想意识的人生观。塞佩赫里的诗歌毫无疑问是对传统文化的继承和发展,但在其继承和发展中,更多的是对传统文化精髓的坚守。塞佩赫里对伊朗新诗的贡献正是在于:在当时伊朗社会全面西化、传统日益消亡的时代,顽强地维系着伊朗本民族的传统文化命脉。因此,塞佩赫里的诗歌实际上肩负起了一项重大的使命——传承伊朗民族的传统文化,使伊朗中世纪的苏非神秘主义文学传统在 20 世纪得以延续。

三

塞佩赫里诗歌思想的最伟大之处在于:实现了东方神秘主义哲学的融会贯通。塞佩赫里不仅有很多诗歌直接了反映苏非神秘主义思想,而且还用对苏非神秘主义的理解去阐释和体验对佛家思想的探索。比如《消失的瞬间》一诗表现的是塞佩赫里对佛家思想的探索体验,但其间融合的是苏非神秘主义在"心见"真主的瞬间的迷狂体验:"门开了/他带着灯笼飘进来。/他有一种获得解脱之美/我的眼睛看向他之路:/那是我生活中的无形的梦幻。/一股香气在我的眼中低吟。/我的血脉停止了跳动。/……时间在我身上不再流逝。/我陷入一种赤裸裸的激情。""人主合一"论是苏非神秘主义的核心,而人与真主的合一有多个层次,其中瞬间的合一是指苏非修行者在深度的冥想或精神的迷狂状态中"心见"真主。诗人在寻道过程中,心里虽有瞬间的亮堂,但其实并未真正获得觉悟:"他把他的灯笼挂在空中。/用光芒追寻我。/照遍了我房间的旮旯角落/也没照到我。"瞬间之后,一股风吞没了灯笼的火焰,"他"消失了。该诗所表现的"瞬间"的激情,以及"瞬间"之后的落寞,完全与古典苏非神秘主义诗歌如出一辙。这样的例子在塞佩赫里的诗歌中并不鲜见。伊朗学者也看到了这一点,认为"塞佩赫里在对佛教的神秘体验中,混合着莫拉维的神秘主义的精神气息,尽管并没有在任何地方公开提及(莫拉维)"。[①]

塞佩赫里不仅通过苏非神秘主义去体会他所接触到的新的东方神秘主义,而且反过来,也用他所接触到的新的东方神秘主义来诠释苏非神秘主义。尽管苏非神秘主义在形成和发展的过程中有着印度教和佛教中的神秘主义的影响,但历来苏非神秘主义者在阐释苏非神秘主义时,皆源自《古兰经》《圣训》和伊斯兰教本身的文化传统。而塞佩赫里将东方其他民族的神秘主义思想纳入了自己对苏非神秘主义的阐释体系。尽管塞佩赫里的诗歌较多地表现出佛家思想和道禅思想的色彩,但是我们必须清楚地认识到,佛家思想和道禅思想对于塞佩赫里来说只是其苏非神秘主义文化根基的一种补充,是对苏非神秘主义文化的拓展性阐释。

我们来看《非》一诗:"刮风了,打开门,送来了真主的悲悯。/扫净屋子,挥舞花儿,信使来了,信使来了,带来了'非'之佳音。……""非"指著名的清真言:万物非主,唯有真主。这是伊斯兰教认主独一的标志,也是苏非神秘主义中"存在单一论"的理论基石。"扫净屋子"是苏非神秘主义隐语,指滤净人的心性。"挥舞花儿"则是用佛教"拈花微笑"之典。佛教传说,灵山会上,如来拈花,迦叶微笑,师徒会心,灵犀一点,由此开始了禅宗心法。这里,诗人先用佛教的"悲悯"诠释了真主之爱,接着用禅宗的心法诠释了苏非神秘主义的滤净心性、觉悟真主之道。我们再看另一首经典之作《我的激情啊》:"我是乐

---

① 霍贾特·艾马德:《到同行者的花园》(波斯文版),伊朗优秀图书宣传中心出版社1999年版,第225页。

器,我是一段歌,拿起我,弹奏我,在我的弦上用拨子弹奏'非',/弹奏寂灭之道。"全诗一开始就说明了诗人演奏的是"非"之曲,讲的是苏非神秘主义的寂灭之道。然后诗人写道:"《古兰经》在我头顶,《新约》是我的枕,《旧约》是我的床,/《阿维斯塔》是我的外衣,我梦见:一尊佛在莲花中。……"这里,表现出诗人"六经注我"的思想和气度。对于塞佩赫里来说,《古兰经》是根本,苏非神秘主义是根本,其他的宗教神秘主义皆是为这根本所用。

塞佩赫里还将印度教中"梵我同一"的思想糅合进了苏非神秘主义中"人主同一"的思想。"人主同一"是苏非神秘主义"人主合一"思想的分支,其特征是"我即真主"。伊朗古代苏非圣徒哈拉智(858—922 年)就在迷狂中声称"我即真主",当时因被视为异端而被处死。"人主同一"的思想虽未成为苏非神秘主义的主流,但仍被后人有所继承,比如阿塔尔的《百鸟朝凤》讲述的就是"人主同一"的思想。该书讲一群鸟儿去寻找鸟王凤凰,经过重重艰难险阻,只有三十只鸟儿抵达目的地,但那里并没有什么凤凰。这时,这三十只鸟儿觉悟到它们自己就是凤凰。"人主同一"与"人主合一"是对同一个问题的不同解释。真主用泥土造阿丹(亚当),将自己的精神吹进阿丹体内,阿丹由此获得灵魂而具有了生命。因此,人的灵魂(精神)来自真主。"人主同一"论因此认为人的灵魂(精神)与真主是同一的,而"人主合一"论因此认为人应当寻求个体灵魂(精神)与真主的重新合一。"人主同一"的思想在《充满奥秘的水波》一诗体现得很充分:"……你是最孤独的'我'。/你是最亲近的'我'。/你是最易抵达的'我'。/清晨的'我'啊,是一扇开向茫然失措的世界的窗!"你即是"我",主与"我"同一。这里,"我"被诗人打上引号,具有了另一层含义。在印度哲学"梵我同一"论中,"我"即指人的灵魂(精神),"梵"是宇宙的本原,是最高实在。"我"源自"梵","梵"与"我"在本质上是同一不二的。① 因此,在梵语中,"我"除了作人称代词之外,还指人的灵魂(精神),同时也指"梵"。② 这里,塞佩赫里显然是运用了印度哲学中"我"的概念,用"梵我同一"诠释了"人主同一"。《拜位》一诗同样如此:"空空中有风。/黑

---

① 任继愈:《宗教大词典》,上海辞书出版社 1998 年版,第 229 页"梵我同一说"词条。
② 郭良鋆:《佛陀和原始佛教思想》,中国社会科学出版社 1997 年版,第 183 页。

暗中有星。/存在中有歌。/嘴唇上有祈祷。/有'我',而那是'你':/祈祷和拜位。"该诗阐述了作为灵魂(精神)的"我"无处不在,而这"我"即是"你",即是梵,即是真主。而《膜拜》一诗将人与真主看作是同位的,是"我们",在原初"我们"不论做什么都在一起,未曾分离,但后来:"……我们离开了山巅:/我来到地面,我成为奴仆。/你走到上方,你成为真主。"该诗虽然也反映了"人主同一"的思想,但"我"这个单词在诗中没有被诗人加上引号,从上下文来体会,也没有"灵魂(精神)"和"真主"的含义。因此,该诗中的"我"与上引两首诗中的"我"是有区别的。

塞佩赫里最具创造性的贡献是:将远东的道禅思想中人与自然的合一充分糅合进了苏非神秘主义的"存在单一论"中,并由此推论出人与自然合一即是人与真主合一。"存在单一论"是苏非神秘主义的重要理论,由著名的大苏非伊本·阿拉比(1165—1240年)提出。简单地说,"存在单一论"就是认为:真主是唯一的绝对实在,真主具有本质和无数种属性,自然万物都是真主各种不同属性的幻化和显现,它们源自真主,终将复归于真主。属性与本质之间、现象世界与真主之间互为表里,实为同一。该理论源自著名的清真言:万物非主,唯有真主。

由于"存在单一论"将自然万物看作是真主各种不同属性的幻化和显现,表面上似乎认为万物皆有灵,因此目前国内学术界认为"存在单一论"具有泛神论的特征①,笔者认为这种观点是错误的。"存在单一论"与泛神论的确有表面的相似,但在根本实质上二者是背道而驰的。泛神论是将自然万物都看作神灵,自然万物对于泛神论来说皆是实在,而不是幻在;而"存在单一论"是将自然万物看作真主各种不同属性的显现,是一种幻在,只有真主是唯一的实在,是完全彻底的一神论。

"人主合一"的思想是苏非神秘主义的核心,即人通过一定方式的修行,滤净自身的心性,修炼成纯洁的"完人",在"寂灭"中和真主"合一",在"合一"中获得"永存"。在传统的苏非神秘主义中,从未出现过将"人主合一"演

---

① 金宜久:《伊斯兰教词典》,上海辞书出版社1997年版,第156页"存在单一论"词条;金宜久著:《伊斯兰教的苏非神秘主义》,中国社会科学出版社1995年版,第60页。

变为人与自然合一。但是,塞佩赫里却做出了这样的推论:自然万物是真主各种不同属性的显现,而属性与本质之间、现象世界与真主之间互为表里,实为同一,那么,人与自然的合一即是"人主合一"。

这种思想在塞佩赫里的早期诗歌中就有所反映,不少诗歌中都表现出"佛(真主)无处不在;佛(真主)就在身边;佛(真主)就在心中"的思想,比如《菩提》一诗最后两句"每一河流,都成了海洋/每一存在,都成了觉者。"即是反映了塞佩赫里的上述思想。这里,"觉者(佛)"若替换为"真主",就是典型的"存在单一论"。我们再看《帕德玛》一诗:"门开着,观看的眼睁着,更善观看的眼,真主可是在每一……?/隐匿的,已显现。'他'在那里,在那里。""帕德玛"是梵语"莲花"之义。题为"莲花",全诗讲的却是"存在单一论":真主在每一存在中显现。其实,这里"真主"一词也完全可以替换为"佛"。这两首诗可以互为对照。

这种思想在塞佩赫里的后期诗歌长诗《水的脚步声》和诗集《绿色空间》中表现得更加鲜明,成为塞佩赫里哲学思想的精华:"真主就在这附近/在夜来香缝隙里,在高耸的苍松脚下/在水的觉悟上,在草的法则上。//我是穆斯林/我的格布勒是一朵红玫瑰/我的礼拜地是泉水,我的拜印是光/原野是我的拜毯/我用窗户的颤动进行小净/在我的礼拜中,月在运动,光谱在运动/石头在我的礼拜的背后分明可见/我礼拜的所有微粒都成结晶/我在这样的时刻做礼拜/即风儿在柏树塔尖上将宣礼吟咏/我紧跟小草'赞念真主伟大'之时/紧跟波浪'挺直身躯'之时做礼拜。//我的克尔白在水边/我的克尔白在槐树下/我的克尔白好似风,穿过一座座花园,走过一座座城市/我的玄石是小花园中的光明。"这是《水的脚步声》中十分经典的一段。诗人明确说明了自己是穆斯林,信仰的根基是伊斯兰教。"格布勒"是穆斯林朝拜麦加天房的方向,"克尔白"即是麦加天房,"玄石"是天房中的方型黑色圣石。这些穆斯林朝拜的圣物,在塞佩赫里看来,即是大自然中的玫瑰、苍松、槐树、柏树、小草、花园、水、光,等等。这是典型的"存在单一论"思想:真主无处不在,大自然的一草一木皆是真主的显现,当你获得对真主的觉悟之后,就会发现,大自然的每一粒尘埃都揭示了真主的存在。但是,传统的"存在单一论",并没有推论出礼拜自然万物即是礼拜真主的结论,伊斯兰教历来严禁朝拜伊斯兰圣物之外的拜物。但是，塞佩赫里作出了这样的推论。单看这一段容易使人误认为塞佩赫里陷入了拜物教或泛神论之中，实际上没有任何伊朗人如此认为。这是因为从整首诗歌来看，塞佩赫里并非是将自然万物作为神灵来膜拜，而是将自己完全消融在了自然万物中："任何地方我都存在，也将会存在/天空是我的/窗户、思想、空气、爱情、大地都属于我。"这里，天地万物都属于我，我存在于天地万物之中，人是自然的一部分，人与自然是一体，而不是外在于自然的一个另类存在。人与自然是一体，真主与自然是一体，那么人与真主即是一体。《水的脚步声》，以及诗集《绿色空间》将人与自然的融合诠释得十分完美，其间从头到尾流淌着的是身心的闲适、安宁与愉悦，显示出诗人获得了远东道禅哲学所特有的个人存在与自然存在之间的和谐融合，达到了人与自然的合一。伊斯兰文化虽然也属东方文化，但与远东的道禅文化差别很大。在伊朗诗人的笔下，"自然"始终是外在于人的一种存在。只有在塞佩赫里的诗歌中，我们看到了人与自然的合一。"《绿色空间》是精神与自然的融合，二者达到不可分的程度。我们的沃勒夫（苏非神秘主义者）们，对于这个问题，当然也有所认识，但是在他们的诗歌中，精神与自然的融合往往以神爱而告终。"①这里虽然评的是《绿色空间》，但塞佩赫里人与自然合一的思想无疑始于《悲悯的东方》，成熟于《水的脚步声》，从容于《绿色空间》。自然与我合一，而自然又是真主各种不同属性的显现，那么人与自然合一，即是人主合一。正是这种"合一"的思想，使塞佩赫里的思想脱离了泛神论的嫌疑，显示出一元的特性，因为在泛神论中人与自然万物是分离的，是多元的。由此，塞佩赫里用新的视角对苏非神秘主义的存在单一论进行了诠释。《伊朗新诗编年分析史》评价塞佩赫里的《水的脚步声》"是现代史中唯一一首跻身于波斯文学史中最伟大的苏非神秘主义诗歌之列的尘世的苏非神秘主义诗歌"。② 这里说的"尘世的苏非神秘主义"，笔者的理解，即是"人与自然合一"的思想与"人主合一"的思想的合一，只是伊朗学者没能将之详细分析出来。其实，塞佩赫里的这种思想

---

① 霍贾特·艾马德：《到同行者的花园》（波斯文版），伊朗优秀图书宣传中心出版社 1999 年版，第 312—313 页。

② 夏姆士·兰格鲁迪：《伊朗新诗编年分析史》（第三卷）（波斯文版），玛尔卡兹出版社 1999 年版，第 196 页。

在《绿色空间》中也有明显体现,只是《水的脚步声》是最突出的。若我们说塞佩赫里"是伊朗现代史上、乃至伊朗伊斯兰史上唯一一位尘世的苏非神秘主义诗人",当不为过。

其实,"人与自然合一"中的"自然",并非纯粹的物质的自然,而是人主观心象中的自然。脱离了人的主观情感和主观意识的自然是毫无意义的,只是一堆有机物和无机物的组合。有了人的主观活动,自然才是有意义有生命的。而宇宙间的绝对精神(神、上帝、真主、梵、道、自然规律等称谓)虽是一种绝对存在,但脱离了人的主观认知也是没有实际意义的。因此,当人完全沉浸在主观意识中,在人与自然的合一中体悟到人与绝对精神的合一,对修行者来说或许是可以做到的。

由以上诸方面,我们可以看到,塞佩赫里将伊斯兰文化中的"人主合一"、印度文化中的"梵我同一"、中国道禅文化中的"人与自然合一"充分融合在了一起,将伊斯兰教神秘主义、印度教神秘主义、佛教中的悲悯思想、禅宗思想,以及中国的道家思想充分融合在了一起。因此,如果说塞佩赫里实现了东方神秘主义哲学的合一,当不为过。正如伊朗评论家所说:"塞佩赫里在诗歌领域是一位完全意义的诗人,但同时又可以说他是一位东方思想家。"①

(本文原载《回族研究》2006 年第 1 期)

---

① 霍贾特·艾马德:《到同行者的花园》(波斯文版),伊朗优秀图书宣传中心出版社 1999 年版,第 306—307 页。

镜 中 之 旅

——读《一千零一面镜子》

埃姆朗·萨罗希(1947—2006年)的诗集《一千零一面镜子》创作于1992年末至1993年初,结集出版于2001年,这部诗集体现出诗人在诗歌创作上的重大转向。之前,萨罗希一直以社会批评诗人著称,被誉为"伊朗诗界的阿凡提"。然而,诗集《一千零一面镜子》以全新的面目出现,蕴涵着浓厚的伊朗苏非神秘主义文化传统。萨罗希自己说,《一千零一面镜子》是在读了《一千零一夜》之后激情喷涌的结晶。我想,更确切地说,应当是《一千零一夜》这部阿拉伯古典文学的经典促使诗人把目光转向了伊朗自身的古典文学传统。2000年,萨罗希编辑校注出版了《隐秘之雨——莫拉维四行诗集》,莫拉维(鲁米)是伊朗古代最伟大的苏非神秘主义诗人。萨罗希对苏非神秘主义传统文化的关注,体现出其诗歌走向哲理化的深层原因。

苏非派是伊斯兰教中的神秘主义派别,追求人与宇宙间绝对精神(真主)的合一,正如黑格尔在论莫拉维(鲁米)时说:苏非使人们"从自己的特殊存在中解放出来,把自己沉没到永恒的绝对里"①。在中世纪,苏非思想一直是伊朗社会的主导思想,对伊朗文化的影响十分深远,对伊朗知识分子的影响也是在潜移默化中体现出根深蒂固,就如同儒道释思想之于中国文化和中国知识分子。

《一千零一面镜子》整部诗集围绕着人的原初、神的禁令、人的原罪、爱情、人的自我寻觅、无助、迷惘、拯救等定命问题这一核心,充满了对人的本体

---

① 黑格尔:《美学》第二卷,商务印书馆1981年版,第85—86页。

存在的思索。诗人把深刻的哲理罩上天方夜谭梦幻色彩的外衣,使整部诗集呈现出奇幻而瑰丽的色彩。在苏非神秘主义语境中,"镜子"指滤净了杂质的心。人只有滤净心中的杂质,把心打磨得如镜子一样光亮,才能映照出真主美丽的容颜,才能觉悟到宇宙间绝对精神的奥秘。诗人把《一千零一夜》中的"夜"置换为"镜子",真可谓画龙点睛之笔,寓意深刻,反映了诗人从认识上的黑暗走向光明,映照出诗人在精神上对传统的皈依之情。

本相与图像是苏非神秘主义的一对重要哲学概念,认为真主是依照隐秘世界的蓝本创世的,因此隐秘世界是现实世界的本相,是实在,而现实世界是隐秘世界的图像和摩本,是一种幻在。诗集《一千零一面镜子》中有数首诗歌都涉及这一哲学概念,第7首《幻想之宴》讲述了我们来到这个世界所赴之宴乃是虚幻:"我们被请去赴宴/坐在非存在之餐桌边/我们手中拿着的/是食物的图像和酒杯的图像//徒然地/我们动手动嘴/还有幻想之酒的沉醉。我们手舞足蹈起来。"第15首《标签与事物》讲述了我们的心灵之镜保留着对蓝本之本相的记忆,词语之标签对本原事物既无能为力又彼此相依:"镜子/浏览着它的记忆/果园/在葡萄串中穿越/吊灯/让小巷充满光亮//词语对行为无能为力/标签与事物/站起来对舞。"第28首《本相与图像》则直接指出本相与图像的变换关系,真主创造出的图像鸟飞来,成为我们眼中真实的鸟,而蓝本鸟却化作了我们脑子中的图像:"从歌浪上方/图像飞来/而鸟却化作图像//一片叶在溪中/脸贴着自己的脸/激动得颤抖//溪水哼着小曲流过/洗涤着禁忌的伤口。"第32首《镜中像》则讲述了我们的世间之旅实际上就是打磨心灵之镜的过程,我们终将从黑暗抵达光明,抵达自己的本相,让我们在世间的虚幻的所谓真相恢复其图像之本来面目:"我们旅行在镜子之水/驾一叶担忧的小舟//我们从黑暗的一半钻出/在光明的一半抵达我们自己//我们穿过/自我/我们成为图像/我们的图像替代我们映在镜中。"本相与图像本是十分抽象枯燥的哲学概念,萨罗希却用简单、清新的诗句将之生动地呈现了出来。

苏非神秘主义虽然也承认亚当夏娃偷吃禁果是受了蛇魔的引诱,但更将这一事件视为人的定命,是真主赋予人的命运,人无从逃避。诗集第39首《我有一面镜子》"在你的禁令背后/燃烧着强烈的渴望/在你的愤怒背后/是柔情与和解//我有一面镜子/将一些隐秘的影像/向我显示",第58首《禁止与命令》"也许如果你不禁止／我不会靠近那扇门／不会转动钥匙／不会打开一片景色／／你的禁止／全都是命令"、第 76 首《注定》"如果不是注定／那扇门将被开启／为何钥匙被留下／／如果不是注定我采摘水果／为何在果园中／把我独自留下"等都是这一思想的体现。既然是人的定命，无从逃避，因此我们在诗集中看到的更多的是对定命的顺从和淡定，全然没有基督教"原罪与赎罪"学说给信众造成的诚惶诚恐的心理。第 2 首《放松》"来，让我们一起穿越重重火圈／抵达一无所知的果园／在那棵禁树的树荫下彻底放松／／／来，让我们一起跨越座座堡垒／抵达宁静的牧场／在光明之水中将身体洗涤／／来，让我们一起撕破禁忌之网／／把惊慌失措的鱼儿／交付给河流"、第 10 首《那一刻》"那一刻／我们睁开眼发现自己／在茂密的树林中／我们看见了月亮／／／没有马也没有路／／突然／在惶恐和迷惘中／我们听到一曲歌／飘向月的光华和草的清新／／我们寻着歌声而去／手握住一只鸟儿"、第 44 首《独享伊甸园》"我们用暴风雨清扫／我们的脚印／不让任何人，除了我们／找到路／通向那千种香味的花园"等把这种顺从抒写得淋漓尽致。

萨罗希还将亚当夏娃偷吃禁果与苏非神秘主义的"神爱"学说联系在一起，该学说认为人只有用爱来打磨心灵之镜，才能觉悟到真主的存在，人只能在对真主的狂热的爱中才能达到与真主（宇宙间的绝对精神）的合一，而诗人认为正是禁果让人禀具了"爱"这种情感（第 45 首《苹果的故事》），而且禁果还给人以智慧，让人重新认识真主的造物（第 20 首《隐秘之岛》）。诗集中抒写爱情的诗篇更是与古典苏非情诗如出一辙，用世俗男女之情来诠释对真主的神爱，比如第 22 首《我们如何沉醉》"相思鸟／如何歌唱／如果没有果园／／我们如何向镜子／诉说心扉／如果没有灯／／我们如何沉醉／如果水中没有月／酒中／没有你的一丝容颜"、第 50 首《寻找》"我在你身旁／而你走下七重屋宇／四处将我寻找／／你在我身旁／而我穿越七道丛林／四处将你寻找"、第 51 首《丢失》"我乘着每一道波浪／急切地奔向你／在你身旁／我失去了知觉／／当我神醒智回／却见／我已将你在遥远的某处／丢失"、第 74 首《我从你的图像采摘你》"从一片海域到另一片海域／从一道海浪到另一道海浪／从一座岛屿到另一座岛屿／对你容颜的思念召唤我们奔向自己／／林立的镜子中有一图像／只有我能看见／／某天，我从你的图像采摘你"，等等。我曾在拙著《凤凰再生——伊朗现代新诗研究》中提出过"神爱情诗也许只适合于古典格律诗而不适合于现代自由体新诗"的观点,但是萨罗希的这些优美精致的爱情诗篇打破了我的这一观点。

亚当夏娃走出伊甸园,开始了生儿育女的"人"在世间的历程。"子宫喻"是苏非神秘主义对人的今生与来世的一种认知:胎儿在母亲的子宫中时,子宫对于胎儿来说是一个无比温暖美好的世界,胎儿对子宫之外的世界一无所知,所以当他要离开母亲的子宫时,以为是一种死亡,所以拼命哭泣;同样,现实世界对于我们来说,是一个大子宫,人在此中对这个大子宫之外的世界一无所知,当我们要离开这个世界时,便认为是一种死亡,痛苦万分,殊不知这个大子宫之外的世界更加美妙。诗集第 69 首《禁门》正是对人的生死两道门哲理的诗意化描述:"猛地一下/你打开禁门/穿过九曲回肠的长廊/抵达一小溪/一只鹰把你掠走,带到一岛屿//一天,一张帆从地平线升起/一艘船把你带向一颗灿烂微笑的星//现在另一扇门/诱惑地开启/你走进去/却不知你已走出。"第 57 首《大门关闭》则表现了人被抛入现实世界这个大子宫时的惊慌失措:"突然大门/在我身后关闭/我留了下来而大海/它的水一半是咸一半是甜//我驾一叶小舟,帆舒展/在渡口,风/时而哈哈大笑/时而哇哇大哭。"

伊甸园的大门对人关闭之后,人就开始了在现实世界这个大子宫中挣扎的历程。基督教更多地将人在世间的生活视为一种赎罪,而苏非神秘主义更多地将之视作人为重归真主而必须经受的精神历练,人来到世间的使命就是寻觅,寻觅重归真主之路。对于这种寻觅,萨罗希呈现给我们的不仅是茫然(第 3 首《大地之锁》"我们打开大地之锁/看见一扇小门和一把梯子/我们迈步进去/抵达一个广阔的空间//一扇门开向一个果园/从那果园/又一扇门通向另一个果园/如此这般一个果园套一个果园/到处是五彩缤纷的鲜花/还有果实累累的沉甸甸的树/在最后一个果园我们看见一道门关着/门后有什么我们不知道/也许是一匹白马/把我们带到故事中的城堡/也许是一条龙,用它气息的火焰/把我们烧成灰烬/我们是该敲打门环还是该转身离去?"第 82 首《茫然》"我们不知道/如果我们穿越/我们是进入/还是走出//我们不知道/如果我们迈步/我们是远离/还是靠近//我们站立/茫茫然/不知道该哭/还是该笑",等等),更多的是绝望和无助(第 4 首《我们的镜子》"魔鬼/如此/被一粒细沙敲碎//天使却如此/将我们的镜子/摔在恐惧上"、第 5 首《这片海域》"这片海域/如何能穿越/正掠走我们的船钉/分崩离析//我们怀抱一块碎木板/漂荡在寰宇之水面",等等),读来让人心情沉重,不由得如诗人一样感叹造物主的意志究竟是什么(第 27 首《这宝石是什么》)?!

但是,诗人在绝望无助中并不悲观,依然执着于寻觅,明知"在狂浪和雾霭之间有座山正数着一片片碎木板"也要"把船驶向最远的海"(第 65 首《碎木板》),船碎了,也要"吊在生命的一块木板上""穿越百折千回的七海"(第 48 首《爱的荒岛》),"为了抵达自己",诗人毅然"穿越焦渴的七谷和火焰的七海"(第 77 首《抵达自己》)。这种执着来源于信念,相信人是所有生物中唯一具有神性的造物(第 9 首《夜明珠》、第 33 首《七重天》),这是苏非神秘主义"人主合一"理论的基石。因此,尽管人获得拯救犹如拯救一捆干柴于地狱烈焰一般令人绝望(第 70 首《拯救干柴》:"我们拯救/一捆干柴/它带着地狱的烈焰/而我们却坐在/木船中/划行在/漆黑的海上"),但诗人依然相信沉睡的符咒终会被打破,我们的心灵之镜终将被唤醒,经过九曲回肠的长廊和百折千回的台阶,我们必将摘得星星(第 34 首《如果你与我们一起旅行》:"如果你与我们一起旅行/走过一条没有标志的路/你将到达祖母绿城堡/门将会被咒语打开/你将走进去/打破沉睡的符咒/唤醒镜子/九曲回肠的长廊/百折千回的台阶/将把你带到色彩斑斓的楼阁/那时从一朵花之窗户/你将摘得星星")。诗人希望通过精神之旅,打破人对绝对精神的懵懂蒙昧,重新擦亮心性,获得觉悟之光。

诗集《一千零一面镜子》正是诗人的一次精神之旅,为皈依宇宙间的绝对精神(真主),也为重寻丢失的传统(第 50 首《寻找》、第 51 首《丢失》)。诗集的主题诗第 21 首《一千零一面镜子》更是诗人在躲避"传统"中意识到"传统"之不可躲避的精神觉悟,把皈依之情抒写得精美绝伦:"我越是逃离/却越是靠近你/我越是背过脸/却越是看见你//我是一座孤岛/处在相思之水域/四面八方/隔绝我通向你//一千零一面镜子/转映着你的容颜//我从你开始/我在你结束"。诗人通过"从一片海域到另一片海域/从一道海浪到另一道海浪/从一座岛屿到另一座岛屿"的精神历练,终于在"林立的镜子"中看到我们脑子中图像的本相(第 74 首《我从你的图像采摘你》),获得了一种精神觉悟。

并且,诗集《一千零一面镜子》本身即是诗人皈依传统的一面镜子,蕴涵着深厚的苏非神秘主义宗教文化传统精神,这是诗人得益于伊朗传统文化的结果,也是伊朗苏非神秘主义文学传统在当代的延续。

诗集《一千零一面镜子》不仅是诗人的一次镜中之旅,也引导着我们读者"穿越九曲回肠的长廊",抵达"林立的镜子",觉悟我们人的本体存在的诸多奥秘。但是,宇宙间绝对精神的奥秘是那样的无穷无尽,我们"每一步都是一扇门后有另一扇门","我们是该敲打门环还是该转身离去"???

(本文原载《当代国际诗坛》,唐晓渡、西川主编,作家出版社 2008 年版)

伊斯兰文化中关于诗歌和诗人地位的论争

一、指控诗歌和诗人

欧菲创作于 1221 年的《诗苑精华》是波斯古典诗学中的一部重要著作，在其第一章"论诗和诗人的优越性"中记述了这么一场有关诗歌的争论：一天晚上，在伊本·阿巴德（阿巴德家族 1023—1091 年统治阿什比利叶地区）老爷家的聚会上，有群才子（afāzel，一般指诗人）对诗歌的益处与害处展开争论。一拨人认同诗歌的益处，另一拨人持反对意见，说，诗歌是一种应被谴责的东西，而诗人在任何时候任何状况都应被谴责。因为大多数诗歌不论其是赞颂还是抒情，二者的基础都是公开的虚假之言（akāzib），都是直言不讳的谎话（dorugh），这使得时下大多数诗人将自己的表达（bayān）之技艺用于贪婪的目的。书中没有提及正方是如何为诗歌辩驳的，只是说争论陷入僵持之中，可见争论还是相当激烈，双方相持不下。这时，阿布·穆罕默德·哈赞（生平不详，估计是一位德高望重者）一锤定音地说：诗歌乃万物中最妙者。如果虚假掺入诗歌，则诗歌之美自能战胜虚假之丑。因而有言曰：最好之诗乃最诚实之诗，最甜之诗乃最虚假之诗。他说，诗歌比所有的东西都好。因为谎言与任何东西混在一起，谎言的丑陋就会把那东西的意义之脸孔弄得没有光泽。然而，如果谎言之黄铜镀上诗歌之金，并在机智者才华的熔炉里获得光泽，黄铜也会变成金的颜色。诗歌的益处超过了谎言的龌龊。那么，这炼金术把谎言之黄铜转变成美好的纯金，我们能对它进行什么责难呢？于是，所有的在场者都给出了公断，都慎重地承认这个道理。因此，基于真理之道，芸芸众生中没有人否定诗歌。①

　　这场论争的焦点似乎是在指控诗歌是谎言,这不诚实的东西使诗人变得贪婪,以不实之词去博取各种赏赐,因此诗人应受谴责。欧菲还在对论争的记述中援引了一首讽刺诗,说诗人"把自己称作奴隶(bande,该词也是反指"自己"的谦称代词即"鄙人")把柏树称为自由民,有时给乌黑的桑给人(坦桑尼亚—黑人部落)起绰号为天仙,有时把下流坏称为豪爽之人"。这似乎更加说明了诗歌的不实之词是"诗歌是谎言、诗人应受谴责"这一指控的原因,与柏拉图谴责诗歌的理由大致相同,说明在波斯也发生过曾在古希腊发生过的论争,只不过柏拉图是自己与自己论争,他一方面谴责诗歌是谎言、诗人说谎,要把诗人礼送出理想国,另一方面又处处为诗歌辩护。柏拉图对诗歌的态度成为西方后代诗学研究讨论的重点。其实,这一论争的根本目的并不在于争辩诗歌的利弊,而是在为诗歌的地位而争论,也就是说,在柏拉图的心中诗歌与哲学孰轻孰重。然而,波斯欧菲记载中的争论似乎仅仅是在争辩诗歌的利弊。但是,我们从其他史料为诗歌的辩驳(见下一节)中发现论争的目的并非如此单纯,论争的起因也更不是在阿巴德老爷家聚会的才子们闲来无事,一时兴起而争。欧菲的记载是有关诗歌之争的最早波斯史料,尽管不够详细,但我们从中可以隐约窥见,阿巴德老爷家发生的争论不会是这种有关诗歌之争的肇始,一定还有着相关的前因。

　　其实,欧菲在"第一章"之前的"分章"中已经触及这场论争的最早源头,他说:可以将水灵的诗歌比作海洋(bahr),没有格律(bahr,欧菲在这里充分利用该词的双重意思阐述了格律对于诗歌的重要性)就不是诗歌(nazm)。无声的宝藏和幽玄的珠宝蕴藏在这海洋中。尽管在海洋(bahr,同时也指"格律")中航行会收益颇丰,但其危险性的打击比获益的可能性更大。因此,智者们对收益颇丰的海洋之行应谨慎为之。因此,圣使——最具有理智的完美造物——并不渴望这海洋之行,至上之言:"我没有教他诗歌,诗歌对于他是不相宜的。"②(《古兰经》36:69)然而,在《古兰经》降示之前,阿拉伯的才子(诗

---

① 欧菲:《诗苑精华》(波斯文版),法赫尔拉兹书店1982年版,第61—62页。
② 马坚译:《古兰经》,中国社会科学出版社1996年版,以下同。

人)们沉浸在诗歌的海洋中,炫耀自己的诗歌,常用金汁书写并悬挂起来显摆
(欧菲这里说的是阿拉伯蒙昧时期的"悬诗"),其实这些诗歌都是一些粗野
货,这些所谓的诗人并不懂得格律,因此海洋中的巨鲸使"诗人们被迷误者所
跟随"(《古兰经》26:224),导航之书(《古兰经》)打败了他们。从《古兰经》
之宝库中获得源泉的那群人,由于有了护甲,他们的诗歌便获成功。① 欧菲的
记述有些语焉不详,蒙昧时期的诗人不懂格律,诗歌大都粗野,但伊斯兰之后
的诗人们从《古兰经》汲取营养,获得成功。这与对诗歌是谎言、诗人应受谴
责的指控并不相干。尽管如此,我们从欧菲的记述中多少还是能窥见,这场论
争与《古兰经》的降示、伊斯兰教的产生密切相关。

像夏姆士·盖斯的《波斯诗歌规则宝典》(创作于 1232 年)、阿罗梅·阿
莫里的《技艺集粹》(创作于 1343—1352 年)、贾米(1414—1492 年)的《春
园》等波斯古典诗学著作都提到这场论争,但对论争本身的记述都语焉不详,
他们更多的是在为诗歌辩护,我们将在下一节谈到有关内容。至于这场论争
因何而起,笔者不知道阿拉伯史料是否有翔实的记载,就笔者阅读所及,波斯
史料中只有都拉特沙赫的《诗人传记》(创作于 1486 年)的相关记述可以让我
们分析出一些真实原因。

都拉特沙赫在《诗人传记》"阐述在善于辞令一族中诗人的专门化"一章
中说:"书籍记载和佚闻传说都一致认为,从纯洁的阿丹(亚当)被贬谪到大地
之时起,在伟大而尊贵的人类中间时刻都有一门学问被发现,那群人中的聪明
者,那些人中的智识者都致力于这门学问,不断将先知使命的方式遮蔽,正如
在努哈(挪亚)时期是咒语之术,在易卜拉欣(亚伯拉罕)时期是耍火术,在穆
萨(摩西)时期是巫术魔法,在尔撒(耶稣)时期是医学。他们将这些双眼瞎般
的技艺妄称为先知使命的学问,并将这些学问视为奇迹。……随着封印先知
(穆罕默德)的显世,雄辩之学和动人之学获得荣耀。阿拉伯的才子们将这门
学问妄称为先知使命。倭玛亚·本·阿比萨尔特是多神崇拜诗人的先驱。当
神圣的经文'诗人们被迷误者所跟随'为那迷路者降示,这种妄称便自行作

① 欧菲:《诗苑精华》(波斯文版),法赫尔拉兹书店 1982 年版,第 57—58 页。

废。"①这段记述告诉我们,每位先知显世的时期,都有一种学问被发现,一些自以为聪明的智者从事这门学问,并自称先知,将自己所擅长的技艺称为只有先知才可能创造的奇迹,以此蒙蔽人们,使人们不听从真正先知的召唤和指引。在穆圣显世时期,是语言之学流行,擅长语言技艺的诗人们妄称先知。随着《古兰经》的降示,这种妄称便破灭。也就是说,诗人妄称先知是"诗歌是谎言、诗人应受谴责"这一指控的根本原因。

的确,在蒙昧时期,诗人往往受到本部落人的尊崇。黎巴嫩学者汉纳·法胡里在其《阿拉伯文学史》中说:"诗才在一切古代民族中都受到尊崇。从前,阿拉伯人认为每个诗人都有一个精灵在向他启示诗句。那时,诗人的地位十分显赫。……一旦某个部落涌现出一位诗人,全部落都为他大举庆贺、大摆宴席,其他部落也都前来为它出现一位能言善辩、维护尊严、记载光荣历史的诗人而祝贺。"②看来诗人妄称先知,或被本部落人视为先知是当时阿拉伯地区的一种普遍现象(其实在远古时期,或在现今尚未开化的土著部落中,能吟出诗句的人普遍被视为通灵者),这对穆圣传教不能不说是极大的妨碍。之所以说这种妄称随着《古兰经》的降示而破灭,是因为《古兰经》中有多条经文否定诗歌和诗人:第 26 章"众诗人"第 224—226 节:"诗人们被迷误者所跟随。你不知道吗? 他们在各山谷中彷徨。他们只尚空谈,不重实践。"第 36 章第 69 节:"我没有教他诗歌,诗歌对于他是不相宜的。"这是两条被后人用来否定诗歌、指控诗人时最常引用的经文。另外,第 21 章"众先知"第 4—5 节:"他说'我的主知道在天上和地上所说的话,他确是全聪的,确是全知的。'但他们说:'这是痴人说梦呢? 还是他捏造谎言呢? 还是他是一个诗人呢? 教他像古代的众使者那样昭示我们一种迹象吧。'"这里的"他"指穆圣,"他们"指违逆者。经文通过违逆者们之口,将"诗人"与"痴人说梦""捏造谎言"并列,后人从中推论出"诗歌是谎言、诗人应受谴责"这一指控,又加之诗歌本多为幻想和夸张,使得这一指控更加确凿。

这些经文引发了伊斯兰教初期有关诗歌是否应当被提倡的争论,并且从

---

① 都拉特沙赫:《诗人传记》(波斯文版),阿萨提尔出版社 2003 年版,第 5—6 页。
② 汉纳·法胡里,郅溥浩译:《阿拉伯文学史》,宁夏人民出版社 2008 年版,第 25—26 页。

后人的辩驳中可以看出,这场争论应当是持续了相当长一段时间,不断有人以上述《古兰经》经文为依据,对诗歌和诗人的宗教合法性提出质疑或进行否定。究其实质,这其实也是一场关于诗歌和诗人地位的论争。

二、为诗歌和诗人辩驳

上一节所提到的阿巴德老爷家发生的论争,哈赞的辩驳是说,诗歌如同炼金术,具有炼铜成金的优越性。别的东西被谎言笼罩,就只能是耻辱,而当诗歌遭遇谎言,诗歌之炼金术就将谎言之铜锻炼成了黄金,从而变得美好。结合上下文来看,其辩驳的出发点是形而下的生存之道,认为从诗歌这门学问所获得的利益,比从句法学、《古兰经》注释学、《圣训》诠释学等别的学问所获利益更多,能够得到君主们更多的奖赏。因此,即使诗歌是谎言,也是一种美好的谎言,有何不可呢。这可以说是一种诡辩,没有什么实质的意义,仅仅是针对"诗歌是谎言、诗人应受谴责"这一指控本身,并没有涉及论争的真正实质。

针对不断有人以《古兰经》有关经文为依据,提出诗歌不被许可,不具有宗教合法性,不应当被提倡,欧菲在《诗苑精华》中说道:"圣使口吐吉祥之言:我不是诗人,他没有将它赐予我,那扇门没有向我开启,高贵的圣门弟子、迁士、辅士们做过很多诗歌,哲理的珍珠经由表达之手串联在诗歌之线上。"[①]圣门弟子,指穆圣早年的伙伴,是最早皈依伊斯兰教的穆斯林。迁士,指跟随穆圣从麦加迁徙麦地那的穆斯林。辅士,指穆圣迁徙麦地那之后,率先皈依伊斯兰教并辅助穆圣开拓伊斯兰教事业的麦地那人。也就是说,尽管圣使说自己没有做过诗歌,但其弟子们是会做诗歌的,并且圣使对之是持肯定态度的。但欧菲没有进一步的辩驳。

阿罗梅·阿莫里在其《技艺集粹》中有较为严密的辩驳。他说:"乌来玛(宗教学者)界都认为,其间蕴涵赞颂、膜拜至高无上的真主的诗歌,或者是描绘圣使的诗歌,或者是不涉及羞耻之事的诗歌,只要它正直、劝诫、哲理、讽刺

---

① 欧菲:《诗苑精华》(波斯文版),法赫尔拉兹书店1982年版,第63页。

都是许可的。"也就是说,首先宗教界并没有完全否定诗歌,而是认为对待诗歌应该一分为二,歌颂真主和圣使的诗歌,或者其他内容健康向上的诗歌都是被许可且应被提倡的,只有那些海盗海淫的诗歌(当时在阿拉伯地区,情色诗和纵酒诗都是比较泛滥的)应当被禁止。因此,诗歌是否应当被提倡或被许可,关键在于诗歌的内容,而不在于诗歌形式本身。

阿罗梅·阿莫里还援引了多条圣训和典故来为诗歌辩驳,其中一条圣训说:"真主要降示我们的已经降示在诗歌中。"笔者的理解,这里是指诗歌的功用在于揭示幽玄的奥秘。阿罗梅·阿莫里在书中还说不少圣门弟子是会做诗歌的,还引用了他们所做的诗歌,这些诗歌都得到了穆圣的肯定和赞扬。据传说,在伽迪尔日(伊斯兰教什叶派庆祝阿里被宣布为先知继承人的日子),赫桑·伊本·萨贝特(圣门弟子)将圣使旨意撰成一首诗歌,这首诗歌后来传到圣使那里,圣使便召赫桑前来为自己吟诵,然后训言:"赫桑啊,只要你的舌头声援我们,你就会得到玄灵的佑助。"还训曰:"至上的真主的宝座下藏有宝藏,这宝藏先知不能探及,却能在诗人的舌尖体现。"这些圣训成为后人为诗歌辩护的主要依据,说明圣使对诗歌是持肯定态度的。另外,阿罗梅·阿莫里还说到,在《圣训》中圣使的训言很多都被记载为具有律动(mowzune)和对称(gharine)的语言,具有诗歌的特征。因此,阿罗梅·阿莫里下结论说,做诗是被许可的。"被许可"只是解决了诗歌的世俗合法性,并没有涉及宗教合法性,因为诗歌和诗人是被《古兰经》否定的。因此,"被许可"并不意味着"合教法"。

因此,这样的辩驳虽然很有分量,但还没有解决诗歌的宗教合法性问题,因为《古兰经》中否定诗歌和诗人的经文摆在那里,谁也不能视而不见,必须作出合理的解释。因此,阿罗梅·阿莫里又进一步辩驳说:经文 26:224 节说:"诗人们被迷误者所跟随。"这里的"诗人"是指做无聊的诗歌和虚假的赞颂之人。也就是说,经文中的"诗人们"并非泛指所有的诗人,而是一部分所作诗歌品质低劣的诗人,或者说是一些狂妄的不信道的诗人。

最难作出诠释的是《古兰经》36:69 节经文:"我没有教他诗歌,诗歌对于他是不相宜的。"这条经文的一般诠释是:真主没有教授先知穆罕默德诗歌,因为诗歌对他是不相宜的。由于圣使具有不谬性,普通人不具备不谬性,那么,按照教法推理,对圣使不宜的东西,对普通人更不宜。大多数人在为诗歌辩驳时,针对此条经文,采用的都是"尽管……但是"的解释,即尽管经文这么说,但是诗歌依然是被允许的,云云,并引用有关圣训为证。这等于什么都没有说,并没有解决诗歌的宗教合法性问题。对此,阿罗梅·阿莫里作出了与众不同的阐释,他认为,此条经文中的"他"这个反身代词不是指圣使穆罕默德,而是指《古兰经》,这句经文的意思应当是:"我没有教授也没有降示《古兰经》以诗歌。"①因为紧接着 36∶70 节经文说:"这个只是教诲和明白的《古兰经》,以便他警告活人,以便不信道的人们当受刑罚的判决。"阿罗梅·阿莫里因此认为:"根据经文旨意推测是合理的,因为圣使不是诗人,因此做诗或吟诗都是对他不相宜的。"②笔者认为,阿罗梅·阿莫里的辩驳很有分量,也很有道理,但是他的最后一句话与他的推理在逻辑上有点不一致,因为否定诗歌者正是依据经文推论说,对圣使不相宜的东西,对普通人更不相宜。因此,按照阿罗梅·阿莫里的推理,结合《古兰经》36∶69 节与 36∶70 节经文,其逻辑推理与结论应当是:真主没有降示《古兰经》以诗歌,因为这个只是教诲和明白的《古兰经》,是用来警告世人的,要人们皈依正道,因此经文需要晓畅明白,诗歌这种体裁对于《古兰经》的教诲作用来说是不相宜的。这样的辩驳解决了诗歌的宗教合法性问题,但这只是波斯学者的辩驳,笔者不知阿拉伯的学者诗人们是如何辩驳的,寄希望于未来能看到阿拉伯方面的相关史料。

三、《古兰经》使诗歌之学立于不败之地

针对诗歌的宗教合法性,大多数诗人学者是从这样一个角度去辩驳的:《古兰经》否定的是蒙昧时期的诗人和诗歌,而伊斯兰之后,以《古兰经》的语言表达方式为源泉的诗歌具有无可置疑的宗教合法性。上文讲到,欧菲在

---

① 以上辩驳见阿罗梅·阿莫里:《技艺集粹》第一卷(波斯文版),伊斯兰米耶出版社 2002 年版,第 170 页。

② 以上辩驳见阿罗梅·阿莫里:《技艺集粹》第一卷(波斯文版),伊斯兰米耶出版社 2002 年版,第 173 页。

《诗苑精华》中说,阿拉伯蒙昧时期的诗歌都是粗野货,尽管语言雄辩(fasāhat),但当"《古兰经》的表达(bayān)一展示,在较量时那帮人在《古兰经》典范的质疑面前的软弱无能就被证实。'表达'这门学问的导师(《古兰经》)将阿拉伯才子们教育成语言动人(balāghat)的一族,他们从它效益的筵席上摘取有用的光芒,使他们拥有了完全的仰仗依靠。辞令雄辩(fasāhat)界的商人们从这无可置疑的宝库中获得指引"①。

从宗教意识形态的层面上来说,作为宗教经典的神圣的《古兰经》的语言表达方式击败蒙昧时期的诗歌,乃是理所当然、无可置疑的事。然而,作为学者,我们在尊重宗教信仰的基础上,需要从纯粹的学术角度、学理的角度来探讨,蒙昧时期的诗歌为什么会被《古兰经》的语言表达方式所击败?蒙昧时期的诗歌有着怎样的特征?被视为语言典范的《古兰经》其语言表达方式又是怎样的?

阿拉伯蒙昧时期的诗歌都是口头文学,在各个部落之间流传,在伊斯兰初期才开始进行收集和整理。现存的蒙昧时期的诗歌始于公元 5 世纪末期,更早期的诗歌已经失传。蒙昧时期的诗歌大多数都是即兴之作,在语言上"诗句雄浑有力、语言铿锵豪放,有时也很粗糙。总的说来,它是朗朗上口、富有感情的诗歌"②。因此,欧菲用"语言雄辩(fasāhat)"一词来形容。由于是即兴之作,一般不讲究音律,因此蒙昧时期诗歌的音律"存在某些紊乱,……就像用'麦法尔伦'来代替'麦法伊伦',硬凑长诗律一样;又像在一首诗中多处使用不同音符的韵脚字母一样"③。"麦法尔伦"和"麦法伊伦"都是格律单元名称。也就是说,蒙昧时期的诗歌在音律方面是紊乱的,欧菲因此说它们是粗野货。结合阿拉伯半岛当时的社会发展状况,我们可以看出蒙昧时期的诗歌属于游牧部落中产生的口头文学,是一种朴实浑然的初民诗歌,没有什么音律规则,即没有格律。

《古兰经》被视为真主传授给先知穆罕默德的天启,圣使口述出来,最初记录于树皮、木块、皮革、布片、石块等物品之上,或圣门弟子们将之记在心中。

---

① 欧菲:《诗苑精华》(波斯文版),法赫尔拉兹书店 1982 年版,第 57 页。
② 汉纳·法胡里:《阿拉伯文学史》,郅溥浩译,宁夏人民出版社 2008 年版,第 29 页。
③ 汉纳·法胡里:《阿拉伯文学史》,郅溥浩译,宁夏人民出版社 2008 年版,第 100 页。

632 年穆圣归真之后,由第一任哈里发阿布·伯克尔命人将记录天启的碎片收集,又让圣门弟子们将心中记忆的天启书写出来。645 年,在奥斯曼·哈里发执政时期,《古兰经》所有章节汇集成书。至于《古兰经》的语言特征,按照14 世纪的阿拉伯学者伊本·赫尔顿的分析,"散文,或为骈文(mosajja'),这种文体由若干不同的段落构成,其每两个词都押一个韵(ghāfiye),人们称之为骈文(saj')。或为自由体(āzād),这种文体完全自由,不划分为若干部分,并且也不要求押韵,也没有别的羁绊,是一种完全放开的文体。这种散文多用于宣教、祈祷,或者是鼓舞和恫吓民众。然而,《古兰经》尽管被列入散文体(mansur),但却超越于上述两种特征,既不是绝对的自由体也不是骈体,而是各节经文彼此分开,(每节)以停顿(moghta')结束,在那停顿处呈现出语言结尾处的美感(zough),然后语言转入紧跟的下一节,不必须再次出现骈体或押韵的词。……《古兰经》中每节经文的结尾被叫做间隔(favāsel),因为它不是骈体,那在骈体中必须遵循的东西在《古兰经》中没有必要采用,它也不是押韵(ghāfiye),并且我们所提到的所有因素适用于《古兰经》全部各节经文,尤其是第一章(masāni)"[1]。现代黎巴嫩学者汉纳·法胡里在其著作《阿拉伯文学史》中引用了伊本·赫尔顿的观点,并且说:"《古兰经》具有独特的风格,它既不是诗歌,也不是散文。……总而言之,其比喻和表达都很细腻,雄浑流畅,明白而又优美和谐。此外,它的修辞艺术达到了极高水平。"[2]

上述引文中"骈体"一词,指在散文句子(不具有格律的句子)中,上句和下句的结尾词,或韵律一致,比如:zāt(本质)和 hayāt(生命),两词韵律相同,但格律不同;或格律一致,比如:tarāyef(佳话)和 ajāyeb(奇谈),两词格律相同,韵律不同;或韵律和格律都一致,比如:beguyad("说"的祈使形式)和 be-shuyad("洗"的祈使形式),两词格律和韵律都相同。这种修辞方式也用在诗歌中,笔者将之译为"内称法",指在诗歌上下句的相同位置(可以是句首、句中、句尾任何位置)使用对称词,这种对称可以是韵律一致,也可以是格律一致,也可以二者兼备。这是阿拉伯—波斯诗歌的修辞手法之一,大致相当于汉

---

① 伊本·赫尔顿:《绪论》下卷(波斯文版),穆罕默德·帕尔温·古纳巴迪译,伊朗科学文化出版社 2006 年版,第 1202 页。

② 汉纳·法胡里:《阿拉伯文学史》,郅溥浩译,宁夏人民出版社 2008 年版,第 29 页。

语中的"对偶"。也就是说,《古兰经》的句子既不是自由体散文,也不是具有"对偶"形式的骈体散文。然而,《古兰经》的语言是规则有序(nazm-o-tartib)的①,这一点是公认的,其中(nazm)一词是指句子具有规律性和整齐性,在一定义域中与"诗歌"同义。的确,《古兰经》的语言风格十分独特,既不是诗歌,也不是散文,但是句子具有极其特殊的旋律,音律优美和谐,尤其适合吟诵,"古兰"一词的本义即为吟诵。就笔者亲耳聆听之感性体验来说,《古兰经》被吟诵时的优美旋律,犹如空谷传响,神圣撼人,让人心灵沉静。也就是说,《古兰经》的句子具有和谐优美的律动(mowzune),并且很多经文句子的音律具有同律动性(格律的范式),但这种同律动性又不呈现为一定的规则(所以在严格意义上还不能称之为格律),而且经文长短有致,因而吟诵起来极其有旋律感。另外,《古兰经》虽不是骈文,但是韵文。尽管上述引文中阿拉伯学者称每一节经文的末尾为"停顿"和"间隔",而不称之为"韵脚",但笔者仔细翻阅阿拉伯语《古兰经》,并求证于国内阿拉伯语界的师友,皆认为《古兰经》是韵文,每章都有数个韵脚。《古兰经》中译本除了马坚先生的散文体译本之外,还有林松先生的《古兰经韵译》。就以"我没有教他诗歌,诗歌对于他是不相宜的"这一经文所在的第 36 章"雅辛"章为例,该章共计 83 节经文,用了 un、in、im 三个韵脚。但是,与其音律特征一样,虽然有韵脚,但又不呈现为一定的规则,所以在严格意义上还不能称之为韵律。也就是说,《古兰经》的语言具有一定同一性的律动和韵脚,具有和谐优美的音律,并且"修辞艺术达到了极高水平",但又不是诗歌,就笔者的感性体会,笔者认为从某种技术角度来说,大致与中国古代的辞赋相似。"不歌而诵谓之赋"这是中国《艺文志》对"赋"所下的定义,此定义正好与《古兰经》语言的吟诵特征不期而合。

朱光潜先生在其著作《诗论》中指出,楚辞与汉赋对中国古典诗歌从古体诗发展到格律诗起了极大的促进作用,然后六朝的骈俪文加剧了这种促进作用。就笔者的粗浅认识来说,从不讲究音律的初民诗歌到音律成熟的文人格律诗歌,是古典诗歌发展的普遍规律(朱光潜先生在其《诗论》第 152 页说,律诗是中国诗歌的特别体裁,"它是外国诗体中所没有的",对此笔者不敢苟同。

---

① 汉纳·法胡里:《阿拉伯文学史》,郅溥浩译,宁夏人民出版社 2008 年版,第 100 页。

阿拉伯—波斯诗歌格律极其严谨,并且也十分讲究对仗、对称等修辞手法。当然,朱先生的话主要是针对西方诗歌而言,笔者对西方诗歌无知,不敢置喙);从音律讲究的格律诗再到完全抛弃音律的自由诗,是现代诗歌发展的普遍规律。《古兰经》被视为天启神授,其美妙语言特征的形成原因乃是神创,不可探讨。上文讲到,阿罗梅·阿莫里说在《圣训》中先知穆罕默德的训言很多是具有律动(mowzune)和对称(gharine)的句子,具有诗歌的特征,尽管穆圣不被视为诗人,因为诗人的身份是对穆圣先知使者身份的一种亵渎。《古兰经》降示之后,阿拉伯诗人们以《古兰经》的语言表达方式为典范,以《古兰经》语言的律动、押韵、修辞为源泉,使阿拉伯语诗歌迅速发展为格律、韵律、修辞都齐备的严谨成熟的格律诗(而波斯语诗歌又以阿拉伯语诗歌的规范为规范),并且还促成了骈文的产生(阿拉伯蒙昧时期的散文很少,尚无严格意义的骈文,只有一些具有"对偶"性的成语或俗语。伊本·赫尔顿以骈文与自由体散文去分析《古兰经》的语言特点,其实在时间逻辑上是不成立的,是以后产生者去分析前产生者。不过,这样的分析也的确对人们认识《古兰经》的语言特点起到了帮助作用)。也就是说,阿拉伯—波斯格律诗和骈文皆是以《古兰经》的语言表达方式为源泉而形成的。《古兰经》降示之后,阿拉伯诗歌的格律日趋严谨,走向规范化,哈利勒·本·阿赫玛德·巴士里(718—786年)是阿拉伯诗歌阿鲁兹格律规范的第一个制定者,他制定了15种阿拉伯诗歌格律。也就是说,在《古兰经》降示一个世纪之后,阿拉伯诗歌发展为成熟的格律诗。因此,从古典诗歌发展的普遍规律来说,具有和谐音律和高妙修辞的《古兰经》的语言表达方式,击败蒙昧时期不讲究音律的初民诗歌,乃是必然。

由于成熟的阿拉伯—波斯语诗歌格律源自《古兰经》,因此诗歌之学被认作是一门崇高的神智之学。夏姆士·盖斯在《波斯诗歌规则宝典》中说,诗歌律动(格律)是一门神圣的必备学问,这门学问的根本目的不是在于教人如何做诗,而是在于"整齐有序的诗歌和受欢迎的律动这门神智学问对于高贵的气质和懂得阐释至高无上的真主的话语以及圣使训言的含义来说是必要的"①。因为,当圣门弟子和宗教学者们在注释《古兰经》和诠释《圣训》时,遇

---

① 夏姆士·盖斯:《波斯诗歌规则宝典》(波斯文版),扎瓦尔书店出版1981年版,第28页。

到疑难之处或在记录抄写时的笔误和脱落之处,往往可以根据格律构成的原则,找到恰当的解释和补充。也就是说,通过学习诗歌技艺,可以使人走向更崇高的目标,探索幽玄的奥秘。因此,夏姆士·盖斯将诗歌称为"神智学问(ma'refat)"。夏姆士·盖斯的这段话其本意在于阐释诗歌格律之功用的实质,但同时也为诗歌的宗教合法性进行了辩护。

都拉特沙赫在《诗人传记》中为诗歌的宗教合法性的辩护很有意思,他说:"当《古兰经》迈步抵达苍穹顶端,阿拉伯的才子们就钻进了沉默污秽的席子。……可以推想,伟大的《古兰经》使之作废的那门学问其基点不会缺少知识和实践性。传说,伽兹尼的玛赫穆德国王亲手打过的那个人,别的任何被造物都不能再打他。都说,当玛赫姆德国王要打某人时,那是作为奴仆的被造物的荣耀。因此,任何一门学问,若击败它者是敬爱的《古兰经》,其他任何学问也不能将它打败。"①被《古兰经》击败的诗歌,获得了宗教上的豁免权,其他任何学问都不能将它打败。这样的逻辑推理完全出自宗教意识形态,但也真可谓高妙,既指出了蒙昧时期的诗歌语言在《古兰经》的语言典范面前根本就不值一提,又肯定了诗歌的宗教合法性,更把诗歌推向了一个崇高的地位。

贾米在《春园》中也为诗歌辩驳,他说:"那至高无上的荣耀的真主用否定之汁(用诗人的话是这么说的)将装饰《古兰经》的神奇言辞从对诗歌中伤诋毁的玷污中澄清,将关于它的语言动人之学从最低贱的境地(甚至把诗人本身)抬举到圣洁的顶点(我们所认识到和我们所知道的诗歌的地位)",并非是要证明这个意思:诗歌就其实质是一桩受谴责的事,诗人因发表整齐有序的(manzum)言辞而受谴责和非议。而是基于如此之上:无能之辈无法以诗歌的鉴赏力去解《古兰经》的规则句子(nazm)。固执者一味较量不属于诗人之列。这是最显而易见的原因:要以诗歌和诗人的崇高地位和魔法创造者的崇高身份来装饰诗歌。赞短诗一首:

> 请看诗歌的基础,出自天经被人用作对先知使命的否定;
>
> 为修正与《古兰经》的关系,就把对它的中伤指向诗艺。②

---

① 都拉特沙赫:《诗人传记》(波斯文版),阿萨提尔出版社 2003 年版,第 7 页。
② 贾米:《春园》(波斯文版),信息出版社 2002 年版,第 90 页。

　　由于贾米的《春园》辞藻华丽(有点汉赋的味道),严格按原文直译成中文后,句子有些绕口费解。贾米首先指出,真主在《古兰经》中降示了几条否定诗歌和诗人的经文(诗人们将这些经文称为"否定之汁"),其目的并非是要谴责诗歌和非议诗人,而是因"无能之辈无法以诗歌的鉴赏力去解《古兰经》的规则句子(nazm)"。nazm 一词是指句子具有一定的规律性和整齐性,往往与"诗歌"同义。也就是说,不懂得格律之学的人是无法理解《古兰经》的语言表达方式的。这样的经文是要使《古兰经》的神圣言辞具有不谬性,免于遭受无能之辈对诗歌的中伤和诋毁。(从这一辩驳看,贾米是赞同阿罗梅·阿莫里对《古兰经》36∶69 节"我没有教他诗歌,诗歌对于他是不相宜的"这一经文所作的诠释,尽管他没有直接说出来。)因此,这样的经文其实是把"语言动人之学"(使诗歌格律流畅易懂之学)也就是诗歌、甚至诗人本身"从最低贱的境地"(指蒙昧时期的诗歌不讲究音律、粗野)"抬举到圣洁的顶点"(指使诗歌成为一门"神智学问")。因此,真主降示有关经文最显而易见的原因是要赐予诗歌和诗人魔法创造者这样的最崇高的地位。(鉴于伊斯兰教是反对巫术魔法的,但承认先知的奇迹,因此笔者认为,贾米这里所说的魔法实际上是指奇迹,但由于不能把诗人与先知等同,因此贾米只能这么说。)因此,针对长期以来有人据《古兰经》经文否定诗歌,贾米做诗说:诗歌的基础出自《古兰经》,不信道的人们无法非议《古兰经》,就转而指控诗歌。贾米作为一位伟大的苏非思想家,其辩驳比其他人的辩驳具有更加严密的逻辑性。

　　上述各种辩驳的根本基点都在于认同诗歌的"神智学问"性质,将诗歌之学视为理解《古兰经》《圣训》及圣门弟子、迁士、辅士们著作的学问,是探索幽玄奥秘的学问。这与苏非神秘主义的兴盛、形而上的认主之道被苏非诗人们视为诗歌的根本功用密切相关,也与"诗歌神授"观念的形成密切相关。其实,比上述各位学者诗人更早的内扎米·甘贾维(1141—1209 年)作为重要的苏非诗人,虽然在自己的诗歌中没有明确的针对指控诗歌的辩驳,但有著名的一联诗歌,说在幽玄奥秘阐释者的队伍中、在真主的排班中"其前后都排列有伟大的队伍/后面是众诗人前面是众先知"。[1]　二者都是真主奥秘的阐释者,

---

　　① 内扎米·甘贾维:《五卷书》,都斯坦出版社 2004 年版,第 35 页。

他们都是"国王(真主)的近亲眷属"。内扎米·甘贾维的话旨在阐述"诗歌神授",诗人如同先知一样是接受神的天启的人,具有崇高的品阶,但在真主的排班中位列先知之后。这样既否定了诗人的先知属性,但同时又把诗人确定在一个仅次于先知的崇高地位。这联诗歌被后人不断引用,作为替诗歌和诗人地位辩护的重要依据。

（本文原载《回族研究》2010 年第 1 期,人大复印报刊资料中心《外国文学研究》2010 年第 7 期全文转载）

博尔赫斯文学创作中的
伊斯兰文化元素探析

——以《扎伊尔》为例

豪尔赫·路易斯·博尔赫斯(Jore Luis Borges1899—1986年),20世纪最令人着魔的拉美作家,让无数读者深陷于他用作品营造出来的迷宫,难以自拔。博尔赫斯博览群书,对各种宗教及神秘主义学说多有涉猎,其中对伊斯兰神秘主义学说涉猎尤深。然而,由于学科之间的隔膜,尽管学界对博尔赫斯作品的研究可谓汗牛充栋,但对博尔赫斯作品中的伊斯兰文化元素鲜见学者论及。本文即以博尔赫斯短篇小说《扎伊尔》为切入点,尝试探析博尔赫斯在文学创作中对伊斯兰文化元素的巧妙利用。

一、伊斯兰文化语境中的"扎伊尔"内涵

《扎伊尔》(收录在博尔赫斯于1949年出版的小说集《阿莱夫》中)讲述的是一枚神秘扎伊尔硬币(扎伊尔,按照博尔赫斯的说法,在布宜诺斯艾利斯是面值二十分的普通硬币的名称)对人的致幻作用。小说开头说"我"手里有一枚特别的扎伊尔硬币,其特别之处在于上面有用刀刻出来的两个字母NT和数字2。博尔赫斯作品中有不少篇章涉及宗教神秘主义中字母与数字的神秘作用,但对这些字母和数字的具体含义则是语焉不详的。不过,的确也只能是语焉不详,否则就没有任何神秘可言了。总之,莫名其妙的字母与数字即代表着宇宙间的某种难以言说、不可言说的神秘。这使一枚本来普普通通的硬币

蒙上了神秘色彩,从而为这枚硬币的致幻作用埋下了伏笔。紧接着,作者列举了世界上种种表面上毫不相干的、毫无关联的、千奇百怪的名叫"扎伊尔"的事物。这些千奇百怪的"扎伊尔"的内在关联被博尔赫斯巧妙地隐匿了,似乎仅仅是博尔赫斯炫耀自己涉猎之广博驳杂的"炫技"之举。

然后,作者讲述了"我"手中这枚神秘的扎伊尔硬币的来历。某晚,"我"去参加"我"所崇拜、迷恋的一位女影星的遗体告别仪式出来,在街边的一家店铺买了一杯橘子酒喝,店家找零时给了"我"这枚扎伊尔硬币。乍看,这一情节似乎仅仅只是一个"过门",交代那枚神秘扎伊尔硬币是如何到"我"手中的,对后面的故事只是起一个引导作用,内在关联不是很大。其实不然,这里,"我"对女影星的崇拜迷恋是"因",得到扎伊尔硬币是"果"。这一情节即暗藏了人内心深处的"偶像崇拜"情结及其致幻因素,直指小说核心旨意。

自从得到这枚扎伊尔硬币之后,"我"的精神在不知不觉中就被这枚神秘硬币所掌控,越来越陷入一种迷幻中,总是不由自主地迷恋这枚扎伊尔硬币,且无法摆脱这种迷恋,无法将它的形象从自己的脑海中驱赶出去,甚至去看心理医生也不起作用。后来,"我"在一家书店买到一本名叫《扎伊尔传说发展史有关文献》的书,在博尔赫斯杜撰的这部书中收罗了世界各地有关"扎伊尔"的迷信,并且明确说到"扎伊尔"一词的含义:"在穆斯林国家里是指那些'具有令人难以忘怀的特点的人或物,其形象最后能使人发疯'。"[1]"我"这才找到了自己的病根所在。

"扎伊尔"在阿拉伯文和波斯文中写作 ظاهر,按照国际音标转写系统应为 Zāhir(按其读音译作"扎希尔"更贴切),进入西方语言后,一般去其特殊字符标志,按常规字母写作 Zahir,本意为"表象"或"表达出来",作为伊斯兰教宗教术语,专指真主从隐匿状态显现为宇宙万物之表象,是真主安拉的九十九个名字之一。该词也是伊斯兰教苏非神秘主义的专用术语,是苏非派赞念真主名字时的用词之一。中国西北著名的穆斯林"哲合林耶"苏非派门宦的名称来源即是该词的变化形式:Zāhiriyyah,意即将真主之名高声赞念出来。

西班牙语本无 Zahir(中译者将之译作"扎伊尔")一词,博尔赫斯在小说

---

① 王永年、陈泉译:《博尔赫斯小说集》,浙江文艺出版社 2005 年版,第 168 页。

中说是布宜诺斯艾利斯面值二十分的普通硬币的名称,是否果真如此则是一个大问号。① 不论如何,这里露出博尔赫斯杜撰的破绽:小说写到在《扎伊尔传说发展史有关文献》一书中某人对 Zahir(扎伊尔)的拼写是 Zaheer(扎希尔),并且还煞有其事地给小说做了一个"注释"说是"原文如此"②,言下之意,Zahir 一词也有人写作 Zaheer。波斯语自身采用的拉丁字母音标系统用 ee 表示长元音 ī(《波斯语汉语词典》即是采用的该音标系统),而国际音标转写系统则将长元音 ee 用 ī 表示,在进入西方语言后,往往将长元音 ī 的特殊字符标志去掉,简化为 i。笔者揣度,博尔赫斯可能在一定程度上懂阿拉伯文和波斯文,否则其小说中不会出现 ee 这样的拼写方式。小说这里涉及的是发生在波斯的伪先知事件及波斯文学典故,因此采用 ee 的拼写方式,似乎显得更加"真实",更加具有"波斯"色彩。然而,博尔赫斯在这里犯了一个错误,因为波斯语原文 Zāhir 中的 i 是短元音,不是长元音,是不能反过去置换为 ee 的,就如同有些汉语简化字是多个繁体字的简化,若反过去置换,一不小心就容易出错。无论如何,博尔赫斯这里是将阿拉伯语和波斯语中一个具有特殊意义的词,用在布宜诺斯艾利斯的某种硬币上,将二者拉扯在一起敷衍出这篇深奥的小说。

博尔赫斯在自己小说《扎伊尔》中说,第一个对"扎希尔"作出上述定义的是波斯人罗特夫·阿里·贝克·阿扎尔·比格德里。阿扎尔·比格德里(1721—1777 年)是一位苏非托钵僧,出生于伊斯法罕(当时为波斯都城),因战乱全家迁居印度,在印度写成《阿扎尔祭火坛》一书(具体写作年代不详)。此书是波斯诗学史上的一部重要著作,记录了 850 位诗人及其诗歌佳作,以及诗人们的一些逸闻趣事。③ 笔者所知有限,不知道阿扎尔·比格德里是否真

①　笔者请教过国内多位西班牙语专家学者并通过他们咨询过他们的阿根廷朋友,皆言西班牙语中本无 Zahir 一词,该词也不是阿根廷硬币名称,一位专家言或许在布宜诺斯艾利斯的阿拉伯移民集居区小范围内有过这种称呼。一位阿根廷学者言,他印象中似乎布宜诺斯艾利斯的犹太人用该词(Zahir)称呼犹大卖主所得的那三十枚银币。然而,希伯来语中亦无该词。笔者揣测,或许布宜诺斯艾利斯的犹太人借用阿拉伯语和波斯语中的该词,指犹大卖主乃因被"表象(Zahir)"所迷惑。

②　王永年、陈泉译:《博尔赫斯小说集》,浙江文艺出版社 2005 年版,第 169 页脚注。

③　参见穆宏燕:《波斯古典诗学研究》,昆仑出版社 2011 年版。

的是"第一个"对"扎希尔"作出定义的人,但他的确在自己的著作《阿扎尔拜火坛》中讲到,在纳德尔国王(1736—1747年在位)统治时期,在伊朗法尔斯省首府设拉子的一所学校里有一个铜制星盘,能使看见它的人产生迷恋之情且无法自拔。因此,该星盘被视为异端之物,纳德尔国王下令将之扔进海里。① 阿扎尔·比格德里是将纳德尔国王作为一位诗人来记载的,在述及他的逸闻趣事时讲到该星盘的故事。

也就是说,"扎伊尔(扎希尔)"是指让人产生崇拜、迷恋、迷信的人或事物。由此,博尔赫斯《扎伊尔》这篇小说的核心直指世间种种令人意乱情迷的"表象"崇拜,亦即偶像崇拜。小说开头罗列的种种貌似毫不相干的、毫无关联的、千奇百怪的名叫"扎伊尔"的事物——印度古吉拉特邦的某只老虎、印尼爪哇清真寺前的某个盲人、波斯纳德尔国王扔进海中的星盘、某个监狱里某个囚徒手中的小罗盘、西班牙科尔多瓦寺院里一根石柱的纹理、摩洛哥犹太社区某口水井的底部,还有金钱、宝藏……以及让"我"迷恋崇拜的女影星,都有一个共同的特征,即对人产生致幻作用,让人迷恋其中,难以自拔。这些令人迷恋与崇拜的事物在唯一神宗教看来,均属于表象(偶像)崇拜。其中,尤其值得注意的是"爪哇清真寺前的某个盲人"被视为"扎希尔",因为他让进清真寺一心礼拜真主的人分心,产生旁骛。也就是说,使一心向往无形无象的唯一神的人移情别恋的人或事物即是"扎希尔"。

博尔赫斯杜撰的《扎伊尔传说发展史有关文献》一书中所列举的种种"扎希尔"都属于表象(偶像)崇拜,并言及《古兰经》中提到的偶像崇拜,尤其提到了波斯中古时期发生的一起著名的假先知事件:伊朗霍拉桑(旧译"呼罗珊")省木鹿城的一位麻风病患者戴上面罩,自称先知再世,蒙蔽世人,后被揭穿真面目。该故事被博尔赫斯写成另一篇单独的短篇小说《蒙面染工梅尔夫的哈基姆》("梅尔夫"是"木鹿"的讹译),收入1935年出版的小说集《恶棍列传》中。

---

① 参见 Luṭf'alīBaykĀzarBīgdilī, Ātashkada-yi-Āzar, Intishārāt-i-AmīrKabīr1378, Tehran, Iran, p.191。

二、苏非神秘主义语境中的"扎伊尔"玄理

博尔赫斯在巧妙解构世间的种种表象(偶像)崇拜的同时,也充分认识到"崇拜"本身是尘世间的人内心深处的一种根深蒂固的情结。小说《扎伊尔》中的"我"反复阅读《扎伊尔传说发展史有关文献》一书,但也无助于"我"从扎伊尔硬币笼罩的迷幻中挣脱出来。这时,书中援引的波斯诗人阿塔尔著作中的一段话让"我"产生某种特异的感觉,并说"我还记得我看到这段话时感到特别不安"[1]。阿塔尔的话为什么会让"我"感到"特别不安"? 阿塔尔(1145—1221年)是波斯著名苏非长老诗人,其代表作长篇叙事诗《百鸟朝凤》阐述了苏非神秘主义中"人主同一"的思想。博尔赫斯在自己的多篇作品中采用过这个故事,比如在散文《关于惠特曼的一条注解》中就引用这个故事为其无穷无尽的同一性原则作解。[2] 但《扎伊尔》这里涉及的是阿塔尔的另一部著作《隐秘之书》(中译者音译为《阿丝拉尔那玛》),这是一部讲述苏非神秘主义玄理的深奥著作。小说自称引用的是《隐秘之书》中的一句诗歌:"扎伊尔是玫瑰的影子和面幕的裂缝。"笔者反复查找波斯文的阿塔尔《隐秘之书》原著,没有找到这句诗歌,但扎希尔、玫瑰、帷幕、裂缝等词作为阿塔尔苏非神秘主义学说的术语在全书中频频出现。笔者揣度,这句诗歌可能是博尔赫斯根据阿塔尔该著作所讲玄理杜撰的一句诗歌。考虑到博尔赫斯在自己的诗歌、小说、散文等作品中多次运用与此句诗歌相类似的语句或喻象,比如在其小说《神的文字》中如此言:"有人在剑或一朵玫瑰花中见到神。"[3]笔者依据自己粗浅的苏非神秘主义知识,尝试对该句诗歌作一阐释:在苏非神秘主义语境中,玫瑰的惯常隐喻喻象是至高精神,用通俗直观的语言来说即真主;"面幕"(一般译为"帷幕")即阻隔人认识至高精神的幕障;"裂缝"指人在重重幕障中得以认识至高精神的隐秘之道;至于"扎希尔"前面已言及,专指真

---

① 王永年、陈泉译:《博尔赫斯小说集》,浙江文艺出版社2005年版,第169页。
② 王永年、徐鹤林、黄锦炎等译:《博尔赫斯谈艺录》,浙江文艺出版社2005年版,第48页。
③ 王永年、陈泉译:《博尔赫斯小说集》,浙江文艺出版社2005年版,第175页。

主显现为世间万物之表象。也就是说,"玫瑰"是实质,"扎希尔"是表象,二者是二而为一,是"一"之表里。人对至高精神的认识必须是由表及里,借由表象(扎希尔)之路才能窥见实质(玫瑰)。因此,才有"看到扎伊尔(扎希尔)后很快就能看到玫瑰""有人在光亮中见到神、有人在剑或一朵玫瑰花中见到神"之言。

回到本文前面,"我"之所以会对阿塔尔的话"特别不安",乃是认识到"扎希尔"崇拜(表象崇拜)是人在探索真理过程中无法摆脱的必然宿命。人在"扎希尔"的致幻作用控制下挣扎,或被"扎希尔"表象所迷惑,陷入表象(偶像)崇拜,直至丧失理智,变得疯癫,如同小说中那位女影星的妹妹(那枚扎伊尔硬币后来落入这位妹妹之手)最后进了精神病院;或突破"扎伊尔"表象,由表及里,窥见实质,获得人个体精神的觉悟。所幸,小说中的"我"是后者。小说描写到,"我"在扎伊尔的致幻作用中挣扎。其实,这种挣扎正是苏非神秘主义语境中的一种精神历练过程。在挣扎中,"我"既看到这枚硬币的正面,也看到硬币的反面,甚至看到这枚扎伊尔硬币呈现为一个球形,直至扎伊尔硬币本身出现在这个球形中央。这里,硬币的正反面已非实指,而是已经具有形而上的意味,"球形"的意象更是具有了创世隐喻(博尔赫斯在其小说《阿莱夫》中对此有更为详细的描述)。也就是说,宇宙万物是真主从隐匿状态显现出来的表象(扎伊尔)。因此,通过对硬币正反面的透视与观照,"我"已经突破扎伊尔表象,看到了实质"玫瑰"。这时,扎伊尔(扎希尔)即是玫瑰。

由此,"我"获得了对宇宙奥秘的某种觉悟,勘透尘世间人与宇宙的奥秘:"神秘哲学家认为人是微观宇宙,是宇宙的一面象征性的镜子。"[1]因此,在扎伊尔球体中,"我"看到的不再是扎伊尔,而是那位女影星在尘世间的"肉体的痛苦"。也就是说,"我"已经超脱了对那位女影星的崇拜,看清了女影星光鲜亮丽的表象下实际上是人在尘世间的痛苦。由此,"我"由一枚扎伊尔硬币,洞悉到宇宙间的一切事物,"不论多么细微,都涉及宇宙的历史及其无穷的因果关系"[2],皆能让人由表及里,获得精神上的觉悟。

---

① 王永年、陈泉译:《博尔赫斯小说集》,浙江文艺出版社 2005 年版,第 170 页。
② 王永年、陈泉译:《博尔赫斯小说集》,浙江文艺出版社 2005 年版,第 171 页。

既然宇宙间的一切事物必然会牵涉到宇宙间无穷的因果关系,那么,人的"扎伊尔"(表象)崇拜也必然如此。在扎希尔迷幻中,因陷于表象而致疯狂与由表及里窥见实质后而获得的一种精神上的狂醉(苏非神秘主义语境中的"狂喜")又如何区分?焉知此就一定非彼,或彼就一定非此?这时,博尔赫斯展示出高度的哲学思辨。小说中,"我"陷入一种形而上的思辨中,"我将从千百个表面现象归为一个表面现象,从一个极其复杂的梦归为一个十分简单的梦"。这里体现的是阿拉伯大苏非哲学家伊本·阿拉比(1165—1240年)的"存在单一论"学说,即所有的宇宙万物都是真主"实质"幻化出的表象,每一种表象都代表了真主"实质"的某一种属性,"表面上宇宙万有千差万别、光怪陆离,本质上一切皆为'绝对'的自我显现和外化……本质与现象之间,互为表里,本无差别。"①(伊本·阿拉比的学说也因此往往被西方学者认为具有泛神论倾向,笔者不以为然。伊本·阿拉比的"存在单一论"强调只有真主是绝对的"一",是唯一的实在,宇宙万物只是真主显现出来的表象,是幻在。该学说是一种彻底的一神论)。那么,按照逻辑推理,所有的表象在本质上都是同一个表象,所有的梦都可以归结为同一个梦(梦是心象的外化形式,即心象的表象)。由此,纯粹扎伊尔(表象)崇拜与由表(扎伊尔)及里式的崇拜,倘若只着眼于"表象"层面来考察,并没有什么根本性的差异。

然而,既然实质与表象二而为一,那么,众多的表象即是实质,每一个表象都代表了实质的某一个属性。人对绝对实质(绝对存在)的探知,永远只能经由某个表象的途径,人别无选择,重要的是必须最终勘破表象,让表象在自己的意识中不再具有意义,这时"玫瑰"自会呈现。因此"为了和神融为一体,泛神论神秘主义者一再重复他们自己的名字或者神的九十九个名字,直到那些名字没有任何意义为止"。② 这里即是指苏非修行的"赞念"方式。在作者看来,这种方式不失为让表象在意识中失去意义的一种可行方式。因此,小说中,"我"认识到人的"扎伊尔"崇拜是人无法摆脱的宿命,而效法苏非赞念的方式,让那枚扎伊尔硬币在我的意识中失去任何意义或许是一种解脱方

---

① 见金宜久:《伊斯兰教词典》,上海辞书出版社1997年版,第156页"存在单一论"词条。该词条也言该学说"有明显的泛神论特征",显然采用了西方学者的观点。

② 王永年、陈泉译:《博尔赫斯小说集》,浙江文艺出版社2005年版,第170页。

式。因此,"我渴望走上那条路",因为"我"认识到"也许上帝就在那枚钱币后面"①。

三、伊斯兰文化元素对博尔赫斯生命形态的塑造

博尔赫斯,其任何单篇作品都没有宏伟的构架,却用一篇篇看似简约实则渊深玄奥的简短诗歌、小说、散文、评论作建筑材料,一砖一瓦地营造出了世上最鬼斧神工的一座致幻读者的迷宫。这本身即显示出一种几乎是超乎常人、超乎凡俗意义的巨大"魔幻"。

博尔赫斯的"魔幻"还在于他的难解,正如作家格非所言:"世界上有多少博尔赫斯的读者,就会出现多少种对博尔赫斯的误解。"②尽管格非也明知"这句话说了也等于没有说",但笔者还是认为这句话道出了博尔赫斯研究的某种困境。博尔赫斯是一位形而上学色彩十分浓厚的作家(被称为"幻想型"或"冥想型"作家),这是学界的共识,另一方面博尔赫斯一生与图书馆为伴,其"图书馆人生"使他成为"百科全书"式的作家,其作品内容涉及古今东西方的各种文学、历史、哲学、神学、宗教神秘主义、神话、民间传说、江湖传奇、民俗、语言学、逻辑学、几何学等,林林总总,这也是学界的共识。笔者认为,或许正是这种"形而上学"+"百科全书",造成了博尔赫斯的难解,使得对博尔赫斯的阅读与研究,注定只能是管中窥豹、一鳞半爪,甚或盲人摸象。本文亦如此。

但是,即便明知如此,也挡不住博尔赫斯阅读者和研究者们对其作品的着迷。这不能不说是博尔赫斯更大的一种"魔幻"。因为,前一种"魔幻"是博尔赫斯作品所营造的迷宫,在某种意义上可以说是一种看得见摸得着的"实在",而这后一种"魔幻"是其作品对人精神的"致幻作用",是一种看不见摸不着的"扎伊尔",让人迷恋,沉溺其中,难以自拔,正如其小说《扎伊尔》所揭示的"扎伊尔"的实质。

---

① 王永年、陈泉译:《博尔赫斯小说集》,浙江文艺出版社 2005 年版,第 171 页。
② 格非:《博尔赫斯的面孔》,译林出版社 2014 年版,第 307 页。

　　博尔赫斯博览群书,对各种宗教及神秘主义学说多有涉猎。有不少论者认为,种种宗教及神秘主义的创世学说只是博尔赫斯营造迷宫的建筑材料而已,即为他的文学创作目的之所用,他并没有对这些学说作深入探究。对此,笔者认为既的确如此,但也不全然如此。博尔赫斯的确没有对至今已有的某一种具体的宗教神学作深入的探究。然而,若言博尔赫斯仅仅是利用各种宗教神学知识作为文学创作的炫技手段,不免失之简单化。笔者窃以为,博尔赫斯探究的是"神"本身,即"创世"这事件本身。

　　苏非神秘主义认为,真主创世是通过"笔"(Ghalam)和"语言"(Kalam)。《古兰经》①第68章以"笔"命名,该章第1节说:"以笔和他们所写的盟誓。"苏非理论家们对"笔"作神秘解释。伊本·阿拉比在其著作《麦加的启示》中说:"万物在有形以前,已被铸于法版,在这块法版上,有一切事物的原型,而在法版上打造万物原型的是最高之笔。最高之笔是'真光''神光',是第一理性,最高之笔在法版上书写,就产生了万有。"②这里,"笔"的概念被上升为打造万物原型的最高之笔,是真主的第一显化,是真主的第一道光,被称为第一理性('aql-i-avval)。第一理性的作用是代理,真主通过它来实现自我显化。也就是说,真主自身作为宇宙万有之本原,并不直接作用于创造,而是通过第一理性"笔"来实现创造,一切理象皆从"笔"出。

　　伊本·阿拉比还认为,真主从"法版"之万物原型显化出现象世界中的万物是通过语言来实现的,依据是《古兰经》6:73经文:"他就是本真理而创造天地的。在那日,他说'有',世界就有了。他的话就是真理。"因此,在苏非神秘主义的宇宙起源论中,"卡夫"和"农"是两个字母,合在一起就成为真主创世的圣言"有"(Kun)。"每一事物的产生,在神知中早已被知,在神的意志中早已被意欲,在神的能力中早已成形。它通过安拉的语言'有'而从神知中的原型世界来到这个可感知的世界。"③因此,在伊本·阿拉比的学说中,原型世

---

　　①　马坚译:《古兰经》,中国社会科学出版社1996年版。
　　②　转引自王俊荣:《天人合一物我还真——伊本·阿拉比存在论初探》,宗教文化出版社2006年版,第67页。
　　③　转引自王俊荣:《天人合一物我还真——伊本·阿拉比存在论初探》,宗教文化出版社2006年版,第77页。

界由"笔"在法版上打造出来,现象世界则通过"有"这个词——真主的创世语言——创造出来。也就是说,真主是用"笔"和"语言"创世。

根据伊本·阿拉比的学说,波斯的苏非诗人们把文学(诗歌)创作提升到创世学说的形而上高度,认为文学(诗歌)创作的载体语言产生自真主创世时说的绝对语言,书写语言的笔源自形而上的"笔"。波斯著名苏非诗人内扎米·甘贾维(1141—1209年)在《五卷书·秘密宝库》"论语言的优越性"一节中说:"第一个动作即是拿起笔,第一句话就从语言开始;当密室的遮帘被撩启开敞,第一道景观即是用语言建创。"①也就是说,真主用"笔"和"语言"进行创造,诗人(文学家)们同样用笔和语言进行创造(创作)。

博尔赫斯在其多篇小说中采用神用语言、字母和文字("笔"之打造物)创世这样的神学观点,其中在小说《神的文字》中说道:"我认为神只应讲一个词,而这个词应兼容并包。神说出的任何词不能次于宇宙,少于世间的总和。这个词等于一种语言和语言包含的一切,人们狂妄而又贫乏的词,诸如整体、世界、宇宙等等都是这个词的影子或表象。"②还说:"一座山、一条河、一个帝国、星辰的形状都可能是神的话语。"③这样的话语表明博尔赫斯深得神用语言文字创世之宗教学说的精髓,并且将之与自己的生命形态密切结合。

因家族遗传病因素,博尔赫斯在很年轻的时候就视力衰退,也就是说,他深知失明将会是自己的宿命,他将住宿在幽暗中。遍阅各种宗教神学典籍且睿智无比的博尔赫斯深知在"幽暗"中如何才能让自己的生命之光绽放,如何才能让自己的生命之光发挥创造之用。"神在幽暗中"④,以"笔"和"语言"创造出宇宙这座最鬼斧神工的迷宫;进入成年、创造力盎然的博尔赫斯因双目失明而住在幽暗中,他意欲像神一样用笔、用文字、用语言创造出一座他自己的"宇宙迷宫"(博尔赫斯失明之后,其文学创作主要是口述,由其秘书记录)。他做到了。博尔赫斯在其作品中反反复复呈现"迷宫"这一意象,乃至被人称

---

① 内扎米·甘贾维:《五卷书》,都斯坦出版社2004年版,第34页。
② 王永年、陈泉译:《博尔赫斯小说集》,浙江文艺出版社2005年版,第174页。
③ 王永年、陈泉译:《博尔赫斯小说集》,浙江文艺出版社2005年版,第173页。
④ 《旧约·历代志下》6:1说:"耶和华曾说他必住在幽暗之处。"《旧约·诗篇》18:11说:"他以黑暗为藏身之处,以水的黑暗、天空的厚云为他周围的行宫。"《古兰经》10:20说:"幽玄只归真主;"19:61说:"至仁主在幽玄中。"

为"迷宫作家",其实他的作品本身才是他真正刻意营造并着力营造的迷宫。

因此,细读博尔赫斯作品,我们可以发现他对种种宗教及神秘主义学说的运用实际上并非仅仅是在"炫技",而更为重要的是他将这些学说化为种种"扎伊尔"(表象)致幻因素,笼罩在他的作品之上,让读者着迷;同时,还用这些学说结构起他自己的神秘主义"创世"学说——通过文学创作实践自己的生命意志。正如略萨分析博尔赫斯作品所言:"以坚实的知识为基础,同时经由知识的缝隙渗入一种补充成分,它具有魔幻性质,属于想象和非现实,纯粹的编造,使散文变成虚构作品(小说)。"①因此,神以"笔"和"语言"创造,显化出宇宙万有之"扎伊尔",让世人沉迷其中;博尔赫斯以笔和语言创造(创作),显化出一部部作品之"扎伊尔",让读者沉迷其中。

(本文原载《回族研究》2017 年第 4 期)

---

① 巴尔加斯·略萨:《博尔赫斯的虚构》,赵明德译,《世界文学》1997 年第 6 期。

模仿者、制作者与创造者

——再论博尔赫斯对伊斯兰文化元素的妙用

本人曾在《博尔赫斯文学创作中的伊斯兰文化元素探析——以〈扎伊尔〉为例》(载《回族研究》2017 年第 4 期)一文中谈到伊斯兰苏非哲学中的"语文创世"学说对博尔赫斯生命形态的塑造。近日深入细读博尔赫斯的著作,愈发认为他对这一学说具有十分深刻的体认。博尔赫斯将其 1960 年出版的诗集起名为 Elhacedor(中译《诗人》)。该诗集封面脚注讲了一段逸闻趣事:该诗集的一位英译者给博尔赫斯写信说:"在西班牙语中,这个词汇的意思是'制作者''创造者',特别是用于指称上帝,亦即'造物主'……英文中不存在足以表达该词含义的语汇。"博尔赫斯说他所用的 Elhacedor 一词:"恰恰是我从英文的 themaker 一词翻译过来的。这个英语词汇,12 世纪的时候,在苏格兰方言里,意为'诗人'。真是让人难以相信。不过,hecedor 的含义更贴近英语而离开了西班牙语,也正是这个原因,翻译的时候就比较麻烦。我是一个hacedor……,一个诗人和一个作家,仅此而已。对我来说,任何别的称谓均属溢美。"①这里,博尔赫斯说自己所用的 hecedor 一词,更贴近英文的意思即maker(制作者、诗人),远离西班牙语的意思,即"创造者"或"造物主"(上帝)。这话听起来似乎很谦逊。然而,博尔赫斯的话,就如同他的小说,虚虚实实,真真假假,姑妄听之,但不能全信。本文尝试剖析 hecedor 一词背后所隐藏的博尔赫斯的可能真实意图。

---

① 林之木、王永年译:《博尔赫斯全集·诗歌卷》上卷,浙江文艺出版社 1999 年版,诗集《诗人》封面脚注。

一、柏拉图把诗人拉下神坛

博尔赫斯所用 hecedor 一词实际上涉及一个十分重要的诗学概念,即认为"诗人乃创造者",诗人的诗歌天赋乃是神赐。"诗歌神授"可以说是远古初民的普遍认知,博尔赫斯在其小说《布罗迪报告》中讲到"退化"到野蛮状态的雅虎人对待诗人的做法:"如果诗人的字使人们惊恐,大家怀着神圣的畏惧,默默远离。他们认为鬼魂已附在诗人身上;任何人,甚至他母亲,都不同他说话,不敢看他。他已不是人,而是神……"①这虽是小说家言,但也反映了远古初民对诗歌和诗人的朴素认知。上古时期,由于诗歌与巫术崇拜和祭司们的呢喃密切相关,让人们体认到诗歌具有神秘色彩,进而认为诗歌神授。这是一种懵懂的自发性认识。

在西方文化的源头古希腊,神话发达,诗歌亦发达。古希腊原本有一套相对比较完整的关于"诗歌神授"的传说体系:缪斯作为宙斯的九个女儿的总称(赫西俄德在其《神谱》中说,缪斯乃是众神之王宙斯与记忆女神所生②),司职赐予诗人吟诗的灵感,被奉为文艺女神。赫西俄德在《神谱》中说,一天,当他放牧时,是缪斯"把一种神圣的声音吹进我的心扉,让我歌唱将来和过去的事情"③。《荷马史诗·奥德赛》中更是明确将诗乐视为神授:"歌人受神明启示能唱得世人心旷神怡"④,"我自学歌吟技能,神明把各种歌曲灌输进我的心田……"⑤对这类凭借天赋灵感吟诵诗歌的诗人(主要为史诗诗人和抒情诗人),希腊人多用 aoidos 称呼。因此,希罗多德认为是赫西俄德和荷马规范了希腊神谱,"是他们把诸神的家世教给希腊人,把它们的一些名字、尊荣和技艺教给所有的人并且说出了它们的外形"⑥。然而,这些观念被柏拉图(公元

---

① 王永年、陈泉译:《博尔赫斯小说集》,浙江文艺出版社 2005 年版,第 262 页。
② 赫西俄德:《工作与时日神谱》,张竹明、蒋平译,商务印书馆 2013 年版,第 29 页。
③ 赫西俄德:《工作与时日神谱》,张竹明、蒋平译,商务印书馆 2013 年版,第 28 页。
④ 王焕生译:《荷马史诗·奥德赛》,人民文学出版社 1997 年版,第 370 页。
⑤ 王焕生译:《荷马史诗·奥德赛》,人民文学出版社 1997 年版,第 467 页。
⑥ 希罗多德:《历史》上册,王以铸译,商务印书馆 2007 年版,第 135 页。

前 427—前 347)改造后,西方文化逐渐远离"诗人乃创造者"这样的观念。

尽管古希腊的"诗歌神授"观念经过赫西俄德和荷马这些大手笔的人工修饰(乃至亚里士多德将他们称为"神学家"①),但依然只是古希腊人基于神话基础上对诗歌起源的感性认识,仅仅是指吟诵诗歌的灵感神授,且多是诗意的表达,而非出自一种理性的认知。因此,古希腊尽管其神话体系十分发达,但并未产生一个完整严密的宗教神学体系,并未以宗教神学的权威界定神在人的意识形态中的至高无上和不可动摇性(古希腊神话中的神人味太重,正如同其英雄神味太浓),因此柏拉图才可能在承认"诗歌神授"的基础上,小心翼翼地消减诗歌所具备的"神性"。

在古希腊人的诗歌观念中,对靠后天的技艺"制作"诗歌的诗人,比如悲剧诗人,多用 poiētēs 称呼。在古希腊,poiētēs(英文 poet"诗人"一词即源自该词)本意为"制作者",指各种靠技艺谋生的人。poiētēs 这个词"从词源上来看并不包含'天赋''灵感''神赐'一类的意思……古希腊人一般不把作诗看作是严格意义上的'创作',而是把它当作一个制作或生产的过程。"②柏拉图尽管在一定程度上认可"诗歌神授",尊敬荷马这样的天赋诗人③,但在其著作中并不采纳 aoidos 一词来称呼诗人。在《泰安泰德篇》146D-E 中,柏拉图讲到皮革的制作、鞋的制作、木头家具的制作等,诗歌也是一种"制作"(poiēsis),诗人也是如同鞋匠、木匠一般的"制作者(poiētēs)"④(英文 maker 一词作为"诗人"的意思即来源于此)。这里,柏拉图已经把诗人从天赋灵感者降格为如同鞋匠、木匠一般的"制作者"了。

然而,柏拉图似乎并不满足于此。为了树立哲学(柏拉图视之为追求真理的学问)的权威,他不惜把诗人逐出"理想国"。在《蒂迈欧篇》28B 中,柏拉图说:"当创造主用他的眼光注视那永恒自持者(理式蓝本),并且用它作为模型,构造出事物的外形和性质,凡这样完成的作品必定是完美的,但若他注视

---

① 亚里士多德:《形而上学》,吴寿彭译,商务印书馆 2007 年版,第 55 页。

② 陈中梅:《柏拉图诗学和艺术思想研究》,商务印书馆 2002 年版,第 224 页。

③ 柏拉图在《理想国》第十卷 595C 中说:"虽然我从小就对荷马怀有一定的敬爱之心……但是,不管怎么说,我们一定不能把对个人的尊敬看得高于真理。"(柏拉图:《理想国》,郭斌和、张竹明译,商务印书馆 2002 年版,第 387 页。)

④ 王晓朝译:《柏拉图全集》第二卷,人民出版社 2014 年版,第 657 页。

的东西是被造的,他所使用的模型也是被造的,那么他的作品就不完美。"①上文已述,古希腊尽管其神话体系十分发达,但并未产生一个完整严密的宗教神学体系,因此在这里,我们看到,柏拉图的创造主与理式蓝本之间是分离的二者,而非统一的一元:理式蓝本是先天自在的、完美的,创造主"注视"着它创造宇宙万物。然后,包括木匠在内的各种能工巧匠"注视"着神创的理式蓝本"制作"出种种物品来,这些被造物是理式蓝本的"影子",而画家或悲剧诗人"制作"的是"影子的影子",是模仿能工巧匠们的制作品而进行"制作"的"模仿者(mimētēs)"②。因此,柏拉图为了将诗人逐出理想国,不惜把诗人连降两级,从天赋灵感者降格为"制作者",再降格为"模仿者",彻底把诗人拉下了神坛。

柏拉图的哲学思想博大精深,但并非一种宗教神学,因此尽管柏拉图也认识到了神创的床是一种理念,但在他的头脑和认识中并没有一套神以理世(理念世界)创造象世(现象世界)的完整严密的神学体系,没有去关注创造者与理式蓝本之间存在的二元分离,仅用"注视"的概念作一带而过式的弥补:创造主"注视"着理式蓝本进行创造,而各种能工巧匠则"注视"着创造主所创造的自然形态进行制作,诗人再模仿能工巧匠。但是,这其中缺少了一个逻辑层次,那就是能工巧匠们头脑中的神创的自然形态来自何处(暂且不论创造主"注视"的理式蓝本来自何处)? 是什么使他们能够"注视"或"观照"那神创的自然形态? 他们这种"注视"或"观照"的能力来自何处? 柏拉图没有涉及。这样一些问题无疑正是出自创造者与理式蓝本之间存在的二元分离。

因此,源自古希腊哲学内涵的 Themaker 一词,虽然满足了博尔赫斯在词义上对"制作者(写作者)、诗人"二而为一的需求,但是解决不了他更内在的渴望与玄想——Elhacedor(创造者、造物主)。因为古希腊人的诗歌灵感神授虽然在一定程度上使诗人禀具了"神性",但"制作者"的观念冲淡了这种神性,柏拉图的"模仿者"观念更加解构了诗人的"神性",使"诗人"与"创造者"之间相去十万八千里。柏拉图的学说对欧洲文化影响深远,乃至新柏拉图主

---

① 王晓朝译:《柏拉图全集》(第三卷),人民出版社 2014 年版,第 279 页。
② 柏拉图:《理想国》,郭斌和、张竹明译,商务印书馆 2002 年版,第 388 页。

义奠基人普罗提诺在有人想给他画像时,他拒绝说:"我自己就是一个影子,天上那个原型的影子。为什么还要给这个影子再做一个影子。"①依然把画家(柏拉图将诗人与之等同)的创作视为"模仿之作"。

二、伊斯兰苏非哲学把诗人送上神坛

上述柏拉图哲学中无法解决的几个问题,我们若将之放在伊斯兰苏非哲学中,则会迎刃而解。11 世纪,随着"伊斯兰教权威"安萨里(1058—1111 年)将在伊斯兰世界兴起已久的苏非神秘主义纳入正统思想体系,伊斯兰诗学把诗歌的产生提升到伊斯兰教创世学说的形而上高度,认为诗歌的载体语言产生自真主创世时说的"绝对语言",书写语言的笔源自形而上的"笔"。伊斯兰宗教哲学家和诗人们将"诗歌神授"从远古初民的一种自发性的感性认知,上升为宗教哲学层面的自觉性理性认知,从而赋予诗歌一种神圣的使命。

首先,需要阐明的是"绝对语言"的概念。在世界三大一神教中,语言是神创世的一个最基本概念。《旧约·创世纪》1:3 言:"神说:'要有光',就有了光。"接着是一连串的"神说"要有什么,于是就有了什么,包括造人:"神说:'我们要照着我们的形象,按着我们的样式造人。'"(《旧约·创世纪》1:26)。《古兰经》②6:73 经文:"他就是本真理而创造天地的。在那日,他说'有',世界就有了。他的话就是真理。"同样,真主也以此造人:"他用土创造阿丹,然后他对他说:'有',他就有了。"(《古兰经》3:59)

这里有一个细微的差别:《旧约·创世纪》中上帝以语言创世,即神说要有什么就有了什么,这其间只有神的话语(logos),而"有"没有成为一个特定的词;而《古兰经》中真主是以一个特殊的词"有(Kun)"创世造人,"当他判决一件事的时候,他只对那件事说:'有',它就有了。"(《古兰经》3:47)因此,真主的创世用词"有"后来进入苏非神秘主义学说,成为真主的创世原则,而

---

① 博尔赫斯:《七夜·诗歌》,陈泉译,上海译文出版社 2015 年版,第 118 页。
② 马坚译:《古兰经》,中国社会科学出版社 1996 年版。

构成"有"的两个字母"卡夫"(K)和"农"(N),合在一起就成为真主创世的圣言"有"(Kun,阿拉伯语和波斯语短元音 a\i\u 只有音没有字母,在国际音标转写系统中才将短元音显示出来)。因此,神以话语(语言)创世造人,显化宇宙万物,由此语言成为宇宙万物运行的律动。

苏非神秘主义兴起后,真主创世的圣言"有",以及构成"有"的两个字母"卡夫"(K)和"农"(N)被神秘化,神以语言、字母创世在伊斯兰文化中被凸显出来,上升到形而上的绝对层面。神秘主义本是指个人与神的直接交流,不需要任何中介(教会或宗教神职人员),正如美国心理学家威廉·詹姆斯所言,神秘主义"是基于个人的长期的苦修生活后得出的宗教经验,是一种感觉和信念的心理"①。苏非神秘主义的产生也是基于一种个体的、肉体的苦行,但随着宗教理论家们的介入与提升,进入到创世神学层面,成为一种信仰。犹太教与基督教虽然产生在伊斯兰教之前,各自也有早期的神秘主义,但"语言"本身没有被神秘化,尽管在《圣经·创世纪》中神以语言创世。直到中世纪,在伊斯兰苏非神秘主义影响下,犹太教神秘主义才开始出现将《旧约》中某些字母神秘化的倾向。

其次,是"笔"的概念。在苏非神秘主义中,"笔"的概念被上升为打造万物原型的最高之笔,是真主的第一显化,是真主的第一道光,被称为第一理性。第一理性"笔"的作用是代理,真主通过它来实现自我显化。也就是说,真主自身作为宇宙万有之本原,并不直接作用于创造,而是通过第一理性"笔"来实现创造,一切理象皆从"笔"出。"笔"在法版上所打造的原型世界既是真主本质与属性的摹本,又是宇宙万有之所从出的蓝本。"笔"所打造的原型世界在法版中本已存在,但尚未显化出来,其显化是通过"笔"来实现的,而"笔"的显化运作出自真主的"一念之动"。这"一念之动"即绝对语言"有"。因此,现象世界是原型世界的摹本,原型世界(法版)是真主本质和属性的摹本。真主的"有"令乃绝对语言,现象世界的产生是通过绝对语言"有"驱动"笔"来实现的。

第三,人的语言能力即创造能力乃是神授。《古兰经》15∶29 言:"当我把

---

① William James.*The Varieties of Religious Experience*.London1960,p.366.

他塑成,而且把我的精神吹入他的塑像的时候,你们应当对他俯伏叩头。"因此,真主造人时的吹气(精神),产生吐纳呼吸,由此形成律动。真主以绝对语言"有"推动"笔"创世造人,因此语言能力与书写能力即是创造能力。这种创造能力在真主造人时随着真主的吹气而赋予了人,没有被赋予其他被造物,因此在真主的所有造物中只有人具有创造性,其他被造物不具备创造属性,也就不具备语言能力。因此"语言"属性是人独有的天赋,是人在先天就禀具的。人的神赋语言能力推动人的文学(诗歌)创作(创造)活动得以实现,因此这种神赋语言能力被诗人们一再提及,将语言视为人的天赋能力,是诗歌创作的先决条件。然而,健全者人人皆能言语,但并非每个人说出的话都能称为诗歌。因此,除了具备语言能力这一先决条件之外,在伊斯兰文化语境中诗歌神授的观念还有更为具体的内容。

第四,诗歌语言的律动乃是神授。诗歌语言最本质的特征在于具有律动(vazn)。诗歌格律是对自然天成的律动(节奏)进行人为规范的结果,主要体现为以词语声音的抑扬顿挫为律动。因此,在从古典诗歌转变为现代诗歌的变革中,人为的韵与格律可以被抛弃,但诗歌的律动却是无法抛弃的,现代诗歌多以语言情绪的张弛起伏为律动,而不是以词语声音的抑扬顿挫为律动。诗歌可以没有格律,但不能没有律动。

对于律动的形成,伊斯兰诗学一是肯定律动具有先在性,二是直接认为律动乃是神授。诗歌是一种具有律动的话语,这种律动具有先在性,先天存在于人的禀赋之中。人说出这种话语的能力不是后天通过学习实践获得的,而是"不经由教授和学习而觉悟到这种具有律动的语言"①,因此人说出这种话语的能力也是先天禀赋。贾米(1414—1492年)作为一位大苏非思想家和诗人,在其《七宝座·献给艾赫拉尔的赠礼》"关于语言的绝对优越性"一节中对吐纳呼吸形成律动有着更加清楚的论述:

语言之园的最初的一口吹拂/是装饰草地的"有"之风舞……/呼吸所向披靡其灵魂是语言/请从心灵鲜活者倾听这呼吸/尽管语言在吐纳中盘根错

---

① 夏姆士·盖斯:《波斯诗歌规则宝典》(波斯文版),扎瓦尔书店1981年版,第196—197页。

节/细看这结节其中却有着百解/每个结节皆珠宝且胜于珠宝/在那珠宝中又另有结节缠绕/话语若变得抑扬顿挫/结节对于智慧就是珠宝一颗/语言并不依赖于那常规发音/语言之鸟有着神奇的调门……/语言尽管掌握着许多乐器/从它的气息获得神奇乐曲①。

　　贾米认为,真主的绝对语言"有"(Kun)即为最初的一口吹拂,或曰吹气,人由此获得呼吸能力,生命开始运行。在人的吐纳呼吸中有着盘根错节的结节,这些结节正是使话语变得抑扬顿挫(具有律动)的关键点,悟得了语言结节的奥秘也就悟得了诗歌语言的奥秘;觉悟不到语言结节点的奥秘,说出的话就是没有律动的日常话语。也就是说,尽管泛义地讲每个人说话都有吐纳呼吸的节奏,但这种节奏是散漫不和谐的,并不呈现为声波和谐性的律动。不和谐的散漫节奏不具备律动(而这正是一般人的日常说话的特征),超出人的忍耐程度即成为噪音;具有内在规律性的节奏才能称为律动,其特征为声波起伏和谐。而诗歌语言的特征正是在其吐纳呼吸的节奏中具有内在规律性,这也正是语言结节点的奥秘所在。因此,贾米说诗歌语言"不依赖于常规发音",另外有着"神奇的调门",人的吐纳呼吸成就"神奇的乐曲"即旋律。也就是说,在真主赐予人的语言中已经蕴藏着律动,即律动是先在的,人是否能捕捉到这种律动则取决于个人的天赋能力,捕捉到这种律动的人即为诗人。

　　第五,诗人捕捉先天律动的能力(即天赋与灵感)也是神授。诗歌天赋是一种先天存在,而在后天,这种诗歌天赋被启迪出来的源泉(即人们常说的"灵感")被认为是真主之光的照耀。萨姆·米尔扎·萨法维《萨米的礼物:诗人传》(创作始于1550年)前言中说:"诗人,是安拉宫殿中的精英,他们的天赋(zāt)是无垠之光的降临。"②这里,萨米认为诗人的天赋其本质是真主无垠之光的降临。zāt一词的本义即为"本质",转义为"天赋"。在苏非神秘主义学说中,"光"也是对真主的称谓,依据是《古兰经》24:35节经文:"真主是天地的光明……真主引导他所意欲者走向他的光明。"当真主之光闪现,降临附

----

　　①　贾米:《七宝座》(波斯文版),古勒斯坦出版社1991年版,第384—385页。
　　②　萨姆·米尔扎·萨法维:《萨米的礼物:诗人传》(波斯文版),阿萨提尔出版社2005年版,第3页。

着于诗人,诗人便有了感悟(灵感),捕捉到上文论及的具有律动的、体现神的创造性的语言,将之化为诗歌。诗人的天赋与灵感皆源自神的恩赐,诗人也因此被视为上天的宠儿。同样,苏非诗人内扎米·甘贾维(1141—1209 年)在《五卷书·秘密宝库》"关于诗歌语言的地位"中认为:"奥秘的调门是由语言培育/其影子是先知的调门/其前后都排列有伟大的队伍/后面是众诗人前面是众先知。"①在奥秘阐释者的队伍中,先知在前,诗人紧随其后,二者都是真主奥秘的阐释者。也就是说,诗人如同先知一样是接受神的天启的人,具有崇高的品阶,诗人说出具备律动的语言的能力乃是天赋,是一种神授能力。但在真主的排班中,诗人后于先知。这在肯定诗人的天赋语言能力的同时,又界定了诗人的地位不超越于先知。

因此,伊斯兰苏非神秘主义文化中的"诗歌神授"的观念,是一种成熟的源自宗教玄学理论的观念,是指诗歌本身乃是神授。与远古初民对诗歌神授的自发性的感性认知相比,其内涵更为丰富,逻辑更为严密,将真主以语言创世作为人类语言活动的前提,从而赋予了人类语言活动的创造性内涵。可以说,在对诗歌起源的认知上,伊斯兰苏非哲学中的"诗歌神授"观完全是一种成熟的神创论。

伊斯兰的"诗歌神授"观具有两层内涵:一是真主的定命,二是人的主观能动性。真主的定命体现在:并非单纯地认为诗歌灵感神授,而是认为诗歌本身也是神授,是神赋予人的语言能力的创造性的体现,正如贾米所言:"语言艺术家们所知的全盘,都是读自语言技艺的法版。"②诗人头脑中的理式,来自先天禀赋,即神的赐予。人的主观能动性体现在:真主用语言推动理念世界的显化,并进一步用语言将理念世界显化为现象世界,即真主用语言进行创造;诗人在真主之光的照耀下获得觉悟,用语言使自己头脑中的先天原型显化为具体的诗句,即诗人也用语言进行创造。也就是说,诗人的诗歌创作活动是一种创造,是语言创造性的体现,这是人的主观能动性;然而,这种创造性本身归根结底又是真主的赐予,这是真主的定命。在古代,诗歌作为一种创作(创

---

① 内扎米·甘贾维:《五卷书》,都斯坦出版社 2004 年版,第 35 页。
② 贾米:《七宝座》(波斯文版),古勒斯坦出版社 1991 年版,第 759 页。

造)活动,最能直观地体现出语言的本质即创造性,而诗人是语言创造性在人间的直接呈现者。

本文前面所言柏拉图"模仿说"所缺少的一个逻辑层次而产生的疑问,若放在伊斯兰文化的语境中便迎刃而解。按照上述伊斯兰苏非哲学来解释,木匠头脑中桌子和床的理式是神先天赋予在他的天赋中的,在后天被暂时遗忘,然后经由神的光照(灵感降临)而觉悟到先天禀赋中桌子和床的理式,而这种觉悟能力本身也是神的赐予。正因为缺少了这样一个逻辑层次,柏拉图才把木匠的"注视"定位于"模仿"而非对先天自在的"觉悟",而诗人和画家更是"模仿之模仿"。

三、博尔赫斯妙用伊斯兰哲学把诗人重新送上神坛

回到本文开头。英译者认为,英文中不存在足以表达博尔赫斯所用的hacedor(创造者,诗人)一词含义的语汇。这正是因为该词的内涵已为现代西方文化所陌生,无法将诗人的创造性活动与上帝的创造性活动联系起来。然而,"语文创世"却是博尔赫斯小说最为核心的思想内容之一,也是支撑博尔赫斯生命活力的精神信仰。他被任命为国立图书馆馆长的时候,正值双眼已经完全失明,"上帝同时给我书籍和暗夜"(《诗人·关于天赐的诗》)①,他完全依靠"语言"来进行创造(创作)。

博尔赫斯在多次演讲中,提及伊斯兰教中《古兰经》先在的概念,即《古兰经》的理式蓝本(法版)早在具体的阿拉伯语言文字产生之前就先天存在②,之后真主启示给先知穆罕默德。因此,《古兰经》的语言尽管不是诗歌,但具有内在的非常优美的律动,这种先在的律动是之后形成阿拉伯—波斯诗歌格律的源泉。这说明博尔赫斯对伊斯兰苏非主义的有关思想学说是十分熟悉和

① 林之木、王永年译:《博尔赫斯全集·诗歌卷》上册,浙江文艺出版社1999年版,第149页。
② 参见博尔赫斯:《七夜·喀巴拉》,陈泉译,上海译文出版社2015年版,第134—135页;博尔赫斯:《诗艺·诗之谜》,陈重仁译,上海译文出版社2015年版,第11页。

了解的。

博尔赫斯诗文集《诗人》(*Elhacedor*)中的故事或诗歌几乎都是关涉人的先天记忆与理式原型之间关系的寓言。该集子中的第一个故事《诗人》(*Elhacedor*)描写荷马本来"从未沉湎于追忆往事的快慰",然而随着失明的降临,一天清晨醒来之后,突然一种神奇的感觉降临,他"对此虽然有点害怕,却又感到某种欣喜、希冀和好奇。于是,他陷入了回忆,那仿佛无尽无休的回忆,并且从那种混沌之中清理出了那件早已忘却了的往事",他听到了那冥冥之中的喧嚣声,"也就是他命中注定要讴歌并使之在人类的记忆空谷中回响的《奥德赛》和《伊利亚特》的喧声"。① 因此,正是天赐灵感的降临使先天存在于荷马记忆中的伟大史诗被唤醒和呈现出来,荷马也由此成为两大史诗的创造(创作)者。这里,博尔赫斯把被柏拉图为了其哲学真理而拉下神坛的荷马再次送上了神赐灵感的神坛——"创造者"的神坛。在《一枝黄玫瑰》中,博尔赫斯描写了意大利诗人马里诺在弥留之际的"觉悟","恰在这个时候天启昭彰……马里诺看到了那枝玫瑰并且意识到玫瑰存在于自己的恒定而不是其名称之中"②。这里的"恒定"一词,按照笔者的理解即是"理式原型"。诗人在神启照耀下,觉悟到自己头脑中的神赋原型而进行创造(创作)。

该集子中《关于宫殿的寓言》更是一篇十分精彩的故事:"那一天,黄帝向诗人展示了自己的宫殿",一番游览之后,诗人吟诵了一首诗,"那诗已经失传,有人认为只是一行,也有人说不过是一个字而已。事实上,令人难以相信的是那诗包容了整个那座庞然的宫殿以及其中的所有细部,包括每一件珍贵的瓷器及瓷器上的每一个图案以及自远古以来在里面住过的人、神和龙的光辉朝代的每一个黄昏和黎明、每一个或悲或喜的瞬间。人们顿时哑口无言,只有黄帝大声喝道:'你掠走了我的宫殿。'"③博尔赫斯在另外一篇小说《神的文字》中说道:"我认为神只应讲一个词,而这个词应兼容并包。"④二者两相

① 博尔赫斯:《诗人》,林之木译,上海译文出版社2016年版,第5—8页。
② 博尔赫斯:《诗人》,林之木译,上海译文出版社2016年版,第35页。
③ 博尔赫斯:《诗人》,林之木译,上海译文出版社2016年版,第48—50页。
④ 王永年、陈泉译:《博尔赫斯小说集》,浙江文艺出版社2005年版,第174页。

映照,我们可以看到,《关于宫殿的寓言》这篇故事把"诗人即创造者""诗人以语文创造"的伊斯兰苏非哲学玄理表达得淋漓尽致,充分体现出博尔赫斯的卓越才华和思想高度。

博尔赫斯将西班牙语的 hacedor 一词与英文的 maker 等同,"谦虚"地说:"我是一个 hacedor……一个诗人和一个作家,仅此而已。对我来说,任何别的称谓均属溢美。"然而,博览群书、博通古今的博尔赫斯在这里打了一个埋伏。古希腊人似乎格外崇尚个人能力,钟情于技艺(technē),不仅将诗歌视为一种"制作"技艺,甚至将神的创世活动也视为一种"制作"。英文 maker 一词,与其说出自希腊文 poiētēs(该词只指人类"制作者",没有"造物主"的义项)的含义,毋宁说源自希腊文 Dēmiourgos 一词的内涵更为准确。在荷马时代,Dēmiourgos(或 Dēmiourgoi)意为涵盖先知、诗人、医生、木匠在内的各种"能工巧匠",《奥德赛》第十七卷中说:"谁会自己前来,又约请外乡客人,除非他们是懂得某种技艺的行家(Dēmiourgoi),或是预言家、治病的医生,或是木工,或是感人的歌人,他能唱歌愉悦人。"①然而,到了柏拉图手中,他赋予该词"造物主、创造者"的意义,"这位'工匠'(Dēmiourgos)在创造这个宇宙时用的是什么样的模型,是永恒不变的模型还是被造出来的模型?"(《蒂迈欧篇》29A)②因此,英文的 maker 一词除了常规义项"制作者"及在古英语中亦指"poet(诗人)"之外,本身也具有"God(神、创造者)"③之意。也就是说,无论博尔赫斯是采用西班牙语的 hacedor 一词还是英文的 make 一词,其内在隐藏的含义都指向"创造者"——诗人即创造者。

博尔赫斯熟知各种宗教神秘主义,在他的作品中对伊斯兰苏非神秘主义文化涉及尤甚。因此,博尔赫斯用本无"诗人"义项的 Elhecedor(造物主、创造者)一词来表示"诗人"之意义,并将之作为自己诗集的名称,这其间蕴藏着源自伊斯兰文化的"诗歌神授"与"语文创世"——即"诗人乃创造者"的深厚内涵,也隐藏着他本人的勃勃雄心。双眼失明、"住在幽暗中"的博尔赫斯意欲

---

① 王焕生译:《荷马史诗·奥德赛》,人民文学出版社 1997 年版,第 364 页。

② 王晓朝译:《柏拉图全集》第三卷,人民出版社 2014 年版,第 280 页。

③ 见 Seconcollege Edition:*The American Heritage Dictionary*. Boston:Houghton Mifflin Company,1982。

如神一般创造,用语言文字进行创造。他并不满足于"拥有"一座图书馆,而且他还要"创造"一座图书馆,一座"宇宙图书馆"①。他要做一个"创造者"的诗人,而不是"制作者(写作者)"的诗人,更不是"模仿者"的诗人!

(本文原载《回族研究》2018 年第 2 期)

---

① 博尔赫斯在其小说《通天塔图书馆》(又译《巴别图书馆》)中说:"宇宙,别人管它叫图书馆……"见王永年、陈泉译:《博尔赫斯小说集》,浙江文艺出版社 2005 年版,第 63 页。

在卡夫山上追寻自我

——奥尔罕·帕慕克的《黑书》解读

一、《黑书》涉及的一些宗教哲学背景

《黑书》与其说是一部文学作品，毋宁说是一部哲学著作，它对伊斯兰教苏非神秘主义哲学作了生动的展现，并使这种哲学在新的时代环境中焕发出新的光彩和意义。帕慕克在《黑书》扉页上引用了《伊斯兰百科全书》中的一段话："伊本·阿拉比曾经信誓旦旦地说，他的一位圣人朋友，灵魂升上了天堂，途中抵达了环绕世界的卡夫山，他观察到卡夫山本身被一条蛇包围着。如今，众人都知道世界上其实并没有这么一座环绕世界的山，也没有这么一条蛇。"这段引文为整部小说定下了苏非神秘主义式的"追寻"基调。

卡夫山是伊斯兰神话传说中环绕世界的一座高山，既神秘诡异，又险恶威严，山体被蛇围绕，山上住着美丽的神鸟"凤凰"（Simorgh，《黑书》中译本译为"骏鹰"，有一处译为"青鸟"。神话中 Simorgh 是百鸟之王，并且从波斯细密画插图中的有关描绘来看，与中国神话传说中的"凤凰"类似，故国内波斯文学界一般译为"凤凰"）。苏非神秘主义兴起之后，有关卡夫山的神话传说进入到苏非神秘主义中，前往卡夫山之旅成为一个重要的苏非修行隐喻。波斯著名苏非诗人、思想家阿塔尔（Attār，1145—1221 年）的长篇叙事诗《百鸟朝凤》（《黑书》中译本译为《群鸟之会》，译者误将阿塔尔注释为土耳其诗人）即是讲述了一个有关追寻的故事：鸟儿们决定前往卡夫山，去朝拜百鸟之王"凤凰"。鸟儿们的卡夫山之旅遭遇了无数的艰险，在这个过程中，很多鸟儿经不

起考验被淘汰,最后只有三十只鸟儿克服重重艰难险阻,最终抵达目的地。但是,这三十只鸟儿没有找到什么"凤凰",这时它们忽然觉悟:我们自己这"三十只鸟"即是"凤凰"。阿塔尔在这个故事中,巧妙运用波斯文中"三十只鸟"(Simorgh)与"凤凰"(Simorgh)拼写完全相同的特点,阐述了苏非神秘主义中"人主同一"的思想。

苏非派是伊斯兰教内部衍生的一个神秘主义派别,萌发于 7 世纪末,8 世纪开始逐渐流行于阿拉伯地区。9—10 世纪逐渐组织化、制度化,涌现出一些苏非神秘主义思想家和理论家。11—17 世纪是苏非神秘主义的兴盛时期,其影响达至北非、小亚细亚、叙利亚、伊拉克、阿拉伯半岛、波斯、北印度、中亚乃至中国西北部穆斯林地区,其中不少苏非派修道团生存至今。

苏非神秘主义分为实践和理论两部分。其理论核心是主张"人主合一",即人可以通过自我修行滤净自身的心性,在寂灭中获得个体精神与绝对精神(真主安拉)的合一,以此获得个体精神在绝对精神中的永存。实践修行包括内省式的沉思冥想和外在实践,比如:跳旋转舞、用尖锐器物刺击身体、重复不停地摇头赞念等。其中一些外在修行方式被传统教派视为异端。因苏非派奉行苦行修道,因此又被统称为"苦行僧派"。各个苏非修道团都有各自的名称,彼此独立,各个教团之间修行方式也不尽相同。不论什么样的修行方式,"人主合一"是苏非派功修的最高目的、最高精神境界,是苏非神秘主义的核心。其经文依据是《古兰经》①7∶29:"你们要像他创造你们的时候那样返本还原。"《古兰经》35∶18:"洗涤身心者,只为自己而洗涤。真主是唯一的归宿。"《古兰经》2∶46:"他们确信自己必定见主,必定归主。"

"人主同一"是苏非神秘主义核心"人主合一"思想的分支,其特征是"我即真主"。"人主同一"与"人主合一"是对同一个问题的不同解释。《古兰经》中,真主用泥土造阿丹(亚当),将自己的精神吹进阿丹体内,阿丹由此获得灵魂而具有了生命。因此,人的灵魂(精神)来自真主。"人主同一"论以此认为人的灵魂(精神)与真主是同一的,而"人主合一"论以此认为人应当寻求个体灵魂(精神)回归真主,实现与绝对精神的重新合一。

---

① 马坚译:《古兰经》,中国社会科学出版社 1996 年版。

　　最早提出"人主同一"观点的是波斯苏非圣徒哈拉智（Hallāj, 858—922年，"哈拉智"这一姓氏的本意为"弹棉花者"，《黑书》中译本中的"制棉被师傅""制棉被学徒"皆系误译，应译为"哈拉智信徒"），他在修行的迷狂中声称"我即真主"，因被视为异端而被处死。"人主同一"的思想因异端色彩强烈而始终未成为苏非神秘主义的主流，但仍被后人有所继承。除了阿塔尔的《百鸟朝凤》影响较大之外，"人主同一"的思想还被"侯鲁非教派"（Horufiyyah，《黑书》中译本译为"胡儒非教派"）所继承。侯鲁非教派的名称源自阿拉伯语与波斯语共同的一个词"字母"（horuf），该教派将《古兰经》一些章节开头的单个的字母神秘化，认为字母中蕴藏着安拉造世的秘密，进而将人脸上的五官和纹路勾勒成字母，认为世界之谜与人脸孔上的字母奥秘密切相关。该教派最核心的教义是认为安拉之名写在人的脸上：字母ا是鼻子，两个ل是两个鼻孔，ه是眼睛，从而认为"人之中显现安拉的本原"。[1] 这一理论的经文依据是《古兰经》50：16："我比他的命脉还近于他。"真主在我们每一个人心中，我们每一个人身上都体现了真主的存在。该教派创始人法兹尔·安拉（FazlAllāh，1340—1394年，《黑书》中译本译为"法兹拉勒"）在1386年自称为真主安拉的化身，后被处死。该教派因在波斯境内被镇压，转入小亚细亚传教，与当地的苏非神秘主义派别"比克塔西教派"（Bektāshiyyah，《黑书》中译本译为"拜塔胥教派"）结合，在奥斯曼土耳其盛行，尤其为禁卫军所信奉，奥斯曼王室成员也有不少是其信徒。但终为正统教派所不容，在历史上多次被镇压或禁止，但总是屡禁屡现。1923年土耳其共和国建立之后，又再次被取缔，但二战之后又再次秘密兴起。阿塔尔在《百鸟朝凤》中描绘的前往卡夫山的朝觐之旅成为"侯鲁非教派"和"比克塔西教派"很多信徒的终生向往，他们希望通过这一艰苦卓绝的追寻之旅，最终实现"我即凤凰"这一"人主同一"目标。

　　《黑书》中的主人公一是卡利普（Ghālip），一是年长卡利普20多岁的堂兄、著名专栏作家耶拉（Jalāl），他们的共同姓氏"撒力克"（Sālik）意即：奔走在追寻之路上的苏非修行者。而"卡利普"（Ghālip）一词是奥斯曼帝国著名的苏非神秘主义诗人谢赫·卡利普（SheyhGhālip，1757—1799年，《黑书》中译

---

[1]　王家瑛：《伊斯兰宗教哲学史》，民族出版社2003年版，第385页。

本译为谢伊·加里波)的名字,"耶拉"(Jalāl)则是著名的波斯苏非神秘主义思想家、诗人鲁米(Jalāl-ol-DinRumi,1207—1273 年,即莫拉维)的名字。两位主人公名字与姓氏的象征寓意揭示了该小说苏非信徒卡夫山之旅式的追寻主题。

二、《黑书》的线索

在阿塔尔的"我即凤凰"这一命题中,"我"并非原点的"我",而是追寻终点的"我",是经过种种精神历练之后已然觉悟的"我"。倘若没有经历追寻的过程,一个原点的"我"是无法觉悟到"我即凤凰"的。因此,追寻的过程在本质上是一个"成为凤凰"的过程。当"我"还没有成为"凤凰"时,这个"凤凰"就是外在于"我"的一个"他人"。因此,卡夫山之旅必然面临一个"做他人"的命题。因此,《黑书》呈现的第一个命题便是"谁都梦想成为他人",小说讲述了形形色色的梦想成为"他人"或正在做着"他人"的故事。

卡利普深爱着的妻子如梦神秘失踪,同时与如梦关系密切的同父异母兄长耶拉也离奇失踪。卡利普寻找如梦的行动转变为寻找耶拉,因为只有找到耶拉才能找到如梦,而要找到耶拉就必须彻底了解耶拉,而要彻底了解耶拉就必须钻进耶拉的内心,了解他所思所想的来龙去脉。因此,卡利普寻找耶拉的过程即是"成为耶拉"的过程。于是,耶拉在整部小说中成为卡利普的卡夫山上的"凤凰",而这个"凤凰"在初始阶段是外在于卡利普的"他人"。如梦这个角色是卡利普"自我"的象征(将在后文论述),如梦(自我)的失踪使卡利普不由自主地踏上了"做他人"的卡夫山之旅。

耶拉在几十年的专栏作家生涯中,卷入侯鲁非教派在当代土耳其的秘密兴起。卡利普为了找到耶拉,仔细阅读耶拉几十年来的专栏文章,希望能从中找到一些线索,却无意中踏进耶拉所介入的侯鲁非世界,要了解耶拉就必须解开侯鲁非教派的文字之谜。由此,卡利普对耶拉的追寻与侯鲁非教派在当代土耳其的秘密兴起交织在一起。

在"卡利普想成为耶拉"这条线索牵扯出的众多"做他人"的故事中,最核心部分是现代土耳其人一心想成为西方人。班迪师傅做工精良、栩栩如生的木制模特，只因长着一副土耳其人的面孔，便找不到销路，因为土耳其人不想看到一套时髦的衣服穿在与自己长得一模一样的模特身上，而喜欢看到它们穿在西方脸孔的模特身上，这样"当他披上这件外套时，他相信自己也跟着变成了另外一个人"。因为"当今的土耳其人不想再当'土耳其人'了，他们想当别的。……客户其实不是要买一套衣服，而是要买一个梦。他们真正想要购买的是一个梦想，希望能变成像穿着同一件衣服的'别人'。"①班迪师傅祖孙三代皆是侯鲁非信徒，并把侯鲁非教派的文字之谜透露给了耶拉，他们的地下模特世界也正是侯鲁非教派在土耳其秘密发展的象征。由此，现代土耳其人一心想做西方人的缘由又与侯鲁非教派在土耳其衰亡、其文字之谜失落等命运交织成一条线。

"谜"（Serr，也译为秘密、隐秘）是苏非神秘主义的一个重要概念，指引领信徒踏上认识真主之道的那种精髓。在《黑书》中，"谜"被侯鲁非信徒诠释为一个文化的"中心"，"若一个文化失去了'谜'的概念，便丧失了它的中心"，"这个文化的思想也就失去了平衡"。（329页）侯鲁非教派在度过17世纪的黄金年代之后，由于遭受镇压，一夕之间从地面消失，其信奉的文字之谜随之失落，人们再也读不出自己脸孔上的文字与意义，"从此以后，我们的脸孔变成空白一片，再也没有任何根据可以从中读出什么，我们的眉毛、眼睛、鼻子、目光和表情只剩下空洞，我们的脸不再具有意义"。（330页）前面讲到，侯鲁非教派文字之谜的核心即是人的脸孔勾画出真主安拉的名字，让人认识并觉悟到"我即真主"。在这一命题中蕴含着"真主"是"我"的另一个"自我"这一概念，正如《黑书》所言："世界之所以如此神秘，是因为一个人的身体里躲藏着第二个人，两个人就像双胞胎一样共同生活着。"（364页）脸孔失去了意义，意味着一个人的"自我"失落。失去了谜之概念（文化中心）、失去了"自我"的土耳其人失去了自己的历史记忆，卑躬屈膝，再也无法"做自己"，被一个外在于自己的"凤凰"般的目标吸引着，一步一步地、不可避免地最终陷入"做他

---

① 奥尔罕·帕慕克：《黑书》，李佳姗译，上海人民出版社2007年版，第63页。本文中引自该书的引文在引文后标注页码。

人"的命运,就如同卡利普,因为失去了如梦而不由自主地踏上"做耶拉"的命运。由此,卡利普个人的角色追求,借由侯鲁非教派的兴衰这一中介,与土耳其整个民族在现代国际环境中的角色追求交织在一起,成为《黑书》的核心线索。

在追寻之旅初期阶段的耶拉看来,失去了"文化中心"、失去了"自我"的民族,"做他人"是其重新获得幸福的必由之路。因此,当班迪师傅的儿子向耶拉诉说,土耳其人日常生活中的纯正姿势因西方电影的侵袭而改变,其父亲为此痛心疾首之时,耶拉却认为,这些不文明的姿势,"这些使我们之所以成为我们的各种动作,事实上是对我们的惩罚,斥责我们坚持要做自己"。(67页)在耶拉看来,一成不变、不求更新的姿势必遭漠视,难逃其被肢解的命运。这里,被肢解的模特儿影射了奥斯曼帝国崩溃时被西方列强宰割的命运。耶拉的专栏文章"阿拉丁的店"既写出了店中承载着历史记忆的很多物品都无情消失的事实,也对土耳其现代化过程中出现的粗制滥造的国货和人们的盲从心理,以及低下的国民素质进行了无情的嘲讽。在耶拉看来,这样的国民素质也需通过"做他人"的卡夫山之旅才能实现脱胎换骨的目的。当班迪师傅的儿子告诉耶拉,其父亲坚信"总有一天幸福会降临,人类将不会再模仿别人"之时,耶拉心中想的却是:"这群假人必定也和我一样,渴望能快点逃离这座满是灰尘的死寂地窖,探出地表透气,在阳光下观察别人,模仿他们,努力变成另一个人,从此以后和我们一样生活在幸福快乐中。"(67页)

在追寻如梦的早期阶段,卡利普的思想也同样如此。当如梦的前夫向卡利普义愤填膺地讲述,西方的文化入侵"把我们变成一群没有过去、没有历史、没有时代背景的游魂"(136页)之时,当如梦前夫以自己从事左翼运动的失败经历来描述"做他人"的荒谬——"我们乐观地认为,当我们变成另一个人,又变成另一个、再另一个之后,还能够返回我们原初的身份,幸福快乐,这都是骗人的"(138页)之时,在卡利普的眼中,如梦前夫的言谈举止呈现为一种不以为然的滑稽可笑。当卡利普走进耶拉曾经参观过的地下模特世界,班迪师傅的孙子慷慨激昂地讲述其祖父的理想之时,与耶拉一样,卡利普从那些假人模特身上看到的更多的是土耳其人身上的种种落后粗鲁的毛病和茫然悲伤的表情。因此,"当另一个人的拙劣模仿者,还是当一个没有过去、记忆和梦的自己?"(213页)面对这个问题,卡利普毅然决然选择了要成为耶拉,要成为另一个人的模仿者,即使是一个拙劣的模仿者。卡利普的选择也是土耳其民族在现代国际环境中的角色选择。

三、耶拉的觉悟

"一直深信人们只要活着就会去模仿别人,就会渴望当另一个人"(125页)的耶拉在一个寒冷的冬夜,倚着清真寺的墙壁审视自己,坠入一种"喜悦之境"(124页)。清真寺在这里象征着宗教促使人内省的功能。在苏非神秘主义术语中,"喜悦"(bast)指灵魂的一种舒张、扩展状态,[①]往往是人在获得觉悟时的心灵状态。的确,终日奔波着想成为另外一个人——"他"的耶拉,在这个寒冷的冬夜,在疲惫与空虚中放松下来,不再想模仿"他"时,忽然间获得了心灵的觉悟,认识到自己一心渴望成为的那个人"他",其实是从自己的生活经历中一点一滴地被塑造出来的,"他"不是别人,"他就是我,我自己"(124页)。获得觉悟的耶拉终于长出一口气:"我成为了他。"(124页)贯穿在耶拉的觉悟中的正是阿塔尔的"我即凤凰"这一理念。

关于卡夫山之旅,没有获得觉悟的修行者往往将"凤凰"视作一个外在于"我"的"他人",其目标是"我"最终变成"凤凰",其着眼点是在追寻终点的"凤凰"上,其过程是改变,乃至抛弃、泯灭原有的"自我",最终实现变成"凤凰"这一心理期待。帕慕克在《黑书》中将之阐释为一个人一心一意地想成为"他人"的过程。这种追寻的特征表现为对终点目标的狂热崇拜。已然觉悟的耶拉在其专栏文章"我们全都在等他"中,在既没有否定神性"他"存在的前提下,层层推理出将希望寄托在"他"身上的宗教拯救终将成为虚妄,论证了所谓救世主与达贾尔(dajāl,假救世主)其实是一枚硬币的两面,将希望寄托在"他"的化身——救世主身上也同样荒谬,所有被视为真主的化身或救世主之人,随着其肉体的被处决,寄托在其身上的希望即成为虚妄与荒谬。因此,不论是对西方的狂热崇拜,还是把希望寄托在救世主身上的宗教狂热,都是把

---

① 金宜久:《伊斯兰教辞典》,上海辞书出版社 1997 年版,第 188 页。

追寻的目标锁定在一个外在于自己的"凤凰"身上。然而,随着"凤凰"子虚乌有的荒谬性被揭示,这一追寻的过程也就随之变得荒谬。

卡夫山之旅在苏非神秘主义的本意中,着眼点是在"我"追寻"凤凰"的过程上,这是苏非的修行之旅,其过程是一个不断认识自我、发现自我、觉悟自我的精神历练之旅,在这个过程中"凤凰"起着督促修行者观照"自我"的作用。的确,这个世界上没有什么卡夫山,因为追寻的过程本身就是卡夫山;也没有什么蛇,因为阻碍追寻的种种欲念即是蛇;终点更没有什么凤凰,因为觉悟的"我"就是"凤凰"。一切的一切,追寻本身才是关键,正如小说所引用的鲁米的诗句:"我还要寻找你多久,一栋房子又一栋房子,一扇门又一扇门? 还要多久,从一个角落到一个角落,从一条街到另一条街?"(272 页)

充盈在追寻过程中的是爱,对真主的爱。神爱学说是苏非神秘主义极为重要的一个理论,它认为人只有淹没于对真主的神秘之爱中,焚毁私欲,灵魂才能得以净化,才能达到爱者(指人)——爱——被爱者(指真主)三者和谐完美的统一。因此,神爱被苏非神秘主义视为人觉悟真主存在的根本途径。①爱的过程即是苏非的修行过程,也是追寻者获得觉悟的过程。正如《黑书》中"三剑客"所言:"爱是一种追寻,"(95 页)卡利普也正是出于对如梦的爱才踏上了追寻之旅。《黑书》讲述了重重叠叠的众多爱情故事,它们几乎都是波斯古典诗歌中神爱故事的幻化。在这些故事中,最核心的是鲁米与夏姆士(《黑书》中译本译为"贤姆士")的故事。②

聆听了"三剑客"关于"这个秘密就是爱……关键的字眼就是爱"(97 页)的忠告之后,耶拉用专栏文章"吻"表达了自己爱的情感的苏醒。已然觉悟的耶拉在"我必须做自己"的信念中,对历史上的"夏姆士之死"这桩疑案作了全新的阐释,他认为是鲁米杀死了夏姆士。鲁米杀死夏姆士这一杜撰故事,其主旨并不在于揭示谁是凶手,而是在于阐述爱的目的不在所爱对象,而在爱的过程,即追寻的过程,"寻找的过程变得比结果更为重要","最根本的并不是爱人,而是'爱',爱人只是一个借口"。(281 页)夏姆士之死使鲁米消除了一个

---

① 金宜久:《伊斯兰教辞典》,上海辞书出版社 1997 年版,第 161 页。

② 关于"鲁米与夏姆士的故事"的历史原貌,可参见拙文《莫拉维与〈玛斯纳维〉》,《回族研究》2005 年第 2 期。

外在于"我"的"他人",从而使鲁米的追寻之旅避免了陷入"做他人"的荒谬。

那么,在这个追寻的过程中是什么促使人从"做他人"的思维逻辑转变为"做自己",从而发现自我,获得"我即凤凰"的觉悟呢? 是镜子。苏非神秘主义认为:宇宙是安拉之镜,而人的心灵是宇宙之镜。① 正如《黑书》中老专栏作家所言:"我们之中,能有几个具备真胆识的人,知道他们自己便是整个宇宙,而自己所寻找的谜就存在于这个宇宙中? 整个宇宙便是正在寻找谜底的自我?"(356 页)大多数苏非神秘主义著作都将人的心灵称作镜子,人的修行即是打磨镜子,滤净心性,让镜子光亮无比,才能映照出真主美丽的容颜。也有一些苏非神秘主义著作将真主安拉称为镜子,映照出人的本质存在,比如 14 世纪的苏非诗人苏莱曼·恰勒比的诗句:"我把你当作我的镜子。"(400 页)《黑书》采用的是后一种,镜子让人觉悟"自我",因为人从镜子中看见的是另一个自己。耶拉在论及鲁米对夏姆士的痴狂追寻时说:"他在寻找一面镜子,能够反映出自己的脸孔和灵魂。"(277 页)因此,夏姆士是鲁米的镜子,他映照出鲁米的另一个自我,鲁米对夏姆士的追寻,"其实是在卡夫山上寻觅自己"(282 页)。耶拉还在其专栏文章"神秘绘画"中挪用鲁米《玛斯纳维》中两个画家之争的故事②,进一步阐明了镜子让人直见本性的特性。小说还运用土耳其语中镜子背后的涂料与苏非术语中的"秘密(谜)"为同一个词(382 页)的巧合,阐明镜子与"秘密(谜)"对人获得觉悟所起的启迪作用。

若我们在我们的意识中不要把"镜子"当作一件"物品",而当作一个"人"时,那么,"镜子"就是照镜子者的另一个"自我",就好比生活中一对双胞胎面面相望之时,就好像在照镜子似的! 因此,从这个意义上来说,夏姆士是鲁米的另一个自己。鲁米在追寻的最后把自己的诗歌全都归在夏姆士的名下,汇编成著名的《夏姆士·大不里兹诗集》,实现了爱者与被爱者的同一,即波斯苏非情诗中一再出现的神爱主题:"吾即汝"。

参透了鲁米对夏姆士的追寻之旅的耶拉把文章中鲁米的名字替换为自己的名字,本文前面讲到"耶拉"即是鲁米的本名,这又是一层追寻者与被追寻

---

① 金宜久:《伊斯兰教辞典》,上海辞书出版社 1997 年版,第 184—185 页。

② 可参见莫拉维著:《玛斯纳维全集》第一卷,穆宏燕译,湖南文艺出版社 2002 年版,第349—352 页相关故事。

者的同一。整部《黑书》就犹如镜子对镜子,映照出层层叠叠的追寻故事。

四、卡利普的觉悟

在苏非神秘主义的卡夫山之旅中,被爱者与被追寻者是一体的,并最终落实为觉悟之后的"自我",鲁米与夏姆士的故事所诠释的核心思想即是如此。然而,《黑书》却是用"如梦"与"耶拉"两个角色来分担被爱者与被追寻者,这大约是为了避讳"同性恋"题材之嫌疑。鲁米与夏姆士就被西方人视为同性恋与双性恋的典范。如梦与耶拉是同父异母的兄妹,这种关系揭示了这两个角色既是一体又是二元的性质。"耶拉"这个角色担负了卡利普在追寻过程中必然面临的"做他人"的命运,正如卡利普站在班迪师傅地下模特世界中的耶拉偶像前,不无感慨地说:"就是因为你,所以我无法做自己;就是因为你,我相信了所有试图把我变成你的虚构故事。"(208 页)

卡利普在"做他人"的追寻过程中一度陷入迷途,明知道"我所寻找的那张脸在最后一千零一个房间里面,然而我手里拿到的最后一个钥匙却打不开最后一扇门。此时我才明白,唯一能开启最后一道门的,是我最初看到压在自己胸口的那把冰冷钥匙。可是,那把钥匙现在到哪去了? 在谁手里? 这一千零一个房间,究竟哪个才是我最初离开的房间和床铺,我完全没有头绪。我悔恨交加,眼泪直流,知道自己注定要和其他绝望的影子一起,跑过一个又一个的房间,穿过一扇又一扇的门,交换钥匙,惊异于每一张熟睡的脸,直到时间的尽头……"(370—371 页)然而,卡利普并没有绝望到时间的尽头,他通过了解侯鲁非教派的文字之谜,从"镜子"(苏非神秘主义的抽象概念在这里以具体的实物出现)中看到了自己脸上写着的文字,"这个字的寓意有多么骇人"(347 页)。小说尽管没有写出这个字是什么,但根据侯鲁非教派的教义,我们可以知道这个字就是"安拉"。由此,卡利普觉悟到"我即安拉"这一"人主同一"的奥秘,从而豁然觉悟他苦苦寻觅的那一千零一扇门里面的那张脸就是他自己,他的另一个"自我"。已然觉悟的卡利普"不愿意再去回想那具属于过去的可悲皮囊,那具自从他带着恐惧从脸上读出字母后,便抛在身后的残破躯壳",并"乐观地相信,如今我能够彻底做自己"(364 页)。卡利普重新发现自我,获得觉悟,并最终替代了耶拉的角色,实现了"我即耶拉"这一追寻者与被追寻者的同一。小说最后,卡利普让其朋友易斯肯德对要求采访耶拉的外国记者说:"就跟他们说我是耶拉·撒力克。"(442 页)

由于整部小说由开头的寻找如梦转变为寻找耶拉,因此初看小说,会误以为如梦这个角色并不重要,她只在小说开头为引出耶拉而存在,其实不然。如梦这个角色的隐喻乃是全书的关键,它直接启迪我们探究:卡利普在寒风雪夜中追寻的究竟是什么? 如梦是卡利普深爱着的妻子,卡利普出于对妻子的爱才踏上了追寻之旅。苏非神秘主义的神爱思想把爱者/追寻者——爱/追寻——被爱者/被追寻者三者统一为一体,神爱的精髓就是发现自我。卡利普从镜子中看出自己脸上的文字,获得"我即凤凰"这一觉悟,重新发现自我,与此同时,他也觉悟到"你就是你的挚爱,你的挚爱就是你"(396 页)。因此,如梦即是卡利普,是卡利普"自我"的隐喻。由于"自我"失落,卡利普才踏上了"做耶拉"的命运。这也正是老专栏作家所说的诡异命题——"妻子抛下他去追求的男人其实就是他自己"(109 页)的谜底。由此,爱者/追寻者(卡利普)——爱/追寻(对卡利普而言即"找如梦/做耶拉"的过程)——被爱者/被追寻者(如梦/耶拉)三者统一为一体。因此,在卡利普的觉悟过程中,如梦与耶拉表面呈二元,实则为一体。耶拉是卡利普的"镜子",为促使卡利普发现"自我"而存在;如梦则为卡利普的追寻而存在,即"爱是一种追寻"。追寻,一定是在原"自我"迷失的情况下才会发生。苏非修行者最初的修行动因即是发自对"自我"的追问——我是谁? 我何处来又何处去? 因此,追寻的过程即是重新发现"自我"的过程。

耶拉在知悉侯鲁非教派的文字之谜之后,逐渐介入侯鲁非教派内部,似乎忘记了他曾在自己的专栏文章"我们全都在等他"中论证过的救世主与达贾尔实为一枚硬币的两面的观点,不断把侯鲁非教派惯常用的明喻、暗喻、密码等编织在他一篇又一篇的专栏文章中,有意无意地把自己塑造成救世主,痴迷的侯鲁非信徒们也将他视为救世主。然而,在整部小说中,耶拉如同卡夫山上的凤凰,始终只闻其名,不见其影,最后现身的也只是一具死尸。耶拉之死,再次证明了追寻者把获得拯救的希望寄托在一个外在于"自我"的"他人"身上的荒谬性。也可以说,耶拉正是以他自己的死亡对救世主与达贾尔之间的辩证关系作了最后的论证。

耶拉之死对于其盲目崇拜者来说,揭示了追寻终点的荒谬,而对于卡利普来说,则成为其找到自我的必然。卡利普通过对耶拉的透彻了解,而最终成为"耶拉"。若套用小说中耶拉认为是鲁米杀死了夏姆士的逻辑,那么最有作案动机杀死耶拉的人是卡利普自己,因为作为外在于卡利普的"他人"之耶拉必须死亡,必须成为子虚乌有,卡利普才能实现"我即耶拉"的精神觉悟。

因此,世界上没有救世主,只有我们自己,或者说我们自己就是自己的救世主,而不是他人的救世主,一旦将他人当作救世主就必将陷入荒谬。哈拉智与法兹尔·安拉宣称自己即真主安拉,正是因为他们达到了对自我本性的认识,正如佛教所言"每一位觉者都是佛",错的是人没有觉悟到自己可以成佛,而去崇拜一个外在于自己的偶像。"我即安拉"这个命题只能针对个体的觉者"我","我"只能以此向内观照自己,伊斯兰教一元的核心才能维系,不能用来向外观照他人。苏非神秘主义的"人主同一"论之所以会被认作泛神论,被视为异端,皆是因为下定义者本人是用它来向外观照他人,必然会得出"人人都是安拉"这样的泛神论的结论。

五、伊斯坦布尔的未来

卡利普为寻找如梦/耶拉,游走在伊斯坦布尔的大街小巷。伊斯坦布尔这座古老城市的历史与现状,借由卡利普的追寻,呈现在读者面前。正如马悦然在《黑书》中译本前言中所说的:"土耳其城市伊斯坦布尔该算是帕慕克的小说《黑书》中的主人公。"的确,《黑书》的真正主人公是伊斯坦布尔这座古老的城市,土耳其民族的辉煌与屈辱都浓缩在这座城市中。耶拉在做报纸专栏的过程中,勘探到伊斯坦布尔的过去,从而发现失踪的文化传统之谜;而卡利普在对如梦/耶拉的追寻过程中发现了耶拉所发现的世界——失落的伊斯坦布尔,一个比现实中的伊斯坦布尔"更真实的想象的"(马悦然语)伊斯坦布尔。之所以说"更真实",按笔者的理解,是因为她是处在迷茫中的现实的伊斯坦布尔的"自我";之所以说"想象的",是因为她已经失落。正因为她的失落,现代土耳其人才如同失去如梦的卡利普一样,不由自主地踏上了"做他人"——亦步亦趋地效法西方——的命运。

　　针对土耳其民族在现当代的"做他人"的角色追求,耶拉作为一位积极关心时政并介入宗教与政治活动的著名专栏作家,对其中的谬误与必然有着深刻的认知和剖析。其专栏文章"刽子手与哭泣的脸"寓意十分深刻:当刽子手对受刑人首级那张哭泣的脸无法忍受之时,他用刀子强行改变其脸孔的纹路,将之变作一张笑脸,结果却是受刑人身份失落,不知究竟是何人。前面讲到,人脸孔纹路是侯鲁非教派文字之谜的核心,它象征着人对"自我"的认知。小说中,侯鲁非教派对人脸孔纹路的解读被用于解读城市面貌,二者可以两相对应,"人的脸和地图非常相似"(343页)。这样,人的脸孔就与代表着一个国家民族文化的都市紧密联系在一起。耶拉在探究鲁米在大马士革追寻夏姆士的过程中,通过这种对应方式揭示了"大马士革、开罗和伊斯坦布尔地图中惊人的相似处"(288页)。笔者没有去比较这三个城市的地图,或许是真的很相似,但这无关紧要,因为小说此处所说的相似是指精神面貌上的相似。这三个城市曾是不同历史时期的伊斯兰文化中心,皆是伊斯兰历史文化名城,都曾在历史上辉煌过,尤其是伊斯坦布尔,在600年的奥斯曼帝国历史中,曾一直是伊斯兰世界的中心和领头羊。但在近现代时期,三个城市皆衰落,其大市场皆呈M形——一张沧桑愁闷的哭脸。在接下来的全面西化进程中,伊斯坦布尔这座曾长期代表伊斯兰世界与西方基督教世界对峙的桥头堡,被强行纳入西方的发展秩序中,整座城市的面貌在急于"画虎类犬地模仿西方城市"[1]的过程中变得面目全非。强行人为地改变一座城市的面貌(脸孔纹路),意味着对城市(国家民族)属性的强行改变,其结果是城市(国家民族)的身份失落。土耳其在当前国际环境中不东不西的尴尬角色正是这一强行人为改变的结果。耶拉在其专栏文章"不会说故事的人的故事"中,以几个失去话语权的人的愁闷,象征了土耳其民族在现当代国际环境中因被强行改变了属性而找不到

----

　　① 奥尔罕·帕慕克:《伊斯坦布尔——一座城市的记忆》,何佩华译,上海人民出版社2007年版,第202页。

"自我",因而失去话语权的难堪处境。

既然每个人都最怕失落自己的本性,那么,一个人可不可以只做自己?小说最后的"王子的故事",尽管列举了很多历史上因找不到自我、无法"做自己"而毁灭的王国,警示人们"做自己"的重要性,但同时也论证了倘若像故事中的奥斯曼王子那样极端地坚持只做自己,彻底否定追寻的过程,其结果必然是"在我的记忆花园里,一无所有"(467 页)。小说还讲到,古代苏丹或皇帝们总爱乔装出巡,体验另一种身份,因为"那些无法忍受长久扮演自己的人,唯有假冒另一个人的身份,才能得到慰藉"。(279 页)一个人无法忍受长期做原点的"我",是因为长期固定的角色缺乏自我更新,必将成为一潭死水,或就如同"黑洞"一般,落入其中的东西都会沉淀、淤积,直至腐朽。因此,换角色(乔装成别人),其目的不是要变成所换的角色,而是通过对另一个角色的寻求以图从中发现一个新的自我,以实现自我的不断更新。因此,在一个人的成长过程中,不可能只做自己,"孩童不也是通过模仿别人,才开始牙牙学语的吗?"(359 页)因此,倘若否定追寻的过程,片面强调只做自我,那么这个"自我"必是原点的"我",甚至连原点的"我"也不是,因为原点的"我"已经迷失。这即是《黑书》提出的另一个命题:"一个人不可能只做自己。"

在苏非神秘主义的卡夫山之旅中,追寻的过程是必不可少的,没有追寻的过程,就无法实现"我"与"凤凰"的同一。而在这追寻的过程中,在获得觉悟之前,又必然面临"做他人"这个问题。然而,"做他人"并不可怕,关键的是对终点目标"他"的认知。倘若将"他"看作一个外在于自己的另一个人,那么这个追寻的过程必然就是抛弃自我、改变自我的属性去做虚幻的"做他人"之梦。并非"只有成功地与所有的他人成为一体同心的人,才能达到对自己本性的认识"(马悦然语),而是要将终点目标"他"当作一面镜子来观照"自我",认识到你所追求的那个目标就存在于你自身内部,从而实现"我即凤凰"这一觉悟。"我即凤凰",这是无数苏非哲人与苏非诗人阐述过的"自我的秘密",也是《黑书》这部小说所欲揭示的核心主题。

追寻,若旨在"做他人",因其终点的荒谬性而致使其追寻过程也变得荒谬;追寻,若旨在寻找另一个自我,则必会在过程中获得觉悟,找回自我。笔者由此联想到蚕虫变飞蛾之喻:倘若一味地坚持只做自己,那么小蚕虫将永远停留在小蚕虫的阶段,永远变不成飞蛾;小蚕虫长成了大蚕虫,有了一定的认知能力,忽然看到飞蛾的美丽,便自惭形秽,不愿再做蚕虫,要抛弃自己蚕虫的属性,要去做飞蛾。那么,不做蚕虫的蚕虫会陷入什么样的处境?必然是既不能变成飞蛾,也不再是蚕虫。因此,只有在坚守自己蚕虫的身份的同时,不断吃桑叶(外在于自己的知识和经验),把桑叶化为自己身体内的营养(正如鲁迅先生的"拿来主义"),才能不断蜕皮长大,每一次蜕皮都是"自我"的一次更新,也是"自我"的一次再发现,直至结茧闭关冥想,终于有一天豁然觉悟,破茧而出:我就是飞蛾!

作为个体的人,卡利普在经历卡夫山之旅之后,最终获得了"我即凤凰"的觉悟,重新找到了自我,从容自如地替代了耶拉,并且最后把如梦用过的东西也抛进了"黑洞"般的天井,意味着抛弃了对所爱对象的最后一丝幻想与依恋,完完全全地"做自己",正如"卡利普"一词的本义:胜利者。然而,土耳其民族在现代"做西方人"的追寻之旅中又是否能够重新找到自我,寻回自己的身份,觉悟到"我即凤凰"并重建自己失落的文化传统?尽管小说在"谜之发现"中,提出了用拉丁字母重构文字之谜、重塑自我的设想,这是耶拉或卡利普的理想,抑或也是帕慕克本人的理想?但是,帕慕克并不持乐观态度,小说最后写道:"伊斯坦布尔,一如我的读者所知,将继续生活在悲惨之中。"(491页)因为,"很久以前,他们曾经一起过着充满希望与意义的生活,但由于某个不知名的原因,他们如今不仅失去了这个意义,也遗失了他们的记忆。每当他们试图挽回这个意义时,结果却迷失在自己蛛网满布的内心隧道,找不到回头的路,也永远找不到通往新生活的入口,因为钥匙已经掉在他们失落的记忆库深处。他们只能茫然呆立,被一股仿佛失去家庭、国家、过去及历史的无助的剧痛所吞食。流亡和失落的痛楚如此强烈,如此难以忍受,逼得他们不得不放弃找回意义和秘密的努力,只能顺从地听天由命,安静地等待生命终结的时刻"(212—213页),只能绝望地眼睁睁地等着"博斯普鲁斯海峡干涸的那天"(16页)。

(本文原载《国外文学》2008年第2期,人大复印报刊资料中心《外国文学研究》2008年第8期全文转载)

文学与艺术文化

波斯花园:琐罗亚斯德教与伊斯兰教文化元素的融合

古波斯帝国阿契美尼德王朝(公元前550—前330)作为世界上第一个横跨亚非欧的大帝国,在上古时期曾对亚非欧文化产生过十分深远的影响,然而这种影响作用因种种原因被屏蔽了,不为世人所了解和熟悉,或所知不详。就以园林艺术来说,人们所比较熟悉的是自然山水造型特征的中国园林和几何规则造型特征的欧洲园林。然而,欧洲园林艺术从根本上来看,很难说是一个独立的园林体系,它直接受到波斯—伊斯兰园林艺术的影响。只是因为欧洲人掌握着话语权,故将欧洲园林描述为一个独立的艺术体系。本文以波斯园林造型艺术为切入点,探析古波斯帝国琐罗亚斯德教中几何对称的审美原则对伊斯兰园林造型艺术的影响,以窥波斯—伊斯兰园林艺术对欧洲的影响。

一、上古时期的波斯花园

伊朗高原四周大山环绕,高原内陆地区气候炎热干燥,降雨量非常少,干热季节可持续7个月,从而使得伊朗高原2/3的面积几乎都是荒漠,只有北部里海沿岸狭长地带和地处美索不达米亚平原的地域是雨水丰沛的绿地。然而,另一方面,山区夏季雨量充沛,冬季也有较大的降雪量。伊朗高原上缺少大河,这些水源都渗入地下,形成丰沛的地下水资源。正是在这样的自然环境下,早在公元前1000多年,生活在伊朗高原上的人们发明了坎儿井水利灌溉系统,解决了农业灌溉和居民用水的问题。2016年7月,伊朗呼罗珊、亚兹德、克尔曼、伊斯法罕以及中央省的 11 条坎儿井以"伊朗坎儿井"这个总称被列入《世界文化遗产名录》。

公元前 550 年,居鲁士大帝(前 550—前 530 年在位)建立阿契美尼德王朝,正式将在伊朗高原上传播已久的琐罗亚斯德教立为国教,并以帝国之力、国教之尊大力推行琐罗亚斯德教信仰。本文主旨并不在于该宗教本身,因此对该宗教信仰内容不赘述,只述及该宗教中的几何对称审美原则。在伊朗高原干燥炎热的荒漠中,人们渴望荫凉,迫切需要一个既能纳凉避暑、满足身体需求的地方,又能在炎热之地拥有一片心灵净土,满足心灵对宗教的需求。利用坎儿井水利设施所营造的波斯花园则是在建筑美学上满足了这双重渴望。

最早的波斯花园位于帕萨尔伽德(Pasārgād)宫殿建筑群之中,该建筑群乃居鲁士大帝亲自设计,位于现今伊朗法尔斯省省会设拉子东北约 100 公里处。尽管现在只剩下一堆残垣断壁,但依然可以看到其形制规划的大致面貌。帕萨尔伽德御花园与其他 8 座波斯花园一起于 2010 年 7 月以"波斯花园"的总称被列入《世界文化遗产名录》。其中,帕萨尔伽德御花园是唯一一座建造于伊斯兰之前的花园,其他 8 座皆属于波斯—伊斯兰园林。此外,1978 年 12 月被列入《世界文化遗产名录》的伊斯法罕"世界图画广场"(现名"伊玛目广场"),也是一座典型的波斯—伊斯兰园林。

帕萨尔伽德作为阿契美尼德王朝的龙兴之地,其整体设计出自居鲁士大帝之手,由警卫室、客栈(朝贡使节休息之处)、接见大殿、寝宫、祭火坛、金库和御花园等若干部分组成。居鲁士战死疆场之后,归葬于帕萨尔伽德,因此居鲁士陵墓现今成为帕萨尔伽德的标志性建筑。居鲁士之子冈比西斯二世以及后来的大流士二世又增建一些建筑。其中,居鲁士大帝亲自设计建造的御花园(图 1)是阿契美尼德王朝第一座围墙封闭式王家园林,也是

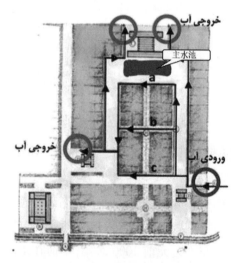

图 1　帕萨尔伽德御花园平面图

波斯大地上已知的第一座花园,也是世界上唯一一座形制尚存的上古园林。花园中央的主体部分由四个等面积的长方形小花园构成,因此又被称为查哈尔·巴格(ChahārBāgh),意为"四重花园"。整座园林曾经种满各种花草树木,葱茏苍翠,流水潺潺,在干燥炎热的伊朗高原上的确堪称人间乐园。因此,以帕萨尔伽德御花园为代表的波斯花园是波斯人放松精神和颐养性情的地方。

由于整个园林呈围墙式封闭结构,古波斯语称为 paridaida,目前绝大多数古语言学家认为该词本意为"围绕住的地方",即现代波斯语 pardah(意为"隔离的屏障")的古体。笔者尽管通晓现代波斯语,但不是专门的语言学家,无法否定语言学家们的论断,但笔者根据波斯花园的实际功用,以及该词的结构形态,揣测该词可能还有另一层意思,与现代波斯语中的 paridīdah 相当,意即"看得见仙女的地方"。也就是说,这是一个供人进行宗教冥想的封闭式园林。因此,居鲁士大帝创建的波斯花园被认为是波斯人关于天堂的想象在人间的具体化。古波斯语 paridaida 这个词后来进入古希腊语中成为 parádeisos(天堂、乐园),又从古希腊语进入拉丁语,由此演化成欧洲各个语言中的"天堂、乐园",英语为 paradise。

就笔者阅读所及,学界普遍认为,居鲁士大帝修建帕萨尔伽德御花园的灵感来自于两河流域的巴比伦空中花园,或者是希伯来神话传说中的伊甸园——其原型出自两河流域苏美尔神话中的迪尔蒙乐园。然而,笔者对此有不同看法。帕萨尔伽德御花园是修建在平地上的围墙式封闭园林,从外引坎儿井水进入园林。而巴比伦空中花园(姑且认为其真实存在过),一般认为是两河流域典型建筑模式——层级塔式,每一层都种满各种花草,远远看去犹如浮悬在空中。至于传说中的伊甸园或迪尔蒙乐园,《旧约·创世纪》2:8-10说:"耶和华神在东方的伊甸立了一个园子。耶和华神使各样的树从地里长出来,可以悦人的眼目,其上的果子好作食物。园子当中又有生命树和分别善恶的树。有河从伊甸流出来,滋润那园子,从那里分为四道。"[1]其中,"园子"一词在公元前4世纪的《七十子希腊文本圣经》(《希伯来圣经》最早的希腊文译本)即被译做"paradeisos"(即乐园、天园),现在有一些西方神话学学者力

---

① 《新旧约全书》,中国基督教协会印发 1994 年版。

图将之坐实在伊朗西北部的乌鲁米耶湖附近某处的环山盆地中①。然而,不论是两河流域神话中的迪尔蒙乐园还是希伯来神话中的伊甸园,皆是神造的园子,究竟是建造在天上还是人间,乃是不可证实也无法证实的。并且,经文也没明确言及园子是用什么建造的,其形制又是如何。

阿契美尼德王朝建立起横跨亚非欧的大帝国之后,两河流域文化中的诸多因素被吸纳进伊朗文化中,这是不可否认的事实。然而,考虑到阿契美尼德王朝将在伊朗高原上传播已久的琐罗亚斯德教立为国教,因此笔者认为更应该从琐罗亚斯德教自身的文化中去寻找居鲁士大帝建造帕萨尔伽德御花园的灵感来源。在琐罗亚斯德教经书《阿维斯塔·万迪达德》第二章"贾姆"中讲到,伊朗远古时期的国王贾姆在光明主神阿胡拉·马兹达护佑下统治伊朗九百年。在他的统治下,人丁兴旺、牛羊成群,大地拥挤不堪,贾姆三次为他们用阿胡拉·马兹达赐予的金戒指"誓约之环"和金权杖撑开大地,拓展生存空间。之后,阿胡拉·马兹达告诉贾姆,暗魔制造的毁灭人类的严寒暴风雪即将来临,让贾姆建造一座"瓦拉"躲避这一灭顶之灾:"你造瓦拉,呈四方形,每边长度为两梅丹②……你令水流入那里,其长度为一哈斯拉③;你将禽鸟安置于此间,草木永不枯萎,食物永不匮缺。你在此建居室、地下室、殿堂、凉亭、庭院、沿廊……你使世间每一种树木繁盛……你使每一种果木繁盛……无论人们在瓦拉居住多久,都用之不尽……你将金戒指置于瓦拉,造一门户,并造一其内光灿灿之窗。"(2:25-30)贾姆听后问阿胡拉·马兹达如何建造这座瓦拉,阿胡拉·马兹达对贾姆说:"用脚将土踏碎,用手将土揉细,犹如陶工揉和陶土。"(2:31)贾姆建造好了瓦拉之后又问"谁将马兹达的宗教传入贾姆所造之瓦拉",神答是神鹰(2:42)④。贾姆把俊美的男女和各种雌雄动物都安

---

① 萨缪尔·诺亚·克拉莫尔:《苏美尔神话》,叶舒宪、金立江译,陕西师范大学出版社2013年版,第177页。

② 梅丹:本意为"广场""开阔的场地",作为长度单位的度量不详。魏庆征编:《古代伊朗神话》(北岳文艺出版社、山西人民出版社1999年版),此处(第25页)采用的是"哈斯拉"一词,该书资料来自何种语言译本不详。

③ 哈斯拉:伊朗长度单位,其长度大约是一千步。

④ 《阿维斯塔·万迪达德》(波斯语版),图书世界出版社2005年版,第81—82页。同时参见魏庆征编:《古代伊朗神话》,北岳文艺出版社、山西人民出版社1999年版,第25—27页。

置在这座园子里,躲过暗魔制造的灾难,人类与家畜在这座人间乐园里过着幸福安宁的美满生活。

《阿维斯塔》中明确说到,这座乐园是神指示伊朗国王用泥土砌墙修建在大地上的人间乐园,而非神建造的天堂乐园,并且对其形制作了详细描述,还说到神鹰会把对光明主神阿胡拉·马兹达的信仰传入这座乐园。我们可以确信,居鲁士大帝几乎是照着《阿维斯塔·万迪达德》所说的形制来设计和建造帕萨尔伽德御花园的,把宗教神话传说中的神令伊朗国王修建的人间乐园付诸实践。尽管《阿维斯塔》中的这座园子是为抵抗暗魔制造的严寒暴雪而建(这大约是琐罗亚斯德教的诞生地中亚地区冬季暴雪的投射),然而《阿维斯塔》也同时说到酷暑也是暗魔制造的灾害①。伊朗高原的干燥炎热,使得居鲁士大帝遵照《阿维斯塔》中神的旨意建造这座"瓦拉",利用坎儿井,引水入园,把整座园子灌溉得繁花似锦、郁郁葱葱,以抵抗暗魔制造的酷暑。并且,以硕大双鹰翼和头顶三盏火焰莲花灯的神祇形象(图2)守护着这座人间乐园,指引其间的人们遵从琐罗亚斯德教的信仰。

这里,尤其值得评述的就是这座乐园的形制:第一,这是一座有围墙的封闭式园林,并且围墙里侧建有沿廊;第二,园子中有主建筑接见大厅(殿堂),有寝宫、有地下室,有两座凉亭;第三,"瓦拉"开有门户(即园子大门),还有"一其内光灿灿之窗"。波斯花园主建筑或居室的地下室皆设计有通风竖井天窗,既保障地下室的空气流通,又使地下室有自然光照。第四,园子里有一条一千步长的水流,水流如何走向,《阿维斯塔》没有言及。

帕萨尔伽德御花园的水流系统现已干涸,研究者们经过勘探复原出其水流图(图1):绿色圆圈为水流入口,三个红色圆圈为水流出口,箭头为流水走向。我们从该图看到,在水流入口和左侧出口都有一凉亭建筑;水流分 a、b、c 三路滋润"四重花园",分左右两路流向主建筑(接见大厅),从主建筑左右两侧流出园子。凡水渠转折处皆有一小方水池,既起装饰美化作用,也有实际的功效,即沉淀水中的泥沙杂质。

---

① 《阿维斯塔·万迪达德》(波斯语版),图书世界出版社 2005 年版,第 73 页;魏庆征编:《古代伊朗神话》,北岳文艺出版社、山西人民出版社 1999 年版,第 21 页。

图 2　帕萨尔伽德双鹰翼神形象

　　园子主建筑的前方有一阔达的水池。图 1 主要是水流走向图,未将水渠转折处的小方水池和主水池画出。笔者根据帕萨尔伽德御花园模拟图视频截图(图 3)资料增加图 1 中的该主水池。主水池与水渠没有明面沟通,而是利用坎儿井地下暗渠沟通。主建筑倒影在如镜面般的主水池中。接受万民朝见的伊朗国王享有灵光的笼罩和护佑,灵光是创造生命的源泉,护佑伊朗部族兴旺发达,也是古波斯帝国君权神授的象征,"受到灵光保佑的统治者,即国王,可以与天神沟通。"①《阿维斯塔·亚什特·蒂什塔尔》6∶34 有言:"蕴藏于水中的灵光。"②因此,灵光蕴藏在水中,即水中之光。国王接见大臣和外藩使者的主建筑倒影水中的设计构思把琐罗亚斯德教"水中灵光""光护王权""君权

---

① 阿卜杜·侯赛因·扎林库伯:《波斯帝国史》,张鸿年译,商务印书馆 2011 年版,第 14 页。
② 元文琪译:《阿维斯塔》,商务印书馆 2005 年版,第 155 页。

图3　主建筑即接见大厅前的主水池

神授"的思想表达得十分完美。

对帕萨尔伽德御花园中种植的主要树木没有相关记载,《阿维斯塔》只言及"每一种树木""每一种果木",但根据另一处阿契美尼德王宫波斯波利斯的有关图像,以及伊斯兰之后保存完好的其他波斯园林的实际情况来推测,种植的主要树木可能是柏树。一则是因为柏树耐旱,二则更为重要的是因为在伊朗琐罗亚斯德教神话中,柏树是先知琐罗亚斯德从天堂带到人间的圣树①,柏树在波斯文化中的地位差不多相当于菩提树在佛教文化中的地位,在波斯建筑艺术、浮雕艺术、绘画艺术中随处可以看到柏树。在波斯波利斯王宫的浮雕中有大量的柏树图案(图4)出现,图5反映的是波斯大臣带领外邦朝贡队伍觐见波斯国王,波斯大臣前面即是标志性的柏树。并且在柏树的造型上,往往是融火焰簇—莲花蕾(莲花瓣)—水滴三者为一体②。现存的波斯—伊斯兰园林里,也是以种植柏树为主,并且柏树也大多修剪成这种火焰簇—莲花蕾(莲花瓣)—水滴三位一体的形状。

这里,尤其值得关注的是该御花园的"四重花园"结构究竟是如何形成的,其依据何在。《阿维斯塔·万迪达德》言"你造瓦拉,呈四方形,每边长度

---

① Ṣādiq Hidāyat, *Nīrangstān*, Intishārāt-i-Amīr Kabīr, Tehran, 1342, p.155.

② 参见穆宏燕:《印度—伊朗"莲花崇拜"文化源流探析》,《世界宗教文化》2017年第6期。

图 4　波斯波利斯遗址浮雕

图 5　波斯波利斯遗址浮雕

为两梅丹","梅丹"(Medān)本意为"宽阔的场地"即广场,作为长度单位的具体量度不详;另一个波斯语译本为"你造瓦拉,呈四方形,每边长度为查雷图"①,"查雷图"(Chārtū)即"查哈尔图"(Chahārtū)的省略形式,本意为"四重的",作为长度单位的具体量度不详。因此,四方形的每一边的长度若采用"梅丹"一词即两个"广场",那么围墙里面的空间就是四个"广场"面积;《阿维斯塔·万迪达德》只言及"瓦拉"呈四方形,未言及究竟是正方形还是长方形。然而,

---

① 参见元文琪:《波斯神话》,中国少年儿童出版社 2004 年版,第 23 页相关注释。

无论是长方形还是正方形,只要每个边长为两个"广场",其内部空间必定为四个"广场"。若采用另一个词"查哈尔图",其本身即是"四重的"意思。因此,围墙内的主体布局设计是四等分为四个小园林,即著名的查哈尔·巴格(四重花园)。笔者怀疑,此处实际上是用内部空间设计结构来界定边长。"四重花园"布局体现的是一种几何对称审美观念,由标准几何图形构成对称平衡。由此,几何图形与对称平衡作为一种神定原则,成为伊朗艺术最基本、最重要、最典型的特征。

二、波斯—伊斯兰园林

公元651年,波斯萨珊帝国被阿拉伯大军覆没。当时的文明状况是,阿拉伯人还在住帐篷,而波斯人在公元前6世纪其建筑艺术就已经达到辉煌灿烂的顶峰。阿拉伯人征服了波斯,而波斯的雄伟建筑征服了阿拉伯人。阿拉伯人开始征用皈依伊斯兰的波斯穆斯林为他们修建清真寺,修建哈里发的宫殿,等等。这时,波斯人把他们建筑审美观念融合在了伊斯兰建筑艺术中,并对世界建筑艺术产生了极为广泛和深远的影响。

这其中,居鲁士大帝开创的波斯花园作为一件十分精美的艺术品对伊斯兰园林建筑艺术产生的影响是十分深刻的。伊斯兰之后的波斯花园在总体布局设计上与帕萨尔伽德御花园一脉相承,采用"四重花园"结构,但对"四重花园"的设计各有不同。帕萨尔伽德御花园实际上有两种"四重花园"布局,一是中央位置的四个等面积长方形"四重花园",二是平面图下方(图1)的两个等面积长方形和两个等面积正方形构成的"四重花园"。由此,在伊斯兰之后的波斯园林万变不离其宗,由长方形和正方形对称构成:有的是四个等面积的正方形;有的是四个等面积的长方形;有的是两个等面积的正方形和两个等面积的长方形;有的是两个较大等面积的长方形和两个较小等面积的正方形;有的在"四重花园"的每个方形中再设更次一级的"四重花园";等等。无论如何布局,总是会遵循几何对称的基本准则。

在水流的布局设计上,波斯—伊斯兰花园显然受到了《古兰经》的影响。

《古兰经》①47：15 言：“敬畏的人们所蒙应许的乐园,其情状是这样的:其中
有水河,水质不腐;有乳河,乳味不变;有酒河,饮者称快;有蜜河,蜜质纯洁;他
们在乐园中,有各种水果,可以享受。”《古兰经》也是吸纳了《圣经·旧约》伊
甸园有四条河滋润的说法。这四条河如何走向《圣经·旧约》和《古兰经》皆
未明确言及。然而,波斯人以他们业已形成的根深蒂固的审美观念,把波斯—
伊斯兰花园的四条流水走向设计与“四重花园”的对称平衡原则相结合。

最普遍的一种设计即以帕萨尔伽德御花园为蓝本,四重花园在主建筑的
前方,流水以“四重花园”的中心水池为基点,分别由东南西北四个方向的流
水构成,由此形成“十”字交叉、对称平衡的四条流水;同时,在主建筑前设主
水池。比如,设拉子天堂花园(图6、7),主建筑在花园北部,“四重花园”在主
建筑南侧,每个“四重花园”中有更次一级的“四重花园”;主水池倒映着主建
筑(图8),完美呈现出“水中莲花”或“水中灵光”的宗教意蕴②。

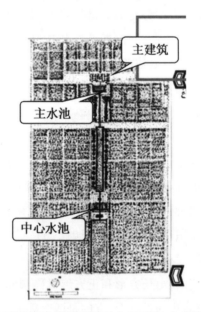

图 6　设拉子天堂花园平面图;箭头所指从上至下为:主建筑、主水池、中心水池

---

① 马坚译:《古兰经》,中国社会科学出版社 1996 年版。
② 参见穆宏燕:《印度—伊朗“莲花崇拜”文化源流探析》,《世界宗教文化》2017 年第 6 期。

图 7　设拉子天堂花园鸟瞰图

图 8　设拉子天堂花园主水池倒映主建筑

　　另一种比较普遍的设计是将主建筑置于"四重花园"的中心点,主建筑左右水渠和前后水池分别对称,由此形成"十"字交叉对称的四条流水。这种布局主建筑前后水池一般会比较阔达。比如:伊斯法罕四十柱宫(见图9、10),主建筑在整座花园的中部,"四重花园"围绕着主建筑,"四重花园"中再设次一级的"四重花园";主建筑完美倒影在阔达水面中,静谧安宁、高贵典雅、如梦如幻,可谓达到了寄托宗教情感、表达君权神授与颐养性情的完美融合。伊朗雅利安人崇奉"水中灵光","水中灵光"是帝王的庇护,伊朗国王得灵光庇护,则国家繁荣昌盛;失去灵光庇护,则会亡国。因此,这种水面静止反射的图像寓意是:国王得水中灵光的庇护,国家永葆繁荣昌盛。

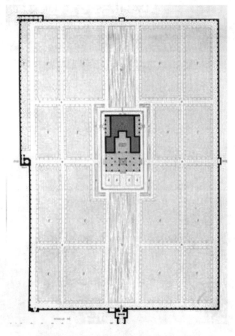

图9　伊斯法罕四十柱宫平面图

图 10　伊斯法罕四十柱宫主水池倒映着主建筑

居鲁士大帝遵照琐罗亚斯德教经书《阿维斯塔》旨意所开创的几何图形与对称平衡结构,成为伊朗艺术最典型、最根深蒂固的审美特征,与追求不对称审美的中国园林艺术正好相反。对称平衡带给人的是一种静态的美感,静谧安宁,适合人在其中进行宗教性的沉思默想。然而,若只是一味地安静,会让人觉得沉闷。一定要静中有动才能真正给人以精神上的愉悦与舒适,而潺潺流水正好赋予波斯花园静中有动。因此,每座波斯—伊斯兰花园都充分利用坎儿井水利设施,布局了非常精密的水流系统:除了主水池会有较大的、集中的喷泉之外,其他分水渠一般都会采用阶梯式的跌泉或小喷泉的形式(见图 11),以此带给整座园子以动感。这种喷泉是根据物理学上的连通器原理,天然自压喷出,不需要人工或机械水泵。因此,只要水源不枯竭,喷泉便会永不停止。

这样的水流系统既起装饰美化作用,也起实际的灌溉作用,灌溉园林中的花草树木。因此,每座波斯—伊斯兰花园最精心布局的就是喷泉、跌泉与水池、水渠。水池和水渠的底部通常都处理成天蓝色或蓝绿色,养眼颐神,舒缓

图 11　设拉子天堂花园跌泉与小喷泉

人的神经系统,让人完全放松下来。因此,波斯花园把滚滚红尘的烦恼隔绝在
围墙之外,让花园成为真正的人间乐园,成为"看得见仙女的地方",让人进入
宗教的沉思冥想。

　　波斯—伊斯兰花园的建造模式随着伊斯兰教的传播而广为传播,东起中
国新疆吐鲁番,西至西班牙的安达卢斯,南到印度,都可以看到波斯花园模式
的园林。1569 年,印度莫卧儿王朝沙贾汗聘请波斯建筑师和工匠,为其波斯
宠妻泰姬玛哈尔修建陵墓,历时 22 年完工。该建筑(见图 12)堪称旷世杰作,
将波斯花园"水中莲花(灵光)"的象征寓意表现得完美无遗。公元 711 年,伊
比利亚半岛被北非摩尔人征服,这即是西班牙伊斯兰时期的开始。波斯文化
在伊斯兰世界的强大影响使得摩尔人把坎儿井灌溉技术和波斯花园模式搬到
了伊比利亚半岛。西班牙第一项世界遗产阿尔罕布拉宫,被誉为西方世界最
伟大的伊斯兰建筑,其中的御花园(见图 13)面积虽然不大,却同样把波斯—
伊斯兰花园的内在意蕴表达得淋漓尽致。

图 12　波斯花园在印度——泰姬陵

居鲁士大帝开创的波斯花园,一方面是用人力把神的旨意落实在尘世间,从而使得几何图形和对称平衡作为神的定制而具有了神圣性;另一方面是用人力把不规则的大自然纳入规范之中,体现的是人对自然的改造,因此呈现为人工装饰之美。由此,装饰性成为伊朗艺术最根深蒂固的审美特征。这与中国园林特征正好相反。中国园林追求的是一种不对称的自然美,在不对称中、在自然而然中达到一种人与自然的和谐。

总之,波斯花园是标准的对称式规则园林,体现的是人工美;而中国花园是典型的不对称不规则式园林,体现的是自然美。波斯—伊斯兰花园的最基本原则——由精致的几何图形构成的对称美——对后来的欧洲园林造型艺术产生了极为深远的影响。因此,世界园林艺术,从根本上说,只有两种:一是中国园林,一是波斯—伊斯兰花园。然而,由于近代欧洲的强势崛起,掌握着话语权的欧洲人把欧洲园林描述为一个独立的体系,由此形成世界三大园林艺术之说:中国园林、伊斯兰花园、欧洲园林。

无论如何,居鲁士大帝开创的波斯花园,至今仍在波斯文明所影响的伊斯兰世界中灿烂生辉。它不是虚无缥缈的天堂,而是实实在在的人间乐园,是人

图 13　波斯花园在西班牙——阿尔罕布拉宫御花园

在尘世烦恼中的心灵慰藉,是人在滚滚红尘中追寻的一方心灵净土。居鲁士大帝通过波斯花园建立起来的几何对称、人工装饰的审美原则成为伊朗民族最根深蒂固的审美观念。之后,随着波斯的伊斯兰化,高度发达的波斯文明带给伊斯兰文化非常深刻的影响,因此,几何对称和人工装饰同时也成为伊斯兰艺术的主要审美原则。

（本文原载《回族研究》2018 年第 4 期）

从细密画看伊朗文化的顽强性

伊朗是一个文明古国,位于其他几大文明古国之间,东有中国,东南有印度,西南有以巴比伦、亚述等文明古国所代表的两河流域文明,西有古埃及,西北有古希腊罗马。东西方的文化交流,不论是通过陆上丝绸之路还是海上丝绸之路,基本上都是以伊朗为中转站。可以说伊朗是东西方文化的桥梁,也是东西方文化的熔炉。东西方的文明在这里交汇,使伊朗深受这几大文明的影响。倘若处于众多文明强国包围之下的是一个低弱的文明,则具有很大的危险性,很容易在强势文明之间找不到自身的位置,从而产生异化,丧失自身的文化特征。然而,伊朗文明是成熟的文明,伊朗文化是顽强的文化。它在吸收外来文化的过程中,总是顽强地把自身的文化置于最根本的地位,从而使外来文化的影响只起到锦上添花的作用。

一

伊朗的细密画艺术兴起于 13 世纪末,主要作为文学作品的插图。中世纪是伊朗文学的黄金时代,作为插图艺术的细密画,可以说是随着文学的繁荣而兴起的。细密画顾名思义就是以笔法的精细见长。细密画的笔法明显受到中国工笔画的影响,这一点是大家公认的,但其精细的程度"青出于蓝而胜于蓝",到了令人叹为观止的地步。其实,伊朗细密画作为与中国绘画和欧洲绘画完全不同的艺术门类,自有其本身的宗教文化传统在其中。

在 13 世纪上半叶,剽悍的蒙古军队攻占伊朗,结束了花剌子模人对伊朗

159

的统治,建立了伊儿汗王朝(1256—1355年)。伊朗在13世纪中叶以前的艺术品在战乱中大量被毁,散佚殆尽。西方学者认为,"从(细密画)初期的作品来看,显然这些作品遵循的不是某一种画法,而是运用了多种画法,有伊朗的也有非伊朗的,总之它们同塞尔柱的绘画艺术缺乏血缘关系,尤其是在基本画法上完全是陌路"①。

对此观点笔者的理解是:不是说细密画犹如空穴来风,与波斯先前的艺术毫无内在的继承关系,而是指细密画不是在之前的塞尔柱王朝(1037—1194年)的某个绘画种类的基础上发展起来的。在这个意义上,可以说细密画是一个新的绘画品种。当我们面对这个13世纪末兴起的绘画艺术进行仔细考察时,可以明显看到当时东西方绘画艺术对它的影响。

伊朗伊儿汗王朝的开国君主旭烈兀与中国元朝的第一个皇帝忽必烈是兄弟。这时期中伊两国关系非常密切,两国间使团、文书、商人的往来非常之多,中国史料有详细的记载,这里不赘述。总之,这是继中国的唐王朝之后,中伊文化交流史上的又一个重要时期。"伊朗在伊儿汗时代与中国元朝往来不辍,经常互相聘问和展开经济、文化交流,合赞汗统治时期尤为密切。"②合赞汗是伊儿汗王朝第一个皈依伊斯兰教的蒙古君主,1295—1304年在位。在这样一个中伊文化密切交流的时期,刚兴起的细密画艺术必然受到已成熟的中国绘画艺术的影响。现存最早的伊儿汗时期的细密画——波斯古代寓言故事集《卡里莱与笛木乃》中的细密画插图(现收藏在纽约皮尔庞纳特·穆尔冈图书馆)正是在合赞汗的指示下,在1298年绘成的,画中的花草、树木、山川以及动物的线条明显具有中国南宋绘画艺术的特点。

拉施特《史集》的细密画插图也属早期作品,现为英国爱丁堡大学和伦敦皇家亚洲学会分别收藏。拉施特是合赞汗时期的宰相,《史集》是他奉诏编纂的钦定蒙古史。该书完稿后,统治者立即组织画家绘制细密画插图(大约完成于1306—1314年间),画中的树木、山川和景色的画法完全就是中国元朝绘画艺术的翻版。

---

① 帕尔维兹·玛尔兹邦译:《伊朗艺术》(波斯文版),法尔让内出版社1995年版,第201页。
② 朱杰勤:《中国和伊朗关系史稿》,新疆人民出版社1988年版,第26页。

西方学者认为,这是"伊朗画家刻意学习中国画的技法,很明显,中国的画家也给了他们帮助和指导"①。伊朗画家刻意向中国学习的风气一直延续到细密画的黄金时期。1422年,伊朗帖木儿王朝(1370—1507年)的王子拜松古尔派遣了一个由宫廷画家盖耶速丁率领的使团到中国。盖耶速丁潜心研习中国的绘画艺术,在回国时,"带回了一些中国画以及他本人制作的素描和速写画,用以补充哈烈(即赫拉特)的收藏品。这些藏品后来启发了画家贝赫扎德"②。贝赫扎德(1450—1531年)是伊朗最杰出的细密画画家。

伊朗艺术家还受中国元朝山水画中配图诗的启迪,把波斯文书法艺术与细密画艺术结合在一起。而细密画作为插图艺术非常适合把有关诗句置于画里,因此波斯的书法艺术与细密画艺术辉映成趣,相得益彰,增加了细密画的欣赏价值和文学趣味。这一点尚未引起学界的关注,笔者这里提出来供大家讨论。

细密画还明显受到佛教艺术的影响,这一点也是以往学界没有关注到的领域。细密画在画伊斯兰教的先知或使者时都在其头部周围画有火焰般的光圈,这无疑是受到佛教艺术中佛的头部周围带有光环的影响。一副珍藏在巴黎国家图书馆的细密画插图《穆圣登霄图》(1436年作于赫拉特,作者不详)明显具有中国敦煌艺术的特点。画中穆圣的坐骑卜拉格的头部为头戴冠冕的女性,而给穆圣带路的大天使哲布勒伊来也是位头戴冠冕的女性。这两位女性的脸部特点及周围的花饰具有明显的敦煌飞天的特征,而大天使哲布勒伊来的冠冕竟然是佛教艺术装饰。

古代伊朗与东罗马帝国之间,为争夺势力范围,长期时战时和。不论战还是和,都使两者间的文化处于一种相互沟通的状态。蒙古帝国幅员辽阔,势力达至多瑙河。伊儿汗王朝先是以伊朗西北部大城市大不里士为都城,后期同时也以巴格达为政治中心。政治中心偏西,在客观上形成了与欧洲的东罗马帝国的密切关系。"拜占庭文化曾把巴格达的阿拔斯世界学院置于自己的影

①　帕尔维兹·玛尔兹邦译:《幻想的花园——伊朗细密画七百年》(波斯文版),法尔让内出版社1998年版,第22页。

②　阿里·玛扎海里:《丝绸之路——中国波斯文化交流史》,耿昇译,中华书局1996年版,第34页。

响之下。蒙古人甚至与西欧也有接触,中世纪意大利的绘画对他们来说无疑是很熟悉"①。

欧洲中世纪的绘画艺术对细密画的影响在伊朗著名史诗《列王纪》的细密画插图中表现得尤为明显。该"蒙古大《列王纪》插图本"大约在 1329—1335 年间绘成,现为私人收藏。画中人物的面部肖像完全是拜占庭艺术的遗传,在房屋宫殿的绘制上则明显受拜占庭"马赛克"镶嵌艺术的影响,精雕细刻,金碧辉煌,而其草木、山川、景色则具有中国南宋绘画的特点。前面提到的《史集》中的细密画插图,在人物的面部和衣饰上,拜占庭艺术的影响也是非常明显的。

由此可见,伊朗的细密画艺术在一开始就受到东西方绘画艺术的强大影响。正如《幻想的花园》所说:"在伊朗细密画艺术中东西方艺术的影响明显可见:一个是遥远东方的道家精神,另一个是基督教的欧洲,尤其是中世纪的拜占庭帝国的艺术精神。"②

然而,伊朗细密画艺术家在刻意向中国和拜占庭学习的同时,把自己本民族的宗教文化精神倾注在绘画艺术中,使细密画呈现出与中国和拜占庭绘画艺术迥然不同的特征,这一点我们将在后文详细论述。伊儿汗王朝时期最杰出的细密画画家是阿赫玛德·穆萨(生卒年不详),他擅长于把本民族的传统与中国和拜占庭绘画艺术所遵循的技法融合在一起。在他的作品中,虽然东西方绘画艺术的影响还清楚可见,但这时伊朗细密画自己的艺术风格已初步形成了。

细密画艺术经过 100 多年的发展,在 15 世纪帖木儿王朝时期达到巅峰,诞生了伊朗历史上最杰出的细密画艺术家贝赫扎德(1450—1531 年)。这时,中国绘画艺术、佛教艺术和拜占庭艺术的影响已经完全融化在细密画自身的特点之中,细密画已成为与中国绘画和欧洲绘画完全不同的艺术门类,成为西

---

① B.W.罗宾逊:《伊朗绘画,伊朗历史和遗产》(波斯文版),阿尔戴细尔·赞德尼扬译,江扎德出版社 1984 年版,第 66 页。

② B.W.罗宾逊:《伊朗绘画,伊朗历史和遗产》(波斯文版),阿尔戴细尔·赞德尼扬译,江扎德出版社 1984 年版,第 20 页。笔者引用这段话是想说明中国绘画艺术对细密画的影响,至于细密画是否具有中国的"道家精神",还有待探讨。倘若引文中的"道家精神"是指细密画中蕴涵的苏非神秘主义精神,此说尚可成立。

亚地区绘画艺术的杰出代表,尤其是反对绘制人物和动物的伊斯兰艺术中的一朵奇葩。细密画的黄金时代一直持续到 16 世纪末,产生了一大批细密画大师,除贝赫扎德外,还有祝奈德(生活于 14 世纪下半叶)、苏尔丹·穆罕默德(生活于 16 世纪上半叶)、米尔扎·阿里(生活于 16 世纪中叶)、米尔·赛义德·阿里(生活于 16 世纪中叶)、莫扎法尔·阿里(死于 1576 年)等。把贝赫扎德、祝奈德与其差不多同时代的欧洲著名画家乔托、波提切利相比,毫不逊色。17 世纪以后,欧洲油画艺术对伊朗的影响日盛,但与中国国画一样,细密画作为一门独立的绘画艺术一直延续至今。

二

细密画在兴起之初就处于东西两大强势绘画艺术的影响之下,然而伊朗文化的顽强性使这种影响仅局限在技法上。在绘画观念和理论上,伊朗艺术家倾注的完全是伊朗自身的宗教文化精神。首先是在空间观念上,细密画完全不同于欧洲绘画和中国绘画。由于细密画的黄金时代正值欧洲文艺复兴时期,因此这里把细密画同欧洲文艺复兴以来的绘画相比较,而不是与中世纪的拜占庭艺术相比较。

欧洲画家重视研究三度空间,他们采取的是立体透视法,表现的是被画物体纵、横、高的立体效果,很有形象的表现力。欧洲画家的立体透视法主要包括三种画法:一是几何学透视法,即在一幅画上只能有一个焦点,不能随意移动。二是光影透视法,即根据物体受光的明暗阴阳,烘染出立体空间。三是空气透视法,即地面山川因空气的浓淡阴晴和色调的变化显示出远近距离。[①]可以说,欧洲绘画犹如一台精密的科学仪器,不差分毫,而欧洲画家也几乎可以说是以科学的精密严谨的态度来作画的(当然,这里指的是传统画派,不是指现代派绘画艺术)。

中国画的空间表现法与欧洲绘画不同。第一,中国画采用的是散点透视,

---

① 郑重:《美术欣赏》,四川人民出版社 1986 年版,第 21—22 页。

而不是定点透视，即一幅画中有几个焦点，而不是一个固定的焦点。在中国画中有三远：自山下而仰山巅，谓之高远；自山前而窥山后，谓之深远；自近山而望远山，谓之平远。① 这说明画家的视线是流动的，不是固定在一处不变的。第二，中国画中没有光影透视法，不画光与影。所以中国画一般不表现立体空间。第三，中国画中有空气透视法，由此表现出山川等被画物体的远近。

伊朗细密画的独特就独特在它以上三法全无。第一，画家的视点是流动的，有多个焦点。画家画某处就把焦点落在某处，因此原处的人和物与近处的人和物一样大，墙里和墙外的被画物处在同一平面，外屋和里屋的人和物处在同一平面，因此常常给人一种错觉。细密画与中国画都不表现出立体空间，但中国画有远近之分，而且中国画一般不同时表现处于不同空间的事物，而细密画酷爱表现同时处于不同空间的事物，而且没有远近里外之分。因此，细密画比中国画更具平面色彩。贝赫扎德作于 1489 年的《优素福逃离佐列哈的情网》（萨迪《果园》插图，藏于埃及开罗国家图书馆）很具有代表性，画中宫殿的大门、围墙、场院、一楼的房间、楼梯、二楼的外屋，最后达到二楼的里屋的场景——优素福逃离佐列哈的情网，众多不同的空间全画在了同一平面上。第二，没有光影透视法，不画阴影，更不表现黑夜。贝赫扎德作于 1485 年的《园中苏非们的聚会》（《米尔·阿里希尔·纳瓦依长诗》插图，藏于牛津博德廉图书馆）中，众苏非身后的山坡上缀满繁花的树木明显大于位于画面前部的众苏非，我们从画顶端的一弯残月得知这次苏非们的聚会是在晚上，然而整个画面犹如白天一样清晰明亮。第三，无空气透视法，被画物体不因空气的浓淡阴晴而色调变化不同，因此远山的色调和近山的色调一样，没有远近之分。

据英国学者 L.比尼恩的观点，"在西方艺术中，至少从文艺复兴以来，侧重点在于按照自然形态去认识景物。处于自然形态中的人物和景物看起来远处的要小一些，因此它们就一定要被画得小一些"。而细密画不分远近里外是因为波斯画家认为"乞灵于自然是不妥当的。艺术之所以被称为艺术，恰恰就在于它不是自然"。由此，L.比尼恩得出结论，细密画的空间表现和拒绝

---

① 杨大年：《中国历代画论采英》，河南人民出版社 1986 年版，第 244 页。

阴影是一种"受孩子的本能所支配的画法"①。

笔者认为 L.比尼恩的观点是完全错误的。诚然,我们在儿童画中常常看到远近的花一样大,屋里屋外处在同一平面。但这只是表面的相似。一个成熟的画家是不可能以一个孩子的认识观去看待世界的。画家的认识观是由他生活于其中的社会意识形态所决定的。正如丹纳所说:"要了解一件艺术品,一个艺术家,一群艺术家,必须正确地设想他们所属的时代精神和风俗概况。这是艺术品最后的结识,也是决定一切的基本原因。"②

细密画兴起的时代正是苏非神秘主义的鼎盛时期。苏非神秘主义产生于阿拉伯,但使之发扬光大的却是伊朗人,它主张"人主合一",即人应通过自我修行滤净自身的心性,达到与真主合一的至境。苏非神秘主义从 11 世纪起,开始在伊朗兴盛起来,并在 12、13 世纪达到顶峰,成为伊朗社会的主导思想,对伊朗文化产生了非常深远的影响。苏非神秘主义作为一种文化积淀,已经渗透到伊朗人精神生活的各个方面。在认识观上,苏非神秘主义认为,肉眼是人认识真主(即绝对真理)的幕障,肉眼所看到的东西是幻。正如苏非神秘主义思想家莫拉维(1207—1273 年)所说:"那从空无中诞生的肉眼凡胎,总把存在之本质看作不存在","人们那只见七色光的肉眼,无法从这帷幕后把灵魂看见。"③

这样一种意识形态和精神环境必然作用于画家的认识观。伊朗画家认为肉眼是真理的幕障,肉眼所看见的真实并不是真正的真实(即真理),真理必须用心灵之眼去认识。因此,可以说,细密画画家是用心灵之眼去描绘事物的本来面目,去揭示真理,而非肉眼所见的事物。这主要表现为细密画的视角焦点是流动的,画家画某处,焦点就落在某处,没有远近大小里外之分。因为,现实中远处的花与近处的花本来就是一样的大,色彩是一样的鲜艳美丽,只是因为肉眼的缘故错使它们"看起来"不一样大、不一样美丽;外屋的人在做这件事的同时,里屋的人在做那件事,不应该因为肉眼看不到就不去表现;人的美

---

① L.比尼恩:《亚洲艺术中人的精神》,孙乃修译,辽宁人民出版社 1988 年版,第 79—80 页。
② 丹纳:《艺术哲学》,傅雷译,广西师范大学出版社 2000 年版,第 41 页。
③ 莫拉维:《玛斯纳维全集》第六卷,穆宏燕等译,湖南文艺出版社 2002 年版,第 828 页。

貌、衣着的华丽并不因夜色遮蔽而消失,是本来就存在的,只是肉眼受夜色遮蔽看不见而已,因此细密画拒绝表现黑夜,细密画中夜晚的人物永远如白天一样鲜艳;细密画也拒绝表现阴影,因为人或物本身是没有阴影的,阴影是背光的结果。这是一种"全知"的绘画视角,被认为是真主安拉的视角。这才是细密画空间认识观的秘密之根本所在。L.比尼恩先入为主地把欧洲绘画中"眼中的自然"认作是自然本身,从而认为细密画描绘的"不是自然",这无疑是西方学者以欧洲绘画为写实正宗的傲慢心理的反映,同时也说明对伊朗的宗教文化缺乏了解。

细密画与欧洲绘画表现的都是一个客观场景,欧洲绘画表现的是肉眼看到的客观世界,而细密画描绘的是客观世界的本来面目,中国画表现的则是一种主观思想。你可以在中国画的境界中永无止境地徜徉漫步,但当你面对欧洲绘画时,你会感到画家想要你看的一切,你都一览无余了。而细密画则强化了被画物体的本来的美,直逼事物的本真,让人产生"从一粒黄沙看世界,从一朵野花看天国"的感慨。其实,儿童描绘的就是本来的真实,但这是一种低层次的直观认识。而细密画艺术家的认识是基于哲学层面上的认识。因此,L.比尼恩看到的只是相似的表面,而没有看到问题的实质。

三

细密画与欧洲绘画和中国绘画的区别还表现在色彩运用上。欧洲绘画十分重视色彩,可以说色彩是欧洲绘画的精髓。欧洲绘画中人物的性格、感情、情绪、物体的性质都是通过色彩表现出来的,色彩一般比较浓烈,质感强。欧洲绘画的发展变化、各个画派的特点,以及与其他画派的区别都主要表现在色彩和光的运用上。欧洲绘画十分善于利用色彩的渐变来表现不同的光照。中国画不太强调色彩,清朝画家笪重光说:"丹青竞胜,反失山水之真容。"①邹一桂也

---

① 杨大年:《中国历代画论采英》,河南人民出版社1986年版,第281页。

说:"设色宜轻而不宜重,重则沁滞而不灵,胶粘而不泽。"①这说明中国画不喜重彩浓妆,喜好冷静素淡的色调。但就其色彩的运用来说与欧洲绘画相似,有色彩的渐变、递减或递增的过程。但中国画又不似欧洲绘画那样强调色彩的变化。

细密画的欣赏价值除了笔法的精细之外,还体现在色彩上。倘若说,细密画在笔法上更多地受到中国工笔画的影响,那么在色彩运用上则更多地吸取了欧洲绘画色彩浓烈的特点。但细密画在色彩表现上又与欧洲绘画有很大的不同。欧洲绘画强调的是色彩的变化,而细密画则几乎没有色彩的变化,它强调的是色彩的鲜艳、和谐、悦目。在细密画中几乎没有过渡色,色彩总是一刀切,没有次变递增或递减的过程,是大红就统一的都是大红,是深绿就统一的都是深绿。中国画以冷静浅淡的色调表现一种哲思,西洋画以色彩表现被画物的质感,细密画不以色彩表现质感,而是给人一个斑斓色彩的世界。

倘若说,细密画在空间观念上力求表现事物的本真,是一种哲学层面上的客观认识,那么,在色彩运用上,则完全是艺术家的主观审美意识在起作用。细密画在色彩运用上遵循"崇高原则",认为"崇高高于显而易见的真实"②。这个信条使伊朗艺术家打破了自然界本真的局限,以"崇高"为准则,集自然界中所有的色彩美为一体,使整个画面美轮美奂,呈现为一种幻想的美、升华的美。细密画也不青睐色彩的渐变,因为变化的色彩显得轻佻、不庄重,而不变的色彩显得凝重,有厚度,才能显示出崇高。

在伊朗,宗教文化与君主专制的世俗文化密切融合。不论是世俗题材还是宗教题材,细密画都被要求表现崇高。因为只有崇高才能唤起人们热烈的向往之情,才能产生神圣之感。首先,对于世俗题材的作品来说,"崇高原则"与细密画是作为一种宫廷艺术而兴起的背景相关,细密画是作为一种宫廷艺术而兴起的。宫廷艺术直接为统治者服务,为统治者歌功颂德。一方面,它要求画面富丽堂皇,以烘托出统治者的威严和尊贵。另一方面,古波斯帝国的辉煌一直是伊朗人民心中的骄傲和自豪,歌颂波斯古代帝王的文学作品成为人

---

① 杨大年:《中国历代画论采英》,河南人民出版社1986年版,第284页。

② 帕尔维兹·玛尔兹邦译:《幻想的花园——伊朗细密画七百年》(波斯文版),法尔让内出版社1998年版,第3页。

们争相传阅的经典,如菲尔多西(940—1020年)的《列王纪》、内扎米(1141—1209年)的《五卷书》、萨迪(1208—1292年)的《蔷薇园》和《果园》、贾米(1414—1492年)的《七宝座》等,反复被不同的画家绘制插图。波斯帝国的辉煌无疑也是一种"崇高"。淡雅的色彩烘托不出"崇高",只有斑斓艳丽的色彩才能烘托出波斯帝国一代文明古国的富足与奢华、波斯帝王们的赫赫战功和豪华的宫廷生活。冷静的色调适合表现画家的幽思和哲思,而鲜艳的色调适合表现烈烈扬扬的生命意志。

其次,对于宗教题材的作品来说,也只有鲜艳炫目的色彩才能表现出崇高的宗教之美,而只有崇高才能唤起人们热烈的向往之情,才能产生神圣之感。"崇高原则"使细密画把色彩的审美作用推到了极致,让人在目眩神迷中,产生崇高神圣之感。细密画除了描绘先知们或苏非长老们的故事的作品之外,还有很多表现爱情的作品。这种爱情在文学作品中往往宣扬的是苏非神秘主义的"神爱"。苏非神秘主义以对真主的神爱为通向真主的重要途径。苏非文学作品充满爱的激情,作为其插图的细密画也必须要表现出爱的激情,而只有鲜艳明亮的色调才能表现出这种激情。苏非神秘主义本是一种出世的宗教哲学,而细密画对它的表现却是最具世俗情爱意味的男女相爱的图画。可以说,细密画明确地以世俗之爱去喻示神圣崇高的神爱,通过世俗欲望的理想化,达到宗教的神圣、神秘和崇高。这一点在《哈菲兹诗集》的细密画插图中表现得尤为明显。哈菲兹(1327—1390年)的情诗及其细密画插图,可以说在很大程度上是借助世俗的爱情表现宗教的虔诚,烘托出神爱的崇高。对伊朗苏非神秘主义文化缺乏了解的人,对这类爱情作品往往简单地望图生义,单纯地理解为表现世俗男女"谈情说爱"或表现"宫廷糜烂生活"的香艳之作。①

---

① 比如范梦在《东方美术史话》(中国青年出版社1996年版)第153页以叙事诗《霍斯陆与席琳》的插图"霍斯陆偷看席琳沐浴"为例,说:"画面中两人眼神对应产生的情感交流以及女性人体的着意描绘(笔者不知范梦先生看的是哪位画家的插图,因为原书未提及。笔者仔细观看过多位画家的不同的'霍斯陆偷看席琳沐浴'图,并未感到有哪位画家在着意描绘女性人体,对裸体沐浴的席琳的描绘是相对概念化的,与西方艺术中的人体描绘迥异),产生了相当的性魅力,这对那些生活单调乏味而又无忧无虑的宫廷贵族必然产生很大的吸引力。像这种表现宫廷糜烂生活的'偷看'镜头,在细密画中还真不少,至于情侣饮酒、拉手郊游之类谈情说爱的场面就更多了。"

这无疑是轻看甚至错看了伊朗细密画的欣赏价值及其所蕴藏的文化内涵。

细密画大多是以人物故事为主题,但并不着意表现人物肖像,而是以人物的活动为核心,着意表现一种宏大的场面。因此,细密画中的人物都是程式化的,缺乏个性。欧洲绘画中人物以形似取胜,中国画中人物以神似取胜,而细密画则以人物活动的整个场景取胜。细密画正是以整体的宏大、细节的精繁细致和色彩的鲜艳亮丽来造成一种异乎寻常的刺激,让人在目眩神迷中产生崇高神圣之感。

更为重要的是,细密画在吸取东西方绘画艺术的长处的同时,立足于本民族的宗教文化。波斯细密画艺术虽然兴起于伊朗伊斯兰化后的伊儿汗王朝(1256—1355 年)并在帖木儿王朝(1370—1507 年)时期达到巅峰,但其最早渊源可以上溯到伊朗伊斯兰化前萨珊王朝(224—651 年)时期产生的摩尼教。摩尼教创始人摩尼本身即是一位杰出的画家,在现今的伊朗,摩尼更多的是作为一位杰出画家而非摩尼教创始人的身份而被大家提起和纪念。摩尼在写下其摩尼教的经书之后,又以画家的身份给经书作插图,以图画方式诠释其教义,该经书画册名《阿达罕》,在摩尼教徒中具有权威地位。后来,摩尼教徒们继承了摩尼给经书作插图的方式,给所刊行的经书皆作插图,并且以鲜艳眩目的色彩,尤其是用金箔作为颜料来绘制经书的插图,以此体现经书的崇高。据伊朗史料记载,摩尼教被镇压后,教徒们手中的经书被收集起来,集中焚毁,灰烬中积淀有约 500 克黄金。摩尼教经书插图的金碧辉煌程度由此可见一斑。

波斯细密画在两个方面秉承了摩尼教绘画艺术的道统:首先,波斯细密画主要用于经典著作的插图,只是这种经典不再是宗教经典(因为伊斯兰教的经典《古兰经》是被禁止绘图的),而主要是文学经典和历史著作,再现经典文学作品中的经典故事和经典场景。波斯的经典文学作品,在历史的长河中,被各个时代的细密画画家们不知反复画了多少次。细密画在古代从来不作为悬挂的图画,这与其书籍插图身份相关,也与伊斯兰教禁止偶像崇拜相关。现当代,随着人们思想的开放,镶上画框用于悬挂欣赏的细密画在伊朗随处可见,但悬挂的细密画与作为插图艺术的细密画在精美程度上无法相比,而画在首饰盒、箱子、柜子上的细密画则完全就是一种"匠画"。其次,细密画承继了摩尼教绘画艺术以鲜艳炫目的色彩和大量使用金箔来体现崇高的道统,以"崇高"为准则,集自然界中所有的色彩美为一体,整个画面美轮美奂,金碧辉煌,呈现出一种幻想的升华的崇高美。

伊朗细密画以独特的绘画视角、空间表现和色彩运用而成为一门独立的绘画艺术,而不是某种绘画艺术的附庸或分支,成为伊斯兰艺术中的一朵奇葩。伊斯兰教反对偶像崇拜,清真图案一般都是装饰性的花纹和植物,绝少人和动物,伊朗细密画的繁荣不能不说是伊斯兰世界中的一个奇迹。这也说明伊朗在信奉伊斯兰教的同时,用本民族的传统文化改造了伊斯兰文化,这也正是伊朗文化的顽强之表现。

(本文原载《东疆学刊》2002 年第 1 期)

中国宫廷画院体制对伊斯兰
细密画艺术发展的影响

宫廷画院在中国最早出现于五代时的西蜀和南唐,兴盛于两宋时期,成为推动绘画艺术发展的一种重要机制。供职于宫廷画院的画家享领朝廷俸禄,为宫廷服务,成为职业画家。他们与文人画家(非职业画家)以不同的价值取向,成为中国古代绘画艺术的双翼。1279 年,南宋覆灭。两宋时期兴盛的宫廷画院体制在元朝蒙古人统治下瓦解。然而,也正是蒙古人,却将中国的这种宫廷画院体制搬运到了伊朗(波斯),并落地生根,成长得繁花似锦,硕果累累。波斯的宫廷画院体制催生了细密画书籍插图艺术。细密画艺术于 13—17 世纪在波斯繁荣兴盛了 500 年,并在 16 世纪传播到印度莫卧儿伊斯兰王朝和奥斯曼土耳其帝国,成为伊斯兰艺术中的一朵奇葩。

一、宫廷画院的建立与细密画的兴起

中国元朝的第一个皇帝忽必烈与伊朗伊儿汗王朝(1256—1380 年)的开国君主旭烈兀是兄弟,这时期中伊两国关系非常密切。这是继唐王朝之后,中伊文化交流史上的又一个重要时期。"伊朗在伊儿汗时代与中国元朝往来不辍,经常互相聘问和展开经济、文化交流,合赞汗统治时期尤为密切。"①伊儿汗王朝第一个皈依伊斯兰教的蒙古君主合赞汗(1295—1304 年在位)授意首

---

① 朱杰勤:《中国和伊朗关系史稿》,新疆人民出版社 1988 年版,第 26 页。

相拉施特·哈马丹尼在都城大不里士附近建设了一座以他自己名字命名的"拉施迪耶"艺术城,其中建有精美的楼台亭阁、大型图书馆和整齐有序的画坊,将波斯和外国的学者和艺术家都集中在那里工作,编写历史著作并为之作插图。这是伊朗有史记载的第一座宫廷画院。

正是在大不里士"拉施迪耶"画院,在艺术家们的通力合作下,拉施特奉旨编撰的皇皇巨著《史集》被绘制插图。现存有两种出自"拉施迪耶"宫廷画院的《史集》绘图本:一种收藏在爱丁堡大学图书馆,绘制于 1307 年,有 70 幅插图;另一种收藏在伦敦亚洲皇家学会,绘制于 1314 年,有 100 幅插图。"拉施迪耶"画院的另一个重大成果是菲尔多西(940—1020 年)的史诗《列王纪》插图本(1330—1336 年绘制),20 世纪初被一法国古董商窃取,并以此人的名字命名为"德莫特《列王纪》插图本"。

随着宫廷画院在伊朗的建立,中国绘画艺术也随之对新生的波斯细密画产生强烈影响。当时,大不里士是一座国际性的大都市,"各种信仰和民族的贤人、占星家、学者和史家,如华北和华南人、印度人、客什米尔人、吐蕃人和畏兀儿人,以及其他民族如突厥、阿拉伯、富朗人等,群集侍奉于如天的陛下"①。中国(华北和华南)排在众多国家的首位,中国人在该城的影响力由此可窥一斑。拉施特本人"一直非常重视引入和传播中国文化,并为此做出了许多切实有效的努力,如延请中国医生到波斯、培养波斯人学汉语,等等"②。当时,中国人在大不里士集中居住的地区,被称为"中国城"。因此,且不论当时中伊两国官方层面的兄弟般地直接交流,仅就大不里士城中大量的中国人而论,可以说为伊朗画家学习中国绘画提供了巨大的可能。《史集》插图本属细密画早期作品,明显受到中国绘画的影响,这主要体现在线条的勾勒和局部构图上,而人物排列的方式和动作、平衡对称的整体构图方式是伊朗式的,中国绘画历来不关注画面的平衡对称感。"尽管山峦、云彩、水面的画法规则采用中国的,但完全以一种非中国的方式将空白处全都填满"③。在"德莫特《列王

---

① 拉施特:《史集》第一卷第一分册,余大钧、周建奇译,商务印书馆 1986 年版,第 90 页。

② 王一丹:《波斯拉施特〈史集·中国史〉研究与文本翻译》,昆仑出版社 2006 年版,第28 页。

③ 鲁因·帕克巴兹:《伊朗绘画》(波斯文版),扎林与西敏出版社 2009 年版,第 61 页。

纪》插图本"中,伊朗艺术家们学会了扬长避短,将中国艺术的动感与伊朗艺术传统装饰性原则中的停滞相融合,创造出一种具有强大表现力的史诗般特征,非常适合于《列王纪》这样的民族大型史诗作品。因此,"德莫特《列王纪》插图本"被视为波斯细密画成熟的标志性作品,"观摩过中国绘画并对之十分欣赏的伊朗艺术家们,更倾向于不是遵循中国艺术规则或程式化,而是在美感特征方面,与中国艺术家进行竞争"①。

因此,伊儿汗王朝的统治对伊朗绘画艺术有着两大创建:一是将中国艺术传统传播到伊朗,成为伊朗画家们灵感的新源泉;二是建立起了一种培养扶植绘画艺术的机制——一种将艺术家们聚集在王室宫廷图书馆(同时也是画院)进行工作的传统。伊朗文人作为国家的精英阶层,是国家文化建设的主要负担者,他们著书立说,编写史籍,进行文学创作,作曲填词,垄断书画艺术(倘若说,中国尚有非宫廷的文人画家的存在,至少在 17 世纪波斯细密画衰微之前非宫廷的文人画家在波斯几乎不存在,即使有一些非宫廷的画家存在,但他们都不是文人,也不能称为艺术家,只能说是"画工",是手艺人)。他们的一切文化活动主要是由宫廷画院来承担组织并提供经费赞助的,由此可见宫廷画院在伊朗文化建设中的重要作用。

二、宫廷画院的兴盛与细密画的繁荣

因此,蒙古人对伊朗的统治是伊朗绘画史的一个转折点,它使宫廷画院体制在伊朗建立起来,并在之后的数个世纪中繁荣昌盛。伊儿汗王朝后期,蒙古人对伊朗南部地区控制乏力,因珠家族(1319—1342 年)、莫扎法尔家族(1346—1393 年)相继在设拉子建立地方王朝,贾拉耶尔家族(1339—1432年)在巴格达建立地方王朝,并建立起自己的宫廷画院。之后,帖木儿王朝(1370—1507 年)统治伊朗全境,帖木儿及其儿孙们相继在撒马尔罕、赫拉特、

---

① J.S.威尔金森:《伊朗绘画史》(波斯文版),穆罕默德·伊朗曼内希德译,阿米尔·卡比尔出版社 2004 年版,第 36 页。

设拉子等重要城市建立宫廷画院。15世纪,土库曼人的黑羊部落(1407—1468年)和白羊部落(1467—1514年)相继蚕食帖木儿帝国的领土,在大不里士、巴格达、设拉子等大城市建立了宫廷画院,形成著名的土库曼画风。1502年,萨法维王朝驱逐了土库曼人在伊朗的统治,以大不里士为都城,重建宫廷画院。塔哈玛斯普国王于1548年将都城迁到伽兹温,并在该城建立宫廷画院。同时,塔哈玛斯普国王的侄子伊布拉欣·米尔扎被委派为马什哈德总督,他在马什哈德建立了自己的宫廷画院。伊斯玛仪尔二世于1576年登基,将大不里士、马什哈德、设拉子的一些画家召回到都城伽兹温,复兴了这座城市的宫廷画院。1587年,阿巴斯一世国王登基,并于1597年将都城从伽兹温迁到中部大城市伊斯法罕,并在该城建立自己的宫廷画院。萨法维王朝东北部邻居乌兹别克汗和其儿子阿卜杜·阿齐兹(1540—1549年在位)以布哈拉为统治中心,建立宫廷画院,一直繁荣到16世纪末期。画家们绝大部分依附于这些宫廷画院,靠宫廷俸禄生活,依照各自效力的君主的旨意和审美情趣为经典文学作品或史籍绘制插图,由此形成不同的细密画流派。因此,正是宫廷画院在伊朗各大城市的建立及其相应的文化活动,成就了伊朗中世纪文学与艺术的双重辉煌。

在上述各大宫廷画院和画派中,最具有代表性的是巴格达、赫拉特、大不里士、设拉子和伊斯法罕宫廷画院及其相应的文化举措。

巴格达是阿拉伯帝国阿巴斯王朝的政治和文化中心,因传统因素受波斯文化的影响较深。早在蒙古人入侵之前,就因受波斯摩尼教书籍插图的影响,阿拉伯世界最流行的文学读物《哈利里传奇》和《卡里莱与笛木乃》于1225—1258年被绘制插图,这可以说是早期阿拉伯巴格达书籍插图艺术最典型的代表作品。14世纪中期,随着贾拉耶尔王朝(1339—1432年)对伊儿汗王朝疆域的占领,巴格达再次成为艺术活跃的中心。贾拉耶尔家族在巴格达建立起自己的宫廷画院,网罗了一批优秀画家,比如当时最著名的细密画大师阿赫玛德·穆萨,及其弟子夏姆斯尔丁,弟子的弟子和卓·阿卜都拉赫侬、祝奈德等,可谓三代画家齐聚在贾拉耶尔的巴格达宫廷画院中效力。阿赫玛德·穆萨主持绘制插图的书籍有《阿布·赛义德传》《卡里莱与笛木乃》《登霄记》《成吉思汗史》,至今还留存有一些散落的画页。阿赫玛德·穆萨和其弟子夏姆斯尔丁原先效力于大不里士宫廷画院,因此在他们带领下巴格达画派的早期画风基本上是继承了大不里士画风。在苏尔坦·阿赫玛德统治时期(1382—1410年),祝奈德担任巴格达宫廷画院总监,在新君主的大力支持下,一种新的绘画特征在巴格达画派出现并成熟。

巴格达画派最杰出的代表作是哈珠·克尔曼尼的《五部诗》插图本(1396年绘制),其中的一幅画有"祝奈德·苏尔坦尼"的签名,这是有某位具体画家署名的最古老的一幅作品。这部插图本的大部分聚会场景,不论是室内还是室外,很有可能都是出自祝奈德之手,或至少是在他的监督下完成的。这些场景成为后来细密画的典范。该插图本中的一幅图画《胡马与胡玛雍相见》,表现的是波斯王子胡马骑在马上,伫立在中国公主胡玛雍宫殿的院墙外。胡玛雍在宫殿阳台高处,羞涩地看着院墙外的胡马王子。与之前的伊儿汗大不里士画风相比较,我们可以从这幅画作中看到巴格达画派的两大创新:一是成熟的俯视视角。俯视视角的哲学基础:细密画是从真主安拉全知的观望视角出发,这是神的视角,洞悉世间的一切。细密画的俯视视角在伊儿汗大不里士画派的细密画中并不突出。巴格达画派率先开创了这一特征,并在祝奈德手中成熟。之后,以贝赫扎德为代表的"赫拉特画派"强化了细密画的真主全知式的俯视视角,使之成为细密画最主要的特征之一。二是绚丽色彩的运用。之前伊儿汗大不里士画派受中国绘画影响较深,运用的色彩种类非常有限,更多的是强调线条。而在巴格达画派绘制的哈珠·克尔曼尼《五部诗》插图本中,色彩的运用趋于绚丽,由此开创了波斯细密画色彩运用的"崇高原则",使美轮美奂的色彩对视觉产生强大冲击力成为细密画艺术的又一代表特征。"祝奈德以仔细斟酌的颜色结构和大师般的画面构图,创造了令人神魂颠倒的、幻想的、神话般的、诗意的世界"[1]。因此,可以说以祝奈德为代表的巴格达画派开创了细密画书籍插图艺术的新时代。当时,巴格达是伊斯兰世界的中心,而巴格达宫廷画院作为国家文化建设的中枢,对将伊斯兰的宗教哲学理念融于细密画艺术起了非常重要的引导和推动作用。

---

① 鲁因·帕克巴兹:《伊朗绘画》(波斯文版),扎林与西敏出版社2009年版,第68页。

设拉子是阿契美尼德王朝古波斯帝国和萨珊王朝波斯帝国的兴起之地，波斯文化传统积淀在该地区非常深厚，因此设拉子宫廷画院历来以《列王纪》为主要绘制对象。14世纪上半叶，因珠家族在蒙古人伊儿汗政权势力衰落之时，在设拉子建立自己的地方小王朝，并在该城建立宫廷画院。在王公们的资助之下，《列王纪》于1330年和1332年两度被绘制插图本。在帖木儿王朝时期，先是帖木儿的一个孙子伊斯坎达尔·苏尔坦被任命统治设拉子，他在该城建立宫廷画院，网罗当地最杰出的艺术家聚集在画院中，第三次绘制《列王纪》插图本（1410年）。不久，帖木儿的另一个孙子伊布拉欣·苏尔坦替代了自己的堂兄弟伊斯坎达尔·苏尔坦，成为设拉子统治者，接管了宫廷画院，并第四次绘制《列王纪》插图本，即著名的"伊布拉欣·苏尔坦《列王纪》插图本"（1430—1435年绘制）。该插图本开创了将书法艺术与细密画插图相结合的传统：两列或者是四列文字排列在画面的上部或下部，使画面呈现出对称几何结构，将画面空间分为和谐的几部分，人物与主要事件往往位于画面中部，集中在文字列上下的视域中。这显然是受到中国绘画题图诗的启迪，但用伊朗传统的平衡对称方式表现出来。在"伊布拉欣·苏尔坦《列王纪》插图本"之后，书法与图像的结合为各个细密画流派所采用，成为细密画的艺术特征之一。细密画作为书籍插图艺术非常适合把相关诗句置于画中，由此波斯的书法艺术与细密画艺术辉映成趣，相得益彰，增加了细密画的欣赏价值和文学趣味，文本与图像的关联更加牢固。平衡对称性从古波斯帝国时期起就是伊朗装饰艺术的范式，对这种传统范式的推崇无疑与设拉子宫廷画院统治者的审美情趣密切相关。

拜松古尔·米尔扎（1397—1434年）是帖木儿第四子沙哈鲁之子，长期经营赫拉特宫廷画院。拜松古尔是一位具有极好艺术审美鉴赏力的王子，自身也多才多艺，十分热衷于对细密画艺术的扶植和赞助，他四处网罗全伊朗最优秀的艺术家在自己的宫廷画院中，由此形成了波斯绘画史上最灿烂辉煌的赫拉特流派。这时期，赫拉特宫廷画院的成就是著名的"拜松古尔《列王纪》插图本"（1429年绘制）和哈珠·克尔曼尼的《五部诗》插图本（1427—1440年绘制）。1422年，拜松古尔派遣了一个由宫廷画家吉亚速尔丁率领的使团到中国，明成祖朱棣接见了该使团。宫廷画院尽管在元代萧索，但"到了明代，宣召知名画家入宫,并给予官衔及俸禄,再度成了正式的体制"①。在宫廷画院再度复兴的明代,尤其是在永乐盛世,以痴迷细密画著称、并建有伊朗史上最著名的宫廷画院的帖木儿王子拜松古尔,派遣一个由当时著名画家带队的使团出使中国,其文化使命不言而喻。"拜松古尔《列王纪》插图本"是波斯细密画史上的辉煌制作,是在吉亚速尔丁出使中国之后绘制而成,其中的中国元素是显而易见的。比如,在其中的一幅画作《古尔纳尔与阿尔戴细尔相见》中,画面前景宫廷院墙上停歇的两只喜鹊明显具有中国宫廷工笔花鸟画的特征。拜松古尔宫廷画院作品中的人物面部描绘往往具有中国仕女的特征,这在其《列王纪》插图本和哈珠·克尔曼尼《五部诗》插图本中都很显著,尤其是后者中有一幅画作《胡马与胡玛雍夜晚在御花园中相会》,美丽绝伦,堪称波斯细密画最为经典的作品之一,画中御花园夜晚的景色是那样的绚丽明亮,被誉为"永恒的夜晚之春"。该画作者不详,因画中的人物面部具有显著的中国宫廷仕女画特征,应当出自一位有机会观摩过中国宫廷收藏珍品的伊朗画家之手,因此有研究者推测其作者很可能正是率领使团出访过明永乐宫廷的画家吉亚速尔丁。②

帖木儿王朝末期,侯赛因·拜依噶拉统治赫拉特时期(1460—1506年),这座中亚文化名城再度焕发出绚丽奇异的光彩,诗歌、音乐、绘画、壁画、建筑、园林建造,以及其他的一些艺术,都得到了新的发展,呈现出一派繁荣鼎盛的景象。当时的赫拉特在历代君主的长期经营下,成为难以替代的文化中心,整座城市无比的繁荣美丽,"在这个可居住的世界上,还没有其他的城市能与赫拉特相比……赫拉特的繁荣与美丽,(比过去)增长了十倍,甚至二十倍"③。这一切都仰仗于赫拉特宫廷画院文化举措的推动。

侯赛因·拜依噶拉国王本人具有很高的文学艺术趣味,尤其重用首相阿里希尔·纳瓦依(也是位杰出的诗人艺术家)。君臣二人齐心协力,大力提升

---

① 高居翰:《江岸送别——明代初期与中期绘画》,夏春梅等译,生活·读书·新知三联书店 2012 年版,第 10 页。
② 帕尔维兹·玛尔兹邦译:《幻想的花园——伊朗细密画七百年》(波斯文版),法尔让内出版社 1998 年版,第 179 页。
③ 王治来译:《巴布尔回忆录》,商务印书馆 2010 年版,第 299 页。

文学家和艺术家的社会地位,给予文学艺术最慷慨的赞助。由此,在赫拉特形成了一个精英社团,实质上也是个苏非社团,当时文学艺术界最杰出的人物,如穆罕默德·米尔罕德(历史学家)、侯赛因·瓦艾兹·卡希非(文学家)、苏尔坦·阿里·马什哈迪(书法家)、卡马尔丁·贝赫扎德(画家)、亚力(镀金师)是该社团的成员。他们聚集在赫拉特宫廷画院美丽的别墅和果园中,长时间地吟唱诗歌,纵论哲学、文学和艺术方面的问题,聆听美妙的音乐和歌吟,呷饮美酒。大多数时候,国王也会光临这些苏非式的聚会。在这种开明的氛围中,赫拉特画派再度辉煌,产生了波斯细密画史上最杰出的画家卡马尔丁·贝赫扎德(1450—1531年),他绘制的萨迪《果园》插图本(1487年绘制)和内扎米《五卷书》插图本(1493年绘制)是这时期赫拉特宫廷画院最杰出的作品。在贝赫扎德之前,细密画画家一般不关注周遭现实的生活,因为在苏非神秘主义认识观中画家所画的是真主眼中的世界,呈现的是一种幻想而神秘的美。贝赫扎德的努力和创新,使写实倾向与深刻的苏非奥义在细密画中完美融合,最杰出的代表作品就是他绘制的萨迪《果园》插图本,其中《优素福逃离佐列哈的情网》这幅画堪称细密画史上最为经典的作品:一进又一进的宫殿房间、弯曲蜿蜒的楼梯、关闭着的门窗,含蓄而深刻地用周遭环境因素,将优素福逃离佐列哈情网的难度表现了出来。在贝赫扎德手中,细密画超越了拜松古尔时期宫廷画院的中国画风,中国绘画的影响不再是一种显然的存在。这种超越无疑与当时赫拉特宫廷画院浓厚的苏非文化氛围密切关联。

1502年,萨法维王朝建立,大不里士再度成为都城。这是自651年萨珊波斯帝国被阿拉伯人灭亡之后,在经历了八个半世纪的异族统治之后,伊朗人再度建立起来的统治伊朗全境的强盛王朝,"是穆斯林波斯的最光荣的土著王朝"[1],为近现代伊朗国家的形成奠定了基础。在塔哈玛斯普国王(1524—1576年在位)旨意下,大不里士宫廷画院成为国家的文化中枢,推行一系列的文化举措,着力弘扬伊朗本民族的文化传统。在艺术领域,倘若说,伊儿汗时期的大不里士画风处在中国绘画艺术的强势影响之下,那么萨法维时期的大不里士画风完全超越了中国绘画艺术的影响,创造出了完全属于伊朗民族自

---

① 希提:《阿拉伯通史》下卷,马坚译,商务印书馆1990年版,第844页。

己的画风,其特征是笔触精工细致,颜色丰富深厚,画面呈现出一种独特的美感,是伊朗西部艺术传统(大不里士)与东部艺术传统(赫拉特)的完美融合。这种风格在以"塔哈玛斯普《列王纪》插图本"(1537 年绘制)和"塔哈玛斯普《五部诗》插图本"(1539—1543 年绘制)著称的插图本中得到淋漓尽致的表现,呈现出一种既绚丽夺目又和谐愉悦的高贵而典雅的艺术特征。这时,细密画艺术不仅成为伊朗国家文化的象征,而且还对印度莫卧儿、奥斯曼土耳其的文化艺术产生了深远的影响。

三、宫廷画院最后的辉煌与细密画在波斯的衰落

1597 年,萨法维王朝的一代雄主阿巴斯一世国王将都城从伽兹温迁到中部大城市伊斯法罕,伊朗艺术在这座城市再次达到繁荣鼎盛。无数的画家、书法家、建筑师、工匠云集伊斯法罕,为新君主效力。伊斯法罕宫廷画院成就了波斯细密画艺术最后的辉煌,该画院最优秀的作品是两部《列王纪》插图本,分别绘制于 1587—1597 年和 1614 年,皆是阿巴斯国王定制。尽管阿巴斯国王的宫廷画院中汇集了大量的优秀画家,王室对书籍插图艺术也有所资助,但与之前历代王室倾其大量财力于书籍插图制作相比,阿巴斯国王将更多的财力与人力集中在大型建筑及其壁画绘制上,而在书籍插图制作方面资助较少。伊斯法罕"世界图画"广场四周的大型建筑群至今依然见证着当年的辉煌,堪称伊斯兰建筑史上的旷世杰作。阿巴斯国王的这一举措从两个方面导致绵延数个世纪的细密画书籍插图艺术在伊朗衰落:一是由于书籍绘画获得宫廷赞助大幅减少,画家们不得不寻求新兴的商业大贾的赞助,而这些商人既没有足够的财力负担书籍插图艺术的沉重费用,也没有相应的文学修养与艺术情趣,更倾向于定制一些单幅独立的画作,用于居家房间的装饰,而不是文学书籍的插图。在这些单幅画作中,一个或一对年轻男女,加上几丛花草或舒卷的云朵绘制在简单的衬底上,辅之以粗糙的镀金作为装饰(之前,精湛的镀金是细密画非常重要的流程,需要雄厚的资金支撑,镀金师与书法家、画家三者具有同样的崇高地位)。艺术家们不得不迎合商业阶层的需要和审美趣味,由此细

密画的装饰性增强,故事性与文学文本的关联减弱,绘画逐渐脱离文本,成为单幅作品。伊斯法罕画派的很多作品都是与文学文本关联较弱的单幅作品(诚然,也有不少单幅作品堪称经典杰作),可以用作不同书籍的插图,更可以作为室内装饰性作品悬挂,而之前的细密画书籍插图绝无用于悬挂装饰。这解构了波斯细密画艺术作为一种书籍插图艺术——一种独特的艺术品种的存在基础。二是宫廷、私人建筑、公共建筑中壁画的流行是 17 世纪伊斯法罕绘画艺术繁荣的另一种景象,其中一些壁画至今仍可以看到。然而,大型壁画从技术层面解构了细密画艺术的独特性。当画家们在阔达的墙面上用水彩作大型壁画,细密画作为一种独特的工笔画所具有的精雕细琢感全然丧失。

细密画在本质上是一种宫廷绘画艺术,是一种贵族式的精致而尖端的艺术,需要充足资金的滋养。当细密画沦为一种大众艺术,这本身就是一种自我消解。源自内部的解构因素,再加上这时期欧洲绘画的强势影响,具有数百年辉煌历史的波斯古典细密画书籍插图艺术就此衰落了。1815 年,现代印刷术被引进伊朗。一些被印刷出版的经典文学作品也模仿古代手抄本的样式,印刷插图于其中,但其价值与古代细密画大师们的亲笔手绘本完全不能相提并论,地道的书籍插图绘画消失了。

四、宫廷画院体制及细密画艺术向印度和奥斯曼的流传

印度细密画艺术的繁荣是在莫卧儿伊斯兰王朝时期(1526 — 1858 年)。莫卧儿王朝的开国君主巴布尔自称帖木儿后裔,对帖木儿时期的波斯文化十分倾心,曾长期流连于帖木儿帝国的文化中心赫拉特,出入赫拉特宫廷画院,深受赫拉特细密画艺术氛围熏陶,在他后来的《回忆录》中对赫拉特宫廷画院的细密画画家、书法家、诗人等多有记载,比如,"毕赫札德是米尔咱宫廷中最著名的画家。他的作品精致细腻,但画无胡须的脸则画不好,总是把下巴画得很长。他画大胡子的脸画得很出色"[①]。这说明,巴布尔经常接触到贝赫扎德

---

① 王治来译:《巴布尔回忆录》,商务印书馆 2010 年版,第 289 页。

的画作。但是,巴布尔因一生忙于征战,未能建立起自己的宫廷画院。其子胡马雍(1530—1556年在位)继位之后,因部下叛乱而于1543年逃亡到伊朗萨法维王朝塔哈玛斯普国王的宫廷中避难,居住了一年时间。在此期间,胡马雍深受大不里士宫廷绘画艺术的影响,经常观摩那里的艺术大师们绘制细密画插图,并与他们成为至交好友。1555年,在萨法维军队帮助下,胡马雍平叛成功,重新夺得政权,随即仿效大不里士宫廷画院,着手筹建自己的宫廷画院。

1548年,萨法维王朝迁都伽兹温,大不里士画派的鼎盛时期随着都城的迁移而结束。迁都之后不久,塔哈玛斯普国王突然对细密画艺术失去兴趣(个中原因在伊朗文化史上一直是个谜),不再提供赞助支持。这让长期靠宫廷赞助和供奉支撑的细密画艺术及画家陷入窘境。声名显赫的年迈大师苏尔坦·穆罕默德从此封笔,其他一些优秀的画家,比如米尔·莫萨维尔、米尔·赛义德·阿里、阿卜杜·撒玛德,相继纷纷投奔印度莫卧儿宫廷。波斯艺术大师们的投奔与胡马雍筹建自己的宫廷画院正好契合,这些波斯细密画大师效力于胡马雍的宫廷画院,同时也培养了大批印度本土的艺术家。随后,越来越多的波斯画家迁居印度,寻求更好的发展。这些画家几乎都是在贝赫扎德的影响之下成长起来的新一代优秀画家,他们将贝赫扎德的审美风范——图像与文学文本紧密关联——发展完美。因此,"印度16世纪画派的变革,以及中亚和奥斯曼土耳其的画派皆在很大程度上受益于贝赫扎德的遗产"①。1556年,胡马雍不慎从自己宫廷画院藏书楼楼梯上失足滚下身亡,因此实际上莫卧儿宫廷画院是在胡马雍的儿子阿克巴(1556—1605年在位)时期筹建完善的。

阿克巴的母亲是波斯人,在血缘上对波斯有一种与生俱来的亲近感,加之他在少年时期因随父亲避难于大不里士宫廷,对大不里士细密画流派可谓耳濡目染,并拜阿卜杜·撒玛德为师,学习细密画。阿克巴亲政之后,在都城阿格拉完成了其父亲的遗愿,建立起了莫卧儿宫廷图书馆即画院。现存苏黎世

---

① 穆罕默德·伊朗曼内希德译:《伊朗绘画史》(波斯文版),阿米尔·卡比尔出版社2004年版,第231页。

里特贝里博物馆的一幅阿克巴时期的细密画(约绘制于 1590 — 1595 年期间),生动地呈现了当时莫卧儿宫廷画院里细密画绘制的流程,是反映细密画艺术的非常珍贵的图像资料。

在阿克巴和贾杭吉尔汗(1605—1628 年在位)统治时期,莫卧儿王朝在政治和经济上都达到繁荣强盛的顶峰,雄厚的经济实力支撑了细密画艺术在印度的繁荣。莫卧儿宫廷画院绘制的第一部大型作品是《哈姆宰传》。哈姆宰是先知穆罕默德的叔叔,伊斯兰教初期的勇士和英雄。这部作品的插图绘制工作早在胡马雍时代就开始了,因工程浩大,一直持续到阿克巴时期才完成(约完成于 1577 年)。该项绘制工程的总监正是波斯杰出的细密画大师赛义德·阿里和阿卜杜·撒玛德,绘制这部书是一项超乎寻常的艰巨工作,1400幅图画以非常规的大尺寸被绘制,众多印度本土的画家参与了这项工程。正是这部作品,使"印度莫卧儿的绘画站住了脚跟"①。赛义德·阿里和阿卜杜·撒玛德,这两位杰出的波斯细密画大师,为创建莫卧儿细密画流派立下了汗马功劳。

尽管印度莫卧儿细密画流派是在波斯细密画基础上建立起来的,可以说是与波斯细密画最近的流派。但同时也几乎从一开始,莫卧儿流派就表现出与波斯细密画艺术的显著差异。因为莫卧儿细密画在产生之时正值欧洲文艺复兴绘画艺术鼎盛,印度艺术家受到欧洲绘画艺术的强烈影响,比波斯艺术家更多地致力于表现空间的感受力。比如在阿克巴时期的插图本《诃利世系》中的插图《克里希纳和巴拉罗摩鏖战敌军》中,远处的山与人明显小于近处的人物,整个画面呈现出一种空间纵深感,这是波斯细密画从未有过的。因此,莫卧儿绘画艺术立足于印度本土的艺术传统,对欧洲绘画和波斯细密画的优势兼收并蓄,形成了自己独特的风格。这种莫卧儿画风在阿克巴时期成熟,"阿克巴时代的莫卧儿细密画,逐渐融合了波斯细密画的装饰性、印度传统绘画的生命活力与西方绘画的写实技法三种因素,形成了折中而又独特的风格"②。这种画风在《阿克巴本纪》插图本中得到完美的体现,"尤其是在肖像

----

① 王镛:《印度细密画》,中国青年出版社 2007 年版,第 35 页。
② 王镛:《印度细密画》,中国青年出版社 2007 年版,第 36 页。

和动物绘画领域,欲辨别其伊朗质素,通常是比较困难的"①。

受到波斯细密画艺术显著影响的另一个国家是奥斯曼土耳其。1453 年 5 月,奥斯曼帝国苏丹穆罕默德二世攻克君士坦丁堡,将之更名为伊斯坦布尔。穆罕默德二世及其继承人巴亚齐德二世一生忙于向欧洲扩张,无暇顾及文化建设。1512 年,塞利姆一世继位,调转矛头,与自己的东邻伊朗萨法维王朝开战,攻克了萨法维都城大不里士,掳掠了大量的战利品和萨法维艺术家,甚至萨法维伊斯玛仪国王的后宫家眷也成了俘虏。萨法维无奈割地求和。这次战争不仅让奥斯曼获得大量物质财富,更获得了宝贵的艺术财富——波斯细密画由此传入奥斯曼帝国。塞利姆一世仿效大不里士在伊斯坦布尔建立起自己的宫廷画院,将掳掠来的波斯艺术家集中在那里为自己效力。1525 年,塞利姆一世病逝,其子苏莱曼继位。苏莱曼大帝在位 46 年,开创了奥斯曼帝国最繁荣鼎盛的时代。突厥人在整个中世纪都处在波斯文化的影响之下(即使他们曾做过波斯的统治者),他们阅读的文学作品也主要是波斯中世纪经典文学作品,并对之进行模仿创作,连苏莱曼大帝自己创作的诗歌也"深受波斯诗歌的影响"②。在绘画艺术领域,奥斯曼的艺术家们更是效法波斯,奉波斯细密画艺术大师们的作品为圭臬,尤其崇奉赫拉特和大不里士画风,恪守其陈规,"突厥人曾一度比印度人更加精确地追随伊朗艺术的范式"③。苏莱曼大帝重金聘请了不少波斯的优秀艺术家为其宫廷画院效力,16 世纪奥斯曼苏丹宫廷画院的很多画作,实际上都是这些波斯艺术家们的作品。细密画在奥斯曼帝国繁荣兴盛了 100 多年的时间,灿烂辉煌的奥斯曼细密画艺术几乎就是波斯细密画艺术的移植。这或许是奥斯曼细密画艺术与莫卧儿细密画艺术——直接在波斯细密画艺术影响之下产生的两大绘画艺术——最大的差异。也许正是因为奥斯曼土耳其人不善变通的特性,17 世纪在欧洲绘画艺术的强势冲击下,奥斯曼艺术家们很快就完全放弃了细密画艺术,全盘接受欧洲

---

① 穆罕默德·伊朗曼内希德译:《伊朗绘画史》(波斯文版),阿米尔·卡比尔出版社 2004 年版,第 305 页。
② 黄维民:《中东国家通史·土耳其卷》,商务印书馆 2001 年版,第 9 页。
③ 穆罕默德·伊朗曼内希德译:《伊朗绘画史》(波斯文版),阿米尔·卡比尔出版社 2004 年版,第 307 页。

绘画艺术,正如他们后来在20世纪初叶在政治体制方面采取了全盘西化的政策。莫卧儿王朝开创的印度细密画艺术虽然在贾杭沙赫(1628—1658年在位)之后呈下滑趋势,但一直坚持到19世纪中叶,被英国殖民统治者的学院派油画取代。

波斯细密画艺术在17世纪之后一度下滑乃至凋敝,但在20世纪伊朗艺术家们采取融会贯通的方式,实现了华丽的转身。他们在接受欧洲绘画"人的平视视角"的同时,强化了色彩运用的"崇高原则"和笔触的精细繁复,使伊朗现代细密画在用色上更加美轮美奂,具有更强烈的视觉冲击力,而强化了的"崇高原则"使细密画所承载的传统文化内涵依然如故。伊朗现代细密画依旧是世界艺术大花园中的一朵奇葩。

(本文原载《回族研究》2015年第1期)

中国造纸术促进伊斯兰
书籍装饰艺术的兴起

一、造纸术的传入促进阿拔斯王朝书籍装饰艺术的兴起

包括笔者在内的诸多学者曾长期把伊斯兰第一个世纪绘画艺术的凋敝，普遍归结为伊斯兰教对具象（偶像）艺术的禁忌。这固然不谬。然而，当我们不把视觉焦点聚集在伊斯兰教义本身，而是放眼中古时期物质文化对精神文化的支撑作用，即马克思主义所言"经济基础决定上层建筑"，我们会看到，在伊斯兰第一个世纪，缺乏绘画艺术兴盛的必要物质基础。在中国造纸术传入亚洲西部之前，亚洲西部地区主要使用羊皮纸和莎草纸。这两种物质材料或因昂贵稀少，或因易脆难存，皆无法支撑大规模的书籍制作。

750 年，波斯呼罗珊军在阿布·穆斯林率领下，从中亚一直打到大马士革，推翻了阿拉伯倭马亚王朝（661—750 年）的统治，拥立先知穆罕默德叔父的玄孙阿布·阿拔斯为哈里发，建立了阿拔斯王朝（750—1258 年）。同时，波斯人帮助阿拔斯王朝打江山的拥戴之功，使波斯贵族和文人阶层迅速占据阿拔斯王朝各级行政机构，对阿拔斯时期伊斯兰文化的繁荣鼎盛起了非常重要的促进作用。阿布·穆斯林统帅的呼罗珊军成为维护阿拔斯王朝统治的近卫军，具有强大的战斗力。751 年，阿布·穆斯林率领的呼罗珊军与高仙芝率领的唐军在中亚怛逻斯交战。唐军败北，被俘将士二万余人。怛逻斯战役在中西文化交流史上具有非凡的意义。据中外多种史料的记载，正是怛逻斯战役中被俘的二万余唐将士中的一些造纸工匠，将造纸术传入中

亚和西亚地区。① 当阿布·穆斯林获知被俘唐将士中有一些人是造纸工匠，便收罗俘虏房中所有的造纸工匠集中于当时呼罗珊省的手工业中心撒马尔罕（今乌兹别克斯坦境内），该城很快成为阿拉伯帝国的造纸中心。"撒马尔罕纸"成为一种重要贸易商品，销往整个阿拉伯帝国境内，以其便捷、廉价、适用、美观的特性迅速替代了该地区长期使用的埃及莎草纸和羊皮纸，为阿拉伯阿拔斯王朝的文化繁荣奠定了坚实的物质基础。

762 年，阿拉伯帝国的新首都巴格达（Baghdād，波斯语意为"神赐的"）在底格里斯河畔落成，这个地区曾长期是波斯萨珊王朝（224—651 年）的统治中心。同年，阿拔斯王朝正式把帝国的都城从大马士革迁到巴格达，将自己的统治中心完全置于波斯文化的影响范围之内。8 世纪后半叶，从阿拔斯王朝第二位哈里发曼苏尔（753—775 年在位）开始，掀起了声势浩大、旷日持久的翻译运动，称为"百年翻译运动"（实际上持续了二百余年），大量希腊、波斯和印度的典籍被译成了阿拉伯语。中国造纸术的传入对这一文化运动的兴起和发展可谓居功至伟。793—794 年，哈里发哈伦（781—803 年在位）从撒马尔罕招募中国工人，在巴格达建立造纸厂，从此该城成为阿拉伯帝国的另一个造纸中心；大马士革随后成为阿拉伯帝国的第三造纸中心。在整个阿拉伯帝国境内，中国造纸术每到一处，都对当地文化的繁荣兴盛起了无法估量的促进作用。倘若没有中国造纸技术的支撑，如此大规模的文化翻译运动是难以推进的。830 年，在哈里发马蒙（813—833 年在位）旨意下，著名的巴格达"智慧学院"（Baytal hikmah）得以创建，"那是有一个图书馆、科学院和翻译局的联合机构，从各方面来看，它都是自公元前 3 世纪前半期亚历山大港图书馆建立以来最重要的学术机构"②。因此，当时巴格达不仅是伊斯兰世界的政治中心，更是文化中心，亦是当时著名的国际大都市。

雕版印刷在中国历史悠久，唐代佛经的大量翻译和刊印带动了雕版印刷的兴盛。在当时中西文化交流十分繁荣的背景下，伊斯兰世界不会对中国的印刷术一无所知，并且造纸术的传入也理应迅速带动伊斯兰世界对印刷术的

---

① 卡特：《中国印刷术的发明和它的西传》，吴泽炎译，商务印书馆 1991 年版，第 113 页。

② 希提：《阿拉伯通史》上册，马坚译，商务印书馆 1990 年版，第 362 页。

采用。然而,伊斯兰世界虽然极其迅速地接受了中国的造纸技术,却对中国的印刷术完全报以排斥的态度。其中原因众多,但用手工誊抄之书法艺术受到《古兰经》的肯定,无疑是其中最重要的原因之一。《古兰经》[①]68:1说:"以笔和他们所写的盟誓。"《古兰经》96:4说:"他曾教人用笔写字。"因此,在伊斯兰世界,用笔恭敬、精致地誊抄《古兰经》成为一项神圣的工作,并进一步视装饰《古兰经》为符合教法的崇高事业。由此,伊斯兰世界的书籍制作与装饰艺术大规模兴起,在初始阶段当然主要是誊抄和装饰经书《古兰经》。对《古兰经》的装饰一般采用非具象性的花叶和几何图形的边框装饰,或作章节标题的匾额装饰,并且敷以金粉,以显示经书的崇高,风格庄重典雅,不作任何具象插图。图1为库非克书法体阿拉伯文《古兰经》第二章"黄牛"第5—8节经文,属于8世纪中期即翻译运动伊始的作品,可能是现存最早的《古兰经》装饰本。整个页面敷以金粉,边框装饰极为精细繁复,并且将阿拉伯字母的"点"以红色颜料书写,以求醒目,整个页面具有强烈的视觉审美特征,十分富丽堂皇,高贵典雅。

图1 阿拉伯文《古兰经》,原件27×35.6厘米,修补后31×39.1厘米,8世纪中期

在巴格达的各种文化设施中,"智慧学院"的功能最为强大,它集图书制作与图书收藏为一体。由于图书制作被视为一项神圣的工作,因此必须是全手工精良制作。图书制作,具体又包括:造纸、誊抄、装饰、装订、装帧等流程。这其中,装饰又最为复杂,又细分为若干更细化的步骤:给誊抄好文稿的纸页作页面边框设计、描绘边框图案、描绘题匾、插图、镀金、上光等。这其中,插图

---

① 马坚译:《古兰经》,中国社会科学出版社1996年版。

又进一步细化为若干步骤,包括:素材选择、场景设计、构图布局、草图勾线、选色、着色、镀金、上光等流程。装订和封面装帧完成之后,图书才能进入收藏部。因此,图书馆实际上包括造纸坊、学堂、画坊、收藏部,以及笔墨颜料等辅助用品生产作坊等若干部门,是一个庞大的文化生产机构。因此,全手工精良制作书籍是中亚—西亚伊斯兰地区的一个重要文化传统,这也是伊斯兰文化在中古时期灿烂辉煌的重要载体。因此,在伊斯兰的第一个世纪,书籍制作与装饰不发达,一方面固然与伊斯兰教义禁忌具象(偶像)艺术相关;另一方面也与缺乏相应的物质载体密切相关,或许后者更为根本。因为从伊斯兰的第二个世纪开始,随着中国造纸术的传入,随着翻译运动各项文化举措的实施,书籍制作与装饰在阿拉伯帝国境内得到大力发展,呈现出繁荣景象;尤其是随后细密画书籍插图艺术的出现,说明伊斯兰艺术家们有能力在不违背教义的情况下创造出新的绘画艺术形式。

在翻译运动开始阶段得到发展的首先是书法艺术和书籍制作与装饰,并以誊抄和装饰《古兰经》为主。《古兰经》的誊抄与书籍制作和装饰一般由穆斯林承担。但由于阿拉伯人在伊斯兰之前尚处于蒙昧时期,以游牧生活为主,文明程度和文化水平相对较低,掌控阿拉伯帝国文化工作的多是具有较高文化修养造诣的波斯人,尤其是在阿拔斯王朝时期。因此,实际上更多地承担《古兰经》誊抄与装饰工作的是皈依伊斯兰教的波斯穆斯林,当然其中肯定也不会缺少阿拉伯穆斯林的贡献。

随着翻译运动的推进,"这种艺术的范围后来扩大了,除了《古兰经》外,还包括世俗的写本"[1]。在世俗书籍中,逐渐开始出现插图。插图的流行率先出现在科学著作中,这些插图对于科学著作来说是必需的。科学著作插图一般都是图解,即使出现人形或动物,也是科学图解,比如星相图、动物和人体的结构图,规避了伊斯兰教禁忌偶像崇拜的教条。再者,这些世俗插图著作几乎都出自非穆斯林艺术家,主要是生活在巴格达地区的摩尼教徒和基督徒艺术家,他们大都从事科学和医学事务。"由于伊斯兰教对肖像绘画艺术宗教合法性的质疑,在蒙古人入侵之前出现的少量绘画作品,都是出自非穆斯林艺术

---

[1]　希提著:《阿拉伯通史》上册,马坚译,商务印书馆1990年版,第421页。

家,尤其是摩尼教徒和雅各派教徒,聂斯脱利教派则不对自己的书籍进行镀金装饰,而阿拉伯人对伊斯兰绘画艺术的贡献微不足道。"①摩尼教徒誊抄经书和书籍装饰的悠久传统使这项技艺世代相传,使他们在此项工作中具有一种无形的优越经验。并且,在伊斯兰初期,"摩尼教徒起初被穆斯林们认做基督教徒或祆教徒,随之也获得了受宽容的教派身份"②。这使得他们在较长时期内获得了一定的生存和发展空间。摩尼教教义视几何图形为扩展的量的代表,蕴含着力量之美,是光明的象征之一,因此十分擅长绘制几何图形。因此,在科普著作的插图中,应该不会缺少摩尼教徒的贡献。图2是古希腊数学家阿波罗尼奥斯(Apolloniusof Perga,约公元前262—前190年)的著作《圆锥曲线论》中的插图,该书于9世纪被翻译成阿拉伯语,此插图本为1070年版本。

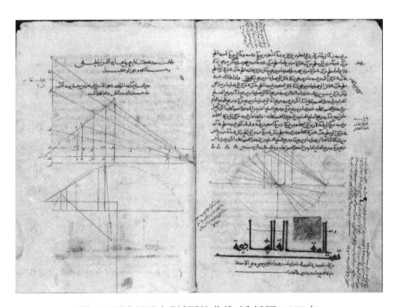

图2　阿波罗尼奥斯《圆锥曲线论》插图,1070年

---

① 穆罕默德·伊朗曼内希德译:《伊朗绘画史》(波斯文版),阿米尔·卡比尔出版社2004年版,第56页。

② 希提:《阿拉伯通史》上册,马坚译,商务印书馆1990年版,第503页。

图 3　托勒密《天文学大成》插图"双鱼座",9 世纪

　　在"百年翻译运动"中,被翻译的希腊著作多是哲学、天文学和医学方面的,而被翻译的文学作品主要来自波斯。图 3 是希腊天文学家托勒密《天文学大成》插图"双鱼座",该书撰写于公元 140 年,9 世纪从希腊语翻译成阿拉伯语并绘制插图。"翻译家们对于希腊人的文学作品不感兴趣,所以没有译成阿拉伯语。因此,阿拉伯人没有接触到希腊的戏剧、诗歌和历史。在这方面,波斯的影响,仍然是最大的。"①在翻译波斯文学典籍方面,生活在巴格达的波斯文人起了重要的作用,其中有不少是"精底格"(Zindīq)。该词本意是指二元论信仰者,包括琐罗亚斯德教徒和摩尼教徒。在伊斯兰初期,该词专指表面上皈依伊斯兰教,但实际上仍信奉二元论的波斯伪穆斯林。然而,由于琐罗亚斯德教曾拥有波斯国教之尊,并且在《古兰经》22：17 中与犹太教徒、拜星教徒和基督教徒相提并论,是与他们受同等待遇的,受到宽容对待,而摩尼

①　希提:《阿拉伯通史》上册,马坚译,商务印书馆 1990 年版,第 362 页。

教始终是异端邪说,始终是被打压的对象。因此,"精底格"一词在很大程度上专指摩尼教徒。波斯著名作家、翻译家伊本·穆格法(724—759 年)即是一位表面改宗伊斯兰的"精底格",他曾将多种萨珊时期的文学著作翻译成阿拉伯语,其中最著名的即是《卡里莱与笛木乃》,该书后来成为中古时期阿拉伯文学的经典名著。伊本·穆格法在其翻译工作中翻译过数种摩尼教著作,并可能参与了伊朗人的政治性活动①,于 759 年被哈里发曼苏尔(754—775年在位)以"精底格"的罪名处死。

"百年翻译运动"后期,阿拉伯统治者加大了对"精底格"的打击和镇压,大批摩尼教徒遂陆续向东方迁徙逃亡,书籍插图艺术随之被带入中亚河中地区。书籍插图这种新艺术形式与中亚故事性壁画艺术传统相结合,获得进一步发展,出现了世俗文学故事类的书籍插图艺术。可惜的是,由于蒙古西征的战乱,这时期中亚的带有细密画插图的书籍没有留传下来。现今我们只能根据阿拔斯王朝末期文学著作插图艺术的成熟度,以及伊斯兰著作的相关记载和在中国新疆吐鲁番地区考古发现的摩尼教书籍细密画残片来作逻辑推理。② 之后,随着蒙古西征,文学故事类书籍插图艺术又回传巴格达地区。

二、造纸技术的提升促进阿拔斯王朝书籍插图艺术的兴起

蒙古大军三次西征,波斯都首当其冲。1219—1224 年,成吉思汗率领 20万大军西征,主要目标是中亚地方王朝花剌子模。蒙古军队攻占了布哈拉、撒马尔罕、巴尔赫、木鹿、赫拉特等中亚历史名城,花剌子模国王败逃波斯。蒙古军队追击花剌子模国王,洗劫了波斯中北部雷伊、赞江、伽兹温等城市。蒙古军队第一次西征没有在波斯立足,洗劫一番之后便班师回朝。1236—1241

---

① 希提:《阿拉伯通史》上册,马坚译,商务印书馆 1990 年版,第 359 页。
② 参见穆宏燕:《摩尼教经书插图的发展与世俗化转型》,《西域研究》2019 年第 1 期。

年,窝阔台汗遣拔都等诸王率军第二次西征,该次西征主要目标是征服伏尔加河以西诸国。其间,窝阔台汗还派大将卓尔玛罕进攻波斯,占领了波斯大部分地区,并两次围攻巴格达,虽未能攻克巴格达,但蒙古军队在波斯本土盘踞下来,主力驻扎在波斯西北部阿塞拜疆地区。1253—1258 年,蒙哥之弟旭烈兀率领 12 万大军西征伊朗,并于 1258 年 2 月攻克巴格达,结束了阿拉伯阿拔斯王朝长达 500 年的统治。

因此,在阿拉伯阿拔斯王朝覆灭之前,蒙古人因长期盘踞在西域地区和中亚草原,对西域和中亚河中地区的细密画书籍插图艺术可谓是耳濡目染。1206 年,蒙古人接纳了回鹘汗国的归顺。回鹘汗国曾长期以摩尼教为国教,其书籍制作与细密画装饰艺术十分发达。蒙古统治者把回鹘汗国的"人才和以吐鲁番绿洲为中心的那种众美纷呈的文化,吸收到他自己的迅速扩张的国家之中"①。一方面,蒙古人的西征,对西域、中亚地区与巴格达地区之间的艺术传递与影响,在客观上的确起到了重要的媒介作用。回鹘人吸纳了中原印刷术,促使其纸张生产的质量大大提高,以适应印刷的需要,"不管回纥的印刷在什么时候开始,在量的生产和质的提高方面,似乎有一种继续不断地进步"②。尽管西亚伊斯兰世界并未接纳回鹘人的印刷术,但蒙古西征带来的回鹘人在纸张生产技术方面的革新,无疑使纸张在产量和质量方面为阿拉伯阿拔斯王朝末期细密画书籍插图艺术的兴起奠定了坚实的物质基础,因为细密画的颜料大多数是矿物性颜料(也有少量植物、动物性的颜料),对纸张吸附矿物性颜料的附着力具有较高的要求。考古证明,著名的"撒马尔罕纸"是用草和木作原料制成的,而留传至今的细密画抄本的纸张全是用破布作原料制造的。③ 这说明,在伊斯兰世界,从最初的"撒马尔罕纸"到后来的细密画用纸,这其间造纸技术曾发生过重要的革新。

另一方面,则是社会发展的因素。阿拔斯王朝末期,各地方王朝纷纷崛起,哈里发成为名义上的最高统治者,实际统治威力形同虚设,而社会商品经济却是十分繁荣,市井文化兴盛。装饰有细密画插图的书籍十分契合市民阶

---

① 卡特:《中国印刷术的发明和它的西传》,吴泽炎译,商务印书馆 1991 年版,第 113 页。
② 卡特:《中国印刷术的发明和它的西传》,吴泽炎译,商务印书馆 1991 年版,第 122 页。
③ 卡特:《中国印刷术的发明和它的西传》,吴泽炎译,商务印书馆 1991 年版,第 132 页。

层的精神文化需求,并且伊斯兰画家以种种绘画观念,让画面具有视觉的流动性,使读者不把视觉焦点集中在某一处,从而不违背伊斯兰教禁忌偶像崇拜的教义。①

由此,在上述双重因素的作用下,在阿拔斯王朝末期,在帝国的传统疆域内——以巴格达为中心,包括叙利亚的大马士革,甚至还可能包括埃及的开罗和伊朗的设拉子——出现了一个相对比较繁荣的细密画插图本制作的小高潮,产生了不少作品。其中,《卡里莱与笛木乃》和《哈里里玛卡梅》被多次绘制细密画插图本。这两部文学作品曾数个世纪以来一直是阿拉伯世界最流行的读物,在民众中具有十分广泛的影响力。总体来说,这个时期,巴格达艺术家们依然将摩尼教艺术作为自己的范式,制作年代越早的插图本其中存在的河中艺术影响痕迹越是显著。比如,在插图中标注被画者的名字;红色、金色或青金石蓝的衬底;在人物的面部和躯体,以及衣饰描绘上,具有摩尼教—佛教艺术的程式化特征,包括蒙古种人的面部、编织纤细的发辫、衣服上的皱褶纹等;而画面的对称结构则主要是波斯艺术的传统,中国艺术风格的影响更多地体现在花草树木的勾勒描绘上。

尽管阿拔斯王朝末期巴格达细密画是在西域、中亚细密画书籍插图艺术影响下发展起来的,在风格上具有较大程度的相似性,但二者还是存在较大差异。其差异主要表现在插图书籍的选择上,即细密画的表现内容方面。中亚河中地区是雅利安民族神话传说的凝聚地,具有根深蒂固的史诗传统,因此不论是壁画还是书籍插图,首先选择描绘的是史诗故事与史诗场面,然后是与史诗关联的王公贵族们的宴饮场景和宫廷生活场景。然而,在阿拔斯王朝时期,大多数阿拉伯人从游牧生活方式变为城市定居方式,市民阶层逐渐形成。巴格达在阿拔斯王朝时期是阿拉伯帝国的政治经济文化中心,商业和手工业十分发达,市民阶层庞大,市民趣味浓厚,市井文化繁荣。这也是《一千零一夜》这部大型民间故事集在阿拔斯王朝时期的巴格达得以基本定型成书的时代背景。"当时,在哈里发的宫廷中,除表演歌舞,演奏音乐之外,还盛行各种杂耍、说故事、讲笑话。在市井间,各种杂耍也很流行。在巴格达街头巷尾,有不

---

① 参见穆宏燕:《论波斯细密画的伊斯兰合法性》,《东方论坛》2013 年第 5 期。

少专以说故事、讲笑话和逸闻趣事招来听众以谋取生计的人。"①一般来说,市民趣味倾向于轻松、幽默、搞笑、情色的故事,而不倾向于史诗,史诗太沉重;也不倾向于长篇爱情故事,这种长篇故事太让人浪费情感。因此,短篇故事集更受说书人的青睐,也更受听众或读者喜爱。正是在这样的时代背景下,《卡里莱与笛木乃》和《哈里里玛卡梅》被绘制细密画插图,以增加趣味性,扩大在市民中的流传。这两部作品的插图本可以说是在蒙古人入侵之前,阿拔斯王朝末期巴格达绘画艺术最典型的代表作品。

《卡里莱与笛木乃》源自印度梵语《五卷书》,波斯萨珊国王阿努希尔旺(531—579年在位)命御医白尔才外从印度梵语翻译成巴列维语带入波斯。阿拔斯王朝时期,由波斯翻译家伊本·穆格法从巴列维语译成阿拉伯语。巴列维语译本《卡里莱与笛木乃》序言讲到该书来历:亚历山大征服印度之后,委派自己的一位亲信做印度国王,自己率军继续征战。亚历山大一离开印度,印度人就造反,废黜了亚历山大的委派国王,另立自己民族的先王之子德卜舍里姆为王。德卜舍里姆一待政权稳固之后,就专横跋扈起来,继而暴虐无度,任意鱼肉百姓。直谏的大臣都性命难保。这时,有一位婆罗门智者名叫白德巴,他撰写了一部动物寓言故事集即《卡里莱与笛木乃》,以此向国王劝诫。卡里莱和笛木乃是两只豺狼的名字,"书中的对话皆通过牲畜禽兽之口说出,表面上好像是供官与民消遣散心的闲书,而内里却是对统治者理性的训教与开导"②。《卡里莱与笛木乃》被译成阿拉伯语后,很快就成为一部家喻户晓的寓言故事集,书中的故事诙谐风趣,暗含讽刺,寓教于乐,为人们津津乐道,或许是因为这部"供官与民消遣散心的闲书"与巴格达市井百姓的审美趣味正好契合。

《卡里莱与笛木乃》历朝历代细密画插图本繁多,其中编号为 Msarabe3465 的插图本是迄今所知绘制时间最早的一个插图本(现收藏在巴黎国家图书馆),大约绘制于 1200—1220 年之间。该插图本既有河中细密画艺术的特

---

① 郅溥浩:《神话与现实——〈一千零一夜〉论》,社会科学文献出版社1997年版,第146—147页。

② 李唯中译:《卡里莱与笛木乃》,天津古籍出版社2004年版,"序言"第18页。

征,也显示出某些变革的征象;并且,该插图本质量明显高于稍晚时间在巴格达地区制作的其他《卡里莱与笛木乃》插图本。因此,该插图本有可能是一个宫廷本。在这部抄本的插图中,我们可以看到,草木具有显著的程式化特征,呈现为一种非自然性或曰装饰性,这是伊朗艺术的典型特征;被画角色都标注了名字(这可能是已知的、给被画角色标注名字的最后一部插图本,不排除该特征在尚未发现的插图本中存在),这是摩尼教艺术的特征。然而,该抄本的插图均无边框线,这个特征与后来波斯地区的细密画范式又有所区别,显示出该时期巴格达地区自身的艺术特征。这里仅举一例,以窥其貌。

图 4 《野鸭与乌龟》

图4《野鸭与乌龟》这幅插图其文本故事为:在一条小河里生活着一只乌龟和两只野鸭,三者是好朋友。河水渐渐干涸,它们欲离开,另择他处栖息。于是,野鸭让乌龟叼住一根棍子,两只野鸭用嘴抬着棍子,把乌龟带着飞了起来。人们看着乌龟飞起来,觉得很新奇,议论纷纷。乌龟听见,张嘴斥责人们

多嘴,却掉下来,一命呜呼。该故事讽刺那些总是在意世俗议论、不能超脱尘世而心无旁骛的人。该插图在构图上,设置了三个人物,三人为众,代表多数,并且三个人物分居画面两侧,其表情和手势都各有不同,表达了"人们议论纷纷"这层意思;该插图还设置了水面,较为准确地表达出文本故事的发生场所。两只野鸭衔着杆抬着乌龟,尽管线条勾勒还比较粗糙,但忠实于文本。之后,在中国绘画艺术的强劲影响下,中国式的仙鹤或大雁图案替代了野鸭,这个故事在后来的各种《卡里莱与笛木乃》细密画插图本中均表现为"鹤衔龟"或"雁衔龟"。

《哈里里玛卡梅》是阿拔斯王朝末期被反复绘制的另一部重要作品。哈里里(1052—1122年)是阿拔斯王朝时期的文学家;"玛卡梅"(Maqāmāt)是阿拉伯文学的一种体裁,本意是片段、阶段、品阶、音阶的意思,在文学中指片段故事集或曰短篇故事集,各个故事之间没有必然关联,由某一主人公将各个故事串联起来。"每篇玛卡梅故事的主人公均为同一人,另有一位说书人配合他讲故事。主人公在每篇玛卡梅故事中以不同形象出现,向观众或听众进行符合他不同人物身份的表演。……玛卡梅故事的产生,是当时社会上出现的一种以表演谋生的现象的反映。"①因此,可以说,"玛卡梅"这种文学体裁的形成与阿拔斯王朝市民阶层的兴起密切相关,在这个时期出现了不少玛卡梅故事集。其中,以《哈里里玛卡梅》影响最大,不仅受到市井百姓的喜爱,而且还受到哈里发和贵胄公卿们的夸赞②,这反过来又对该书的传播起了巨大的推动作用。乃至,"哈里里的《玛卡梅》在七百年内,被认为是阿拉伯文学宝藏中仅次于《古兰经》的著作"③。

《哈里里玛卡梅》共计50篇,创作于1101—1110年,讲述了各种各样的狡诈行骗计谋。每篇故事都是说书人哈里斯与骗子乞丐艾布·宰德以不同的方式在不同的地点巧遇,然后说书人哈里斯目睹并讲述艾布·宰德的行骗过程。"在这些故事中,主人公艾布·宰德在不同的场地不断地改变自己的穿戴,变更自己的角色、身份,变换自己的手法、圈套,凭借自己的聪明才智,或独

---

① 郅溥浩:《神话与现实——〈一千零一夜〉论》,社会科学文献出版社1997年版,第147页。
② 仲跻昆:《阿拉伯文学通史》上卷,译林出版社2010年版,第452—453页。
③ 希提:《阿拉伯通史》上册,马坚译,商务印书馆1990年版,第477—478页。

自,或与妻儿、徒弟等合谋,骗取人们的钱财。"①然而,在全书最后,骗子艾布·宰德金盆洗手,洗心革面,成为一个虔诚的苏非信徒。因此,全书题旨并没有逾越当时社会的基本价值规范,乃是在统治阶级的意识形态范畴内,想方设法博得观众和读者的开心一笑。并且,这些故事在演绎行骗的过程中,也不乏讽刺和针砭。

迄今已知《哈里里玛卡梅》的细密画插图本有 13 部。其中,1258 年阿拔斯王朝覆灭前的插图本有 7 部。之后,还有 5 部插图本,均是在 14 世纪中期之前绘制的,无优秀之作,也不是细密画艺术的主流。在阿拔斯王朝末期的 7 部插图本中,编号为 S.MsC_23 的圣彼得堡科学院藏本为《哈里里玛卡梅》插图本中年代最早的一部,绘制于 1225—1235 年之间,有 98 幅插图,可惜绝大多数画作中的人物均被画以黑线破坏了。这里需要说明的是,各种《哈里里玛卡梅》插图本均没有给被画角色标注名字。这表明,从前文所述编号为 Msarabe3465 的《卡里莱与笛木乃》插图本(绘制时间为 1200—1220 年之间)至编号为 S.MsC_23 的《哈里里玛卡梅》插图本(绘制时间为 1225—1235 年之间),大约在 20 年的时间内,便被画角色标注名字这种摩尼教艺术方式退出了历史舞台。

圣彼得堡科学院藏本(S.MsC_23)绘制时间为 1225—1235 年。因其绘制时间较早,河中风格尚十分明显。在用色上,多用金色、猩红色和青金石蓝,对建筑物的描绘精致繁复,这是典型的波斯艺术风格;在人物头部背光绘制上,将佛教—摩尼教的艺术特征泛化和程式化,某些插图中给每个人物,甚至普通听众都画上头部背光(图 6)。该抄本插图具有三个非常重要的特征:一是不少插图具有明显的圆圈构图特征,比如《艾布·宰德表演放血治疗》(图 5)。二是不少插图将主要人物如帝王般置于画面中心位置,比如《艾布·宰德与听众》(图 6)。这两个特征均是伊朗艺术特征,长期的帝国文化使伊朗人具有根深蒂固的"帝王中心"意识,在图画中往往把帝王置于画面的中心位置。这种构图范式还在之后的波斯细密画插图本中反复出现。S.MsC_23 圣彼得堡科学院本的绘制地点不详,笔者揣测或是在伊朗历史文化名城设拉子绘制,或

---

① 仲跻昆:《阿拉伯文学通史》上卷,译林出版社 2010 年版,第 454 页。

其画家是一位具有浓厚波斯帝国文化情结的伊朗人。三是该抄本建筑物描绘比较精致繁复。这三个特征对之后 14 世纪上半叶大不里士制作的"蒙古大《列王纪》插图本"具有一定的影响和启迪。总之,该插图本是一部具有典型伊朗艺术风格的版本。正如《伊朗绘画史》所言:"总的来说,伊斯兰绘画艺术形成的初期,伊朗文化占据绝对优势,在哈里发的统治领域内没有其他任何民族在书籍制作艺术方面具有如此重要的作用。"①

图 5 《艾布·宰德表演放血疗法》

编号为 Arabe5847 的巴黎国家图书馆藏本被认为是《哈里里玛卡梅》插图本中水平最高的一部,绘制于 1237 年,有 99 幅插图。该抄本由查尔斯·舍费尔(Charles Schefer)赠予法国国家图书馆,故以其名字命名为"舍费尔《玛卡梅》插图本"(Schefer Maqamat)。该插图本尽管被认为是所有《哈里里玛卡梅》插图本中最杰出的版本,但实际上该版本 99 幅插图水平参差不齐,风格也不一致,可能出自多位画家之手。大约一多半的插图在绘制技艺与构图设计上,只能算是平平之作;但有十余幅插图比较精细,水平较高。该插图本显

---

① 穆罕默德·伊朗曼内希德译:《伊朗绘画史》(波斯文版),阿米尔·卡比尔出版社 2004 年版,第 66 页。

图 6 《艾布·宰德与听众》

示出一种显著的变革,这突出表现在艾布·宰德与听众的插图中,绝大多数此
类插图均是将艾布·宰德设计在画面的一侧,听众在另一侧(图 7),缺少平衡
对称感,而平衡对称是伊朗艺术的经典风格。这种不平衡对称的审美风格被
视为巴格达平民风格。该抄本 99 幅插图中只有一例插图独自呈圆圈构图,把
艾布·宰德置于画面中心位置,即《艾布·宰德表演放血疗法》(图 8);99 幅
插图中,除了哈里发有头部背光之外,其余人物均无头部背光。总体来看,该
插图本中的插图更多地具有巴格达平民风格或曰市井风格,离河中风格(史
诗—帝王风格)的影响渐行渐远。

　　在阿拔斯王朝末期,《哈里里玛卡梅》细密画插图本的数量远远多于《卡
里莱与笛木乃》,但是 14 世纪中期之后,该书几乎就不再有插图本(不排除可
能存在尚未发现的插图本),直至 1709 年在印度再次制作插图本,赞助者情况
不详。这一方面说明,《哈里里玛卡梅》作为一部地道的阿拉伯文学作品,在
阿拔斯王朝更受欢迎。阿拔斯王朝覆灭之后,在以波斯经典文学著作和历史

图 7 《艾布·宰德与听众》

图 8 《艾布·宰德表演放血疗法》

著作为主流的伊斯兰细密画史上,该作品渐渐边缘化。而《卡里莱与笛木乃》,从印度译入波斯,又从波斯译入阿拉伯,又从阿拉伯译回波斯,波斯人将之视为己出,因而在伊斯兰细密画史上的地位远远高于《哈里里玛卡梅》,历朝历代都绘制有插图本,并且多有十分精美的经典插图本产生。

如本文前述,在书籍装饰的若干环节中,细密画插图可以说是书籍装饰艺术的最高体现,因此后来细密画艺术涵盖了整个书籍装饰艺术。只因本文涉及的时间段为伊斯兰书籍装饰艺术的初期,因此以书籍装饰艺术涵盖细密画插图艺术。总体来看,在阿拔斯王朝时期,书籍装饰艺术的兴起和以细密画插图为标志的伊斯兰绘画艺术的出现,具有多种内因和外因,比如阿拔斯王朝时期市民阶层的兴起,蒙古西征带来的西域和中亚河中地区书籍插图艺术的影响、伊斯兰艺术家们的艺术创新使伊斯兰绘画艺术获得了自身的合法空间,等等。而各种内外因中,正是中国造纸术的传入成就了伊斯兰书籍装饰和绘画艺术成为世界艺术史上的奇葩。这一点尚未引起学界的足够关注。

(本文原载《回族研究》2019 年第 2 期)

波斯细密画走向成熟之作

  波斯著名诗人菲尔多西(940—1020年)的长篇民族英雄史诗《列王纪》创作于伊朗地方王朝萨曼王朝(875—999年)时期,当时正是在阿拉伯统治下伊朗民族认同的复兴时期。萨曼王朝的统治疆域为大呼罗珊地区(包括中亚河中地区、伊朗东北部和阿富汗),且《列王纪》所记载的伊朗上古神话传说和勇士故事的发生地区即是在这一区域,因此《列王纪》从诞生之时起就在中亚广为传播,并有多种图像表现。对《列王纪》经久不衰的传颂,令之后盘踞于中亚地区的蒙古人耳濡目染。大约《列王纪》中伊朗帝王们南征北战的丰功伟绩与蒙古人的崛起十分契合,因此《列王纪》受到蒙古伊儿汗王朝(1256—1355年)统治者推崇。伊儿汗王朝结束了阿拉伯帝国对伊朗的统治,并在伊朗建立起统一的国家政权,伊朗政治认同再次重生。两相契合,《列王纪》得到发扬光大,成为新统治者的指南,出现了多种插图抄本。这些插图本大多是蒙古王公委托民间画坊制作,质量不高,图像稚拙,绘制粗糙。直到"蒙古大《列王纪》"插图本诞生,波斯细密画才真正走上了成熟之路。

一、"蒙古大《列王纪》"与东西方艺术的影响

  "蒙古大《列王纪》"插图本由伊儿汗王朝都城大不里士"拉施迪耶"宫廷画院绘制①。其插图的起始绘制年代大致可以确定为1329—1330年,其完成

---

  ① 参见穆宏燕:《中国宫廷画院体制对伊斯兰细密画发展的影响》,《回族研究》2015年第1期。

日期不能确定,大致在 14 世纪中期,整部插图本装帧设计精美绝伦,堪称巨制,可能原始有 120 幅插图,由数位画家(可能是三代画家)绘制。由于之前多种质量不高的《列王纪》插图本被称为"小《列王纪》",因此该《列王纪》插图本被称为"蒙古大《列王纪》"(*The Great Mongol Shahnamah*)①。

伊朗恺加王朝(1794—1925 年)的时候,这部宏伟的《列王纪》插图本还完好保存在德黑兰的古勒斯坦王宫。在穆罕默德·阿里国王(1907—1910 年在位)统治时期,因局势动乱,该插图本被一名叫德莫特的法国古董商悄悄弄出王宫图书馆,带出伊朗。德莫特曾把该抄本展示给纽约大都会博物馆,欲让其重金收购,但该博物馆没有接纳。德莫特便把其中有插图的页面拆下来拍卖出售,其余书法页面因保管不善而遗失,令人扼腕。在拍卖出售时,该抄本又被命名为"德莫特《列王纪》"(*Demotte Shahnamah*)。该抄本可能原始有 120 幅插图,现存 77 幅插图,流散四处,收藏在不同地方,其中一部分收藏在华盛顿弗里尔美术馆。

该插图本在绘画技艺上明显受到东方中国艺术和西方拜占庭艺术的影响。但是,这两种外来影响只是对波斯细密画艺术起到促进作用,并未能改变伊朗艺术自身的审美传统,反而是外来影响被伊朗艺术家们消化吸收,最终消融在伊朗自身的艺术传统中成为养料,催生了波斯细密画自身风格的成熟。

首先,这部插图本受到中国绘画艺术的显著影响。中国元朝与伊朗伊儿汗王朝乃兄弟关系,两国交往十分密切。正如朱杰勤在《中国和伊朗关系史稿》中所言:"伊朗在伊儿汗时代与中国元朝往来不辍,经常互相聘问和展开经济、文化交流,合赞汗统治时期尤为密切。"②因此,伊儿汗王朝统治阶层对中国文化的热爱带动伊儿汗整个社会的"中国热"。大不里士"拉施迪耶"宫廷画院的创建者、宰相拉施特本人也十分崇尚中国文化,"一直非常重视引入和传播中国文化,并为此做出了许多切实有效的努力,如延请中国医生到波

① 大约在 1298—1300 年之间,为庆祝攻克巴格达(1258 年)四十周年,蒙古伊儿汗王朝绘制了四部《列王纪》插图本,这四部《列王纪》插图本因绘制质量不高,分别被命名为"第一小《列王纪》""第二小《列王纪》""第三小《列王纪》""第四小《列王纪》";因此,这里英文 *The Great Mongol Shahnamah* 是相对于前面四部"小《列王纪》"而言,因此,笔者认为译之为"蒙古大《列王纪》"更恰当。

② 朱杰勤:《中国和伊朗关系史稿》,新疆人民出版社 1988 年版,第 26 页。

斯、培养波斯人学汉语,等等"①。中国艺术的影响在该插图本中体现在诸多方面,本文将在下文结合伊朗艺术家自身的创新来呈现中国艺术的影响要素。该插图本对中国元素的刻意展示集中体现在《梅赫朗·塞塔德参谋挑选秦国公主》(图1)这幅插图中,这或许与插图的内容题材相关。

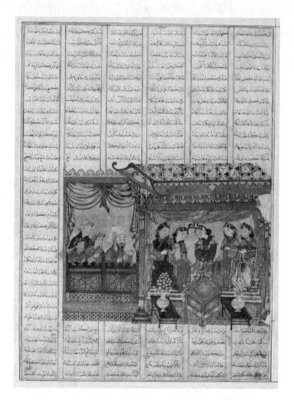

图1 《梅赫朗·塞塔德参谋挑选秦国公主》

该故事的文本讲述的是:萨珊国王阿努希尔旺打败进犯伊朗的秦国汗哈岗的军队,秦国汗求和,以许配女儿和亲。阿努希尔旺担心秦国汗会以一庶出女儿敷衍自己,便派大臣梅赫朗·塞塔德去帮自己挑选嫡出的秦国公主。大臣到了秦国王宫,看见五个姑娘端坐室内,个个都很美丽,其中四个盛装华服,浑身上下珠光宝气,另一个则是不施粉黛铅华,衣着朴素,但天生丽质照亮整

---

① 王一丹:《波斯拉施特〈史集·中国史〉研究与文本翻译》,昆仑出版社2006年版,第28页。

座宫殿。大臣当即断定这位姑娘正是嫡出。插图在构图设计上显然与文本不一致:四个分坐两侧的姑娘服装样式和头饰装扮基本一致,应是庶出公主;坐在中间的那位姑娘双手插进袖筒,头部向右低垂,表情羞涩,披肩从肩部垂落在衣裙上,腰间还系有缨络,头发梳成冠状,显然是嫡出公主;并且,中座位置也是高地位的象征。五位公主的造型范式显然源自中国艺术;宫殿的房顶是中式建筑飞檐;飞檐下的柱头也是中国式的;公主们正前方一只橙红色方桌与两个黑色茶几也明显是中式家具;茶几上两只金瓶里插的花束更是学自中国工笔画。显然,画家刻意观摩过中国绘画作品。公主们前方的地砖、大臣和侍从们所在画面左侧的墙砖则是典型的波斯装饰图案。宫殿的红色围帘虽然低垂并有波浪线条,却不具有动感。整幅插图的用色也是暖色与冷色并用,色彩繁复而谐调,赏心悦目;背景色为金色,突出宫殿的富丽堂皇。

值得注意的是,嫡出公主头顶上方的房顶上有一火焰状的圆球(见红色水滴状标识),显示出嫡出公主的特殊身份,具有神的护佑。同时,也显示出一种倾向,即伊朗琐罗亚斯德教对火的崇拜使火焰具有一种神圣性,后来伊朗艺术家把这种火焰神圣性用来描绘伊斯兰教宗教先知的头部背光,以代替佛教—摩尼教范式的头部圆圈背光。就笔者搜索的资料来看,这幅插图可能是火焰状头部背光的最早发端。

大不里士宫廷画院的确受到中国艺术的较大影响,但是我们也不能抹杀客观事实。这个客观事实就是,波斯艺术同时也受到西方艺术的深刻影响,甚至在大不里士宫廷画院建立之前,受西方艺术的影响更多一些。

波斯艺术与西方艺术一直处在一种交互影响的历史进程之中。早在古波斯帝国阿契美尼德王朝(前550—前330年)时期,波斯建筑艺术就对埃及、地中海东岸、小亚细亚、古希腊建筑艺术产生了十分深刻的影响;公元前330年亚历山大征服波斯之后,波斯艺术又处在希腊艺术和罗马艺术的影响之下;从萨珊王朝时期(224—651年)起,波斯建筑艺术和摩尼教绘画艺术又再次对罗马,尤其是对东罗马拜占庭建筑艺术和绘画艺术产生重大影响。摩尼教视几何图形为扩展的量的审美特征①,对后来的拜占庭壁画艺术具有深远影响。

---

① 参见穆宏燕:《摩尼教经书插图的艺术史意义》,《美术研究》2017年第4期。

拜占庭艺术在线条勾勒上崇尚刚劲强硬、棱角分明,具有较强的塑形性,这正是几何图形的特征。波斯伊斯兰化之后的绘画艺术发展进程中,又再次受到东罗马艺术即拜占庭艺术的深刻影响。

该"蒙古大《列王纪》"插图本中体现拜占庭艺术影响的地方也很多,最典型的一幅插图是《亚历山大棺椁前的哭丧》(图2)。该插图的文本故事是:亚历山大在巴比伦暴病而亡,其手下士卒皆痛哭不已。当他的棺椁被运送到亚历山大城,城中男女老少蜂拥而至,哭丧哀悼;智者谋士们围在棺椁周围痛哭,亚历山大的老师亚里士多德也在其中,他一只手扶着棺椁,口中喃喃祈祷。亚历山大的母亲和妻子闻讯奔来,母亲悲痛欲绝地扑倒在儿子的棺椁上痛哭;妻子罗珊娜克则在棺椁床前哭诉,历数亚历山大的丰功伟绩。

图2 《亚历山大棺椁前的哭丧》

插图中,亚历山大的棺椁在正中央,棺头镶嵌着金片和宝石,棺身覆盖着锦缎;棺木上方是一位浓密胡须的长者,大约即是亚里士多德,他举起双手,充满了无奈与痛苦;亚历山大的母亲扑倒在棺木上;画面正下部是几位捶胸顿足、拍打头部的女人,大约是亚历山大的后妃,中间那位大约即是罗珊娜克;画面左右两侧是哭号的智者谋士们,或双手交叉在胸前,或抬起双手,或高举双手,呈各种悲痛状。棺床上的帷幔,线条苍劲有力,极具动感,下端被紧紧扎住,上端犹如被风鼓动,与画面的悲伤气氛相得益彰,这与线条走向和阴影的使用有关(可以比较:插图《梅赫朗·塞塔德参谋挑选秦国公主》中的帷幔则缺少动感)。因此,《亚历山大棺椁前的哭丧》这幅插图在人物衣饰线条上具有很强的拜占庭艺术特征,令人想起意大利圣维塔莱教堂里的著名壁画中的人物衣饰,尤其是画面中央倒伏在棺木上的亚历山大的母亲,其脱落至半身的披风上刚硬的线条,让凄厉感陡升,把一位丧子母亲的悲痛与绝望衬托得淋漓尽致。这幅插图对英雄之死的悲悼场面表现得格外震撼人心,使一种特殊的悲壮反过来被赋予文本。

尽管"蒙古大《列王纪》"插图本不乏拜占庭艺术影响因素,但由于伊儿汗王朝与中国元朝的特殊关系,因此,总体上来说,该插图本受到中国艺术影响更多一些。对中国艺术手法的消化与吸收,并在此基础上创建伊朗自己的艺术风格,这对于波斯艺术家来说更为关键。

二、外来因素在"蒙古大《列王纪》"中被消化吸收

从"蒙古大《列王纪》"插图本我们可以看到,波斯艺术传统(帝王中心情结:主要人物居中、圆圈构图、对称构图)、巴格达地区平民艺术传统(平民化风格:凸显人物、人物大比例尺、主要人物不居中)、中亚河中地区艺术传统(用色鲜艳亮丽)与中国艺术传统(强调景物和人物的自然性)、拜占庭艺术传统(人物衣饰的塑形性),五者相互交织,相互消融,此消彼长。"蒙古大《列王纪》"中绝大多数插图显示出一种崭新的倾向:在一些表征或细节方面,尽管还能看到中国艺术或拜占庭艺术的痕迹,但这些外来艺术范式不再是波斯艺术家们的僵化的圭臬,而是在逐渐被消化吸收,尤其是中国艺术范式成为波斯

艺术家着力消化吸收的对象。"观摩过中国绘画并对之十分欣赏的波斯艺术家们,更倾向于不是遵循中国艺术规则,而是在美感特征方面,与中国艺术家进行竞争"①。显然,中国人在表现动感方面更胜一筹,但波斯艺术家们学会了扬长避短,将中国艺术的动感与波斯艺术传统装饰性原则中的凝滞相融合,创造出一种具有强大表现力的史诗般特征,非常适合于《列王纪》这样的民族大型史诗作品。波斯艺术家们的努力主要体现在以下几方面:

首先,波斯艺术传统中的程式化特征在更新中得到明显的张扬。对传统的继承和发扬,无疑最适合于表现民族史诗的内容。装饰性与程式化在这里成为一个优势,得到统治者的青睐。这种特征主要体现在有关帝王的宫廷场景中,国王被置于自己侍从们的中间,具有特殊的崇高地位,比如插图《扎乌登基》(图3)。它表达了这样一种传统思想:伊朗是世界的中心,国王是伊朗的中心,是中心中的中心。该插图本几乎对每一位国王登基都做了描绘,说明统治者对统治权的重视,对统治伊朗的合法性的重视。在这些描绘宫廷场景的画作中,人物的脸部特征、衣饰、冠冕局部细节上表现为中国艺术元素,然而在画面的整体布局和结构上则呈现出显著的对称性和装饰性,尽管整体构图尚显简单。这一原则为后来的细密画艺术家们普遍遵循,在表现重大宫廷场景时,不论人物多少,场面如何繁复,一定是把有着"王中王"之称的统治者置于中心位置。值得注意的是,该插图本中波斯萨珊王朝(224—651年)时期著名帝王诸如阿努希尔旺、霍斯陆、巴赫拉姆·古尔等头部都绘有圆圈背光——神性的标志。这是伊儿汗时期伊朗政治认同重生的具体表现,它反映出伊儿汗时期统治者对伊朗古代帝王的崇拜心理,通过对伊朗帝王的神化来树立自己的统治合法性。

其次,在继承发扬传统的同时,注重不同艺术因素的结合。这在《梅赫尔受赏》(图4)一画中体现十分显著。该画的文本故事讲述的是:萨珊王朝著名国王阿努希尔旺(531—579年在位)做了一个梦,先是梦见在他的御榻前边长出一棵枝繁叶茂的大树,又梦见一头青面獠牙的野猪盘踞在他的御榻旁不走,还

---

① 穆罕默德·伊朗曼内希德译:《伊朗绘画史》(波斯文版),阿米尔·卡比尔出版社2004年版,"序言"第36页。

从国王杯中喝酒。宫中祭司无法解说此梦,阿努希尔旺遍求解梦人。最终,一名叫伯佐尔格·梅赫尔的博学多才的呼罗珊青年为国王解开此梦,说是国王后宫中混进一男扮女装的青年男子。国王找出该男扮女装的青年男子和他的情人,并处死了二人。国王赏识伯佐尔格·梅赫尔的才学,留他在宫中做大臣,并七次设宴,让伯佐尔格·梅赫尔与众祭司纵论天下人文地理。七次宴会纵论,伯佐尔格·梅赫尔才华横溢,真可谓“舌战群儒”。国王赞不绝口,大加奖赏,命司库抱出四十袋金币作为赏金,每袋一万枚,全放在伯佐尔格·梅赫尔面前。

图3 《扎乌登基》

图4 《梅赫尔受赏》

在整个画面结构布局中,阿努希尔旺尽管被描绘为头部有圆圈背光的帝王,但处在画面左侧位置,未居中,身穿青金石色绣金丝花的外袍,具有帝王的威严;被奖赏的大臣处在画面中央,面前是一包一包的金币袋子,他双手上举,似乎在对慷慨的国王表示感谢;在他身后是两位抱着金币袋子的侍女,其鲜艳华丽的服饰,以及面部特征,乃典型的河中艺术风格。四个人物的神态表情十分生动,富于意味,国王的慷慨之举跃然纸上。在这幅插图中,主要人物居于画面一侧是典型的巴格达平民风格,在阿拔斯王朝后期巴格达《哈里里玛卡梅》插图本中有显著表现。该插图中的人物形象具有大比例尺特征,这也是巴格达地区的艺术风格,但描绘得比早期巴格达插图本更精细。整个画面用色鲜艳,多用红黄橙等暖色,这也是河中地区艺术的用色特征。尤其值得关注的是画面右下部分:一株粗壮的树干向右斜倚,对应画面左侧威严的国王,既是对文本故事的呼应,更是起到了平衡画面的重要作用。树干的线条,以及树下的草丛,全然是中国式的。同样值得注意的是,大臣衣服的线条,尤其是其双袖线条,以及国王的双袖线条,棱角刚硬,具有较强的塑形性,则是拜占庭艺术的特征;而两位侍女衣服的线条则是柔和流畅的中国式线条。因此,这幅插图可谓是波斯、巴格达、河中地区、中国、拜占庭等五种风格元素齐聚:细看局部,可以找到不同艺术的因子;纵观全局,依然是波斯式的平衡布局。对称平衡不一定是水平对称平衡,也可以是斜对称平衡。

最后,这部插图本体现出波斯艺术家并没有停留于简单地吸纳外来各种艺术元素为自己所用,而是在努力把外来各种艺术元素波斯本土化,并为此作出了卓有成效的成绩。比如《亚历山大的铁马铁人喷火战车进攻印度军队》(图5),战车喷出的火焰与天空中的中国式云彩彼此呼应,连成一片,使整个场面显得十分壮观。这可谓是对中国式云彩最为成功利用的例子。

图 5　《亚历山大的铁马铁人喷火战车进攻印度军队》

这里,我们来分析一幅虽不太成功、却在细密画发展史上更具意义的插图《阿尔戴希尔与巴赫曼之战》(图6),以梳理波斯细密画发展进程的渐变轨迹。该插图的文本故事是:伊朗萨珊王朝开国君主阿尔戴希尔(224—242年在位)招兵买马,率军起事,前往征讨安息王朝末代君主阿尔达旺。阿尔达旺派儿子巴赫曼率军迎战。双方激烈交战,最终巴赫曼败北。

图6 《阿尔戴希尔与巴赫曼之战》

在该插图中,地面上的花草丛和画面左侧的大树以及画面上部的树冠,无疑是对中国艺术的直接模仿,具有较强的自然形态,较少装饰性,尚未被波斯化。画面中央是两位主角英雄骑着战马,挥舞狼牙棒,相向搏击;正面那位应是萨珊开国君主阿尔戴希尔。但是,他所骑的战马后部被大树遮挡,战马的头颈部位又被巴赫曼的战马遮挡。巴赫曼战马打结的尾巴处在他身后的那匹白马头部脖子处。英雄人物的光辉形象往往离不开战马的衬托。战马位置设计上的孱弱,使得主角英雄的形象大打折扣。战马奔腾的动作具有较明显的程式化倾向,但因马儿位置设计上的不当,导致画面看起来有点凌乱。看得出,该插图的画家试图在中国艺术规范中建立起自己的风格,尽管不太成功,但其努力之举无疑是具有重要意义的。

三、波斯装饰性风格在"蒙古大《列王纪》"中成熟

"蒙古大《列王纪》"插图本在当时堪称巨制,根据其中插图风格与水平的差异,学界普遍认为该插图本可能经历了三代画家才绘制完成。事实上,该插图本中的画作也的确显示出这样的发展轨迹:从模仿东西方外来艺术,到努力消化吸收外来元素,再到成功把外来元素本土化。正是在这样的发展演变中,外来艺术元素最终成功消融在波斯艺术根深蒂固的装饰风格中。由此,波斯细密画完全形成自己的独特风格,成为世界艺术大观园中的一朵奇葩,而非某种外来艺术的附庸。

波斯装饰性风格在插图《巴赫拉姆·古尔屠狼》(图7)已显端倪。该插图的文本故事讲述的是:印度丛林里出现了一只恶狼,危害百姓,连狮豹都不

图7 《巴赫拉姆·古尔屠狼》

是它的对手。印度国王素闻伊朗国王巴赫拉姆·古尔(420—438年在位)勇猛异常,便请他来屠狼。巴赫拉姆·古尔带着随从,来到印度丛林,看见恶狼十分凶猛。随从们劝国王不要前去送命。国王没有丝毫胆怯,骑马冲上前去,用连环箭将狼射死,又用匕首割下狼头,让随从送去印度国王处。

该插图选择了巴赫拉姆·古尔杀死狼后志得意满的瞬间:他身穿红色金丝绣花外袍和绿色金丝绣花里袍,脸部胡须浓密,耳戴吊坠,头戴镶宝石的王冠,头部有圆圈背光,气宇轩昂,尽显王者风范;他左手放在胸襟上,右手把狼牙棒扛在肩上,腰后箭袋里插着一排箭,腰前佩戴着剑和弓,威武地骑在马上,呈回眸姿态,给人以想象,把不在画面中的随从暗示了出来,似乎国王在向远处画面之外的随从示意自己的壮举。骏马伸着修长的脖子,低着头,一双闪亮的眼睛向下看着躺在地上的狼。狼身四脚朝天,仰躺在地上;狼头张着獠牙,正躺在地上的血泊中,显然已经身首异处。

一种新的倾向出现在这幅画作中,是一种过渡与融合的倾向。地面上的草丛依然是中国式的,但叶片已经具有了装饰性,尤其是狼头左边地上三两处亦叶亦花的图案已是全然的装饰图案;树干大体上还是中国式的(尤其是树干上的窟窿和裂缝显然学习自中国艺术),但已有装饰倾向,而树叶已经装饰性化。马儿腿部粗短壮实如牛,身躯壮硕,与中国宋元绘画中的马相似,是蒙古马的特征,然而马儿脖颈上两道弧线,使马儿脖颈显得异常的修长,也使得马儿身体各部分的比例有些失调,但却有一种异乎寻常的美感。马儿身上的鬃毛和狼身上的狼毫,尤其是翘在树林中间的狼尾,笔触十分精细,细密画的精细繁复特征在凸显。整个画面色彩鲜艳亮丽,尤其是画面中央巴赫拉姆·古尔的红色外袍十分醒目,具有装饰性倾向,但整个视阈因深蓝色和浅蓝色的天空背景而开阔起来,呈现出一种中国画所特有的景深,而不是波斯艺术传统的平面性。在这幅画作中,我们看到,波斯艺术家不是把外来元素简单地用于某个局部,而是尽力将之消化融合,人物、马儿、狼、树木的姿态谐调,使整个画面具有一种特别的动感,呈现出一种非凡的壮丽,堪称杰作。

在插图《鲁斯坦姆射杀伊斯凡迪亚尔》(图8)中,我们看到更进一步的融合。这幅插图的文本故事是:伊朗王子伊斯凡迪亚尔因不凡的英雄业绩而滋生骄傲情绪,迫切想早日登基,由此与父王产生矛盾冲突。国王戈什塔斯普派老英雄鲁斯坦姆前去征讨王子。鲁斯坦姆在和王子伊斯凡迪亚尔的较量中,双箭齐发,射中伊斯凡迪亚尔的双眼而使之毙命。

图 8 《鲁斯坦姆射杀伊斯凡迪亚尔》

该插图具有显著的对称性——波斯艺术的典型特征,画面左边是鲁斯坦姆,他已是一位白须老者,但红光满面,精神抖擞。他左手执弓,箭已射出,右手拉弦的姿势犹在,让人感受到老英雄的雄风犹在;画面右边是王子伊斯凡迪亚尔,他双眼中箭,向前倾倒,弓箭落在马下。两匹马静静站立,体型修长俊俏,是阿拉伯马的特征。该插图最醒目的特征即是画面的装饰性,地面上的花草丛不是自然界中某一种能说出具体名称的花卉,完全失去自然特征,成为纯粹的装饰;树干的轮廓形状勾线尚是中国式的,但上面的花朵和树叶已经程式化;画面上部翻滚的云朵,显然是把中国画中的云朵技法与牡丹花之类的花卉技法融为一体了。

此幅插图具有强烈的装饰性,花卉把人物衬托得更加明亮,反过来花卉自身也被人物映衬,地面缝隙被认真地填得满满当当,整个画面具有一种恒定的迷人色彩,标志着中国艺术范式已经被波斯化,波斯细密画自身的装饰性风格已经成熟。

波斯细密画装饰性风格的成熟最集中体现在《濒临死亡的鲁斯坦姆射杀沙伽德》(图9)这一插图中。其文本故事是:沙伽德是伊朗第一勇士鲁斯坦姆的同父异母兄弟,是喀布尔国王的女婿。喀布尔国王对长期向鲁斯坦姆缴纳贡赋不满,沙伽德便与岳父二人设计谋害鲁斯坦姆。他们派人在猎场挖了很多陷阱,里面插满了利剑和尖刀,然后邀请鲁斯坦姆去狩猎。鲁斯坦姆欣然前往猎场,他的坐骑拉赫什闻到新翻泥土的气息,感觉到了危险,便踟蹰不前。鲁斯坦姆不但没引起警觉,反而狠狠抽了坐骑一鞭。拉赫什腾空一步,正好落入陷阱。利剑与尖刀穿透了英雄和他的坐骑。拉赫什拼命挣扎腾跃,用尽最后的力气把主人送出了陷阱。鲁斯坦姆身受重伤,用最后的一口气,奋力拉开弓,向躲在大树后面的阴险狡诈的沙伽德射出最后一箭,然后气尽而亡。在菲尔多西的《列王纪》中,鲁斯坦姆之死标志着神话时代和勇士时代的结束,历史时期的开始。

图 9 《濒临死亡的鲁斯坦姆射杀沙伽德》

在该插图中,陷阱在画面左侧,坐骑拉赫什蜷缩在陷阱中,神态悲苦,密密麻麻的利剑和尖刀穿透了它硕大的身躯,使它全身鲜血淋漓。圆形陷阱边缘是一圈花草,少量红色花朵之外,还有白色花瓣的花朵。这一局部构图,用陷阱中陪伴鲁斯坦姆戎马一生的坐骑,寄寓了英雄罹难的主题,激发人的悲悯与悲愤之情。画面右部,鲁斯坦姆被描绘为一位容光焕发的老人,身姿矫健,他腾跃拉弓。这是英雄最后的英姿。利箭穿透大树,扎进树后的沙伽德。弓箭筒飞落在英雄身后。扭曲的枝干与背信弃义的沙伽德的扭曲形象也相互呼应。右部画面激越,鼓舞人心,生动地诠释了老英雄戎马倥偬的一生。这幅插图左右两个部分,一静一动,一悲苦一激越,堪称完美构图。尽管整个画面采用白、绿、蓝等冷色烘托悲壮的气氛,但色彩亮丽,画面富丽,它标志着波斯细密画自身的用色特征在开始形成。人物衣服上的拜占庭式线条也淡了许多。尤其值得注意的是,整个画面具有十分明显的俯视视角:凹深的陷阱、腾空的鲁斯坦姆、俯贴在树干上的沙伽德,都是用俯视的视角呈现的。后来,这种俯视视角被进一步强化,成为波斯细密画的三大典型特征之一。这一视角被认为是真主俯瞰尘世的视角。此幅插图已经完全是波斯艺术作品,我们在其中已经看不到外来艺术的明显痕迹。

"蒙古大《列王纪》"插图本是伊儿汗王朝时期绘画艺术的顶峰。中国艺术的影响在这一发展进程中无疑起了重大的促进作用,西方学者认为,这是"波斯画家刻意学习中国画的技法,很明显,中国的画家也给了他们帮助和指导"①。同时,波斯艺术家为融合各种不同属性的艺术元素所作的努力具有更为重要的意义。波斯自身的艺术传统因素主要体现为平衡对称的整体构图、装饰性的图案、人物的排列次序等诸多方面;而波斯艺术家们的创新则表现在某些画作中富丽的用色,俯视视角的采用。

具有重要意义的是,"蒙古大《列王纪》"表现出波斯艺术家们在融合外来艺术因素与本土艺术传统上所作出的极大努力。细密画书籍插图艺术在伊儿汗时期勃然兴起,固然和统治者、掌权者的积极支持与扶植分不开,更与画家们个人的才华和审美趣味密切相关。画家们卓越的个人才华使他们在奉行"拿来主义"的同时,积极消化、吸收、创新。因此,对波斯艺术家来说,中国影响成为一种创新的动力而变得更加富有吸引力。艺术家们对自己的作品有了

---

① 帕尔维兹·玛尔兹邦译:《幻想的花园——伊朗细密画七百年》(波斯文版),法尔让内出版社 1998 年版,第 22 页。

一种自觉,将外来艺术本土化,将花草、树木和山石以一种更加自由的方式绘制,由此获得了另一种新的艺术生命力。

"蒙古大《列王纪》"插图本在波斯绘画史上具有崇高的地位,是波斯细密画走向成熟的标志性作品。其部分画作中强有力的动作、充满张力的色彩、充满才华的和谐构图,是前所未有的;细密画精工细作、精细繁复、精美绝伦的特征——15、16世纪成为波斯画家们才华展示的领域——已显露端倪。这些画作虽然还不代表着波斯细密画的鼎盛,但是已经具备了未来绘画审美发展的多种元素。这些元素,艺术家可以通过高超的领悟力和卓越的才华而获得,并将之付诸实践。这对后代艺术家具有十分重大的价值,它预示着波斯细密画正在走向美轮美奂的幻想世界场景。

(本文原载《北方工业大学学报》2018年第6期)

苏非主义促进波斯细密画艺术繁荣鼎盛

波斯古典文学作品插图艺术,即波斯细密画艺术,兴起于蒙古统治波斯的伊儿汗王朝(1256—1355年),经过约一个世纪的发展,在帖木儿王朝(1370—1507年)和萨法维王朝(1502—1775年)达至繁荣昌盛的顶峰,成为伊斯兰绘画艺术的杰出代表。细密画艺术在波斯的兴盛,是多种外因与内因交互作用的结果。中国宫廷画院体制及其艺术风格的影响,是其中重要外因之一,笔者曾对其专文论述。① 然而,一件事物的兴起与繁荣,内因应当是更为根本的动力因素,更值得探究。这即是本文旨归。

一、波斯苏非文学的兴盛奠定细密画艺术繁荣的基础

苏非派是伊斯兰教内部衍生的一个神秘主义派别。神秘主义是指在现世的肉体未消亡的状态下,寻求个体精神超越肉体的屏障,实现与宇宙间绝对精神的合一。苏非神秘主义的理论核心即是"人主合一",即人通过一定方式的修行(或外在的苦行修道或内在的沉思冥想),滤净自身的心性,修炼成纯洁的"完人",在对真主的狂热的爱恋中,达至"寂灭",进而实现"人主合一"的至境,并在合一中获得永存。其经文依据是《古兰经》②7:29:"你们要像他创造你们的时候那样返本还原。"《古兰经》35:18:"洗涤身心者,只为自己而

① 参见穆宏燕:《中国宫廷画院体制对伊斯兰细密画发展的影响》,《回族研究》2015年第1期。
② 马坚译:《古兰经》,中国社会科学出版社1996年版。

洗涤。真主是唯一的归宿。"《古兰经》2：46："他们确信自己必定见主,必定归主。"

苏非神秘主义萌生于阿拉伯地区,从早期的苦行修道发展而来。9—10世纪是苏非神秘主义的发展时期,一些苏非修行者或长老开始阐述自己的思想主张,使苏非神秘主义的各种理论体系逐渐形成。11世纪末,大教义学家安萨里(1058—1111年,波斯呼罗珊人,以阿拉伯语著述)将苏非神秘主义纳入伊斯兰教的正统信仰,"使苏非主义在伊斯兰世界的意识形态中居于统治地位达五六个世纪之久"①。从安萨里开始,苏非思想迅速在波斯发展,并逐渐成为波斯社会的主导思想。同时,波斯苏非叙事文学逐渐声势浩大,成为诗坛主流,涌现出一批大家巨制。正如金宜久先生主编的《伊斯兰教史》所言:"伊斯兰教在波斯和中亚地区的主要表现形式就是苏非信仰。在文化生活中,苏非主义居于统治地位,产生了许多神秘主义诗人。"②

第一个用长篇叙事诗的形式宣扬苏非思想的诗人是苏非长老萨纳依(1080—1140年),其代表作品是叙事诗集《真乘、教乘和道乘之园》(一般简称为《真理之园》)。之后,内扎米·甘贾维(1141—1209年)的《五卷书》(包括《秘密宝库》《霍斯陆与希琳》《蕾莉与马杰农》《七美人》《亚历山大记》)、阿塔尔(1145—1221年)的《百鸟朝凤》、莫拉维(鲁米,1207—1273年)的《玛斯纳维》六卷、萨迪(1208—1292年)的《蔷薇园》和《果园》、阿米尔·霍斯陆(1253—1325年)的《五部诗》(包括《圣光普照》《霍斯陆与希琳》《蕾莉与马杰农》《亚历山大宝鉴》《八重天堂》)、哈珠·克尔曼尼(1290—1352年)的《五部诗》(包括《光明之园》《古尔与娄鲁兹》《霍马与胡玛雍》《卡迈勒记》《苟哈尔记》)等都是著称于世的厚重长篇叙事诗集。苏非诗人们把自己对苏非哲理冷静和深刻的认识用各种各样的故事表现出来,这些故事或取材于历史典故,或援引《古兰经》,或来源于民间,或是诗人杜撰,总之都是一些具有较强文学性和哲理性的故事,再经过诗人用高超的艺术手法加工成诗句,不仅形式优美流畅,朗朗上口,便于记诵,也便于流传,而且其思想的深刻更加深了

---

① 金宜久:《伊斯兰教的苏非神秘主义》,中国社会科学出版社1995年版,第27页。
② 金宜久:《伊斯兰教史》,江苏人民出版社2006年版,第305页。

其艺术的魅力,因此被大家奉为经典。

苏非神秘主义使波斯诗歌从歌功颂德、优美而浅薄的宫廷诗转向阐述宗教哲理的神秘主义诗歌,这是波斯文学的一次重大转变,使波斯诗歌的思想内容变得深广。朱光潜先生曾说:"诗虽然不是讨论哲学和宣传宗教的工具,但如果缺少了哲学和宗教的支撑,就不易达到深广的境界。"①宗教学者对文学创作活动的直接参与,使宗教哲学思想成为波斯文学的魂,支撑着业已成熟的波斯文学以鲜活精深的面貌屹立于世。因此,波斯与阿拉伯在中古文学方面的一个重大区别就是:阿拉伯的宗教学者基本上致力于纯粹的宗教哲学建构,以散文著述为主,他们的著作被划入宗教哲学而非文学类,因此阿拉伯中古文学以《一千零一夜》、"玛卡梅故事集"等为代表的世俗文学为主;波斯传统的宗教学者也主要是致力于什叶派教义学和教法学方面的理论建构,他们仍然被称为宗教学家,他们的著作也多是散文著作,归入宗教哲学。然而,波斯的苏非长老(或修行者)们则更多的是通过诗歌来达到阐释宗教哲理的目的。宗教阶层历来属于知识精英阶层,向来不缺少诗歌方面的学识。宗教学者与诗人的双重身份使他们把诗人的天赋与苏非神秘主义思想密切融合,力求用自己的诗歌为广大信众传道授业解惑,用诗歌反映出自己对宇宙人生的最根本的认识,为此创造出了具有极高宗教价值、哲学价值、思想价值和文学价值的苏非神秘主义诗歌,使波斯诗歌的思想内容变得十分深广,成为世界古典文学中的瑰宝。

细密画主要是为故事性的文学作品(包括历史著作)所绘制的插图,对其中的经典故事和经典场景给予视觉呈现,既给读者一种视觉审美享受,也提升书籍本身的审美价值,并且还对扩大有关经典故事在民众中的影响和流传起着十分重要的作用。倘若没有作品这个载体,细密画就成为无本之木、无源之水。当菲尔多西(940—1020年)《列王纪》之后的波斯诗坛成为各大苏非诗人竞技的舞台,这实际上已然为细密画艺术的繁荣昌盛奠定了坚实的基础,为其提供了广阔的用武之地。后来的事实也证明,上述各大苏非诗人的作品均是绘制细密画插图本的主要对象。

---

① 朱光潜:《诗论》,生活·读书·新知三联书店1984年版,第76页。

二、苏非教团的发展促进细密画艺术走向苏非文学

蒙古伊儿汗王朝(1256—1355 年)对波斯地区的统治是伊斯兰绘画史的一个转折点,"事实上,在 13 世纪蒙古人入侵之后,伊朗绘画精神发生了显著的变化"①。在中国艺术的直接影响下,宫廷画院体制在波斯地区建立起来,并在之后的数个世纪中繁荣昌盛,强有力地促进了伊斯兰绘画艺术的发展。然而,12—14 世纪,尽管苏非文学已经勃然兴盛,产生了一大批杰出的苏非叙事作品,尽管细密画艺术在伊儿汗王朝时期以崭新的面目重新崛起,但终其伊儿汗一朝,细密画绘制却始终未能进入苏非文学作品。究其原因,很大程度上在于,不论是伊儿汗蒙古异族统治者,还是与伊儿汗朝廷抗衡的波斯人自己的因珠地方王朝(1319—1353 年),均以建构自己统治的合法性为首要任务。在伊儿汗时期,"伊斯兰教对国家事务的影响不大。在伊利汗国的重大事务问题上,只有王权才是至高无上的"②。正是在这样的指导思想下,菲尔多西的伊朗民族英雄史诗《列王纪》和以动物寓言故事劝诫统治者的《卡里莱与笛木乃》成为绘制细密画插图本的主要对象,在 13—14 世纪被数十次绘制细密画插图本,成为伊儿汗朝廷和地方朝廷在意识形态领域构建自己统治合法性的主要文化策略。

"尽管伊斯兰教有可能成为伊利汗国内部团结的象征,但由于统治者没有对它予以更多的重视,伊斯兰教并没有发挥对国家事务的重要指导作用"③。正是由于统治阶级的文化策略不是在于如何用伊斯兰教或苏非思想教化民众,因此尽管内扎米(1141—1209 年)的《五卷书》从其诞生之日起就在波斯享有盛名,不断被后代诗人模仿,形成"《五卷书》热",尽管内扎米是大不里士附近的甘芝城人氏,长期生活在大不里士,去世后葬于大不里士,然而

---

① 穆罕默德·伊朗曼内希德译:《伊朗绘画史》(波斯文版),阿米尔·卡比尔出版社 2004 年版,第 68 页。
② 张文德:《中亚苏非主义史》,中国社会科学出版社 2002 年版,第 102 页。
③ 张文德:《中亚苏非主义史》,中国社会科学出版社 2002 年版,第 103 页。

对自己本城的如此文化名人,伊儿汗王朝的大不里士"拉施迪耶"宫廷画院竟然没有绘制其作品的插图本。这无论如何与统治者采取的文化策略密不可分,同时也与当时苏非教团尚未介入画院密切相关。

然而,14世纪后半叶,情况发生了改变。首先,在蒙古伊儿汗统治后期,各地苏非教团迅速兴起和发展。"14世纪中后期,由于中亚苏非积极在蒙古人中传播伊斯兰教,并卓有成效,苏非主义迅速传播开来。苏非教团经历蒙古征服初期的挫折之后,开始在中亚复兴"①。波斯地区的情况同样如此。在14世纪兴起的各个苏非教团中,萨法维苏非教团的建立和发展对波斯政局的影响十分深远。该教团由萨菲·丁(?—1334年)创建于波斯西北部的阿尔达比尔。14世纪后半叶,该教团传入波斯大部分地区和伊拉克、安纳托利亚、叙利亚等地,影响十分广泛,并最终于1502年建立起统一波斯全境的萨法维王朝,以伊斯兰教什叶派十二伊玛目支派为国教。萨法维教团在巴格达—设拉子地区具有很大势力,并且有迹象显示该教团很有可能渗透进设拉子画院(下文详述)。这对该地区细密画艺术进入苏非文学作品起了十分重要的推动作用。

其次,1370年帖木儿王朝在撒马尔罕建立,随即开始了对波斯的征伐。帖木儿于1387年攻克设拉子,但因后方撒马尔罕告急而放弃;1393年再次攻克设拉子,随即扑向巴格达。蒙古贾拉耶尔地方王朝(1339—1411年)末代君主苏尔坦·阿赫玛德(1382—1411年在位)不战而逃,放弃巴格达,逃到叙利亚。然而,帖木儿也没在巴格达久驻,随即又率军北向,去征服高加索地区。苏尔坦·阿赫玛德又从叙利亚回到巴格达,苟延残喘至1411年时巴格达被土库曼黑羊部落征服。在动荡不安的战乱之世,统治者已无心构建自己统治的合法性,只求苟全性命于乱世,而苏非神秘主义的出世哲学在某种向度上也与战乱之世人们的心理需求契合。因此,苏非教团在巴格达—设拉子地区的传播与帖木儿征伐所带来的动荡不安的局势两相结合,使细密画艺术率先在这个地区转向苏非文学作品。

第一部被绘制插图的苏非文学作品是哈珠·克尔曼尼(1290—1352年)

---

① 张文德:《中亚苏非主义史》,中国社会科学出版社2002年版,第122页。

的《五部诗》。该《五部诗》仿内扎米(1141 — 1209 年)《五卷书》而作,包括:
(1)《光明之园》,仿内扎米《秘密宝库》,讲述苏非奥义;(2)《古尔与娄鲁兹》,
仿内扎米《霍斯陆与席琳》,描写的是伊朗王子娄鲁兹与罗姆国公主古尔之间
的爱情故事,阐发苏非神爱思想;(3)《霍马与胡玛雍》,仿内扎米《蕾莉与马杰
农》,讲述的是伊朗王子霍马与中国公主胡玛雍的爱情故事,这也是哈珠·克
尔曼尼《五部诗》中最著名的一部,同样也是阐发神爱思想之作;(4)《卡迈勒
记》,仿内扎米《七美人》,由十二个连环爱情故事组成,核心旨归在于阐述神
爱的各个阶段,最终达至"完美(卡迈勒)";(5)《苟哈尔记》,仿内扎米《亚历
山大记》,讲述一位名叫苟哈尔的王子如同亚历山大一样上下求索苏非之道
的故事。

哈珠·克尔曼尼虽然出生在克尔曼,但长期生活在设拉子,去世后葬在设
拉子,被视为设拉子诗人,其人生轨迹与内扎米之于大不里士有较大程度的相
似,然而二人作品被各自城市画院绘制插图本的境遇却迥异。哈珠·克尔曼
尼的诗歌在设拉子—巴格达地区影响很大,深受民众喜爱,其《五部诗》插图
本首次绘制于 1396 年。也就是说,在哈珠·克尔曼尼去世不到半个世纪,其
作品就被绘制插图本,绘制地点正是处于风雨飘摇之中的巴格达,其插图由著
名细密画大师祝奈德绘制。祝奈德(生卒年不详)在苏尔坦·阿赫玛德统治
巴格达时期(1382—1411 年)担任巴格达宫廷画院总监,为著名的巴格达画派
的形成起了巨大的推动作用。祝奈德乃设拉子人氏,这大约也是他主笔绘制
哈珠·克尔曼尼《五部诗》的原因之一。

由于相关资料信息匮乏,无法确切获知祝奈德是否是某个苏非教团信徒,
或苏尔坦·阿赫玛德经营的巴格达画院是否与某个苏非教团有关联。然而,
该插图本中的插图堪称是苏非思想与细密画艺术密切融合的经典之作:首先,
在艺术表现理念上,具有成熟的俯视视角——真主俯瞰世间的视角;人物与景
色充分融合为一体,不再是分离的二元;冷色与暖色十分和谐悦目,充分展示
出真主眼中绚丽斑斓的世界。其次,插图选择的情节皆关涉苏非修行的"阶
段"与"状态"(下文详述),图像表达具有强烈的苏非冥想特征,显示出绘制这
些插图的艺术家对苏非思想的深刻体悟。最后,选择苏非文学作品绘制插图
这本身即反映出选择者的思想倾向性。因此,至少可以确定画家祝奈德、赞助

者苏尔坦·阿赫玛德具有苏非思想,因为细密画插图本主要是遵循赞助者的意愿和审美情趣而绘制的。该插图本被视为波斯细密画真正成熟的标志性作品,开启了波斯细密画艺术的一个崭新时代,昭示了苏非思想在与文学联姻之后,再度与艺术联姻,进而创造了波斯文学与艺术的双重辉煌。

　　苏非教团对设拉子画院的渗透在《伊斯坎达尔·苏尔坦图文集》插图本中则有蛛丝马迹可以追寻。伊斯坎达尔·苏尔坦是帖木儿的孙子,他统治法尔斯地区仅仅只有五年(1409—1414 年),然而在细密画插图本制作上却卓有建树。现已知由伊斯坎达尔赞助设拉子画院制作的细密画图文集有三部,制作于 1410—1411 年。在这三部图文集中,均辑录了内扎米《五卷书》全本及其插图。在 1410 年制作、编号为 BLAdd.MS.27261 图文集中,还辑录了阿塔尔(1145—1221 年)阐述苏非奥义的著作《真主之书》及其长篇苏非叙事诗《百鸟朝凤》,可惜未对之绘制插图;该图文集还辑录了一部大不里士的著名苏非长老马赫穆德·沙比斯塔里(? — 1320 年)的长篇叙事诗《至福书》(Sa'ādatnāmah),该著作是一部讲述苏非奥义的著作,乃仿前贤萨纳依(1080—1140 年)《真理之园》而创作。更为重要的是,在该图文集中,还辑录了一部《什叶派教法》。①

　　以上这些信息至少说明两点:一是伊斯坎达尔显然是一位苏非信徒;二是伊斯坎达尔具有什叶派信仰倾向。至于伊斯坎达尔是哪个苏非教团的信徒,没有确凿的信息,但可以根据其图文集插图本蕴藏的信息进行符合情理的逻辑推测。首先,尽管帖木儿王朝统治者以伊斯兰教逊尼派为国教,然而什叶派的信仰在波斯民间发展迅速,积沙成堆。这与萨法维苏非教团的发展密切相关。萨法维教团在创建之初信奉逊尼派,之后逐渐转向什叶派。"当帖木儿的征伐席卷波斯时,萨法维教团可能与蒙古贵族关系不错,阿尔达比尔圣地得到扩充。霍瓦贾·阿里(1391—1427 年)教长期间,教团传教士的宣传活动开始表现出什叶派倾向"②。1447 年自第四代教长祝奈德起,正式改奉什叶派十二伊玛目派。③ 其次,萨法维部落属于伊朗阿塞拜疆族,教团创建之地阿尔

① 该插图本内容信息来源:The British Library,Digitised Manuscripts,Add.MS.27261。
② 金宜久:《伊斯兰教史》,江苏人民出版社 2006 年版,第 310 页。
③ 金宜久:《伊斯兰教辞典》,上海辞书出版社 1997 年版,第 252 页。

达比尔,临近伊朗阿塞拜疆首府大不里士,原是伊朗阿塞拜疆的一部分(现划分成为阿尔达比尔省)。伊朗阿塞拜疆地区是该教团最早的传教之地,该地区居民大多加入该教团。之后,教团向安纳托利亚东部、美索不达米亚北部、伊拉克发展,主要在随蒙古西征而迁居此地区的土库曼人部落中传播。14世纪末至15世纪初,具有什叶派倾向的土库曼黑羊部落在巴格达—设拉子地区具有很大势力,帖木儿多次与之开战。最后,萨法维教团十分崇奉自己本族本土的文化名人内扎米,其《五卷书》在该教团内具有崇高声望。1409年,伊斯坎达尔·苏尔坦刚一担任设拉子统治者,便立即赞助画院誊抄和绘制内扎米《五卷书》,且如此密集(两年之内三度绘制),且是全本(图文集一般是把多部作品的选章片段辑录成册,制作成一部书),这说明伊斯坎达尔本人对该著作喜爱的程度非同一般。同时,伊斯坎达尔还辑录了大不里士另一位著名苏非长老沙比斯塔里的《至福书》。由此可以推断,伊斯坎达尔很有可能是萨法维苏非教团的信徒。正是萨法维苏非教团对内扎米《五卷书》的格外推崇使得该著作在帖木儿王朝(1370—1507年)和萨法维王朝(1502—1775年)时期成为被反复绘制插图本最多的著作。

倘若说,萨法维苏非教团对设拉子画院的渗透尚只能根据现有资料透露出来的蛛丝马迹进行推测,那么纳格什班迪苏非教团与赫拉特画院的结合则是确凿的事实。纳格什班迪教团由巴哈丁·纳格什班迪①(1317—1390年)创建于中亚布哈拉,在帖木儿王朝时期,该教团发展迅速,在中亚地区具有强大势力,乃至对中国西北地区产生影响。"帖木儿本人即是纳格什班迪教团的成员,正是由于他的支持,纳格什班迪的势力迅速扩张,并显示出政治化的特点"②。帖木儿第四子沙哈鲁(1405—1446年在位)正是得到了纳格什班迪教团的大力支持而顺利继位,同时教团也借统治者的支持发展自己的势力。

---

① 关于"纳格什班迪"一词的含义:该词乃波斯语,"纳格什"(naqsh)意为"图画","班迪"(bandī)是构词后缀,表示"设计"的意思。中国学界普遍认为,该教团在举行宗教仪式时,默诵经文并在胸前以手指画线,故该教团因此得名。然而,伊朗学界的说法是,"纳格什班迪"指的是"模压花饰",因为该教团创始人巴哈丁的家庭从事纺织印染业,专门做纺织印染中的"模压花饰"工序。伊朗人或以籍贯为姓氏,或以职业为姓氏(在手工艺者阶层尤其多见)。比如,另一位著名苏非圣徒哈拉智(858—922年)其名字的意思是"弹棉花者"。

② 金宜久:《伊斯兰教史》,江苏人民出版社2006年版,第309页。

沙哈鲁以赫拉特为统治中心,建立了著名的赫拉特画院。该画院绘制了一大批细密画插图本,且几乎都是经典之作,形成著名的帖木儿赫拉特画派。据笔者的不完全统计,除了数种《列王纪》和《卡里莱与笛木乃》插图本之外,苏非文学作品插图本有:1426 年萨迪《蔷薇园》插图本,1427 年哈珠·克尔曼尼《五部诗》插图本,1430 年内扎米《五卷书》插图本,1432 年内扎米《五卷书》插图本,1442 年内扎米《五卷书》插图本,1444 年哈珠·克尔曼尼《五部诗》插图本,1445 年内扎米《五卷书》插图本。

帖木儿王朝末期,侯赛因·拜依噶拉(1460—1506 年在位)统治赫拉特时期,纳格什班迪教团与赫拉特宫廷画院的结合更为紧密。该教团长老之一、大苏非思想家、大诗人贾米(1414—1492 年)在拜依噶拉宫廷中担任要职,深受敬重。贾米还与宫廷大臣纳瓦依(1441—1507 年)是挚友,"正是他(贾米)介绍米尔·阿里希尔(纳瓦依)进入纳格什班迪苏非教团"[①]。在拜依噶拉和纳瓦依君臣二人经营下的赫拉特画院,其艺术家们几乎都是纳格什班迪教团成员,画院成为该教团的重要活动场所。作为苏非信徒的艺术家们每每聚在一起探讨苏非玄学,纵论文学艺术,吟诗作画,侯赛因·拜依噶拉国王本人也时常光临这些苏非聚会。[②] 该画院最杰出的画家卡马尔丁·贝赫扎德(1450—1531 年)有数幅画作表现苏非们聚会时的情景,或是表现苏非们夜间围坐一起玄谈,或是表现苏非们的狂热萨摩修行仪式。贝赫扎德 1487 年绘制的萨迪《果园》插图本和阿塔尔《百鸟朝凤》插图本、1493 年绘制的内扎米《五卷书》插图本是这时期赫拉特宫廷画院的代表作品,也是波斯细密画史上的杰作,其中的插图皆以表达苏非思想为宗旨。

因此,苏非教团在推动着苏非思想在民众中广为传播的同时,也渗透进画院,发展其成员,画院赞助者和经营者(即统治者)与艺术家们大多处在教团的影响之下。当巴格达画院和设拉子画院开创了绘制苏非文学作品插图本的先河之后,各大苏非文学作品成为各个画院的共享资源。在《伊斯坎达尔·苏尔坦图文集》辑录内扎米《五卷书》之后,阿米尔·霍斯陆《五部诗》、萨迪

---

① 鲁因·帕克巴兹:《伊朗绘画》,扎林与西敏出版社 2009 年版,第 78 页。
② 鲁因·帕克巴兹:《伊朗绘画》,扎林与西敏出版社 2009 年版,第 80 页。

《蔷薇园》和《果园》、哈珠·克尔曼尼《五部诗》、阿塔尔《百鸟朝凤》、莫拉维《玛斯纳维》和《沙姆士集》、萨纳依《真理之园》，以及《哈菲兹抒情诗集》等苏非文学作品相继被设拉子、巴格达、赫拉特、大不里士、伽兹温、马什哈德、伊斯法罕等画院频繁反复绘制插图本，由此形成绘制苏非文学作品细密画插图本的高潮。乃至，大苏非思想家贾米（1414—1492 年）的七部长篇苏非叙事诗《七宝座》（包括《蕾莉与马杰农》《亚历山大的智慧》《黄金传系》《献给艾赫拉尔的赠礼》《信士的念珠》《萨莱曼和埃伯萨尔》《优素福与佐列哈》）在他尚健在人世且尚在陆续创作时，就相继于 1480 年被设拉子画院部分绘制插图本、1488 年被赫拉特画院全本绘制插图本。之后，贾米《七宝座》成为被频繁反复绘制插图本最多的作品之一。同时期，纳瓦依（1441—1507 年）用察合台语创作的《五部诗》于 1485 年在他尚健在时便由赫拉特画院首先绘制插图本。

萨法维王朝（1502—1775 年）依靠萨法维苏非教团起兵征伐，建立政权。萨法维教团是一种"宗教—政治—军事性组织"①，统治者亦即教团领袖，教团为统治者所掌控，而画院也是统治者的御用画院。因此，在萨法维王朝，教团与画院结合更为紧密，这里不再一一赘述。上述各大苏非文学作品更是被各个宫廷画院频繁反复绘制插图本，波斯细密画艺术由此达至鼎盛，并相继传入印度莫卧儿和奥斯曼土耳其，成就了伊斯兰绘画艺术的辉煌。

因此，在帖木儿和萨法维两朝，苏非教团与宫廷画院（包括王子王公们的地方宫廷画院）的结合从政治上和组织上为细密画艺术进入苏非文学作品创造了切实的保障，这也是苏非文学作品被频繁绘制的主要推动力。从而，苏非文学作品的细密画插图本制作成为统治者建构社会意识形态、巩固自己统治政权的重要文化策略和文化统治手段。诚然，《列王纪》和《卡里莱与笛木乃》作为统治阶级的御用教科书，一直是绘制细密画插图本的重点对象，然而独木难以成就森林，毫无疑问是浩繁的苏非文学插图本支撑了细密画艺术在帖木儿王朝和萨法维王朝的繁荣鼎盛。

---

① 金宜久：《伊斯兰教史》，江苏人民出版社 2006 年版，第 310 页。

三、苏非思想与细密画图像表达融合

细密画在空间表现、共性特征、色彩运用、俯视视角等艺术表现理念上,借助苏非思想的途径,获得了其自身的伊斯兰合法性,这是细密画艺术得以发展的宗教哲学基础,笔者曾对之专文论述。① 作为一门伊斯兰绘画艺术,作为以苏非文学作品为主要载体的绘画艺术,波斯细密画更是在图像表达上与苏非思想密切结合,对文本中的苏非奥义作视觉呈现,对文本叙述起到阐释甚至是补充作用,同时也为读者提供一种超越文本的、富有想象力的空间。

一旦细密画艺术进入苏非文学作品,统治者很快就意识到,细密画插图对推动苏非思想建构社会意识形态作用巨大,丝毫不逊色于《列王纪》对构建统治合法性所起的作用。这也是苏非教团之所以能推动细密画艺术进入苏非文学作品的关键原因。图像的直观性,使得"图像往往被用作教化的手段、崇拜的对象、唤起冥思的刺激物和争论的武器"②。苏非文学作品的细密画插图,即是运用图像来表达和阐释苏非玄理,昭示苏非神秘主义功修的不同阶段,渲染其状态,对传播苏非思想(尤其是神爱思想)起着文本所无法替代的重要作用。苏非神秘主义发展到后来,神爱思想成为其精髓,爱主成为"人主合一"的必由之路。人只有把自己完全淹没于对真主的神秘之爱中,物我皆忘,灵魂才能得以跨越肉体的屏障,"达到爱者(指人)—爱—被爱者(指真主)三者和谐完美的统一"③。其经文依据是《古兰经》5:119:"真主喜悦他们,他们也喜悦他。"苏非神秘主义学说发展到后期,为广大信众所接受的主要是神爱思想。因为对于不在苏非道堂修行的广大信众来说,过的是柴米油盐的常规生活,他们不是修行者,苏非神秘主义所推行的种种外在的具体修行实践,他们一般是做不到的,但爱主却是任何一个信徒都能做到的。因此,以神爱思想为核心旨归的苏非叙事诗受到格外青睐,因其具有故事情节,深入浅出,更易为

---

① 参见穆宏燕:《蓝的马,绿的天空》,《读书》2006 年第 12 期。
② 彼得·伯克:《图像证史》,杨豫译,北京大学出版社 2009 年版,第 60 页。
③ 金宜久:《伊斯兰教的苏非神秘主义》,中国社会科学出版社 1995 年版,第 47 页。

普通信众接受,并津津乐道。

图像学家潘诺夫斯基把对图像的解释分为三个层次:一是关注自然意义;二是关注常规意义;三是关注本质意义,即关注"揭示决定一个民族、时代、阶级、宗教或哲学倾向的基本态度的那些根本原则"①。无疑,第三个层次是我们理应关注的重心。细密画艺术从最初进入苏非文学作品之始,就确立了其用图像诠释和渲染苏非玄理的使命。"唯一的至爱是安拉……爱,对于安拉,才具有真实的含义,对于他物,只是借指而已"②。因此,苏非文学作品中世俗男女相爱的故事,皆是"借指",其旨归乃是阐述苏非神秘主义的神爱之道。

图 1 《沉醉》

图 2 《款待》

1396 年哈珠·克尔曼尼《五部诗》插图本现收藏于伦敦不列颠图书馆,编号为 Add.18113,共 9 幅插图,其中《霍马与胡马雍》就占据了 6 幅。③ 插图数量的格外偏重无疑与这部作品具有深厚的苏非神爱思想密切相关,其 6 幅插

① 彼得·伯克:《图像证史》,杨豫译,北京大学出版社 2009 年版,第 43 页。
② 安萨里:《圣学复苏精义》下卷,张维真译,商务印书馆 2001 年版,第 736 页。
③ 该插图本内容信息来源:The British Library,Digitised Manuscripts,Add.18113。

图3　《抵达》　　　　　　　　图4　《考验》

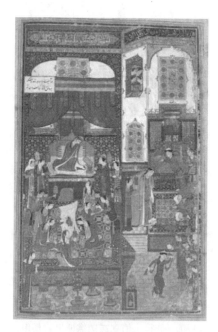

图5　《结合》　　　　　　　　图6　《欢庆》

图所描绘的正是神爱之道的 6 个阶段或状态；插图 1《沉醉》描绘的是伊朗王子霍马与其侍从在前往寻求中国公主胡马雍的途中醉卧花园的情形；表达的却是苏非神爱思想的"沉醉"状态。修行者首先必须沉醉在对真主的爱中，才能获得心灵的觉悟。插图 2《款待》描绘的是在经历一番曲折之后，霍马到达中国，受到中国天子的款待；表达的却是苏非修行者在经历一定阶段的功修之后，会获得精神上的某种程度的"合一"体验，即"功修者的合一"，"这种合一是短暂的、瞬间的、断续的"①。这种体验的获得是来自真主的对苏非修行者阶段性的犒赏和赐予。插图 3《抵达》即"霍马抵达胡玛雍宫殿的大门前"，这是非常著名的一幅细密画插图，是细密画俯视视角成熟的标志。该插图描绘的是霍马王子经历千辛万苦、千曲百折，终于抵达胡马雍的宫殿大门外，终于看见梦中情人美丽的倩影；表达的却是苏非修行者在经历种种功修的磨砺之后，获得的"抵达"真主的状态，这是"圣徒的合一"，"这种合一仍是有时间性的、非永久的"②。插图 4《考验》描绘的是霍马与胡马雍之间产生误会，胡马雍女扮男装挑战霍马被打败，然后露出真容，二人重新和解；表达的却是苏非修行者在功修过程中出现的状态回落与反复，这往往是对苏非修行者意志力的考验。插图 5《结合》描绘的是经过种种考验之后的霍马与胡马雍终于相聚在御花园中畅饮美酒的场景；表达的却是苏非修行者在功修中所达到的或体悟到的"人主合一"的至境。这幅插图弥漫着无边的安宁与幸福，将观者带入一个冥想的世界，将一个只有在天园中才可能有的场景展示给观者的视觉，让观者产生深深的心灵震撼。插图 6《欢庆》描绘的是霍马与胡马雍结合之后第二天早晨，侍女们在他们的洞房里载歌载舞、抛撒花瓣糖果的欢庆场面；表达的却是苏非修行者在获得"人主合一"状态之后无边的幸福和快乐。

一般来说，"修持的'阶段'可以经过虔修者个人的主观努力达到；而修持的'状态'则是虔修者精神上的一种感觉，并非主观努力所能达到的，它是修持到一定阶段的安拉的赐予"③。然而，阶段与状态往往是相互伴随的，甚至互为一体的。比如上述的"沉醉"既是阶段也是状态；"抵达"是一种阶段，而

---

① 金宜久：《伊斯兰教的苏非神秘主义》，中国社会科学出版社 1995 年版，第 65 页。
② 金宜久：《伊斯兰教的苏非神秘主义》，中国社会科学出版社 1995 年版，第 66 页。
③ 张文德：《中亚苏非主义史》，中国社会科学出版社 2002 年版，第 33 页。

抵达时的"心见"却是一种状态;"合一"既是阶段也是状态。"这些'状态'来无影,去无踪;它来时,功修者无法拒绝,去时则无法挽留"①。细密画插图选择的往往是最能体现瞬间状态或功修阶段的情节加以图像展示,让这些来无影去无踪的状态定格在永恒的瞬间,让人反复回味,激发冥思。

图 7　《席琳凝视霍斯陆的画像》　　图 8　《霍斯陆和席琳在花园中共饮》

　　1410 年制作的、编号为 BLAdd.MS.27261 的《伊斯坎达尔·苏尔坦图文集》共有 23 幅插图,其中内扎米《五卷书》占据 16 幅插图,由此可见其受到的重视程度。这 16 幅插图又分别为《秘密宝库》1 幅,《霍斯陆与席琳》5 幅,《蕾莉与马杰农》4 幅,《七美人》3 幅,《亚历山大记》3 幅。由此可见,《霍斯陆与席琳》和《蕾莉与马杰农》这两部经典爱情故事乃是绘制插图的主要对象。《霍斯陆与席琳》插图 1《席琳凝视霍斯陆的画像》描绘的是:伊朗王子霍斯陆的侍臣沙普尔把霍斯陆的画像挂在亚美尼亚公主席琳经常游玩的郊野,让席琳看见霍斯陆的画像。如是者三,终于让席琳对霍斯陆产生了爱慕之情。该幅插图构图十分老到,抓住了席琳凝视霍斯陆画像、产生心动的一瞬间。这幅

――――――――――

① 金宜久:《伊斯兰教的苏非神秘主义》,中国社会科学出版社 1995 年版,第 81 页。

插图后来被1432年内扎米《五卷书》插图本和1442年内扎米《五卷书》插图本几乎原封不动地仿制。后两幅仿制图与原图的相似程度几乎达到"找不同"游戏中的相似图画,由此可见该插图对后代画家的影响。该插图抓住了最富于张力的瞬间,表达了苏非神爱思想中真主之光照临心间,促使人产生最初的那一波心动,"认识安拉是最令人欣慰之事,任何幸福绝不能与之媲美"①。插图11《霍斯陆窥见湖中沐浴的席琳》,这几乎是每部内扎米《五卷书》插图本必画的场景。该场景的文本故事讲述的是席琳心动之后,前去寻找霍斯陆,同时霍斯陆也来寻找席琳。在树林中,霍斯陆无意中窥见一美丽女子在湖中沐浴,但他不知那就是席琳,因此并未盘桓逗留,而是继续前行,尚未真正谋面的两位有情人就这样擦肩而过。尽管文本故事讲述的是有情人擦肩而过,旨在表达神爱之路的曲折,"心见"状态转瞬即逝,然而细密画画家却牢牢抓住了"霍斯陆窥见湖中沐浴的席琳"的瞬间,渲染的是神爱中产生"心见"

图9 《法尔哈德扛着席琳和
她的坐骑越过小溪》

图10 《霍斯陆与席琳同床共枕》

---

① 安萨里:《圣学复苏精义》下卷,张维真译,商务印书馆2001年版,第740页。

的那一瞬间的动人心魄,并将这一瞬间定格为永远。插图 8《霍斯陆和席琳在花园中共饮》无疑表达的是一种阶段性的"款待"。插图 9《法尔哈德扛着席琳和她的坐骑越过小溪》则表达了苏非修行者为爱奉献一切的精神。插图 10《霍斯陆与席琳同床共枕》则表达"合一"的至境。

图 11　《霍斯陆窥见湖中沐浴的席琳》

　　《蕾莉与马杰农》插图 12《马杰农观看两个部落争斗》表达了苏非修行者在功修中观照内心,与私欲作斗争。插图 13《马杰农在荒野中与野兽为伍》表达了苏非修行者抛弃一切尘世物质享受的"法基尔"(本意为"贫穷",指苏非修行者物质一无所有而精神富足)状态。插图 14《马杰农和蕾莉在相会时激动得晕厥》则表达了苏非功修者心见真主时狂喜至晕厥的状态。插图 15《马杰农死在蕾莉坟前》则表达了苏非功修的"寂灭"阶段。《蕾莉与马杰农》的这几幅插图均被后来杰出的细密画大师贝赫扎德于 1493 年绘制的内扎米《五卷书》插图本所借鉴,乃至几乎完全照搬插图 14《马杰农和蕾莉在相会时激动得晕厥》的构图设计,当然后者在绘画技艺上明显高于前者。

图 12　《马杰农观看两个部落争斗》

图 13　《马杰农在荒野中与野兽为伍》

图 14　《马杰农和蕾莉在
相会时激动得晕厥》

图 15　《马杰农死在蕾莉坟前》

因此,上述两部最初的苏非文学著作插图本在插图情节选择上为细密画艺术自身的发展树立了仿效的范式。之后,各种苏非文学著作插图本的插图情节选择均以表达苏非思想、展示神爱之道为核心宗旨。"苍穹除了爱情就没有祭坛拜位,世界没有爱情之土就不会有水……如果在尘世的生命中没有爱情,你在尘世的岁月就是死尸一生"①。这是内扎米欲用诗歌启迪信众懂得的神爱之道,同时也是帖木儿和萨法维两朝繁荣鼎盛的细密画艺术肩负的使命。因此,苏非思想借由文学和艺术的双重途径塑造了伊朗民众的思想世界,并由此积淀成伊朗文化传统十分重要的内涵和底色,与什叶派思想文化一起,成为伊朗宗教文化传统相辅相成的两翼。

本文前引朱光潜先生话曰:"诗虽然不是讨论哲学和宣传宗教的工具,但如果缺少了哲学和宗教的支撑,就不易达到深广的境界。"此话虽然乃针对诗歌艺术而言,但绘画艺术亦同此理。深厚的遗世独立精神支撑着中国古代文人绘画傲然于世,深厚的人文主义精神支撑着欧洲文艺复兴时期的绘画雄踞于世。同样,正是深厚的苏非思想与细密画艺术图像表达的密切融合,有力地促进了细密画插图在内在意蕴上向精深发展,从而赋予细密画深厚的思想价值和内在审美价值,以波斯细密画插图艺术为代表的伊斯兰绘画艺术由此屹立于世。

(本文原载《回族研究》2017 年第 2 期)

---

① 内扎米·甘贾维:《五卷书》(波斯文),都斯坦出版社 2004 年版,第 126 页。

蓝的马,绿的天空[①]

　　土耳其著名作家奥尔罕·帕慕克在其最近的畅销小说《我的名字叫红》中给读者奉献了一场波斯细密画的盛筵,充分显示出作家本人对波斯古典文学和波斯细密画的深刻造诣。该书中译本封底引用《出版人周刊》的评论,介绍该小说叙述了"一则历史悬疑故事","它是一个谋杀推理故事……一本哲思小说……也是一则爱情诗篇"。其实,该小说既不是一个"谋杀推理故事",更不是一则"爱情诗篇",说它是一本"哲思小说"还稍稍靠点谱。奥尔罕·帕慕克在这部小说中给我们讲述了细密画艺术所蕴含的深刻哲学思想,以及它在面对欧洲文化的强大冲击面前所面临的困境。

　　波斯细密画兴起于蒙古人统治伊朗的伊儿汗王朝(1256—1355年)时期,这时的伊朗已经完全伊斯兰化,并且同化了统治者,从合赞汗(1295—1304年在位)开始,统治伊朗的蒙古人皈依伊斯兰教。然而,伊斯兰教是彻底的一神教,禁止偶像崇拜,清真图案都是植物花卉纹饰,绝少动物和人物,在细密画产生之前,画家和绘画艺术因被视为偶像崇拜而受到扼制。以人物活动题材为主的波斯细密画之所以能为伊斯兰文化所接受,并最终成为伊斯兰艺术的一朵奇葩,与细密画所蕴含的深刻的伊斯兰苏非神秘主义哲学密切相关。

　　细密画的兴起正逢伊斯兰教中的苏非神秘主义在伊朗盛行的时期。苏非神秘主义产生于阿拉伯,但使之发扬光大的却是伊朗人,其核心是主张"人主合一",即人可以通过自我修行滤净自身的心性,在寂灭中获得个体精神与绝

---

　　① 文中小说引文出自奥尔罕·帕慕克:《我的名字叫红》,沈志兴译,世纪出版集团上海人民出版社 2006 年版。

对精神(真主安拉)的合一,以此获得个体精神在绝对精神中的永存。苏非神秘主义作为当时伊朗社会的主导思想,对伊朗文化产生了非常深远的影响,并成为一种文化积淀渗透到伊朗人精神生活的各个方面。

传说,伊斯兰世界最著名的书法家伊本·沙奇尔在清真寺高高的宣礼塔上目睹了蒙古军队在巴格达烧杀抢掠、焚毁书籍的暴行,决心把蒙古军队的暴行画出来,由此开创了细密画艺术。不论这个传说的历史可信度有多少,但细密画的绘画视角的确是一种从高空往下看的俯瞰视角,洞悉世间的一切,这种绘画视角被认为是真主的全知的观望角度。因此,细密画画家作为真主的仆人,只是在履行真主的使命,为真主服务,把真主眼中的事物展现出来。真主是全知全能的,在真主的眼中,远处的人、物与近处的人、物没有大小的差异,山后的人、物不会被山体所屏蔽,房屋建筑也挡不住真主全知的眼睛。这就形成了细密画特殊的空间表现观,远处近处的人、物一样大小,山前山后的人、物处在同一平面,房屋建筑犹如被刀从中剖开,里面的人物活动一清二楚。

在对画中人、物的描绘上,细密画着重人、物的普遍性和共性而不是特殊性和个性。这是因为人的肉眼只能看见个性和特殊性,看不见共性和普遍性。人的肉眼看不见"马"也看不见"人",看见的只能是某匹具体的马、某个具体的人。人对普遍性和共性的认识是从众多个性和特殊性中概括出来的一种"类别",是人的心灵觉悟到这种普遍性和共性而后赋之于自己的认识,苏非神秘主义认为,这种悟性来自真主先天的赋予,共性和普遍性只属于真主,只有造物主真主才能看见。在真主的眼中,所有的人、物都是一样的。尽管在人的肉眼看来,人、物每个都有自己的个体特征,彼此不相同,但为真主服务的细密画画家从来不会面对一匹现实中的具体的马或具体的人去画"这一匹马""这一个人",而是把马或人的共性特征融会于心,画出的马的确是"马",但又不是现实中的任何一匹具体的马;画出的人物的确是"人",但又不是现实中任何一个具体的人,从而避免了陷入偶像崇拜和个人崇拜的异端中。

在色彩上,细密画遵循"崇高说",认为崇高高于人的肉眼所见的真实,因为细密画画的是真主眼中的世界。这个信条使细密画艺术家打破了自然界颜色的局限,集自然界中所有的色彩美为一体,以鲜艳亮丽的色彩和大量使用金箔来造成一种异乎寻常的刺激,让人在目眩神迷中,产生崇高神圣之感。因此,我们在细密画中可以看到赤橙黄绿青蓝紫的各色马儿、山丘或天空,整个画面美轮美奂,呈现出一种幻想的美、升华的美。因为对于细密画画家来说,颜色是被感知的,而不是被看见的,很多细密画大师在失明之后对色彩的领悟和运用往往胜于失明之前。针对蓝色的马、绿色的天空或紫色的山丘,人的肉眼会说,自然界中没有这种情况。细密画画家们的反驳是:人为了否定真主的存在,就说看不见真主。在真主的世界里,任何颜色的东西都会存在。小说《我的名字叫红》的主人公之一姨父在被凶手杀害后,灵魂升空,看到了一个只有在细密画中才有的色彩斑斓的世界,看到了蓝色的马,人们相信真主的世界就是如此色彩斑斓、亮丽崇高,那里永远没有黑夜,因此,细密画中的夜色永远如白天一样鲜艳明亮。由此,细密画在以上三方面的绘画基点上获得了伊斯兰的合法性。

波斯细密画在技法上受中国工笔画的影响很深,但其精细的程度青出于蓝而胜于蓝,到了无以复加、叹为观止的地步。一位杰出的细密画大师在长年累月的精耕细作之后,因用眼过度往往失明,这被认为是真主的恩赐。细密画是画家对真主眼中的世界之美的追寻,那么画家要获得真主的视角眼光,就必须泯灭自己肉眼的视觉。因为苏非神秘主义认为肉眼是人认识真理的幕障,肉眼所看到的东西是幻,真理只能用心灵之眼去觉悟。一位细密画大师在失明之后画出的作品,往往胜过其失明之前的作品,因为他已经超脱了肉眼的纷扰,达到了心灵的至境,完全凭着记忆去画。这种记忆被认为是真主先天赋予人而又被后天所蒙蔽,细密画大师经过长年的修炼,重新获得了这种记忆。一位杰出的细密画大师在自己的绘画中沉浸于真主的视角,长年的聚精会神,使画家本人的个体精神渐渐消融在了其心灵所觉悟到的绝对精神之中,进入一种寂灭状态,这时会获得一种时间的永恒感。小说《我的名字叫红》讲了不少关于细密画中时间永恒的故事。当一个人完全沉浸在主观心灵中,是会体悟到时间停滞的永恒感,这是一种神秘主义的体验。因此,苏非神秘主义所宣扬的"人主合一"至境被细密画画家所实践。从而,之前被视为偶像崇拜者的画家借由细密画创作过程中的"人主合一"状态获得了自己伊斯兰的合法性。

细密画注重所画人、物的普遍性,绘画本身具有浓厚的程式化特征,任何的创新、个人风格和签名都被视为异端。一方面,因为画家的创新与个人风格意味着擅自篡改真主眼中的景象,意味着凸显自己的创造力,把自己提到"创造者"的高度,这是对造物主真主的僭越。而签名则是把真主创造的美窃为自己所有,更是一种大逆不道。另一方面,人又绝对无法僭越真主,因此所谓的创新与风格实际上是使真主完美的造物变得不完美,出现瑕疵,因而创新与风格体现出的是人的缺陷。然而,从另一角度来说,细密画画家严格按照真主的视角来画,不正是把自己置于真主的地位吗? 不正是表明"真主能做的我也能做"吗? 不正是对真主的独一性和"创造者"地位的挑战吗? 这是奥尔罕·帕慕克在《我的名字叫红》中借由一匹马的口吻指出的细密画的哲学悖论。其实这样的哲学悖论在苏非神秘主义那里并不存在,因为细密画画家在作画时是处在一种"人主合一"的状态,画家的个体精神泯灭在绝对精神中,其实质仍是真主的独一,没有画家个体精神的存在就没有二元的存在,也就不存在画家对真主的僭越。

打破细密画画家"人主合一"之寂灭状态的是欧洲绘画艺术。在哲学思想上,欧洲绘画艺术与细密画艺术完全对立,前者以人的视角立场为本,画的是人的肉眼所见,是局限性的;后者以神的视角立场为本,画的是神眼中的景象,是全知式的。欧洲绘画着重人、物的个性特征,并且以透视法将这种个性特征描绘得十分逼真。在维护正统的细密画画家看来,把绘画从真主的崇高视角降为普通人肉眼的视角,是对绘画艺术的亵渎,而突出个性特征的透视法更是对真主的亵渎。普通人肉眼的视角使画家脱离了"人主合一"的状态,使画家与真主成为二元,将画家置于僭越者的地位,乃大逆不道,而透视法将被画的人、物置于人视觉的中心点上,使人陷入个人崇拜和偶像崇拜中,是对真主独一性的挑战,是一种异端。这正是小说《我的名字叫红》中凶杀案发生的哲学背景:细密画镀金师高雅看到由姨父主持、多位细密画画师参与绘制的图册中最后一幅画用透视法画了苏丹陛下的像,十分恐惧,害怕自己犯下异端之罪,便把自己的恐惧倾诉给参与图册绘制的画师橄榄,橄榄却认为高雅在污蔑诽谤,会威胁到细密画画家们的存亡,便杀害了高雅,接着橄榄又因渴望看到最后一幅画的真相而杀害了姨父。然而,当读者认为橄榄是为了维护细密画的尊严、为了维护信仰的尊严而杀人时,却看到当橄榄的凶手面目被揭露之后,在找到的最后一幅画中,用透视法画的苏丹陛下的像被橄榄替换成了自己的像。这真是明知是异端,却又抵挡不了这种异端的诱惑,人人恐惧这种异端,害怕这种异端,人人却又都在暗中渴望着异端——拥有一幅用透视法画的自己的逼真肖像画。

奥尔罕·帕慕克借由一桩凶杀案不仅道出了伊斯兰哲学在面对欧洲文化的强大冲击面前所面临的困境,而且还将笔触直击人内心最隐秘的角落——人的自我崇拜欲。人们把这种自我崇拜欲归咎于撒旦的诱惑。于是,撒旦在《我的名字叫红》中出场了,替自己辩解,这也是作家本人的精彩哲学思辨。撒旦认为把人的个人崇拜欲归咎于他的诱惑是没有任何依据的,因为在《古兰经》中,真主命令众天使跪拜人类始祖亚当,众天使皆遵命,只有撒旦认为自己是真主用火创造的,亚当是真主用泥创造的,火高于泥,因此拒不跪拜亚当,从而受到真主的责罚。撒旦认为,正是真主令众天使跪拜亚当,使人自以为了不起,自我膨胀,想要僭越真主,把自己置于一个中心位置来受到崇拜。因此,人的自我崇拜欲应归咎于真主。

真主之所以令众天使跪拜用低级物质(泥土)造出的亚当,是因为真主在用泥土造出亚当后,将自己的精神吹进亚当体内,亚当由此获得灵魂而具有了生命。因此,苏非神秘主义认为人的灵魂(精神)与真主是同一的,人通过修炼可以获得个体灵魂(精神)与真主的重新合一。由于人禀具了真主的精神,理所当然比众天使高级,理所当然应受到众天使的跪拜。因此,人在先天是具有神性的。然而,正是人的这种先天神性使人妄自尊大,总想僭越造物主,把自己置于造物主的位置,认为自己能够创造一切。撒旦说,人这种自我崇拜的结果是使人很快忘记自己的创造者,而把自己当作创造者。也就是说,真主创造人,是给自己创造了一个天敌。这真是可怕,人不仅是万物的天敌,而且还是自己创造者的天敌!笔者孤陋寡闻,不知道"人具有神性"这种观点,除了苏非神秘主义之外,在别的宗教中是否存在。不论如何,这种观点其本意虽然在于阐释"人主合一"的可能性,但却从另一个方面阐释了人妄自尊大、为所欲为、总认为能"人定胜天"的缘由,而人类社会的发展历史,尤其是人本主义思想产生以来,以及片面的人类中心主义和实用主义成为人类社会的发展方向以来的社会发展史,似乎正在印证这种缘由。

小说《我的名字叫红》最后写道,在欧洲绘画艺术的强大冲击下,细密画画家们"带着卑微的哀伤和顺从,慢慢接受了眼前的情势","一百年来,吸取了波斯地区传来的灵感滋养,在伊斯坦布尔绽放的绘画艺术,就这样如一朵灿烂的红玫瑰般凋谢了"。毫无疑问,这是人本主义对神本主义的胜利,乃人性的必然,人渴望把自己摆在中心点,凸显自己的个性特征,从而自我欣赏、自我崇拜。然而,人真的能够僭越自己的创造者吗? 辩证法告诉我们,对立的东西往往相辅相成。当我们把欧洲文艺复兴以来的人本主义当成唯一的正确,便理所当然地把其对立面——神本主义当成谬误而给完全否定掉。然而,辩证法还告诉我们,否定了自己的对立面也就否定了自己。人本主义在解放了"人"的同时,也把人类的贪欲从神的控制下解放了出来,消解了宗教对人类行为的制约作用,消解了精神的价值,推崇个人自由至上,致使整个社会个人享乐主义盛行,物欲横流,唯利是图,道德沦丧,人性异化,使人类在精神上趋于自我毁灭。人类是否从一个极端走向了另一个极端?"人们无情地遗忘了,曾经,我们透过截然不同的眼光观看过世界",可以说,奥尔罕·帕慕克借助一桩凶杀案,提出了人类正面临的一个深刻的哲学困境。

最后想说一说书名,该小说虽名为《我的名字叫红》,但全书 59 章中只有一章涉及"红",而帕慕克在以"红"命名的一章里非常专业、非常精细地写了用于细密画的"红"颜色的制作过程。"红"是鲜艳亮丽的细密画最重要的颜色之一,我想,"红"在该小说中无疑是细密画的一个浓缩性的象征,也象征了该小说中细密画所代表的伊斯兰文化。我想,《我的名字叫红》这个名字无疑体现了作家本人的情感归属和价值取向。

（本文原载《读书》2006 年第 12 期）

中国民族乐器的波斯源流①

——琵琶、箜篌、唢呐入华小考

东汉末年,中原大乱,儒家礼乐崩坏,西北胡乐东来。继之,魏晋南北朝成为中华民族的一个大融合时期:一方面,西北少数民族仰慕中原儒家文化,学习其诗书礼仪,向往儒化;另一方面,中原民族却喜好西北少数民族的舞乐服饰,渴望豪迈奔放,释放儒家礼仪的束缚,崇尚胡化。《后汉书·五行志》曰:"灵帝好胡服、胡帐、胡床、胡坐、胡饭、胡空侯、胡笛、胡舞,京都贵戚皆竞为之。"《通典》卷142记载,自北魏宣武帝(500—516年在位)开始,琵琶、箜篌等胡乐"铿锵镗鞳……洪心骇耳",成为宫廷音乐主流,"琵琶及当路,琴瑟殆绝音"。而琴瑟古筝类的华夏丝乐,因其柔美,听起来"歌响全似吟哭,听之者无不凄怆",故风骚渐逝。

一、纵横琵琶

琵琶是中国民乐的主奏乐器,素有"弹拨乐器首座"之称,其表现力极为丰富,武曲激烈,文曲哀怨。就是这样一件堪称中国民乐之王的乐器,承载的却是亚洲东西两方民族深厚的音乐文化传统。

琵琶是印伊雅利安民族的一种古老乐器,《伊斯兰世界知识辞典》谓这种乐器最早起源于中亚阿姆河流域的巴尔赫地区,远在上古时期就流行于伊朗

---

① 本文原为学术随笔,故采用的是随文简注的形式。

和印度。琵琶按其颈部形状分为曲项和直颈两类。曲项琵琶琴身呈半梨形，颈部呈直角弯曲（其流传过程中弯曲角度及线条各有变异），古波斯语为 Barbut，新波斯语读为巴尔巴特（Barbat），是伊朗民族特有的乐器。Bar 是一个介词，意为"基于……"，But 或 Bat 是一种水鸭。也就是说，这种乐器因其形似水鸭而得名。又因古时候此种乐器的琴弦是用羊肠衣（Rūde）制成，故又称之为鲁德（Rud）琴。

阿契美尼德王朝（前 550—前 331）之前，巴尔巴特琴就已在伊朗盛行。后通过小亚细亚传入古希腊，变音为 Barbiton（也写作 Barbitos）。从现有的图片资料来看，古希腊的 Barbiton 与波斯巴尔巴特有较大差异，它实际上是巴尔巴特和波斯箜篌两种乐器的结合。古希腊抒情诗人阿那克里翁（前 570—前 488）的诗歌是最早提及此种乐器的文字资料，诗中说他的 Barbitos 只弹性爱曲调。

萨珊王朝时期（224—651 年），巴尔巴特琴在波斯达至鼎盛，其盛况在波斯伊斯兰化之后的典籍中多有追述。尤其是在霍斯陆·帕尔维兹国王统治时期（590—628 年），弹奏巴尔巴特之风最为兴隆，还出现了波尔巴德这样的弹奏高手。另外，从现存不多的巴列维语（中古波斯语）典籍的记载和萨珊器物中也可窥见当年盛状之一斑。伊朗古代博物馆收藏有一件萨珊时期的银酒盅，其外壁图案上有一弹奏巴尔巴特琴的乐人。

波斯伊斯兰化之后，巴尔巴特琴也曾十分兴盛，文学作品中多有提及，比如海亚姆（1048—1122 年）诗句：美酒美人和巴尔巴特我照单全收，这三者我要现货把天堂赊账给你。莫拉维（1207—1273 年）的诗句：歌女啊，是你弹的巴尔巴特更醉人还是我？哈菲兹（1327—1390 年）的诗句：伴着笛、巴尔巴特和俏皮美人，还有宝藏、悠闲和美酒一杯。然而，近代之后巴尔巴特琴在波斯日渐式微，在现今伊朗民族音乐中的地位并不突出。

此种乐器在伊斯兰初期传入阿拉伯地区，因其琴身为木制，阿拉伯人称之为乌德（'Ud），意即木头。阿拉伯人将乌德琴发扬光大，使之至今在阿拉伯民族音乐中占据十分重要的地位。在形体上，阿拉伯乌德琴比波斯巴尔巴特琴更硕大一些。此种乐器在阿拉伯帝国时期传入中世纪的欧洲，欧洲人依阿拉伯语"乌德（'Ud）"称之为鲁特（Lute，又译琉特）琴。一说，Lute 一词应当出自波斯语 Rude 或 Rud。

据伊本西纳(980—1037 年)的《音乐知识高级辞典》、阿卜杜伽德尔·玛拉基(卒于 1433 年)的《曲目》等波斯典籍的记载,巴尔巴特琴(或乌德琴)皆为四弦。从中国史料的印证来看,古代的巴尔巴特琴应为四弦,但近代之后发展为五复弦。

直颈琵琶的颈部与琴身浑然一体,呈半梨形棒槌状,五弦,梵语为 Bharbhu。一说,此种琵琶为印度雅利安人原有;一说,亚历山大东征时,波斯的巴尔巴特琴随之传入印度,发展变形为直颈五弦琴。在印度古城阿默拉沃蒂(Amravati)发现的一幅公元 170 年的浮雕,内容为释迦母亲摩耶夫人梦象入胎的故事,该浮雕左下方是一队乐人,其中一人手拿琵琶,即为直颈五弦。

在梳理琵琶源流时,人们往往将之与流行于西亚地区的另一种古老乐器混淆。此种乐器最早出现在美索不达米亚平原南部,古苏美尔人(约前 4000—前 2000)称之为 Pantur,后向东传入伊朗高原,波斯语为 Tanbur;向西传入希腊及北非地区,古希腊语为 Pandoura。琵琶无论曲项或直颈,皆为身大颈短,而此种乐器身小颈直长。此种乐器从波斯传入中亚,又传至西域,就此止步,未被中原地区普遍接受,汉译名为"冬不拉"。

国内学界一般认为,"琵琶"一词是地道的汉语形声词,据东汉应劭(约153—196 年)的《风俗通》卷 6 记载:"以手批把,因以为名。"东汉刘熙(约生于 160 年)的《释名》卷 4 记载:"枇杷本出于胡中,马上所鼓也。推手前曰枇,引手却曰杷,象其鼓时,因以为名也。"也就是说,"批"或"枇"与"把"或"杷"是这种胡乐器的两种基本弹奏手法。"批把"取手部,"枇杷"取其木制。约在魏晋时,为了与水果"枇杷"相区别,依琴瑟字体而造新词"琵琶"。

然而,《通典》卷 144 记载:"旧弹琵琶,皆用木拨弹之,大唐贞观中始有手弹之法,今所谓搊琵琶者是也。风俗通所谓以手琵琶之,知乃非用拨之义,岂上代固有搊之者?手弹法,近代已废,自裴洛儿始为之。"中唐杜佑的疑问也是笔者的疑问。因此,中国"上代"是否"固有"以手"搊琵琶"即用手"批把"的弹奏方式实在令人生疑。因此,笔者疑"批把"或"枇杷"是波斯语 Barbat 的译音,与弹奏手法无关。

水果"枇杷"古名芦橘,又名金丸。作为水果的"枇杷"一词,早在西汉司马相如(约前179—前117年)的《上林赋》中就已出现:"于是乎卢桔夏熟,黄甘橙楱,枇杷橪柿,亭奈厚朴,樿枣杨梅,樱桃蒲陶……罗乎后宫。"笔者疑水果因其形状与此种胡乐器相似而从乐器改名,故乐器"枇杷"传入中国的时间应当不晚于司马相如时代。

另据六朝《宋书》卷19引用西晋文人傅玄的《琵琶赋》曰:"汉遣乌孙公主嫁昆弥,念其行道思慕,故使工人裁筝、筑,为马上之乐。欲从方俗语,故名曰琵琶,取其易传于外国也。"也就是说,在乌孙公主刘细君(前121—前101年)的时代,琵琶已传入中国。为了从俗易传,而将特为乌孙公主制作的乐器叫作琵琶。后人考证,特为乌孙公主制作的乐器应为阮咸类乐器,当时称秦琵琶或秦汉子。

《风俗通》还记载"批把"为四弦。中唐杜佑的《通典》卷144云:"曲项,形制稍大,本出胡中,俗传是汉制。"故知,此种琵琶应是四弦曲项琵琶,即波斯的巴尔巴特琴,它在张骞出使西域伊始就从波斯或中亚直接传入了汉代中国,故后代言之为"汉制"。

五弦直颈琵琶从印度沿丝路从犍陀罗地区经龟兹国传入内地,今新疆阿克苏地区(古时隶属龟兹国)的克孜尔千佛洞(开凿约始于3世纪,8—9世纪逐渐停建)壁画中,尚能见到此种乐器。五弦直颈琵琶形体稍小于四弦曲项琵琶,中国典籍多简称前者为"五弦",后者为"琵琶"或"曲项"。《通典》卷142云:"自宣武已后,始爱胡声,洎于迁都,屈茨(龟兹)琵琶、五弦、箜篌、胡鼓、铜钹……洪心骇耳……琵琶及当路,琴瑟殆绝音。"卷144又云:"五弦琵琶,稍小,盖北国所出。"这是中国典籍关于五弦琵琶的最早记载,也就是说,在北魏宣武帝时期(500—516年),五弦琵琶已传入中国,且琵琶类的胡乐器渐渐取代了中原琴瑟类传统乐器的风骚。

北朝时期,胡乐因民族大融合而日渐兴盛,及至北周武帝(561—579年),胡乐之风大炽。《旧唐书》卷29载:"周武帝聘虏女为后,西域诸国来媵,于是龟兹、疏勒、安国、康国之乐,大聚长安。"之后,隋宫廷九部乐中多用胡乐器,琵琶与五弦用于其中六部乐,即:西凉伎、天竺伎、高丽伎、龟兹伎、安国伎、疏勒伎。唐时,太宗平高昌,收其乐,增补为十部乐,高昌伎也用琵琶与五弦。

贞观年间修订的《北史》卷92及《隋书》卷14都提到"胡琵琶",《通典》

卷 146 提到"龟兹琵琶"。国内有学者认为"胡琵琶"与"龟兹琵琶"皆指五弦直颈琵琶,但笔者觉得论据欠充分,故存疑。五弦固然经龟兹传入,然四弦曲颈也在龟兹流行。上引《通典》卷 142 文字将"屈茨(龟兹)琵琶"与"五弦"并置,说明该龟兹琵琶是四项曲颈。并且,曹氏一族以善龟兹琵琶著称,文学作品中多有反映,皆言"琵琶",而非"五弦"。唐乐中,五弦尽管也曾兴盛,还出现了裴神符这样的五弦高手,为太宗所赏识。但是,实际上五弦的地位不及琵琶。唐十部乐的排序中,五弦皆在琵琶之后。唐末,五弦渐渐淡出乐坛。后晋(936—947)刘昫所撰《旧唐书》卷 29 云:"五弦琵琶今亡。"现代,有音乐家尝试恢复五弦。

四弦曲项琵琶则始终在乐坛引领风骚,对唐代舞乐艺术的发展起了十分重要的促进作用。敦煌莫高窟第 112 窟的壁画《反弹琵琶伎乐天》即是曲项琵琶在唐代舞乐中的精彩呈现,画中乐伎将高超的琵琶弹奏技艺与绝妙的舞姿浑然结合,美妙绝伦,使反弹琵琶成为大唐文化的一个典型象征。另有出土的唐代乐俑也是怀抱四弦曲项琵琶,从中也可窥见该乐器在唐代的风采。

唐代琵琶名家辈出,多为昭武诸国人氏,比如米国人氏米嘉荣一族,曹国人氏曹保一族,康国人氏康昆仑一族,安国人氏安叱奴一族,皆以善弹琵琶而至显位。宫廷乐队之外,民间乐坊和酒楼歌肆中,琵琶也是不可或缺的乐器。这种盛况在唐代文学作品中有大量反映,白居易的《琵琶行》堪称其中的经典名篇,而王翰的"葡萄美酒夜光杯,欲饮琵琶马上催"与李颀的"行人刁斗风沙暗,公主琵琶幽怨多",则可谓将琵琶曲调中武曲与文曲的特征抒写得淋漓尽致。

波斯的巴尔巴特琴从古至今一直为横抱用拨子弹奏,传入中国的琵琶也曾长期是横抱用拨子弹奏。直到唐贞观年间,太宗令宫中众琵琶乐师竞技,来自疏勒的琵琶高手裴神符出奇制胜,纵抱琵琶于怀中,直接用手"批把"琴弦,技惊四座,太宗连声叫绝,封裴神符为"太常乐工"。从此,琵琶改为纵抱用指拨弦。这一演奏方式的改变,大大拓展了琵琶的表现力,为这一外来乐器成为中国民乐之王奠定了坚实的基础。

二、话说箜篌

箜篌是中国古代十分流行的一种乐器,在古典诗歌中有大量反映。其中,最为人所熟知的恐怕莫过于汉乐府《孔雀东南飞》中"十三能织素,十四学裁衣,十五弹箜篌,十六诵诗书"的句子和堪称句句经典的唐李贺的《李凭箜篌引》。然而,虽然都谓箜篌,但并非同一种乐器。前者为卧箜篌,是中国先秦时期就已有的传统丝乐器,与琴瑟同类,作为华夏正声的代表乐器被列入《清商乐》中。后者为竖箜篌,是从波斯传入的胡乐器。

竖箜篌是西亚地区古老的民族乐器,其源呈多发状。在公元前4000年的埃及壁画、约公元前3500年美索不达米亚南部乌尔地区的苏美尔人壁画、约公元前3000年伊朗西南部山区埃兰人的崖画,以及约公元前1400年克里特岛上的古希腊壁画上,都发现有类似乐器。从现有图像资料来看,古希腊流行的"里拉"(Lyre,或Lyra)琴与古埃及人和苏美尔人的竖箜篌更形似,共鸣箱皆在下端,或似龟壳状(古希腊),或呈方形(古埃及),或呈牛羊动物状(苏美尔)。"里拉"琴多为七弦,形制小巧,抱于怀中用拨子弹奏。后经不断发展流变,近代以来,体型变得硕大,琴弦数量大大增加,置于地上用手弹奏,英文名为Harp,中文译为竖琴。

竖箜篌也是伊朗西南部土著居民埃兰人的一种民族乐器,在雅利安人进入伊朗高原之前就已在该地区流行,被称为最古老的伊朗民族乐器。伊朗竖箜篌呈三角形,弦的数量七至十根,以七弦为主,形制小巧,可抱于怀中,中古波斯语名为Chank,新波斯语读为Chang。伊朗竖箜篌与古埃及、苏美尔、古希腊类似乐器的最大区别在于,其共鸣箱在三角形的上弦。

公元前550年,雅利安族的波斯人兴起于伊朗南部,建立阿契美尼德王朝,是为古波斯帝国。波斯人似乎对土著埃兰人的箜篌也情有独钟,很快使箜篌从民间走向宫廷,成为帝国宫廷乐队的主奏乐器。在阿契美尼德王朝的都城苏萨,考古发现出一尊怀抱箜篌的半身陶像,被认定为公元前300年左右的作品,现被卢浮宫收藏。伊朗西南诸省曾一直是箜篌音乐文化的中心。同样兴起于伊朗南部的萨珊王朝的国王们对箜篌也极为推崇。克尔曼沙附近"塔格·布斯坦(Tāgh-i-Bustān)"的山壁上,有一组萨珊王朝时期的浮雕群,其中即有弹奏箜篌的女伎乐队(6世纪作品)。浮雕内容为:国王狩猎归来,泛舟湖上,饮酒作乐,女乐伎们为国王弹奏箜篌助兴,乐队规模颇为壮观。霍斯陆·帕尔维兹统治时期(590—628)是萨珊波斯帝国最后的一抹辉煌,这位国王颇好棋琴书画,组建了庞大的宫廷乐队,其中内基萨(Nikīsā)是最负盛名的箜篌大师。

波斯伊斯兰化之后,箜篌仍运用广泛,在文学作品中有大量反映。其中,莫拉维长篇叙事诗《玛斯纳维》第一卷中讲述的箜篌高手的故事堪称经典。故事中,乐师弹奏的箜篌旋律,能使夜莺发呆,能让大象长出翅膀,能给死人的身躯注入生命……其波斯文诗句堪与李贺的《李凭箜篌引》媲美,只是作为大苏非思想家的莫拉维欲讲述的是苏非神秘主义哲理:"我们如同箜篌,你用拨子弹;诉苦非由我们,是你在拨弦。"从此诗句可看出,波斯箜篌用拨子弹奏,而非直接用手拨弦。近代之后,波斯箜篌衰微,现今不论是在伊朗民族音乐中,还是在阿拉伯民族音乐中,都鲜见其身影。

箜篌大约在古波斯帝国时期就已经传入印度和中亚地区。传入中亚的箜篌基本上保持了波斯原样,只是三角形上弦共鸣箱由直线变为弓弧形。东汉末年,该乐器经西域传入中原,被称为"竖箜篌"或"胡箜篌",弹奏方式演变为用双手从两侧拨弦,因此又俗称为"擘箜篌"。传入印度的箜篌,其外形与波斯箜篌大致相似,但其共鸣箱的设置,采用了苏美尔人的方式,设于下端横木,上弦木质弓弧则雕饰为雅利安神鸟形状。该乐器在东晋初年从印度也经西域传入中原,中国人依其形状,以中国神鸟称之为"凤首箜篌"。晋曹毗的《箜篌赋》对之有详细描绘:"龙身凤形,连翻窈窕,缨以金彩,络以翠藻。"中唐杜佑《通典》卷146云:"曲项琵琶、竖头箜篌之徒,并出自西域,非华夏旧器。"该"竖头箜篌"是指"竖箜篌"还是"凤首箜篌",不能确定,抑或兼指二者。

东汉末年起,西域传入的竖箜篌逐渐取代中原传统乐器卧箜篌的地位。因此,"箜篌"一词,若无专门分别,在魏晋之前的典籍中指华夏旧器;之后,一般指胡乐器。卧箜篌尽管在隋唐清商伎中仍占有一席之地,但已风骚不再,宋时消亡。

隋唐宫廷音乐多用胡乐器,从波斯、印度传入的箜篌也在这时期达至辉煌的顶峰。竖箜篌用于西凉伎、高丽伎、龟兹伎、安国伎、疏勒伎、高昌伎六部乐;凤首箜篌用于天竺伎和高丽伎两部乐。从中可见,共鸣箱在下、印度式的凤首箜篌不及共鸣箱在上、波斯式的竖箜篌运用广泛。竖箜篌不仅用于宫廷乐队,也时时现身于王宫贵族官僚们出行仪仗乐队中。敦煌莫高窟第 156 窟《张议潮夫妇出行图》,其礼仪乐队中便有一乐伎在行进中演奏竖箜篌。凤首箜篌在明代消亡,现代又重新仿制。

唐之前,竖箜篌基本上保持了波斯旧制,体型小巧,一般为从髋部到头顶,且多为七弦,也有十弦左右者。唐人崇尚奢华,箜篌在形制上日趋繁复,装饰竞相豪华精美,上弓弧共鸣箱增大增长,远远高出头顶,弦数也日益增多,由十数弦发展至二十二或二十三弦,《通典》卷 144 记载:"竖箜篌,胡乐也。汉灵帝好之。体曲而长,二十二弦,竖抱于怀中,用两手齐奏,俗谓之擘箜篌。"上述《张议潮夫妇出行图》中的箜篌与北朝时期壁画中的箜篌相比,在形制上明显硕大了许多。随着体型的不断增大,箜篌由全怀抱发展为有落地柱支撑。可见,源自西亚地区的这一古老乐器,在东西方的不同流变中却有着相似之处,即在西方发展为落地式竖琴,在中国则发展为落地式大型箜篌。

但是,波斯旧制的小箜篌并没有因该乐器日新月异的变形发展而消亡,因其体型小巧,便于携带弹奏,运用十分广泛。《新唐书》卷 21 记载:"高宗即位……张文收采古谊为《景云河清歌》,亦名燕乐,有玉磬、方响、扫筝、筑、卧箜篌、大小箜篌……"此种小箜篌虽然没有像大箜篌那样煊赫夺目,但一直静静流传,直到清代仍有典籍记载:"小箜篌,女子所弹,铜弦,缚其柄于腰间。随弹随行,首垂流苏,状甚美观……弦乐器可行走弹奏者惟小箜篌一种而已。"(《清朝续文献通考》)

三、悲喜唢呐

唢呐,是中国民乐最常用的乐器之一,多用于欢庆热闹的场合,尤其用于民间红白喜事。"唢呐"一词系波斯语 Sūrnā、Sūrnāy 或 Surnā、Surnāy 的音译,它本是波斯民族的传统乐器,经中亚西域传入中原地区。从波斯传入中国的数种乐器中,唢呐也许最具有特殊意义。它不仅是乐器形制本身,而且是携带着该乐器所承载的深厚文化内涵,进入中原大地。

唢呐,其前端的圆形喇叭口,往往使人们将其最早源头上溯到用动物头上的角制作的号角,并将之归入号角类乐器。其实,作为一种吹管乐器,唢呐与芦笛的关联更密切。"最早教会居民吹芦笛的,是西风在芦苇空茎中的哨声"。(卢克莱修《物性论》)因此,一般来说,盛产芦苇的地区,多有管乐器出现。波斯西南部及东南部的丘陵湖泊地带,及北方里海沿岸诸省,多产芦苇。芦笛在波斯的出现年代虽不可考,但无疑是最古老的乐器之一。

正是在上述波斯地区,产生了两种非常近似、与芦笛关联的乐器。一种是唢呐。波斯语"唢呐"一词中,Sūr(省略音为 Sur)意为"宴饮"或"喜庆的聚会",nāy(省略音为 nā)即意为"芦苇"或"芦笛"。这说明唢呐是一种多用于聚会宴饮等欢快热闹场合演奏的别种"芦笛"。另一种名"卡呐"(Karnāy)。Kar 是 Karre 的省略音,意为冲锋、进攻。这表明卡呐是一种军队发动进攻时以壮声威的军用"芦笛"。这两种乐器吹奏口内的口哨皆系用芦苇茎秆制作,因此都带有后缀 nāy(芦笛)。二者的最大区别在于,唢呐身体有七孔,而卡呐身体无孔。因此,卡呐应与号角同类,而唢呐则更应与芦笛同族。中国将小唢呐称为"海笛",这也表明它与芦笛的血缘更近。

由于外形酷似,用途相当,在波斯,唢呐与卡呐两词基本同义,往往混用,难以区分。文献记载,在波斯帝国阿契美尼德王朝时期,日落时分,在城门或地方行政大楼前,吹响唢呐,表示一天结束,颇有"鸣角收兵"的意思。这表明在波斯上古时期,唢呐就当号角使用。波斯史诗《列王纪》中,在描写伊朗与图兰两军交战、鼓角齐鸣时,卡呐与唢呐的出现频率都很高,没有明确区分。又由于两词音节与韵脚均相同,不影响诗歌格律和韵律,乃至不同的《列王纪》版本,出现卡呐与唢呐相互替换的现象。唢呐传入中国之后也用于军乐,明代著名将领戚继光在《纪效新书》卷二"紧要操敌号令简明条款篇"中说:"凡掌号笛,即是吹唢呐。"这说明唢呐在军乐中主要用于司掌号令,从另一个角度也显示出唢呐的二重性,既是"号",也是"笛"。

波斯伊斯兰化之后,唢呐的社会功用在宴饮欢庆与军乐之外,还被赋予了深厚的宗教文化内涵。《古兰经》中,真主用黏土造人祖阿丹(亚当)。此时,阿丹只是一具泥土躯壳,没有灵魂生命。之后,真主吹注真气于阿丹体内,使之具有灵魂和生命,成为活生生的"人"。因此,"吹气"在伊斯兰教中具有了神圣的意义。从而,芦笛、唢呐、号角之类的吹奏乐器,携带着宗教文化内涵,进入人们的世俗生活。

《古兰经》中,阿丹与妻子偷食禁果,被真主逐出乐园。从此,阿丹(人)为了重返乐园、与真主合一,开始了不断的寻觅和追求。芦笛,由芦苇茎秆断离苇丛而制成,声音悠扬婉转,如泣如诉,正好契合了这种寻求重新合一的宗教情感的表达,因此每每被波斯苏非诗人们用作比喻。大苏非思想家莫拉维的长篇叙事诗《玛斯纳维》的开篇"笛赋"堪称其中经典:"请听这芦笛讲述些什么,它在把别恨和离愁诉说:自从人们把我断离苇丛,男男女女诉怨于我笛孔;我渴求因离别碎裂的胸,好让我倾诉相思的苦痛;人一旦远离自己的故土,会日夜寻觅自己的归宿……"诗人用断离了苇丛的芦笛的呜咽哭诉,象征人因原罪而迷失了方向的灵魂,为回归原初而不断寻觅和追求。这种追寻,也正是人为寻求个体精神与宇宙间绝对精神的合一而做出的不懈努力。

苏非神秘主义的神爱理论还把真主视为爱恋对象,用世俗男女的相爱结合,比喻人经过寻寻觅觅之后,最终与真主合一。这样的比喻在苏非情诗中大量存在,乃至成为波斯民族传统文化的积淀。这样的宗教文化融进民俗文化之后,婚礼就成为亦宗教亦世俗的"合一"文化的表达。芦笛声音如怨如诉,适合于表达寻觅追求,不适合于表达"合一"的热烈喜庆。因此,用于欢快喜庆场合的别种"芦笛"——唢呐,成为波斯民间婚礼上的主奏乐器。

另一方面,《古兰经》中,天使伊斯拉非来在复活日吹响号角(Ṣūr),使死人全都复活,接受末日审判。天使号角之Ṣūr与宴饮之Sūr同音,只是Ṣ与S字母不同。因此,兼有号角身份的唢呐又与死亡、复活发生密切关联,成为民间葬礼上的主奏乐器。这样的宗教文化,使得波斯人往往将"唢呐"一词中宴饮之Sūr,写作天使号角之Ṣūr,两种写法通用。

至今,唢呐在伊朗民俗文化中仍使用广泛,"生手,吹唢呐大头"是人们时常挂在嘴边的谚语。在卢勒斯坦、巴赫提亚里、库尔德斯坦、锡斯坦、俾路支斯坦等西南、东南省份及里海沿岸诸省,唢呐最为流行。在这些地区,唢呐不仅是民间婚庆和葬礼上的主奏乐器,还用于"阿舒拉"日的宗教哀悼纪念活动。并且,唢呐所承载的欢快喜庆的古老民俗文化内涵,在这些地区也表现得最为充分,广泛用于庆祝丰收、节日乡民集会等热闹场合。可以说,唢呐在形制上兼有"芦笛"与"号角"的双重特征,在其承载的文化内涵上也亦宗教亦世俗。

尽管有资料显示,在公元 4 世纪新疆克孜尔石窟(约 265—420 年)第 38窟的壁画上,已有吹唢呐的乐伎形象,但在西域舞乐鼎盛的隋唐时期,唢呐并未能进入中原。同样在克孜尔石窟壁画中出现的横笛,则进入隋唐多部宫廷音乐中。这里附带说明一下,横笛由中亚西域传入中原,当是无疑,但是否源自波斯,尚是个疑问。笔者查阅了不少波斯古代的图片资料,皆是竖长笛,无一例横笛。

唢呐之所以在较长时期内未能被中原地区接受,一方面与其承载的宗教文化相关,那时中原地区没有相应的宗教文化土壤;另一方面也与其音色特征相关。唢呐声音或高亢欢快,或悲凉慷慨,富于穿透力,不太适合于室内吹奏。波斯语"唢呐"一词中,Sūr 一般指在户外或郊外举办的宴饮聚会,室内宴会一般不用 Sūr 这个词。这说明唢呐本就是用于户外的吹奏乐器。在笔者查阅的波斯图片资料中,无一例室内吹奏唢呐。中原地区赏玩音乐,王公贵族多享受于宫廷教坊,文人墨客则流连于酒楼歌肆,唢呐的声音特色显然不太适合于这样的场所。

宋元时期,随着西亚、中亚大批穆斯林来华经商,唢呐传入中原。河南安阳地区的北宋王用昨墓中壁画上,有一唢呐吹奏手。元代,外来穆斯林经过长期与汉族通婚融合,逐渐形成回族。唢呐,承载着遥远故乡的婚丧宗教文化内涵与欢快喜庆的民俗文化内涵,在新生成的回族民众中广泛使用,并盛行于明清。有关唢呐的史料始见于明代。除了前引戚继光《纪效新书》的记载之外,明代王圻《三才图会》也记载曰:"锁奈,其制如喇叭,七孔,首尾以铜为之,管则用木。"清代,唢呐译为"苏尔奈",被列入宫廷回部乐。

随着回族成为中国民族大家庭中的一员,唢呐也被汉族等其他民族吸收接纳。只是,其承载的婚丧宗教文化内涵中,宗教色彩淡去,完全成为一种民俗文化的载体,广泛用于民间婚丧嫁娶、丰收喜庆、节日庆典等户外活动,是中国城乡广大民众最喜闻乐见的乐器之一。明末清初,唢呐逐渐成为民间戏曲中的主要乐器。由此,唢呐也在室内表演场合中使用,成为一种表演艺术。现当代,还产生了《百鸟朝凤》《一枝花》《抬花轿》《庆丰收》《黄土情》等一批唢呐名曲。2006 年,唢呐艺术被列入第一批国家级非物质文化遗产名录。

（本文原载论文集《探索"东方学"》,曾庆盈、曾琼编,北京大学出版社2015 年版）

马尔达曼在美索不达米亚文明中的兴衰

不久前,德国考古学家在伊拉克北部发现美索不达米亚平原上消失千年的古城马尔达曼。发现这座古城遗址的机缘与伊拉克北部库尔德斯坦自治区杜胡克省的一个毫不起眼的小村庄巴塞特基(Bassetki)密切相关。该村庄周边曾发现了数件阿卡德帝国纳拉姆·辛(Naram-Sin)统治时期(前2254—前2218在位)的文物,显然是一个具有高度考古价值的地区。

2013年,以德国图宾根大学古近东研究所为主的考古学家们进入巴塞特基村,进行大规模考古发掘。2016年8—10月,考古学家们发现了一个大约青铜时代的大城市遗址,初步估计建立于公元前3000年左右。该城市遗址有一道城墙遗址地基,初步估计为公元前2700年左右建造的,城市里还拥有纵横交错的道路网络、几个居民区遗址和一座大型建筑遗址。并且,还有一条干道把这座城市与美索不达米亚和安纳托利亚连接起来,该干道的年代被确定为公元前1800年左右。考古学家们还在该遗址中发现了阿卡德帝国时期(公元前2371—前2191)的聚落层。显然,该遗址是一个十分古老的城市,曾经十分繁荣。但是,考古学家们对该古城的属性一直无法确知。2017年夏天,考古学家们在遗址中发现一个装有92块楔形文字泥板的陶器。随着古文字学家对这些楔形文字的成功破译,该古城之谜在不久前终于揭开。考古学家们确定该古城遗址(图1)为美索不达米亚平原上曾经一度声名赫赫的城市马尔达曼(Mardaman),并认为该城市的最初繁荣可能是在公元前2800年左右,距今已有约4800年的历史。该城市在美索不达米亚文献中多有提及,但在此之前人们并未发现它究竟何在,可谓是失落了数千年。

马尔达曼城的地理位置十分重要,是美索不达米亚、安纳托利亚、叙利亚

图1　马尔达曼城遗址

三个方向的交汇之地,这三个方向的线路都是上古时期重要的商贸路线。因此,马尔达曼城可谓扼近东商贸线路之咽喉。如此重要的地理位置,使得马尔达曼城成为上古时期美索不达米亚平原北部一个有影响力的城市和地区王国。在2000多年的历史沧桑中,总体来说,马尔达曼城是美索不达米亚平原上某个大帝国的一部分,但根据以前在其他考古遗址发现的古文献来看,它在很多时候也是一个独立的王国,属于城邦式的国家,是美索不达米亚其他大国的对手。

马尔达曼城在历史上数度繁荣又数度毁灭,可谓亲历了美索不达米亚平原上众多文明古国的盛衰沧桑。马尔达曼城最初可能建于公元前3000年左右,第一繁荣期大约是公元前2800—前2650年。这个时期,苏美尔人(其族源至今不清楚)在美索不达米亚平原已经创造了非常繁荣灿烂的文明,是迄今为止世界上已知的最早国家政权式文明,现考古发掘出土了较多的苏美尔

图 2　马尔达曼城遗址在现今伊拉克的大致位置

楔形文字泥板、城邦遗址(图 2、3),以及雕像等各种艺术品,还产生了人类最
早的史诗《吉尔伽美什》,等等。苏美尔文明是一种城邦文明,较大的城邦国
有 12 个,各个城邦国具有较大的独立性,也彼此征伐。因此,这时期马尔达曼
城既可以算作苏美尔文明的一部分,也可以说是一个独立的城邦国。目前,关
于马尔达曼城在第一繁荣期的情况外人所知甚少,期待考古发掘成果能够尽
快整理刊布,为学界所共同享用。然而,对同一时期苏美尔其他城邦的状况已
有相对较多的了解。比如,1933 年在马尔达曼城邦稍南位置的埃什努那(Es-
hnunna)城邦(位于现今伊拉克迪亚那省)出土了著名的特尔·阿斯玛尔宝藏
(TellAsmarHoard),即 12 尊苏美尔人祈祷像,其年代是在公元前 2900—前
2550 年之间,与马尔达曼城第一繁荣期的时间大致相当。

　　苏美尔文化是一种多神崇拜文化,神祇众多,神谱复杂。其中,比较重要

图 3　马尔达曼城遗址中出土的装有楔形文字泥板的陶器

的神祇有恩利尔(Enlil),他是一位强大的神祇,被形容为席卷一切的"肆虐的风暴"或"野牛";还有女神伊南娜(Inanna),她往往以晨星和昏星的不同形式出现。同时,苏美尔人相信雕像与人本身等同,祈祷的雕像可以代表人本身对神祇们的祈祷。因此,这类雕像有时会刻上统治者及其家属的名字,置放在神庙中,替它们所代表人表达对神祇的永恒敬畏。该"特尔·阿斯玛尔祈祷雕像"(图 4)是一位站着的男性崇拜者,其雕刻年代大约是公元前 2750—前 2600 年。该祈祷者双手紧握,眼睛圆瞪,充满了极度的敬畏和虔诚。它被放置在特尔·阿斯玛尔"方庙"里,代表它所代表的人在永远祈祷。

　　在苏美尔之后称霸美索不达米亚平原的是阿卡德人。阿卡德人是闪米特人(即闪族)的一支,大约在公元前 3000 年左右,阿卡德人陆续来到美索不达米亚平原北部定居。马尔达曼城是否是阿卡德人在美索不达米亚北部最初兴建的城市,不能确定。阿卡德人和苏美尔人通商往来,但时常抢劫苏美尔人的城邦。这种状态持续了数百年。阿卡德人注重发展军事文化,是世界上最早使用车轮组建战车方队的民族,阿卡德人后来正是凭借强大的军事力量打败了苏美尔人。

　　公元前 2371 年,阿卡德人萨尔贡一世(前 2371—前 2316 年在位)经过一

图 4　特尔·阿斯玛尔祈祷雕像

系列征伐,建立起自己的王国。他以美索不达米亚平原中部的阿卡德为基地,征服了苏美尔各城邦,最后建立起一个从波斯湾到地中海的庞大帝国,号称"阿卡德帝国"。苏美尔各城邦都归入阿卡德的版图,苏美尔人持续了若干个世纪的、各自为政的城邦制时代结束。

　　位于美索不达米亚平原北部的马尔达曼城在阿卡德帝国时代,应当是属于帝国的一部分。事实上,马尔达曼的第一次毁灭即是在公元前 2250 年,被阿卡德帝国统治者纳拉姆·辛(Naram-Sin,前 2254—前 2218 在位)率领的征服大军摧毁。然而,很可能在摧毁后又被重建,因为在后来的巴比伦文献对之有所记载。并且,在马尔达曼(现今伊拉克巴塞特基村)周边地区发现了若干阿卡德时期的文物。

　　1975 年,在巴塞特基村附近发现了阿卡德帝国纳拉姆·辛(Naram-Sin)统治时期的一块有浮雕图案的残片,即著名的"巴塞特基浮雕"(图 5),表现的是纳拉姆·辛征服其他民族的场景。浮雕残片表现出马尔达曼在阿卡德帝国时代应当是一个十分重要的城市,城中一定有相应的宫殿或神庙雕刻这样的一些浮雕。

图5 纳拉姆·辛浮雕残片,约公元前2250年

　　纳拉姆·辛是阿卡德开国君主萨尔贡一世的孙子,帝国的第三个继承人。在纳拉姆·辛统治下,帝国达到鼎盛。在东方,他与印度河流域的一个名叫美鲁哈(Meluhha)的部落做贸易,打败了马冈(Magan,今北也门地区),由此控制了波斯湾沿岸的大部分土地;在东北方,他征服了扎格罗斯山脉中的各个部落,将他的帝国扩展至亚美尼亚;在西部,他将帝国的边界延伸到地中海。

　　纳拉姆·辛是美索不达米亚第一个自称为神的国王,被称为"阿卡德之神",也是第一个自称为"四方之王,宇宙之王"的国王。著名的"纳拉姆·辛石碑"(Naram-SinStele)(图6),也称为"胜利石碑",雕刻于约公元前2230年。它刻画了纳拉姆·辛击败扎格罗斯山脉的一个卢里比部落(Lullibi)时的场景:伟大的神王纳拉姆·辛将战败者踩在脚下。浮雕将纳拉姆·辛刻画成一个头戴神圣牛角式头盔的神王,形象伟岸,他的尺寸是他的士兵两倍大,充

图6　纳拉姆·辛石碑,约公元前2230年

满了骄傲、荣耀和神性。公元前12世纪,该石碑被伊朗土著民族埃兰人(Elam,伊朗土著民族,族源不详)抢到其都城苏萨。1898年,该石碑在伊朗苏萨被发现,现收藏于卢浮宫。

著名的"纳拉姆·辛岩石浮雕"(图7)位于伊拉克库尔德斯坦苏莱曼尼亚城郊伽拉达格(Qaradagh)山脉一个名叫达尔班·苟尔(Darband-i-Gawr)的山垭口的岩壁上,浮雕同样表现了纳拉姆·辛征服其他部落并把战败者踩在脚下的征服者形象。

著名的"巴塞特基铜像"(BassetkiStatue)(图8)是属于马尔达曼文明的一件精美作品,该铜像于20世纪60年代在巴塞特基村附近被发现,铜像的制作年代大约是公元前2350—前2100年之间,显示出马尔达曼城邦在阿卡德帝国时期高度发达的铜冶炼和制作技术。

图 7　纳拉姆·辛岩石浮雕

　　这尊铜像是一个圆形基座上坐着的一个裸体男性人体,但只残留了人物的下半部分。这尊像是采用失蜡法用纯铜铸造的,重 150 公斤,铜像的底座直径为 67 厘米,高 25 厘米,保存下来的人体部分高是 18 厘米。2003 年,美军入侵伊拉克期间,伊拉克博物馆被洗劫一空,这尊"巴塞特基铜像"也被盗走,但后来这尊铜像被幸运地追回并归还博物馆。

图 8　巴塞特基铜像,
约前 2350—前 2100 年

　　铜像基座上有阿卡德语楔形文字铭文,表明这座铜像曾经矗立在阿卡德国王纳拉姆·辛的宫殿门口。这段铭文还记载,在纳拉姆·辛镇压了一场反对他统治的大规模起义之后,阿卡德居民请求众神让纳拉姆·辛成为他们城市的神,并在城市的中心为他建造了一座神寺。

公元前 2191 年,阿卡德帝国在扎格罗斯山地游牧部落古提人(Gutians,族源不详)的冲击下瓦解。美索不达米亚平原成为阿摩利人(Amorite,闪族的一支)、古提人、埃兰人争霸的舞台。公元前 19 世纪,阿摩利人建立了以巴比伦城为首都的巴比伦王国,史称古巴比伦王国(约前 1894—前 1595),该王国在汉谟拉比(Hammurabi,约公元前 1792—前 1750 年在位)统治时期达到极盛,制定了著名的《汉谟拉比法典》(图 9、10)。

图 9 《汉谟拉比法典》石柱柱头

图 10 《汉谟拉比法典》柱身

巴比伦人继承了苏美尔人和阿卡德人的文明成果,并发扬光大,把美索不达米亚文明发展到了顶峰。人们喜欢用"巴比伦"三个字来概括古代美索不达米亚文明,足以表明巴比伦文明所创造的辉煌业绩和对世人所具有的魅力。由于阿摩利人创造了非常灿烂辉煌的巴比伦文明,因此也把他们称为巴比伦人,阿摩利人这个称呼反倒不怎么用了。

《汉谟拉比法典》(*The Code of Hammurabi*),诞生于公元前 1700 年的巴比伦;它刻在一根高 2.25 米、上周长 1.65 米、底部周长 1.90 米的黑色玄武岩柱上,共 3500 行,正文有 282 条内容,用阿卡德语楔形文字刻写成。它是世界上最古老的法典,也是迄今世界上最早的一部完整保存下来的成文法典,是汉谟拉比为了向神明显示自己的功绩而纂集的。石柱上端是汉谟拉比王站在太阳和正义之神沙姆什面前接受象征王权的权杖的浮雕,以象征君权神授;下端是用阿卡德楔形文字的法典铭文,共 3500 行、282 条。汉穆拉比死后,古巴比伦王国由盛而衰。大约在公元前 1163 年,伊朗高原上的埃兰人曾一度攻占巴比伦,把《汉谟拉比法典》石柱作为战利品搬到苏撒。1901 年 12 月,《汉谟拉比法典》石柱在伊朗苏萨发掘出土,原物现收藏于卢浮宫。伊朗国家博物馆收藏了《汉谟拉比法典》石柱的唯一高仿复制品。

然而,正是阿摩利人让马尔达曼这座城市的命运再度改变。沙姆斯·阿达德一世(ShamshiAdadI)可谓是阿摩利人的另一位征服者,他为古亚述王国征服了叙利亚大部分地区、安纳托利亚和美索不达米亚,然后攫取了原来由乌什匹亚(Ushpia,前 2050—前 2030 年在位)及其后裔建立的古亚述王国的王位,成为第一个阿摩利人亚述王(前 1815—前 1783 年在位)。在沙姆斯·阿达德一世统治时期,古亚述王国开始向外扩张,毗邻的马里(Mari)、埃什努那(Eshnunna)城邦相继被吞并,沙姆斯·阿达德一世建立了一个被称为"上美索不达米亚王国"的国家,并宣称自己是"万物之王"。沙姆斯·阿达德一世征服谢赫那(Shekhna,现在称为 TellLeilan)城邦之后,把它作为上美索不达米亚王国的首都,重新命名为苏巴特·恩利尔(Subat-Enlil),意为"恩利尔神的住所"。在沙姆斯·阿达德一世统治期间,上美索不达米亚王国与下美索不达米亚的古巴比伦王国成为强劲对手。汉谟拉比在位初年亦曾向沙姆斯·阿达德一世俯首臣服,但随着汉谟拉比统治权的稳固和古巴比伦的逐渐强大,汉谟拉比击败了亚述,使亚述在较长时期内偏于美索不达米亚北部一隅。

现存沙姆斯·阿达德一世时代的遗迹是他在阿苏尔城邦国修建的恩利尔神庙。在对恩利尔神庙的挖掘中,考古学家们发现里面的许多砖块和物品上都刻有"沙姆斯·阿达德一世,阿苏尔神庙的建造者"的铭文。在有关铭文中,他还声称自己是"宇宙之王"和"底格里斯河和幼发拉底河之间土地的统一者"。

正是在沙姆斯·阿达德一世治时期,马尔达曼城被并入上美索不达米亚王国,随着沙姆斯·阿达德一世的扩张而繁荣。在沙姆斯·阿达德一世之后,上美索不达米亚王国逐渐衰微,马尔达曼一度又成为一个独立的王国,但后来被图鲁卡人(Turukkaeans)摧毁。图鲁卡人长期以来被认为是一个生活于伊朗高原扎格罗斯山脉地区的半游牧的部落民族,他们多次袭击美索不达米亚北部的城市和王国,一直威胁着古亚述王国的安全。汉谟拉比在其在位的第37年记录了他击败图鲁卡人的故事。

之前,大多数历史学家将图鲁卡人征服马尔达曼视为马尔达曼的终结和它被称为"失落之城"的开始。然而,在前不久出土的马尔达曼楔形文字泥板显示,在被图鲁卡人摧毁之后,马尔达曼又再度重建。然而,在公元前1200年左右,该城市可能又再次面临毁灭性的打击。那个装有楔形文字泥板的陶器被人为地包裹在一层厚厚的黏土中,专家们认为显然是这座城市的居民在遭遇灭顶之灾前有意地把这些泥板藏起来,留给后人。

公元前1200年是中亚述王国时期(前1500—前900),当时马尔达曼这座城市是中亚述王国的一部分,被亚述王阿苏尔·纳西尔(AssurNasir)统治,楔形文字泥板的内容展示了在阿苏尔·纳西尔统治下,马尔达曼城邦内的行政和商业事务。马尔达曼在公元前1200年遭遇灭顶之灾的外因不详。公元前9世纪,亚述帝国崛起,其首都尼尼微成为地区性的繁华大都市。在尼尼微的光芒下,相距不远的马尔达曼的情况完全湮没。

(本文原载《光明日报》2018年6月13日,第13版)

印度文化特征成因探析

各种研究印度文化的著作文章,都谈到印度文化各种各样的特征,比如,注重冥想,缺少历史观,以诗代史,注重口口相传,差异分裂与多元包容并存,注重苦行修炼等等,这些特征概括得都很正确,让笔者受益良多。同时,笔者也总感觉这些特征之间缺少逻辑关联,从而使得这些特征呈现为彼此游离的状态,让人知其然不知其所以然。这些复杂多重的特征,看起来或许彼此毫不相干,甚至彼此矛盾对立,但其中应存在某种隐秘的逻辑关联。本文即尝试探析印度文化各种特征成因之间的逻辑关联。

一、极度冥想导致构建宇宙空间

世界各大文化,各有其长。西方重逻辑、中国重伦理、印度重玄想。可以说,印度文化是世界上最精深思辨的一种宗教文化,其印度教与佛教哲学体系十分发达,且非常玄奥精深,让人类的思维能力极度延伸。印度人为什么会形成如此极度沉思冥想的生命状态?

有学者认为气候炎热是印度产生苦行和沉思冥想的原因,也是印度森林文化形成的原因。因为气候炎热,人在城市里难以承受这种酷热。因此,印度人,尤其是不从事生产劳动的婆罗门,他们多跑到森林里去避暑。一方面,少吃少动,甚至禁食打坐,降低身体的能量消耗,由此形成苦行的生存方式;另一方面,婆罗门作为知识的创造者,他们身体虽然静坐不动,但头脑却是在进行高度思维。婆罗门在森林中创造了高度的文化成就,解释吠陀的梵书、森林书、奥义书,大小往世书 18 部,以及《罗摩衍那》和《摩诃婆罗多》都是在森林中完成的。因此日本学者中村元认为:"印度文明的主流不在城市中,而在森林中,它是密林中寂静生活的文明。"①

这种为躲避气候炎热进入森林而形成沉思冥想的说法的确是有一定道理,但笔者认为这应该不是最根本的原因。因为,南美洲亚马逊流域、东南亚群岛地区,还有非洲很多地区,都同样是气候炎热、森林密布,为什么这些地区没有产生森林中的苦行和沉思冥想文化? 因此,气候炎热只是形成苦行和沉思冥想文化的外因,内因应该是更为重要的因素。

那么,这内因应该是什么呢? 应该是每个民族都具有的其自身最初的原始信仰。每个民族的初始信仰是该民族文化的遗传基因,对该民族文化的发展演变起着重要的推动作用。南亚次大陆达罗毗荼人土著文化的原始信仰是什么呢? 是生殖崇拜。印度很多浮雕都表现生殖崇拜的内容,很多在别的民族看来几乎是色情的甚至是淫秽的内容,在印度文化中却是非常坦然的呈现。生殖崇拜后来进入印度教文化,成为印度教的重要内容之一。从印度河流域达罗毗荼人的古文化遗址摩亨觉达罗(大约前 3000 年)出土的一枚石头印章上就刻画有湿婆神,盘腿坐着,明显是一种瑜伽修行姿势,以瑜伽修炼展开冥想。湿婆是达罗毗荼人崇拜的神,后来进入印度教,受到极高的崇拜。在印度教神话中,湿婆正是男性生殖力的象征,林伽(男性生殖器)是湿婆神的代表性造型。出土石头印章上的湿婆像,说明达罗毗荼人将基于瑜伽修炼的冥想视为提高生殖能力的一种重要手段,而瑜伽修炼本身也是一种苦行方式。

生殖能力崇拜,除了繁衍后代这一心理动机之外,还有一个最根本心理动机是:创造——像神一样创造。创世造人是各个民族的神话传说都会涉及的一个主题。神创造了宇宙万物,创造了人。人是宇宙万物中唯一具有创造性的动物。在远古时期,人的外部创造力还没有充分发挥出来,就专注于自身内部的创造力,即生殖繁育能力,像神一样创造人。每种动物都具有生殖繁衍的本能,那么人的生殖崇拜跟别的动物的生殖繁衍又有什么区别呢? 别的动物

---

① 中村元:《东方民族的思维方法》,林太、马小鹤译,淑馨出版社 1999 年版,第 203 页;转引自郁龙余等:《印度文化论》,北京大学出版社 2016 年版,第 143 页。

的生殖繁衍完全出于一种本能,生多生少完全服从于自然而然的生物链规律,而人是唯一可以用自我调节手段来掌控生育的动物。每个民族所采用的掌控生育的自我调节手段是不一样的,这个掌控在古代的时候主要是指提升、增多,而不是中国80年代的计划生育政策人为减少。中国道家养生的根本目的,一是长生不老,二是提高生殖能力,多繁育后代子孙。其实,长生不老与多生育也是密切关联的,因此,其根本动机还是提高生殖能力,多繁育后代子孙。而印度的达罗毗荼人则认为冥想的瑜伽修炼,可以打通人体内的气脉,从而提高人的生殖能力。

雅利安人进入印度次大陆之后,将雅利安人的一元信仰与达罗毗荼人基于瑜伽修行的苦行冥想相结合。二者结合的结果,一是促使苦行冥想从提高生殖力这一目的转移到对宇宙本体"梵"的沉思冥想,在沉思冥想中达到对"梵"的觉悟和回归。二是将苦行冥想提高生殖力这种方式本身作为觉悟"梵"和向"梵"回归的修炼方法,这一点对密教和瑜伽修炼影响非常大。加之气候炎热,在森林中避暑,打坐冥想。人在远离尘嚣的寂静状态下沉思冥想,会让人的思维无限延伸,即"精骛八极、心游万仞"。人的思维在宇宙空间中遨游,在极度冥想中构建宇宙空间,由此产生十分玄奥而精深的印度宗教哲学。

印度教哲学的理论核心即是探讨人与宇宙本体"梵"的关系,探讨人在宇宙中的地位,探讨人向宇宙本体"梵"的回归距离。因此,印度教所极力营造的是宇宙空间。

首先,印度教对宇宙空间的营造,突出体现在印度教的曼陀罗观念上。印度教的修行仪式,格外重视曼陀罗的作用。曼陀罗是整个宇宙空间的象征,后来被佛教密宗尤其是藏传佛教所吸纳。曼陀罗图像是画在墙上、纸上,或者是建筑在地面上的,具体的画法或建筑格局各个不同的教派各有不同,但其核心含义是一致的,即曼陀罗就是宇宙空间的浓缩形式,并且认为曼陀罗坛城本身具有无边的法力。

曼陀罗观念还将宇宙分为:外宇宙、内宇宙、密宇宙。外宇宙就是指外在的宇宙空间,内宇宙指我们的人体,人体本身就是外宇宙的一个缩影。曼陀罗坛城既关乎外宇宙,也关乎内宇宙,更关乎密宇宙即人的心灵。外宇宙广阔无垠,无边无际,然而人的心灵可以包容天地万物,可以容纳广阔无垠的外宇宙空间。因此,人的心灵才是真正意义上可以无边无际地延伸。人只有心静下来,进入沉思冥想中,才能觉悟到心灵的密宇宙有多么广阔,密宇宙中的绝对实在就是那个无形无象的"我"(阿特曼)。当人与"曼陀罗"坛城相处的时候,就是把人体这个内宇宙置于外宇宙中,通过极度的沉思冥想,或者是通过"真言"的声音,让心灵密宇宙中那个无形无象的"我"(阿特曼)与宇宙本体"梵"合一。曼陀罗把内外密三个宇宙紧密关联一起,因此被认为具有无边的法力。

其次,印度教对宇宙空间的营造还作用于印度的社会结构。这主要体现为达摩观念与梵化意识。印度教文化中的"达摩"(dharma,意即"法")观念,尽管被普遍用于人类社会,然而在最根本上是指宇宙之根本大"法",指宇宙的固有秩序。这种秩序是由万事万物在宇宙空间中的不同位置构成的,即万事万物在宇宙空间中的阶位(等级)序列构成宇宙本身的秩序。印度教的核心旨归探讨的是人与宇宙本体"梵"的关系,把不同的人放在宇宙秩序的不同阶位上。每个人或每个集团都处在宇宙空间的不同阶位上,他们距离"梵"的远近各不相同。印度教认为,"等级差别是宇宙最高设计者、统治者制定的自然法则"[1]。这种人在宇宙空间中的阶位即是人的固有序列,就是人的"法",就是人的"达摩"。达摩观念体现在以下几方面:

一是,达摩是指每个人在宇宙空间中的阶位。实际上,也就是每个人在社会中的地位。但是,印度教理论的基础不是建立在人类社会关系基础上的,而是建立在人与宇宙空间关系的基础上的,因此强调的是人在宇宙空间中的阶位,即每个人在宇宙空间中的序列位置。二是,达摩是指人要守住自己的达摩,要守住自己的位置序列,不要让自己失去自己的序列。失去序列,意味着你在宇宙空间中失去存在的位置点,也就是说在宇宙空间中没有你存在的位置了。能够想象一下,在宇宙空间中没有你存在的位置的感觉吗?对于人来说,那是一种极度的恐怖,不敢去想,也无法想象的状态。三是,达摩是关于人如何守住自己在宇宙空间中的序列位置的一系列法规。印度教徒的达摩就是

---

[1]　尚会鹏:《种姓与印度教社会》,北京大学出版社 2016 年版,第 220 页。

遵守这些规定,守住自己的序列,不让自己失去自己在宇宙空间中的位置。

种姓等级制度的实质即是界定人在宇宙空间中的阶位序列,即距离梵的远近距离。"奠基于前世因果报应远离的业报理论所衍伸出来的,不只是世界的种姓分化,甚至是相应于一切顺位的神与动物的存在序列"①,它既是人的"法"即人的"达摩",也是宇宙空间大"法"的组成部分。因此,种姓制度本身是印度教信仰的组成部分,印度人把这种信仰称为达摩。也正因为如此,印度人称自己的信仰为永恒的达摩、神圣的达摩。因此,对于印度教教徒来说,达摩就是宗教本身,达摩就是信仰,达摩就是通向"梵我同一"的法则。

达摩观念使得每个印度人对自己所处的空间阶位(实际上即社会地位)认为是理所当然的宇宙秩序,并且从信仰的角度对之遵守和维护。在达摩观念中,每个人都有自己存在的位置,不论是高种姓者,还是低种姓者,或者是不可接触者,都有自己的位置,并且在贾吉曼尼制度的维系下,其生活是有安全保障的。因此,对于印度人来说,阶位的高低不要紧,那是前世所做的"业"的结果,可以通过今生做好事,行善积德,实现来生转世提升阶位。对于印度人来说,最恐怖的是失去阶位,那是不敢想象的事情,无论如何都要守住自己的阶位,守住自己的达摩。

在印度文化中,达摩与梵化是一枚硬币的两面。印度教的核心旨归是梵我同一,因此人皆思"梵"。在这回归"梵"的长长的宇宙阶梯中,每个类别的人都处在不同的阶位上。一方面,达摩观念让每一个印度人都安于自己的阶位,守住自己的序列(法、达摩)。守住自己的阶位即是一种修炼,是回归"梵"的前提。另一方面,对"梵我同一"的追求,又让每一个印度人不安于自己的阶位,在守住达摩的前提下,每位印度教徒都会努力提升自己的阶位,让自己处在一个距离"梵"更近的阶位上。因此,一个具有伟大理想的印度教徒,总是会在"法"许可的范畴内,想法采用洁净度高的生活习俗和饮食习惯,采用等级更高的崇拜仪轨,或者是其他的新的标志,来显示自己与同阶位的其他人的不同,拉开自己与同阶位人的距离,以使自己处在一个更高的阶位上。当这

---

① 马克斯·韦伯:《印度的宗教:印度教与佛教》,广西师范大学出版社 2013 年版,第 184 页。

个人的新方式得到周围一部分人的响应和仿效,那么就意味着一个新的亚种姓的诞生。这样的过程被称为"梵化"。理论上来说,每一位印度教徒都具有分裂倾向,都渴望占据一个相对比较高的阶位,一个距离"梵"更近的阶位,"低种姓自不待言,就连处于最高地位的婆罗门,也总是力图获得比同种姓中其他亚种姓更高的地位而不断从现在所处的集团中分离出去"①。印度社会就是这样,一直处在这种分裂和分化中。持续不断的梵化与亚种姓分裂使印度社会呈现为立体空间结构,每个集团都处在因内部小集团努力上升所带来的分裂中,在分裂中实现上升,上升,上升……

因此,达摩与梵化,尽管这二者实际作用于印度社会结构,但实质上体现的是一种宇宙空间观念,是印度教构建人与宇宙空间关系这一核心旨归的必然结果。

二、注重构建宇宙空间导致声音崇拜

印度教构建的是人与宇宙空间的关系,种姓制度界定了人在宇宙空间中的阶位,曼陀罗坛场更是把人与宇宙空间联系在一起。然而,人与宇宙空间之间需要具体的关联纽带才能密切联系在一起。只有阶位和坛场,没有关联纽带,无法把人与宇宙空间联系在一起。那么,是什么东西能让人与空间产生关联呢? 是声音,而不是文字。文字维系人类社会内部的联系,而声音维系人与空间的联系,因为声音是在空间中传播的。

任何声音都是在空间中传播,但是,不是任何杂乱无章的声音都可以起到人与"梵"沟通的作用。必须是一种具有穿透力的声音,才能架起人与"梵"之间沟通的桥梁。必须是通过一种特殊的发音方式发出的声音,才会具有穿透力。这种发音的方式和技巧必须经过向老师学习,并反复练习和进行相关修炼,才能掌握。这一套学习修炼的方式很复杂,最关键的是掌握吸气和吐气的方式,气沉丹田。然后,从丹田将声音发出来,声音才会具有穿透性。从丹田

---

① 尚会鹏:《种姓与印度教社会》,北京大学出版社 2016 年版,第 216 页。

发出的声音,不是声嘶力竭的呐喊,而是力道十足的浑厚之音,低沉雄浑,具有强劲的力道,具有强有力的穿透性,可以极度延伸。

"雅利安人的崇拜方式是围绕一种精心制作的祭祀体系进行的,从素食果蔬到动物牺牲都非常讲究,其间语言的力量起着中心作用。"①在印度教的祭祀仪式和修炼仪式上,用具有强有力的、穿透性的声音念诵的字句称为"真言"。真言分为:一是有具体意思的真言,二是没有具体意思的真言。具有具体实际意思的真言,比如,念诵某个具体的神的名字,或者是念诵赞美神的某个句子,或者是吠陀中的某个句子或段落。然而,只有声音、没有具体意思的真言更受看重。这种思想后来被佛教吸纳,形成佛教密宗的六字真言。佛教的六字真言:唵、嘛、呢、叭、咪、吽。后五个音实际上都是第一个音"唵"的衍化和延伸。在印度教中,"唵"这个音是一切真言的种子,由 a、u、m 三个音素组成,代表梵天、毗湿奴、湿婆三位大神,代表天界、地界和地下界三界。② 因此,实际上,"唵"是整个宇宙空间的浓缩象征,是声音所构建的宇宙空间,是人与宇宙空间的关联。笔者还认为,对"唵"的崇拜或许与雅利安人的神牛崇拜文化相关,由 a、u、m 三个音素拼读成的"唵"很像牛叫的声音。在雅利安人的神话中,牛是神创造的第一个动物。或许正因为此,雅利安人把牛叫的声音视为一种神圣的声音,可以与神沟通。

总之,印度教注重构建人与宇宙空间的关系导致声音崇拜。印度教崇拜声音的作用,崇拜声音在宇宙空间的穿透与回响,认为念诵神的名字的声音、念诵吠陀的声音尤其是念诵真言的声音,具有神圣的力量,是人与无形无象的"梵"之间沟通的桥梁,进而达到人内心密宇宙中那个无形无象的"我"与无形无象的宇宙本体"梵"的合一。

声音崇拜又进一步导致了印度文化口口相传的特征。印度文化具有以诗代史、注重口传的特征。印度至今没有一部像中国史籍那样的信史。当年,唐玄奘到天竺取经,发现根本就无文字的经书可取,所有的经书都在僧人们的口中;同样,英国殖民者在印度也发现印度人的知识都保存在记忆中,世代口口

---

① 邱永辉:《印度教概论》,社会科学文献出版社 2012 年版,第 76 页。
② 邱永辉:《印度教概论》,社会科学文献出版社 2012 年版,第 326 页。

相传。印度人为什么如此注重口传？原因很多。很重要的一个外因，即是黄宝生先生在《书写材料与中印文学传统》①中谈到的，记录知识的物质载体的特殊性。印度主要是用棕榈树的叶片来书写，记录文献，称为贝叶经。贝叶容易腐烂，不容易保存，尤其是在印度那样潮湿炎热的气候中，尤其难以保存。因此，主要靠口口相传的方式传承知识。印度文化注重口口相传，特殊的物质载体的确是非常重要的一个外因。

我们再从印度文化内部来探索其内因。如上文所述，印度文化重视声音的作用，崇拜声音，因为只有声音才能架构起人与宇宙本体"梵"之间的关联，文字抵达不了无形无象的"梵"。因此，印度文化从根本上轻视文字。倘若重视文字，即使贝叶容易腐烂、不容易保存，那也可以通过代代传抄来保存。中国儒家文化强调名垂青史，强调建构社会伦理，强调以史为鉴。因此，中国格外看重修史，几乎历朝历代都修史书。然而，印度教只关注个人与宇宙空间关联，不关注社会，似乎个人与社会毫无干系。然而，只有声音才能把人与神联系在一起。

在印度，吠陀被视为天启，是神的声音穿透宇宙空间，然后婆罗门凭借内心的高度悟性，捕捉到神的声音，然后用口将之表达出来并传递下去，正如《梨俱吠陀·原人赞歌》所言：婆罗门是原人之口变成的。因此，以口传诵神的声音是婆罗门的神圣职责。在古代印度，用文字记录吠陀内容被视为对吠陀的亵渎，"婆罗门——连同其竞争者（佛教）也大抵如此——极为长期地坚守着这样一个原则：神圣的义理只能用口耳相传"②。所有的吠陀知识都存储在婆罗门老师的记忆中，世代口口相传。通过念诵吠陀，让声音架起人与宇宙空间关联的桥梁，才能实现与无形无象的"梵"的合一。因此，在古代印度，称知识为"闻识"，即知识是靠耳朵听老师讲授而获得的，不是靠眼睛看书可以自学的。佛经的一个常用语，"如是我闻"也是强调知识是听来的。印度古代的文献主要是靠记忆力和声音而得以保存，"这种传统一直保存到19世纪开

---

① 黄宝生：《书写材料与中印文学传统》，《外国文学评论》1999年第3期；黄宝生：《梵学论集》，中国社会科学出版社2013年版。

② 马克斯·韦伯：《印度的宗教：印度教与佛教》，广西师范大学出版社2013年版，第210页。

始印刷这些古书时,还没有断绝"①。

注重口口相传,并非意味着印度就没有文字。印度具有很古老的文字历史,达罗毗荼人的土著文化就已经有象形文字,后来随着雅利安人入主南亚次大陆而消亡。印度雅利安人使用的语言主要为梵语和俗语。梵语是宗教用语,俗语是日常口语。梵语专门用于宗教信仰领域,相传是大神梵天创造的,被视为神与人之间用于沟通的语言,是神圣的语言,最初只为婆罗门所掌握,长期没有文字,因为用文字记录吠陀被认为是一种亵渎。后来因实际需要,开始用文字来记录。记录梵语的文字是几经变化,到 11 世纪时才确立用天城体字母来记录梵语。

然而,文字对于梵语来说,只是起一个辅助作用,声音依然是识别文字的主要依据。"梵语中的语音连读规则是识别词义的重要手段"②,也就是说,必须熟练掌握连读规则,要读出来(至少是要在心里默读),才能明白一个词或一个句子的正确意思。若仅凭眼睛看,往往出错。因此,梵语必须跟着老师学,进行严格的语音训练,一字一音都不能有差错,且反复不断地训练,使学习到的知识牢牢地铭刻在记忆中,随时可以脱口而出。正是因为梵语被视为雅利安人的一种宗教语言而严格口口相传,"婆罗门祭司必须确保在宗教祭祀中吠陀颂诗的使用准确无误"③,使梵语的语法和发音从古至今被丝毫不差地保存下来。19 世纪时,梵语成为欧洲语言学家们研究印欧语系诸语言的关键语种。

三、口口相传导致婆罗门垄断话语权

首先,口口相传导致婆罗门垄断知识传授。在古代印度,所谓知识,就是指吠陀。"吠陀"一词的意思,就是指知识和学问。吠陀是最高、最神圣的知

---

① 金克木:《梵语文学史》,江西教育出版社 1999 年版,第 19 页。
② 郁龙余等:《印度文化论》,北京大学出版社 2016 年版,第 196 页。
③ 黄宝生:《梵学论集》,中国社会科学出版社 2013 年版,第 261 页。

识,在印度人心中具有不可动摇的崇高地位。婆罗门作为最初掌握吠陀宗教知识的祭司,同时掌握着整理和诠释吠陀文献的权利。也就是说,四部吠陀,被认为是天启,是神传授给婆罗门的,然后由婆罗门整理而成的;解释吠陀的梵书、森林书、奥义书则完全是婆罗门自己对吠陀的阐释。因此,婆罗门不仅是知识的掌握者、传授者,而且更是知识的建构者。因此,婆罗门掌握着话语权,而口口相传的传统,使得学习知识必须要拜婆罗门为师。

婆罗门家族一般是父子相传,传授吠陀知识及其中的一些秘籍。尽管也招收其他种姓的学生学习吠陀知识,但知识的传授权利,即口口相传的权利为婆罗门家族所垄断。因此,对声音的崇拜导致口口相传,而口口相传又强化婆罗门作为知识传授者的地位。

其次,婆罗门通过掌握知识和知识传授而掌控话语权,进而利用自己手中的话语权,建构起一套有利于自己的理论学说,不断强化和巩固自己的权利和地位,在印度社会中形成"婆罗门至上"的观念。

《百道梵书》言:"确实有两种神:众神是天上的神,有学问的婆罗门是人间的神。祭品供给众神,祭祀酬金供给婆罗门。"①这显然是婆罗门利用手中的话语权,神化自己,塑造民众的思想意识。《摩奴法论》更是通过"法"的规定性和强制性,树立婆罗门的至上地位:"婆罗门是法的不朽化身,因为他为法而生,而这样的出生必将导致与梵合一。"②乃至,吠陀天启、祭祀万能、婆罗门至上成为印度教的三大纲领。婆罗门是人间的神,是神圣天启的接受者,是祭祀仪式的主持者。

须知,这样的一种"婆罗门至上"的思想是婆罗门自己建构,然后灌输给印度民众的。因此,印度社会的整个意识形态的建构完全掌握在婆罗门手中,同时也使得印度人的思想观念的塑造完全掌握在婆罗门手中。

尽管印度教(婆罗门教)是一种部落民众在长期生活中自发形成的宗教,不是人创宗教,不是某个婆罗门创建的,但婆罗门通过垄断知识和知识传授,成为印度教的建构者,成为话语权的掌握者。婆罗门利用手中话语权,在建构

---

① 季羡林:《印度古代文学史》,北京大学出版社 1991 年版,第 34 页。
② 蒋忠新译:《摩奴法论》,中国社会科学出版社 2007 年版,第 37 页。

自己在人间的至上地位的同时,注重建构的是宇宙空间,而不是人类社会。

印度教文化是婆罗门建构起来的文化。婆罗门不事生产劳作,只专注于对宇宙本体"梵"的极度沉思冥想,思维纵横驰骋,真的是"精骛八极、心游万仞",对宇宙时空的觉悟力极度延伸。在如此极度沉思冥想状态下,人对时间的感受是宇宙时间而非尘世时间,由此形成印度人的极大时间观。葛维均《古代印度的时间观念妨碍了历史学的发展》①一文将印度文化中的大尺度时间观对历史学的解构论述得很透彻。

这里,笔者想要补充的一点是,印度教探讨的核心是人与宇宙本体"梵"的关系,而非人与社会历史的关系。因此,婆罗门在极度冥想中构建出来的这种大尺度时间观,实质上是用来构建宇宙空间的,而不是构建社会历史,更不是用来描述人类社会的演进和发展的。这与注重以史为鉴的中国文化形成十分鲜明的对照。在印度人的极大时间观里,人类社会的演进和发展根本就不值得一提,连一瞬间之一瞬间之瞬间……的时间长度都没有,没有值得研究的意义。因此,印度人缺乏历史观。印度的历史完全缺乏精确的断代,这与具有精确历史纪年的中国文化形成鲜明对照。

社会历史意义层面上的时间,对于印度人来说是没有计算意义的。因此,印度文化对人的意义的探讨,不是把人放在历史时间中,而是把人放在宇宙时间中,在宇宙时间中来探讨人和相应的事件,必然采用大尺度的宏大叙事,从而把人神化、把历史事件神话化,由此形成印度文化以诗代史的特征。比如,两大史诗《罗摩衍那》和《摩诃婆罗多》内容十分繁杂,让人无法厘清哪些是神话,哪些是史实,其实也没有必要去搞清楚。

以诗代史与婆罗门至上密切相关。一方面,婆罗门建构的大尺度时间观无法作用于社会历史,当然婆罗门的本意也不在于此。另一方面,诗是吟诵的,靠声音流传;史是记载的,靠文字流传。因此,诗可以捍卫口口相传,从而维护婆罗门的权威;而文字会解构婆罗门至上的观念。一个人一旦学会了文字,便可以自行阅读书籍,自行理解文字的意思,进而形成自己的思想;而口口相传,你学会了这一首,老师不讲下一首,你永远不知其内容,因此每一句诗

---

① 参见葛维均:《古代印度的时间观念妨碍了历史学的发展》,《西域研究》1992年第2期。

歌、每一首诗歌、每一章诗歌,都必须跟随婆罗门老师学,听婆罗门老师的讲解。

因此,以诗代史可以让婆罗门牢牢掌握着话语权,牢牢掌握着民众的思想塑造;因此,婆罗门也无意于建构真正意义上的"史";因此,古代印度没有史,只有诗。对于印度人来说,诗就是史。对于现代之前的印度人来说,《罗摩衍那》和《摩诃婆罗多》所讲的内容就是他们的历史。这既是婆罗门自己的思想认识,更是婆罗门灌输给印度民众的思想认识。

最后,婆罗门垄断话语权导致印度社会结构缺乏大一统。婆罗门建构的印度教文化,只抬头看天,不低头看地;只关注人与宇宙空间的关系,不关注人与社会历史的关系;只关注提升自己在宇宙空间中的阶位,不关注社会的总体平衡稳定,因此形成印度社会中的梵化现象。梵化本身是一种上升,但上升的同时即意味着分裂。某个集团成为一个新的亚种姓上升即是一种分裂,从原属集团中分裂出去。因此,"渴望不断梵化"形成印度文化中根深蒂固的分裂意识,由此建构起来的社会结构形态亦是处在不断分裂中的。

更为重要的是,话语权建构意识形态。话语权掌握在谁手中,社会意识形态的建构就掌握在谁手中。一般来说,国家的统治者同时也是话语权的掌握者。因此,世界上绝大多数的情况是:国家政权的掌握者即是社会意识形态的建构者。

然而,在印度,国家政权的掌握者与话语权的掌握者是分离的。婆罗门掌握话语权,统治精神领域,但不掌握国家的统治权,不统治世俗领域。刹帝利掌握国家统治权,统治世俗领域,却不掌握话语权,无法建构意识形态领域。并且,婆罗门的话语权不为刹帝利服务,不为国家权力服务,不为世俗领域服务,只为建构婆罗门自己的特权服务。

一个国家政权必须要有话语权的支撑,一个社会必须要有意识形态的支撑。然而,婆罗门的话语体系轻视尘世意义,婆罗门掌握的话语权只用来建构人与宇宙空间的关系和自己的神圣地位,并塑造印度教徒的思想意识。因此,以婆罗门话语体系建构起来的印度教意识形态中具有根深蒂固的差别意识和等级观念,其建构出来的社会形态处在因梵化意识所致的不断分裂中。

社会结构形态是国家形态的基石。很难想象,一个处在不断分裂中的社会结构形态可以长久支撑一个大一统的国家政权。古代印度社会不是一个靠国家权力凝聚在一起的社会,而是一个靠宗教信仰揑合在一起的社会。而印度教意识形态本身缺少一种大一统观念。印度社会因梵化而导致亚种姓林立,各个亚种姓之间隔离森严;印度古代国家形态在绝大多数时期同样是一种四分五裂、邦国林立的状态。即使是孔雀王朝、笈多王朝、莫卧儿王朝这样的大王朝在其最极盛的时期也从未真正统一过印度全境,极盛时期一过,重归四分五裂。

印度历史上缺乏大一统的王朝,这其中原因多多,婆罗门话语权对刹帝利王权的制约以及印度教梵化意识所致的分裂常态不能不说是其中重要原因之一。

四、婆罗门话语权建构多元回归宇宙空间

印度教在本质上是一种出世的宗教。一般来说,但凡宗教都是出世的,是人在世俗生活中的一种精神需求,起到调节世俗生活的作用。然而,印度教的出世精神贯穿印度教教徒的世俗生活。伊斯兰教也是贯穿伊斯兰教徒的世俗生活,但是伊斯兰教法是建构世俗生活的,而印度教学说则是解构人的世俗生活的。

首先,印度教的分裂意识不仅使人从社会集团中分离出去,而且还使人从社会和家庭中分离出去。印度教虽然不像佛教那样否定家庭生活,但是将人的尘世生活划分为四个行期:梵行期、家居期、林栖期、遁世期。后两个时期即是从家庭中分离出去,并且是从社会中分离出去,让人完全成为宇宙空间中的个体存在,通过个人的修行努力而实现梵我同一的最高境界。因此,梵化意识为印度教徒的个人苦行修炼奠定基础,使印度成为世界苦行之乡。

其次,印度教的业报轮回说解构了赖以维系尘世社会的人伦关系。母亲的子宫只是一个寄宿的对象,子女的人生际遇是其前世所种下的"业"的结果,与父母没有必然联系。《摩诃婆罗多·教诫篇》有个故事,说一个老妇人与世无争,与人为善,但却遭遇不幸,她心爱的儿子被大蟒蛇咬死了。英雄阿

周那抓住蛇,要杀死蛇,蛇说自己是死神派来的,只是执行死神的命令而已。而死神说,是时间让他死亡的,因为这个孩子到了该死的时间,死神只是执行时间的命令而已。最后,时间解释说:杀死这个孩子的是这个孩子前生所做的"业",与其他任何人无关。因此,每个个体的人主宰自己的生死轮回,与他人无关。这样的思想使得每个印度教徒可以轻易了结自己的社会关系,离开家庭、离开社会,进行苦行修炼,寻求解脱。《梨俱吠陀》认为:神是通过苦行而获得创造世界的能量的,人通过苦行也可以获得超自然的能量和智慧。甚至认为:苦行即梵。[①] 因此,在印度随处可见脱离家庭、脱离社会的苦行者。

第三,追求"梵我同一"为人生最终目的的思想,形成了印度教一套十分精深的苦行修炼体系。五花八门的精神修炼与身体苦行令人眼花缭乱,而所有的苦行修炼都可以涵盖在瑜伽的概念中。在印度,修炼瑜伽是脱离家庭和社会、进入林栖期和遁世期的印度教徒尤其注重的修行方式,是获得解脱的重要手段。

往世书神话讲:维持世界的大神毗湿奴躺在阿南塔("无限"之意)大蛇身上沉睡,在虚无缥缈的宇宙之海上漂浮,在一"劫"之始睁开眼睛。宇宙的能量蕴藏在蛇的身体里,为毗湿奴所掌握,用于维持世界。对该神话我们可以如此理解:阿南塔大蛇实际上就是潜伏在毗湿奴身体的脉轮中。同理,在人体这个内宇宙也蕴藏着这样一条无形无象且具有无限能量的蛇,瑜伽理论称之为"蛇力"。"蛇力"潜伏在人体的脉轮之中,人通过一系列的肢体瑜伽修炼,打通人体内的 7 个脉轮:底轮(尾椎)、生殖轮、脐轮、心轮、喉轮、眉心轮、顶轮,即能唤醒人体内的"蛇力",从而获得无边的神力而解脱,实现梵我同一。

前文述及,曼陀罗观念将宇宙分为:外宇宙、内宇宙、密宇宙。倘若说,曼陀罗坛城是通过由外及内,贯通三者,那么,瑜伽修炼是通过人体的肢体训练来掌控人体这个内宇宙,从而将外宇宙、内宇宙、密宇宙三者贯通,实现梵我同一。因而,瑜伽修炼成为印度教徒苦行修炼的重要方式。

第四,婆罗门话语权导致多元回归宇宙空间。事物都是一分为二的。婆罗门话语权导致印度社会崇尚梵化,注重差别,形成印度文化中的分裂意识,

---

① 黄心川:《印度哲学史》,商务印书馆 1989 年版,第 309 页。

由此印度历史缺乏大一统,印度社会结构不断亚种姓化,宗教派别林立、政治派别林立。然而,印度教注重差别又形成了另一种倾向。对于印度教徒来说,"等级差别是宇宙最高设计者、统治者制定的自然法则"①。这样的认识观从两方面使印度文化呈现出极其多元包容的特征。

其一,等级差别是神制定的自然法则,那么,不同的等级差别都有其不同的与神沟通之道,否则神不会规定这种等级差别的存在。因此,印度教是一种极具包容性的宗教。任何异见都可以纳入神制定的差别之中,除非威胁到印度教自身的话语权——譬如佛教,而佛教最终也被印度教视为印度教内部的一次宗教改革运动而已。《梨俱吠陀》1∶164 说:"实在唯一,圣人异名。"因此,对于印度教来说,宇宙本体"梵"是唯一的实在,只是不同的人对之称呼不同,采用的具体回归方式不同而已,其目的皆是指向那唯一的实在。正如《薄伽梵歌》所说:"人们无论以何种方式走向我,我都将接纳他;所有的人都在不同的道路上努力,这些道路终将引向我。"②

其二,等级差别是神制定的自然法则,因此印度教把差别视为一种宇宙秩序。印度文化将差别视为宇宙间的一种自然形态,视差别的存在乃是理所当然,不将差别视为异端而排斥,而是将之视为宇宙秩序差别中自然存在且合理存在的一部分。

就拿亚种姓来说,不断有新的亚种姓从原有的母体中分裂出来,分裂的结果是新旧共存,不是新的取代旧的。这就使得印度教在对待外来文化,或其他异质文化的态度上,不是采取排斥态度,而是将之视为一个合理的存在,在印度人看来,只不过是又多了一个亚种姓而已。这就使得外来文化或异质文化基本上可以不被同化,可以作为印度文化中的一个相对独立的部分而存在。这就使得印度文化极其多元共存,极其丰富多彩,被誉为世界文化博物馆。

印度文化的包容性是世界上其他任何文化所不具有的,可谓真正的"和而不同"。极其多元包容的文化特征,铸就了印度文化一种特有的恢宏气度。倘若说,中国维持大一统国家形态 2000 多年堪称人类文明史上的奇迹,那么,

---

① 尚会鹏:《种姓与印度教社会》,北京大学出版社 2016 年版,第 220 页。
② 邱永辉:《印度教概论》,社会科学文献出版社 2012 年版,第 190 页。

印度将一个四分五裂、邦国林立、异见林立的"国家"形态以印度教统摄精神领域而维系数千年,形散而神不散,同样也是人类文明史上的奇迹。这也是现代印度国家得以形成的基础。

(本文原载《东方论坛》2018 年第 3 期)

文学与社会政治

论《玛斯纳维》中的和平主义思想

　　《玛斯纳维》被誉为"波斯语的《古兰经》",在伊朗宗教文化中具有崇高的地位和深远的影响。《玛斯纳维》是苏非神秘主义思想的集大成之作,涵盖了苏非神秘主义思想的方方面面,比如:神爱、修身养性、泯灭自我、人主合一等。中外学者对这些思想已经论述得很充分。最近,笔者重读《玛斯纳维》,从中体悟到一个以前没有得到足够重视的重要思想,即:主张摒弃宗教偏见,不同信仰的人应相互尊重、相互理解。伊朗前总统哈塔米先生在任期间针对亨廷顿的"文明冲突论"提出"文明对话",主张不同文明之间应展开对话,促进相互了解,以避免冲突。哈塔米先生的主张得到了世界各国普遍的赞同和支持,联合国因此把 2001 年定为"文明对话年"。哈塔米先生"文明对话"的和平主义主张无疑是与伊朗自身的宗教文化思想传统一脉相承的。因此,在当前的国际局势下,重新释读《玛斯纳维》,彰显《玛斯纳维》中的和平主义思想,无疑具有重大意义。

一、不同宗教之间的同一性

　　宗教作为一种社会意识形态,贯穿于信仰者的精神生活和社会生活,使信仰者产生一种归属意识,具有强大的凝聚力。宗教产生于人对一种超自然力的认知,而人认知能力的局限性使人对这种超自然力的认知千差万别,因此人类社会几千年的发展史,从原始宗教到民族宗教和世界宗教,产生了林林总总的不同宗教。人认知能力的局限性和强烈的归属意识,使自己所属宗教的正确性被强化。"自我正确"意识被强化就容易滋生排他性,衍变为"唯我正确"。但是,我们应当认识到,这种排他性是因信仰者认知能力的局限性和强烈的归属意识而产生的,并非宗教本身的必然特性。国内有学者认为产生于叙利亚文明的一神论宗教(包括犹太教、基督教、伊斯兰教)具有"唯我正确性"和"排他性",因而容易因宗教分歧而引发矛盾和冲突,而中国的儒家文明具有包容性,是一种平和中道的文明形态,较少可能引发冲突,从而认为儒家文明对缓和当前紧张的国际局势是有利的。① 笔者认为,这样的观点本身就是在一种强烈的归属意识下产生的,在某种程度上恰恰就是一种"唯我正确性"和"排他性"的反映,只看到了一神论宗教的表面现象,而没有看到其内在实质。就伊斯兰教而论,在西方话语霸权的渲染下,伊斯兰教被描绘成一种"排他的""好战的""不宽容的"宗教,乃至很多不了解伊斯兰教的人都如此误认伊斯兰教。笔者在这里想要阐述的是,在世界三大一神教(犹太教、基督教、伊斯兰教)中,伊斯兰教是完全彻底的一神论宗教,恰恰是其彻底的一神性质、一神眼光和视角把其他宗教包容到了自己的麾下。这里需要说明的是,笔者不是穆斯林,也不信仰伊斯兰教,因此这样的论点不是出自笔者的归属意识,而是出自笔者在长期从事伊斯兰教和伊朗文学研究中对伊斯兰教的认识和了解,是纯学术性的。

《古兰经》②49:13 说:"众人啊! 我确已从一男一女创造你们,我使你们成为许多民族和宗族,以便你们相互认识。"因此,从根本上来说,伊斯兰教认为世界上的众多民族和众多宗教是真主造物的结果,信仰不同宗教的不同民族之间应当相互了解、相互认识。不同信仰者之间进行相互了解的前提必须是放弃"唯我正确"的意识,在恪守"自我正确"(这是人的生存之根本,是不能放弃的。一旦对"自我正确"产生怀疑,人就会产生归属意识危机)的前提下,接受"他人亦正确"。那么,如何才能让信仰者接受"他人亦正确"? 因此,要把《古兰经》的这一精神灌输给普通信众,需要宗教学家们高屋建瓴的阐释。《玛斯纳维》在这方面体现出经典之所以为经典的伟大,高瞻远瞩地阐释了不

① 阮炜:《"历史"化内的叙利亚文明》,《读书》2002 年第 8 期。
② 马坚译:《古兰经》,中国社会科学出版社 1996 年版。

同宗教之间的同一性。

作为苏非神秘主义思想的集大成者,莫拉维吸收并发扬光大了苏非神秘主义的"光照说"。"光照说"最先是由苏哈拉瓦迪(1153—1191 年)提出,认为真主乃绝对的终极之光,世间万物仰赖真主的光照而存在。其经文依据是《古兰经》24∶35:"真主是天地间的光明,他的光明像一座灯台,那座灯台上有一盏明灯,……真主引导他所意欲者走向他的光明。"莫拉维花了不少的篇幅来阐述这种"光"的哲学,几乎在《玛斯纳维》每一卷中都有涉及。莫拉维认为不同宗教对真主这一绝对存在的认知,就如同七色光与光之间的关系。终极之光幻化为赤橙黄绿青蓝紫七色光,因而七色光表面上颜色各一,但实质上是同一。《玛斯纳维》①第三卷"达古吉的神奇故事"中达古吉在海边看见七支明烛,转眼间,七支蜡烛又合为一支明灯,不一会儿,一又化为七。阐述的即是这种一与多的关系。《玛斯纳维》第四卷 416—417 联同样说道:"这情形正如天上本来只有一个太阳,当它照进千家万户,就变成千万道光亮。假如你拆掉挡住光线的所有墙壁,就会发现千万道光线都融为一体。"因此,在一与多的关系中,一是绝对的,多是一种幻化,是一种表象,本质上是同一不二的。因此,正是伊斯兰教的这种一元性质把其他各种不同宗教认作在本质上是同一不二的,这就为在坚守"自我正确"的前提下接受"他人亦正确"提供了理论依据。在这种"同一不二"的理论依据下,莫拉维明确指出伊斯兰教之外的其他宗教——犹太教、琐罗亚斯德教、基督教乃至多神教——在本质上都是同一的。《玛斯纳维》第六卷 1862—1863 联说:"托那伟人之福,犹太人、麻葛、基督徒和多神教徒全成为一色。在那充满机密的太阳的光芒里,千万或长或短的阴影全成一体。"这样的思想使摒弃宗教偏见、不同宗教之间相互尊重相互理解成为可能。

针对不同宗教所各自承认的先知,莫拉维认为不同的先知在本质上也是同一不二的,因为他们所获取的都是真主的终极之光。《玛斯纳维》第一卷1947—1950 联说道:"当灯盏取得蜡烛之光束,谁见那灯盏定也见那蜡烛,如此这般传递百只灯盏,看见最后一盏即见本原,不论从最后的灯光获取,或从

---

① 莫拉维:《玛斯纳维全集》,穆宏燕等译,湖南文艺出版社 2002 年版。

精神之烛并无差异,不论从最后的灯盏获光,还是从最久远的烛获光。"各先知之间的差异,如同灯具的差异,而光的本质是无任何差异的。《玛斯纳维》第三卷1254—1258联说道:"复活日之前,穆萨现象仍将出现,穆萨之光如初,其载体灯却在变。陶质的油壶和灯芯在不断更换,其光始终如一,因它来自彼岸。对着镜子照,可能会产生错觉,镜中影像繁多,令人大惑不解。若专注其光,抓住事物本质,既可摆脱二元或多神论限制。众信士与祆教和犹太教徒的分歧,睿智者啊,在于对世界看法不一。"

因此,当我们认识到各种宗教各位先知在本质上的同一性,还有什么样的分歧不能消除呢?还有什么样的理由让我们死抱着"唯我正确、他人皆错误"的狭隘思想?还有什么样的理由不让我们张开怀抱去接受"自我正确、他人亦正确"这一真谛?

二、分歧产生的原因

然而,现实生活中各种各样的宗教分歧和教派分歧比比皆是。莫拉维用各种各样的故事来阐述这种分歧产生的原因。笔者归纳为以下几方面。

第一,想当然的推测。《玛斯纳维》第一卷"聋子探望生病的邻居"的故事讲一个聋子的邻居生了病,他想去探望,又担心因耳聋而无法问答,便事先把可能发生的问答推测一番。他推测:我先问:"你病好些了吗?"病人肯定会回答说:"好些了。"我就说:"托真主的福。"又问:"吃了些什么药?"病人肯定会说:"吃了什么什么药。"我就说:"祝你吃药吉祥。"又问:"哪位医生给你看的病?"病人肯定会说:"是某某医生。"我就说:"祝他出诊吉祥。"聋子如此推测一番,便去看望病人了。结果全乱了套。聋子问:"你病好些了吗?"病人说:"快死了。"聋子说:"托真主的福。"又问:"吃了些什么药?"病人说:"吃了毒药。"聋子说:"祝你吃药吉祥。"又问:"哪位医生给你看的病?"病人说:"死神。"聋子说:"祝他出诊吉祥。"差点没把病人活活气死。因此,推测只是把想象的东西当本质,往往导致谬误。现实生活中,很多人就是根据一些表面现象对别的宗教进行想当然的推测,结果导致对别的宗教的错误认识。

第二，偏执，钻牛角尖，揪住表面现象不放。《玛斯纳维》第二卷有个小故事，语法学家为讲语法而举例说："李四被张三殴打。"一个听众却一个劲地问张三为何要殴打无辜的李四，无论语法学家如何解释，该人都揪住这句话的表象不放，而不看语法学家说这句话的真实用意。这就如同在现实生活中，某些人抓住别的宗教教义中的某些词句，阐发出一些与该宗教本质不相干的所谓"真知灼见"。

第三，固执己见，形成纷争。《玛斯纳维》第二卷"四个人因对葡萄的叫法不同而产生争执"这一小故事讲述了一个波斯人、一个阿拉伯人、一个突厥人、一个东罗马人四人结伴而行，途中得到一枚硬币，四人都想买葡萄吃，但因各自语言对葡萄的叫法不同而产生误会，又互不相让，最终厮打起来。这种因对同一事物的表述方式不同又固执己见而引起的误会是不同宗教不同教派之间产生分歧、形成纷争的根源。这是典型的"唯我正确、他人皆错误"的思维方式。

第四，固执己见加上不宽容若发生在权力者身上，很容易形成宗教迫害。《玛斯纳维》第一卷中"犹太国王因宗教偏见杀害基督徒的故事"讲的是：一个犹太国王阴谋屠杀基督教徒，他的一个大臣献计说，来自内部的自相残杀更为致命。于是，这个大臣乔装成基督教徒，打入基督教徒内部，获取了他们的信任。基督教徒们把他奉为精神领袖，而他却对基督教徒中的七位长老分别传授不同的教义。在他自杀身亡后，基督教徒中的七位长老皆认为自己所受教义是正道，其他长老所受教义乃谬误，于是导致基督教徒分裂成不同派别，终致相互厮杀，血流成河。莫拉维指出，这个犹太国王的谬误就是在于把穆萨（摩西）与尔撒（耶稣）二位先知割裂。这个故事同时也说明，不同宗教不同教派之间教义上的分歧实质上是一种人为的结果。

第五，人在认识上的局限性，以偏概全。莫拉维在《玛斯纳维》第三卷"人们对大象的看法不一"这个故事中，把人们熟知的"盲人摸象"的故事改为了"人在黑屋子中摸象"，这一改变是有着深刻喻义的。苏非神秘主义认为，人的灵魂来自真主吹入人祖阿丹（亚当）体内的精神，因而人在本质上是具有神性的，只是这种神性被后天尘世所遮蔽。人只有通过修身养性，获得真主的光照，才能重新寻回这种神性。因此，莫拉维并不认为是人因天生眼瞎而不能认识到大象的全貌和本质，而是因人在黑暗中缺乏光照所致。尘世犹如黑屋子，人在尘世的黑暗中无法认清绝对精神的全貌，结果往往是以偏概全，各执一词，产生分歧。

正因为人认识上的局限性是受尘世的遮蔽所致，因此分歧又几乎可以说是与这世界共存的。《玛斯纳维》第三卷 1496 联说："每种造物都有自己特殊的祈祷，对此，它们相互之间并不知晓。"正因为互不知晓、互不了解，所以产生分歧。同卷 1498 联说："世界上七十二种宗教大同小异，只是信众互不了解，多有猜疑。"同卷 1507—1503 联说："逊尼派不明白宿命论者的祈祷，宿命论者亦然，不知对方祷告。逊尼派自有其特殊的祈祷礼仪，与之相比，宿命论者祈祷迥异。这个派别说其他派别误入歧途，因为全然不了解人家的宗教义务。"对这样的分歧，莫拉维有着清楚的认识，认为这是尘世本身的局限性钳制了人的认识，要彻底消除这样的分歧几乎是不可能的，除非到复活日之时。《玛斯纳维》第五卷 3214 联说："宿命论者与意志论者的争辩，会一直延续到复活日前。"同卷 3218—3219 联说："对对方的批评，不予承认；对对方的胜利，不能甘心。世界上有七十二个教派，到复活日前都会顽强地存在。"同卷 3221 联说："这七十二个教派直到复活日时，都会争论不休，不把观点放弃。"同卷 3227—3228 联说："两个对立的教派都各执一词，每个宗派都为自己的教义沾沾自喜。当回答不出对方的诘问，便强词夺理，这种吵闹直到复活日也不平息。"由此，莫拉维也无比感叹："这时代众秘密就似花牛一般，各个民族语言之纺锤缠着百色线。现正当百种颜色百颗心之时，一色之世界何时才会显示。"（《玛斯纳维》第六卷 1868—1869 联）

三、减少分歧的途径

《古兰经》49：10 说："信士们皆为教胞，故你们应当排解教胞间的纷争。"因此，尽管在这个尘世上分歧是难以消除的，但是本着《古兰经》的精神，莫拉维还是在《玛斯纳维》中用了大量篇幅阐释不同宗教之间的同一性，即是旨在帮助广大信众提高认识，减少分歧。莫拉维还用很多故事来阐述信众之间应当彼此尊重、相互理解,这是减少分歧的有效途径。用当前的语言来说,就是要展开"文明对话",减少彼此的误解,避免冲突的发生。笔者同样将之归纳为以下几方面。

第一,应当尽量化敌为友。《玛斯纳维》第二卷 2147 — 2148 联说:"即使是敌人,这仁慈也有益,仁慈使大量敌人转变为同志。即使他未成友,仇恨也会减少,因为仁慈是治疗仇恨的药膏。"《玛斯纳维》第五卷 3644 联前题目中说:"应像易卜拉欣·哈利勒那样对待新的陌生的客人。他的大门永远向尊敬的客人敞开。不论他是异教徒或信士、虔信者或悖逆者,对所有客人都笑脸相迎。"在原书中不同的客人喻不同的思想。若每个人都以如此博大的胸襟去海纳百川,还有什么样的分歧不能搁置起来,从而求同存异?

第二,不能自以为是。每个人寻求真主的道路各不相同,只要心向真主,目标就是同一。不能只认为自己是对,别人皆错。《玛斯纳维》第二卷"穆萨否定牧羊人的赞美"的故事中,牧羊人用粗俗而淳朴的语言赞颂真主,说要为真主擦鞋子、梳头发、洗衣服、灭虱子等。穆萨听见了,认为这样的祈祷亵渎了真主而斥责牧羊人。这时,真主给穆萨传下天启责备穆萨犯了分裂之错:"我给每个人都安排了一种方式,我赐给每个人不同的词汇语句。"(1753 联)"印度人用印度的语汇来赞美,信德人用信德的语汇来赞美。"(1757 — 1758 联)"我不在乎人们的语句词彩,却只在乎人们的内心状态。尽管表面上说的言辞不谦逊,若心很谦虚,我们应观察心。因为言辞是现象,心是本质,现象是派生,本质是根本。"(1795 — 1761 联)的确,每个民族乃至每个人都有自己的信仰方式,只要其内心是对宇宙间绝对精神的敬畏,不论什么样的方式都是正确。

第三,善待不同信仰的人,尊重和理解不同信仰的人。《玛斯纳维》第六卷中"名叫欧麦尔者买面包的故事"讲一个名叫欧麦尔的人,在伊朗卡尚城里买不到面包,因为店主一听他叫欧麦尔,就知道他是逊尼派教徒,而伊朗卡尚城是什叶派教徒聚居区,因此店主让他到下一家面包铺去买,而下一家店主同样不卖给他,让他到再下一家去买。结果这个人走遍卡尚城也没有买到面包。这时,莫拉维说道:"假若欧麦尔在视力上不对眼,他会说:'没有别的商店。'假若正确看视之光照在卡尚人心里,欧麦尔会成为阿里。"(3233 — 3224 联)

这里,莫拉维一分为二地看待这个问题,指出买卖双方都犯了二元的错误,都把一看成了二。顾客欧麦尔若能正确看视,就会认定只有一家面包铺而不会跑遍全城也买不到面包。而店主若能正确看视,那么逊尼派教徒和什叶派教徒在本质上都是同一,就不会因教派分歧而不卖面包给顾客欧麦尔。《玛斯纳维》第四卷 407—408 联同样说道:"信徒们从来就是不可分割的统一体。信徒们人数有千万,信仰却只有一个,他们的肉体各不相连,灵魂却紧密结合。"这里,莫拉维把所有的信仰者都视为同一,没有相互歧视的理由。正如《古兰经》3∶84 所说:"你说:我们确信真主,确信我们所受的启示,与易卜拉欣、易司马仪、易司哈格、叶尔孤卜和各支派所受的启示,与穆萨、尔撒和众先知所受赐予他们的主的经典,我们对于他们中的任何人,都不加以歧视,我们只归顺他。"

因此,只要我们懂得了不同宗教不同信仰者之间本质上的同一性,那么表象的分歧完全可以通过文明对话的方式来解决,放弃"唯我正确、他人皆错误"的思维方式,在"自我正确"的基础上,承认"他人亦正确",相互了解,彼此尊重,乃至取长补短,取强补弱;各美其美,美人之美,美美与共,天下大同。

(本文原载《回族研究》2008 年第 1 期)

伊朗文化的双重性特征

——从《萨巫颂》看伊朗独特的民族性

一

《萨巫颂》是伊朗现当代著名作家西敏·达内希瓦尔(SiminDāneshvar)的代表作,整部小说可以概括为:一幅波斯帝国自尊自傲也奢华没落的剪影,一曲伊斯兰教什叶派慷慨赴难之牺牲精神的悲歌,一次伊斯兰教苏非派彷徨迷惘的寻道历程。小说将伊朗独特的民族性抒写得淋漓尽致,在伊朗现代文学史上具有崇高地位。

西敏·达内希瓦尔1921年出生于伊朗南部诗歌之乡——设拉子,波斯文学博士,是伊朗现代文坛领袖阿勒·阿赫玛德(Āl-e-Ahmad,1923—1969)的妻子,二人是伊朗现代文坛著名的文学伉俪,在伊朗现代文坛上具有崇高威望和地位。西敏·达内希瓦尔是伊朗最早从事小说创作的女性,且成果卓著,被尊为"伊朗小说王后"。1948年,西敏·达内希瓦尔的短篇小说结集出版,名《熄灭的火焰》,引起较大反响。1961年,西敏·达内希瓦尔第二本小说集《天堂般的城市》出版,赢得广泛赞誉,其中短篇小说《天堂般的城市》是伊朗现代小说的经典篇章。在该小说中,作家以细腻的笔触、简洁流畅的语言描写了黑人女仆梅赫朗基兹凄婉的一生,整个故事可谓希望与绝望的交响曲。真正奠定西敏·达内希瓦尔在伊朗文坛崇高地位的是其1969年出版的长篇小说《萨巫颂》,该小说被誉为伊朗现代小说中最优秀的作品之一,至1998年再版了14次,之后又多次再版。小说以1941年盟军为开辟一条从波斯湾到苏联的运输通道而出兵占领伊朗为时代背景,描写了一位逆来顺受的普通伊朗女性扎丽的觉醒过程,以扎丽的丈夫优素福宁折不弯的精神和行动为衬托,反映了伊朗因盟军的占领而引发的民族冲突和社会矛盾。小说把世界反法西斯战争的需要与伊朗的民族尊严之间的对立冲突纠结糅合在一起,显示出作者前所未有的思想深度和力度,反映出作者内心对国家民族命运的深切关注,对救国救民之路的主动探索。这种关注与探索,纠结着深深的彷徨与迷惘,成为西敏·达内希瓦尔作品的主旋律。这大概也是西敏·达内希瓦尔在伊朗伊斯兰革命之后能够继续保持旺盛的创作力的重要原因之一。1980年,西敏·达内希瓦尔出版了小说集《我该向谁问好》,其中彷徨迷惘的主旋律已非常显然。1993年,著名的"彷徨三部曲"第一部《彷徨之岛》问世,引起巨大反响。2001年,"彷徨三部曲"第二部《彷徨的赶驼人》出版。之后,西敏·达内希瓦尔正以耄耋高龄埋头于"彷徨三部曲"第三部《彷徨之山》的创作。但是,2012年3月8日西敏·达内希瓦尔因年高体弱,不幸病逝。不知《彷徨之山》是否完成,何时能出版。以西敏·达内希瓦尔的功力,我们完全相信"彷徨三部曲"将成为伊朗当代文学中史诗性的作品。

伊朗在历史上一直是雄踞西亚的文明古国和强国,19世纪在西方殖民主义入侵下沦为半殖民地半封建的弱国。为改变国家民族的命运,20世纪的伊朗知识分子一直在寻求一条救国救民之路,"寻路"意识成为伊朗现当代文学的一个重要特征。20世纪的伊朗经历了四次重大政治选择,知识分子阶层都曾积极参与其中:1905—1911年发生的立宪运动是伊朗现代史的开端,知识分子阶层将西方的君主立宪制视为一条拯救之路,但立宪运动最终以失败告终;1941—1953年,伊朗发生了声势浩大、影响广泛的社会主义运动,绝大多数知识分子都投身于这场运动中,希望用社会主义来拯救伊朗,但几经挫折之后又失败了;1953年之后,伊朗走的是一条全面西化之路,经济飞速发展,迅速成为世界经济强国,但付出的代价是传统文化失落、社会道德沦丧,这让伊朗知识分子阶层无不痛心疾首,他们认识到伊朗传统的宗教文化对拯救自己国家民族的重要性,逐渐回归伊斯兰传统精神;1979年,伊朗发生伊斯兰革命,知识分子阶层成为革命领导力量宗教阶层的同盟军,是伊朗伊斯兰革命得以成功的重要保证。西敏·达内希瓦尔的《萨巫颂》与"彷徨三部曲"即是旨在对伊朗知识分子阶层从 1941 年以来的三次寻路历程进行反思。《萨巫颂》是"寻路"的序曲,在各种政治力量的较量中,男主人公优素福认为主张社会主义的革命者们"至少给人们提供了一种重要经验的可能性"。《彷徨之岛》以年轻女画家哈斯提与主张社会主义救国的革命者莫拉德和主张传统宗教文化救国的青年萨里姆之间的情感纠葛为主线,对伊朗社会主义运动进行了深刻的反思。小说以莫拉德带着对哈斯提和萨里姆的真诚祝福踏上继续革命之路而结束。《彷徨的赶驼人》讲的是莫拉德牺牲了,萨里姆也未能与哈斯提终成眷属,而是娶了另一个他并不喜欢的女子,主张传统宗教文化救国的萨里姆处在新的彷徨迷惘中,这应了萨里姆在《彷徨之岛》结束时所言:"要走的路遥远又漫长,但不管有多少彷徨和迷惘,都必须走下去,因为重要的是理想。"其实,"寻路"意识本身就隐含着一种彷徨迷惘的状态。在西敏·达内希瓦尔看来,伊朗的知识分子一直处在彷徨迷惘中。但是,西敏·达内希瓦尔并未对任何一种道路选择本身进行是非曲直价值上的评判,而是着眼于彷徨迷惘的寻路历程中寻路者们的精神魅力,令读者可歌可泣、可叹可感、可思可想。无疑,这正是西敏·达内希瓦尔的深刻之处,也是其睿智之处。

伊朗在 1979 年伊斯兰革命之后,意识形态领域与前一时期——巴列维国王执政时期,发生了极大的变化。很多在革命前业已成名的作家,适应不了新的意识形态,或移居海外,或在伊斯兰革命之后创作激情消退,鲜有优秀作品问世。然而,西敏·达内希瓦尔却是一个例外。在创作的同时,西敏·达内希瓦尔也从事文学翻译工作,曾长期在德黑兰大学任教,是伊朗知识界德高望重的学者作家之一,被誉为"伊朗文坛常青树"。

二

《萨巫颂》创作于 20 世纪 60 年代后期,小说中故事的时代背景却是 1941 年盟军出兵占领伊朗时期,二者均是伊朗现代史上的特殊时代。

1925 年,礼萨王登上国王宝座,建立巴列维王朝,开始了大力度的现代化改革,主要效仿对象是与伊朗同为雅利安人后裔的德国,伊朗社会逐渐走向开放和现代化。1935 年,为推崇伊朗的雅利安人后裔的特性,礼萨王将国名"波斯"更改为"伊朗"。二战爆发后,伊朗虽然没有直接参战,没有加盟任何一方,但是礼萨王在二战中一直奉行亲德政策。1941 年,同盟国出兵伊朗,礼萨王被赶下了王位,礼萨王的儿子在英美扶持下登基,称为巴列维国王。1941—1953 年,伊朗成为苏联与英美在中东进行利益角逐的战场,亲苏的政治力量占据主导地位,伊朗人民党(共产党)成为当时伊朗的第一大政党。1953 年,针对由英国掌控的英伊石油公司对伊朗石油的垄断,伊朗爆发声势浩大的石油国有化运动,旨在把亲英美的巴列维国王赶下台。然而,美国中央情报局用重金收买伊朗军队,将石油国有化运动镇压了下去,同时残酷绞杀了伊朗人民党。伊朗社会主义运动宣告失败。之后,巴列维国王全面奉行亲美英政策,开始白色工业革命,旨在实现伊朗社会的全面现代化,同时也是全面西化。

近现代以来,现代化与西方化成为一个纠结不清的难题,一直困扰着东方国家。从理论上来说,科学技术的现代化并不等同于文化的西方化。但是,西方国家的先发现代性使他们占据了"先发制人"的优势,使他们成为全球经济体系中的规则制定者,必然把他们自己的利益——政治利益(包括意识形态和价值观)和经济利益——强加在这些游戏规则中。比如,曾经把最惠国待遇与人权挂钩就是把西方意识形态强加于经济游戏规则的典型事例。这是赤裸裸的硬性强加。另外还有很多隐形的软性的强加,比如附着在因现代化而改变的社会经济生活中的文化价值观和思维模式以及某些非普遍性的道德意识。在伊朗,巴列维国王的现代化最如火如荼的时期,也是美国的文化强加最高峰的时期,对此巴列维国王的双胞胎妹妹在《伊朗公主回忆录》中也说:"美国人搞出了一个奇怪的援助方式,即文化援助,具体地说就是要使这些国家的文化尽可能'美国化'。"当西方把自己的现代经济模式以"全球化"的名义推向世界时,必然把附着在经济基础上的意识形态和价值观推向世界。因此,非西方国家要做到既现代化又不西方化,殊非易事,进退之间,尺度很难把握。现实中很多非西方国家的现代化在很大程度上毋宁说就是西方化,在民众的普遍认识中,现代化即是西方化的代名词。

巴列维国王实行的现代化,完全照搬西方模式,并意欲一蹴而就。超速发展之下,表面上国家经济发达了,人民生活水平提高了(1972 年伊朗的人均国民收入列世界第9位,伊朗经济的超速发展在当时被称作奇迹),但实际上现代化过程中出现的一系列问题和矛盾根本无法解决。社会生活表面繁华的光环掩盖之下的实际上是混乱——社会秩序的混乱、人心的混乱。信仰失落,传统消亡,道德沦丧,整个社会色情泛滥,物欲横流,唯利是图,不惜采取坑蒙拐骗等一切卑劣手段暴敛横财,政府官员贪污腐败极其严重。倘若说传统文化的失落更多的是让伊朗文化人感到悲哀的话,那么社会道德的沦丧则使每一个有良知的伊朗人触目惊心。一个民族赖以立足于世的精神支柱濒于崩溃的边缘。这正是广大民众在享受着现代化带来的生活水平普遍提高的同时,也诅咒现代化的关键原因。当时的伊朗知识分子纷纷在自己的作品中谴责西方化带来的信仰沙漠化。

西敏·达内希瓦尔的丈夫、伊朗文坛领袖阿勒·阿赫玛德的思想转变,颇能代表伊朗相当大一部分知识分子的心路历程。阿勒·阿赫玛德先是信仰社会主义,是伊朗人民党的高层领导人,后来虽然退出人民党,但在退党之后的若干年内思想上仍倾向左翼。在这时期,阿勒·阿赫玛德在思想上是鄙视和嘲讽宗教愚昧的,这在他的小说集《走亲访友》(1946)、《我们的苦难》(1947)、《三弦琴》(1949)中有突出反映。伊朗社会主义运动失败之后,阿勒·阿赫玛德曾一度转向存在主义。从50年代后期起,阿勒·阿赫玛德转向对传统进行探索,重新认识到宗教的力量,在其最有影响的政论著作《西化瘟疫》(1962)中,在深刻剖析伊朗文化发生异化的根源的同时,阿勒·阿赫玛德明确认识到宗教阶层能够在抵制和消除西化瘟疫中起重要作用。1964年,阿勒·阿赫玛德拜访了宗教领袖霍梅尼,1966年又结识了著名的宗教学家夏里亚提,并与夏里亚提成为好友。1966年出版的朝觐游记《戒关微尘》显示出阿勒·阿赫玛德已经完成了思想上向伊斯兰传统的回归。在政论著作《知识分子的效忠与背叛》(1965年完成,1966年部分章节发表,1977年全书出版)中,阿勒·阿赫玛德更是明确提出知识分子阶层应当与宗教阶层结盟,反对巴列维政府的全面西化政策,用伊斯兰精神拯救伊朗,拯救伊朗文化。知识分子阶层普遍向伊斯兰精神的回归,有力地促进了伊斯兰复兴主义在伊朗的发展,并对伊斯兰革命的胜利起了十分重要的作用。

阿勒·阿赫玛德是伊朗知识分子阶层共同拥戴的领袖人物,具有非凡影响力。1969年9月8日,阿勒·阿赫玛德突然因心肌梗塞去世,人们猜测是被巴列维国王的情报机构"萨瓦克"特务所害。阿勒·阿赫玛德的突然去世增加了知识分子阶层与巴列维政府的敌对情绪。1977年,在伊斯兰革命的前夜,阿勒·阿赫玛德主张知识分子阶层应当与宗教阶层结盟的政论著作《知识分子的效忠与背叛》出版,对知识分子阶层在伊斯兰革命中站在宗教阶层一边起了重要作用。知识分子阶层是一个社会中最理性的阶层,伊朗知识分子阶层的"背叛",意味着巴列维政府已经彻底失掉民心,焉有不亡之理。

正是在丈夫阿勒·阿赫玛德的思想发生重大转变的时期,西敏·达内希瓦尔开始了小说《萨巫颂》的创作,并发表于其丈夫突然辞世前两个月。伉俪二人一直志同道合,琴瑟和谐,是伊朗知识界的楷模。《萨巫颂》堪称西敏·达内希瓦尔为其丈夫关于国家民族命运的政治思考而作出的杰出文学应和。一方面是小说故事的时代背景,1941年盟军进入伊朗,虽然是世界反法西斯战争的需要,但对于伊朗人民来说,却无异于遭遇外族入侵,国家主权被侵犯,因此在伊朗各地频繁发生武装或非武装抵抗盟军的行动,这在伊朗现代文学作品中多有反映。《萨巫颂》也不例外,对盟军进入伊朗持嘲讽抨击态度。这无关乎反法西斯战争的正义与否,而是关乎伊朗民族的尊严。小说男主人公优素福坚决不与盟军合作,一身铮铮傲骨,被视为伊朗民族的脊梁。从中,我们可以窥见伊朗民族极其强烈的自尊心。另一方面是小说创作的时代背景,它在国家全面西化、西方文化大举入侵、民族传统文化面临崩溃的时代,多方位展示了伊朗独特的民族性及其内在精神实质,并以小说男主人公优素福卓尔不群、宁折不弯的精神将这种独特的民族性彰显无遗,从而让人对伊朗国家民族应当何去何从产生深刻思考。因此,《萨巫颂》这部小说对于帮助我们了解伊朗民族的独特性之精髓所在,了解在当前错综复杂的国际局势中,面对西方的种种制裁与围剿,伊朗所表现出的强硬态度,不无裨益。

三

伊朗独特的民族性主要表现在三个方面:一是伊朗性,即雅利安性;二是伊斯兰教什叶派性;三是伊斯兰教苏非性。这三个方面的内涵都在《萨巫颂》中表现得十分充分。

首先是伊朗性,即雅利安性。在中东地区,只有伊朗是雅利安族,与属于闪族的阿拉伯和以色列在族源上迥异。大约在公元前2500年左右,生活在第聂伯河与乌拉尔草原之间地带的古雅利安人开始向西迁移,一部分一直向西进入欧洲地区,成为日尔曼人的祖先,另一部分进入中亚地区,被称为"印(度)伊(朗)雅利安人共同体"。大约在公元前1500年左右,"印伊雅利安人共同体"开始分道扬镳,一部分进入恒河流域地区,史称印度雅利安人;另一部分进入伊朗高原地区,史称伊朗雅利安人。"伊朗"一词即由"雅利安"一词变形而来,意为"雅利安人的集居地"。

伊朗雅利安人在伊朗高原很快就创造出了繁荣灿烂的文明,在公元前11世纪产生了人类历史上第一个自觉性的人创宗教——琐罗亚斯德教,即拜火教,我国也称"祆教"。公元前550年一代豪雄居鲁士大帝(?—前529年)建立了阿契美尼德王朝(前550—前331年),以琐罗亚斯德教为国教。该王朝是伊朗历史上最强盛的朝代之一,因居鲁士家族兴起于伊朗高原南部的法尔斯(即"波斯"一词的别样音译)地区,史书又称阿契美尼德王朝为波斯帝国。因此,"伊朗"与"波斯"这两个词的原始含义,从时间来说,"伊朗"一词的出现远远早于"波斯";从地理范畴来说,"伊朗"远远大于"波斯","波斯"(法尔斯)只是伊朗高原南部的一个地区;从种族来说,波斯人(法尔斯人)只是伊朗人的一个部族。正因为此,巴列维国王在1935年将国名由"波斯"改为"伊朗"。

阿契美尼德王朝在大流士一世时期(前521—前485年)达到极盛,相继征服了巴比伦、埃及、小亚细亚及爱琴海中的一些岛屿,地跨欧、亚、非三洲,成为当时世界上的最大帝国,也是世界上的第一个大帝国,大流士自称为"全部大陆的君主"。这时的伊朗文明高度发达:政治上,国家政权机构设置和管理运作十分成熟;文化艺术上,琐罗亚斯德教经书《阿维斯塔》汇集了雅利安人最古老的神话传说,是人类最早的诗歌总集之一,而被亚历山大烧毁的阿契美尼德王宫"波斯波利斯"的残垣断壁至今依然骄傲地炫耀着高超精湛的建筑和雕刻艺术;物质上,社会生活繁荣富足奢华,经济发达。希罗多德的《历史》

记载,公元前 480 年大流士的儿子薛西斯第三次远征希腊共聚集了海陆大军 260 多万人,战舰 1200 多艘,附属船只 3000 多只,从这些数字可以看出当时波斯帝国繁荣强大的程度。但是,近半个世纪的希波战争最后以波斯的失败和希腊的胜利而告终,迎来了希腊文化的黄金时期。现今的人们津津乐道于古希腊文明的繁荣,却很少知道比之更早的古波斯帝国的荣光。古波斯帝国的荣光并没有因阿契美尼德王朝的结束而淡然消失,在经历了相对比较平淡的安息王朝(前 247—224 年)之后,萨珊王朝(224—651)同样崛起于法尔斯地区,再现了古波斯帝国的荣光,再次建立起强大的帝国,史称"萨珊波斯帝国"。

《萨巫颂》故事的发生地正是在法尔斯地区,这里是曾经的波斯帝国的两度发源地,是伊朗民族雄踞于世的发祥地,也是伊朗民族精神的凝聚地。法尔斯地区南临波斯湾,1941 年盟军正是从这里进入伊朗。因此,当时法尔斯地区成为盟军与伊朗民族抵抗力量发生冲突的主要地方。在当下,这个地区依然是国际局势的焦点。西敏·达内希瓦尔选中这样一个地区作为小说故事的发生地,固然与这里是她生于斯长于斯的故乡密切相关,但更与这里特殊而深厚的伊朗文化积淀和底蕴密不可分。

小说所体现出来的伊朗性,除了上述故事发生地的内涵之外,最直观的是书中一些主要人物的名字,比如男女主人公的长子霍斯陆,是伊朗安息王朝和萨珊王朝数位杰出帝王的名字;侄子霍尔莫兹的名字,是琐罗亚斯德教神祇,是善界主神、尘世创造者,通往波斯湾的咽喉霍尔木兹海峡即以此为名;伊儿部落两兄弟鲁斯坦姆和苏赫拉布,是伊朗上古神话传说中著名的俩父子勇士的名字,"鲁斯坦姆与苏赫拉布"的故事在伊朗家喻户晓,老少皆知。该故事也是菲尔多西(940—1020 年)创作的史诗《列王纪》中的经典篇章。

小说对伊朗性比较深层的展示是伊朗的庄园主贵族经济。男主人公优素福的家族即是一个大庄园主,拥有庞大的领地,领地内的村庄村民山川都是庄园主的私人财产。村民只是庄园主的佃户,要给庄园主缴纳贡赋。大庄园主可以左右一个地区的地方经济。小说故事的冲突即是大庄园主优素福坚决不与盟军合作,不把粮食卖给急需粮食给养的盟军。伊朗的这种庄园主式的经济模式源自数千年帝国所建立起来的封建经济,是一种具有较强稳定性和凝聚力的农耕经济。这与阿拉伯地区以部落游牧经济为主体的模式迥然有别。小说对伊朗贵族阶层日常生活的描写,也可以让人品味出曾经的波斯帝国的底蕴与余晖,他们优裕地生活,豪迈地宴饮、狩猎、视察自己的领地村庄,武断地处置领地内的村民,也没落地抽鸦片打发时光。其中,小说对宴请沐浴的细节描写,尤其值得人玩味。著名的土耳其浴是在奥斯曼帝国时期由波斯传入。在土耳其的现代化进程中,土耳其浴逐渐沦为一种具有"他者"色彩的"旅游点"。然而,这种高级的"宴请沐浴"在二战时期的波斯本土尚是上层贵族日常生活享乐之一。从小说的这些细节描写,我们可以看到一幅波斯帝国的剪影。伊朗的这种封建庄园主贵族经济一直保持到20世纪60年代,在巴列维国王的白色工业革命浪潮中被逐渐摧毁。

小说对伊朗性最为深刻的揭示是"萨巫颂"本身。"萨巫颂"一词由伊朗上古时期的民族英雄萨巫什的名字变形而来。萨巫什是伊朗国王卡乌斯之子,因年轻貌美,受到父王之妃苏达贝的百般挑逗,但萨巫什不为所动,严词拒绝。苏达贝恼羞成怒,反告萨巫什调戏她。父王卡乌斯决定用伊朗古代跨火堆(一说是钻火圈)的巫术方式来作判决。萨巫什骑马越过熊熊燃烧的火堆(火圈),毫发未伤,证明了自己的清白。尽管如此,父子仍旧失和。萨巫什离开伊朗,暂避邻国图兰。图兰国王对伊朗王子萨巫什本十分敬重,一度厚待之,但终因听信谗言,杀害了萨巫什。由此,伊朗与图兰之间结下深仇大恨。"萨巫什的鲜血"作为一个专有名词,既是伊朗盛产的一种分泌血脂的龙血树的名字(这是以人及物),也被称为"血中郁金香"(伊朗传统细密画将之表现为"萨巫什跃火"),更是伊朗民族国恨家仇的代名词,积淀于伊朗传统文化中。纪念或悼念萨巫什的活动即为"萨巫颂",具有一定的巫术性质,曾十分盛行,是伊朗传统民俗文化的一部分,小说对此有比较详细的描述。巴列维国王在现代化改革中,打压宗教势力,禁止在阿舒拉日上演悼念在卡尔巴拉遇难的伊玛目侯赛因的宗教剧,"萨巫颂"活动也连带被禁掉了。这里值得注意的是,"萨巫颂"这个词本身所蕴含的极为强烈的"被迫害"色彩,因为萨巫什作为伊朗民族英雄的代表,不是战死,而是被害而亡,小说男主人公优素福的命运与之如出一辙。在漫长的历史积淀中,"被迫害"逐渐成为伊朗民族的一种集体潜意识。在盟军进入伊朗的背景下,西敏·达内希瓦尔以"萨巫颂"这样一个充满"被迫害"色彩、携带伊朗国恨家仇、极具伊朗民族性内涵的词语作为小说名字，并将其内涵作为贯穿小说的思想主旨，其深意不言而喻。从中，我们可以窥见伊朗在国际大政局中卓然不群与孤傲的由缘。

其次，是伊斯兰教什叶派性。公元 651 年，曾经不可一世的萨珊波斯帝国被阿拉伯伊斯兰大军所征服，从此伊朗成为伊斯兰世界中的一员。当时的实际情况是，伊朗的文明程度远远高于刚刚脱离蒙昧时期的阿拉伯文明，阿拉伯帝国在政治制度、社会生活、文化艺术等各方面都深受伊朗文明的影响。乃至，美国著名历史学家西提在其著作《阿拉伯通史》中说，阿拉伯帝国在各个方面完全波斯化，阿拉伯人自己的东西只有两样被保留下来："一是作为国语的阿拉伯语，一是作为国教的伊斯兰教。"伊朗伊斯兰化后，其自身的文明文化继续高度发展，伊朗中世纪的文学和细密画艺术是世界古典文学艺术中的瑰宝。因此，伊朗人往往认为是伊朗创造了繁荣灿烂的伊斯兰文化，而不是阿拉伯。这虽然有大伊朗主义之嫌，但伊朗为伊斯兰文明的繁荣作出了巨大的贡献，这是毫无疑问的。1300 多年的伊斯兰化历史，已经使伊斯兰文化成为现今伊朗的血脉。《萨巫颂》对伊朗民族的这种伊斯兰性也有比较显然的展示，比如男主人公优素福的父亲即是法尔斯地区位高名重的伊斯兰经学权威，女主人公扎丽的母亲一再上书，坚持要求女儿就读的英式学校开设《古兰经》和《伊斯兰法典》课程，等等。

但是，伊朗人在接受伊斯兰教的同时，也将伊斯兰教伊朗化。长期成熟的帝国封建制度使世袭与血统观念在伊朗人心中根深蒂固，因此将先知穆罕默德的堂弟及女婿阿里视为穆罕默德合法的继承人，并以阿里的后代子孙为伊玛目（精神领袖），形成与正统伊斯兰教迥然有别的崇拜体系，即什叶派（意即"党派"，指阿里党人）。什叶派信仰中融入了伊朗自身 1000 多年的琐罗亚斯德文化传统。尽管在萨法维王朝（1502—1735 年）建立之前，阿拉伯与突厥—蒙古系的统治者们皆信奉伊斯兰教逊尼派（意即传统派或曰正统派），什叶派一直处于被打压、被迫害的地位，但什叶派的信仰在伊朗民间积沙成堆，并最终在萨法维王朝时期建立起了以伊斯兰教什叶派为国教的宗教体系。由此，伊朗在教派上与阿拉伯世界信奉的逊尼派对峙。

因此，伊朗不仅在民族构成上是中东地区的少数派，而且在宗教信仰上也是中东地区的少数派。什叶派尤其崇奉在卡尔巴拉遇难的伊玛目侯赛因。侯赛因是阿里与穆罕默德之女法蒂玛所生的次子。680 年，为从篡位者亚兹德手中夺回哈里发职位，侯赛因带领家人和六十余人的支持者在卡尔巴拉与亚兹德军队的数千名骑兵展开血战，直至战死，头颅被割下。侯赛因的遗体连同后来归还的头颅一起被埋葬在卡尔巴拉。由此，卡尔巴拉成为什叶派最重要的圣地，卡尔巴拉惨案的祭日（阿舒拉日）也成为什叶派最重要的悼念日。侯赛因在明知寡不敌众的情况下，为信仰与正义而慷慨赴难的牺牲精神成为什叶派信仰的精神支柱。这使得什叶派"受迫害者的地位"和"牺牲精神"，与"萨巫什的鲜血"所蕴含的"被迫害"色彩密切融合，在伊朗民族的集体潜意识中不断被强化，一旦遇到外界的强压，这种潜意识就呈现为强大的反弹力量。这在《萨巫颂》中有淋漓尽致的抒写，比较显然的呈现是优素福的母亲以在卡尔巴拉做圣邻为归宿，其姐姐法蒂玛也渴望如此，但最深刻体现于优素福的遇难与出殡仪式。

再次，是伊斯兰教苏非性。苏非派是伊斯兰教内部衍生的一个神秘主义派别，其理论核心是"人主合一"，即人通过一定方式的修行（或外在的苦行修道或内在的沉思冥想），滤净自身的心性，修炼成纯洁的"完人"，在对真主的狂热爱恋中，达至"寂灭"，进而实现"人主合一"的至境，并在合一中获得永存。苏非派虽然兴起于阿拉伯，但在波斯得到发扬光大。苏非派的修道形式是一个个彼此独立的教团，教团的首领即长老，有"谢赫""巴巴""固特卜"等称谓。教团内，由长老传道，指导教徒修行。

一方面，苏非派在具体的修行实践中有不少极端方式，因而被视为异端，不断遭遇打压甚至绞杀，历史上不乏苏非教团的长老被处决绞杀、整个教团被取缔的事例。另一方面，苏非派的神秘主义理论具有强烈的形而上色彩与出世精神，契合了长期受异族统治、长期处于"被迫害"地位的伊朗民族的心理需求，因而在伊朗迅速发展。在 11—16 世纪长达五六百年的时间内，苏非思想成为伊朗社会的主导思想。16 世纪之后，因统治阶级的打压，苏非教团日益减少，但苏非神秘主义思想却在长期的发展中积淀为伊朗传统宗教文化的一部分，对伊朗民众尤其是知识分子阶层具有根深蒂固、潜移默化的影响。倘若说，什叶派慷慨赴难的牺牲精神铸就了伊朗民族的积极入世、宁折不弯的精神特质，那么苏非派形而上的出世哲学则使伊朗民族在牺牲精神的重负下能够旷达超然地舒展。二者相辅相成,构成了伊朗民族精神不可分割的两个方面,犹如儒家与道家思想在中国传统文化中的作用与影响。

当苏非神秘主义在波斯形成一股强大的思想潮流,对文学产生了巨大的影响。11 世纪之后的波斯诗人或多或少地都具有苏非思想,并且很多苏非长老都是著名的大诗人。宗教学者与诗人的双重身份使他们把诗人的天赋与苏非神秘主义思想密切融合,力求用自己的诗歌为广大信众传道授业解惑,用诗歌反映出自己对宇宙人生的最根本的认识,为此创造出了具有极高宗教价值、哲学价值、思想价值和文学价值的苏非神秘主义诗歌,使波斯诗歌的思想内容变得十分深广,成为世界古典文学中的瑰宝。这其中,颇具代表性的诗人是萨迪(1208—1292 年)和哈菲兹(1327—1390 年),二人都诞生在法尔斯省省会设拉子,该城市也因诞生了伊朗历史上两位伟大的诗人而被誉为"伊朗诗歌之乡"。萨迪以苏非游方僧的身份云游四方 30 年,看到了下层人民生活中太多的苦难和不幸,创作出了具有鲜明人道主义色彩和仁爱思想的作品《蔷薇园》和《果园》,及大量的抒情诗。萨迪结束云游回到故乡后,被尊称为"谢赫"。萨迪思想对伊朗文化的影响十分深远,被视为伊朗人民精神生活的导师。哈菲兹被誉为伊朗民族的情歌圣手,其抒情诗具有亦宗教亦世俗的双重审美意趣,对伊朗民众的影响极为深刻,《哈菲兹抒情诗集》是在伊朗发行量最多的诗集,其发行量仅次于《古兰经》,在伊朗民众的日常生活中常用作占卜。《萨巫颂》的故事发生地正是设拉子这座有着"伊朗诗歌之乡"美誉的城市,这座城市的文化底蕴也是小说频频涉及的内容之一。

苏非派不论其具体的修行实践还是形而上的理论均以"寻道"——寻求与真主(真理)结合之道——为旨归。不论是波斯中世纪的文学作品,还是伊朗现当代的文学作品,"寻道"意识都是萦绕不散的旋律。也可以说,正是长期积淀的"受迫害""被排斥""被打压"的潜意识,使得"寻道"成为伊朗民族的精神追求与出路。然而,"寻道"的历程不会一帆风顺,彷徨与迷惘是"寻道"过程中必然会遭遇的一种精神状态。如前所述,这种伴随着彷徨与迷惘的"寻道"意识在西敏·达内希瓦尔的作品中尤其显著,可谓其作品的主旋律。《萨巫颂》这部小说就可谓是作者的一次"寻道"之旅。小说中不仅多有苏非派专业术语出现,而且男女主人公相识之缘,正是优素福向少女扎丽询问去往一个苏非修道院的路如何走,这其中隐含了极为深刻的"寻道"象征寓意。那个修道院的长老"固特卜"的侄女是扎丽的同班同学兼好友。优素福的管家赛义德·穆罕默德是该修道院的达尔维希(即苏非修行者)。最后,优素福遇难之后,其哀悼诵经场所是在该苏非修道院,而非正统的清真寺,也就是说苏非修道院成为优素福执着"寻道"的灵魂的栖息地。

综上所述,我们可以看到,一方面,曾经雄踞一方的波斯帝国的优越感铸就了伊朗民族强烈的自尊自傲;另一方面,民族构成与宗教信仰上的"少数性"使"被迫害""被排斥""被打压"的潜意识深入伊朗民族的骨髓。二者相辅相成,从另一个层面构成了伊朗民族精神的双重性。由此,我们可以理解,在当下当美国以反恐的名义派兵进驻阿富汗邻国而被进驻国因国际大局势所趋而无可奈何地接受,而当年盟军因反法西斯战争的需要而进驻伊朗,却遭遇伊朗民族的强烈抵抗。进一步,我们可以理解,在当前国际政局中的伊朗,为何与西方所代表的所谓"国际社会"格格不入。

因此,伊朗是世界上独一无二的拥有两套文化传统的国家:一是琐罗亚斯德教文化传统,这是伊朗的根;二是伊斯兰教文化传统,这是伊朗的血脉。二者都曾有过繁荣发达的辉煌,这既是伊朗引以为骄傲的资本,也是伊朗这个文明古国在现代化的进程中,在传统与现代之间进退失据、陷入彷徨迷惘的缘由。现今的伊朗若弘扬琐罗亚斯德教的文化传统和古波斯帝国的荣光,其伊斯兰文化的血脉就会被压抑。血脉不通,人会死国会亡。巴列维王朝时期的伊朗就是一个例证。但若强调了其伊斯兰文化的荣光和传统,那么其雅利安人的属性和古波斯帝国的辉煌就被屏蔽,伊朗文明之根便在被屏蔽中迷失。乃至,现今的伊朗被无数人误认为是阿拉伯世界中的一员,这是最令伊朗人头痛的误解。对伊朗独特的民族性的认识,可以用伊朗女律师席琳·伊巴迪在2003年获得诺贝尔和平奖的受奖演说来总结,她骄傲地说:"我是伊朗人,居鲁士大帝的后代。"同时又表白:"我是一位穆斯林。"完整完美地表达了伊朗民族具有双重身份的独特民族性。《萨巫颂》这部小说对伊朗民族的这种双重性从多个层面作了完整完美的书写,因而成为伊朗现代文学中的经典之作。

(本文为译著《萨巫颂》的译者前言,重庆出版社 2012 年版)

《菩提树》:伊朗现代历史进程中的
双重"物崇拜"隐喻

　　《菩提树》(*Dirakht-i-Anjīr-i-Ma'ābid*)是伊朗老作家阿赫玛德·马赫穆德(AhmadMahmud,1931—2002年)创作生涯的最后结晶,出版于2000年,分上下两册,共计1038页。小说出版后,赢得官方与非官方一致好评,获得2001年度伊朗小说最高奖"古尔希里小说奖"。伊朗评论家们对这部小说更是青睐有加,认为"《菩提树》以独特的氛围和题材出现,处在现实主义和现代主义的对立统一中,是对伊朗文学的再次挑战"①。"《菩提树》从故事时间之中间部分开始,打乱了事件的逻辑顺序……在打破时间界限的同时,导致现实主义叙事走向超验主义和超现实主义,体现出作者天才般的创造力"②。的确,整部小说在过去与现在的时空中自如地来往穿梭,人物繁多,故事线索多头并进,就如同那菩提树枝叶繁茂又盘根错节,整部小说极具张力,界碑一般卓然屹立在伊朗新旧世纪文学更替之间。

一、反宗教狂热视角下的"物崇拜"隐喻

　　小说名为"菩提树",小说的主要故事情节都围绕这棵树展开。150多年

①　Homule,Soraya Davudi.Review and Analysis of The Banyan,the Novel of Ahmad Mahmud. *The Art of New Literary Text*.Tehran:Farhangī Press,2014,p.18.

②　Moghaddam,Safiyah Tavakkoli.Structural Analysis of Time in The Banyan Based on Gennetes Theory.*The Art of Literature* 2,2017,p.17.

前,这棵菩提树由一个外乡人从印度西孟加拉邦带来,种植在城市中央葱茏的园林中。这棵树本来就是一棵普普通通的榕树而已,树干长得歪斜扭曲,一天得不到灌溉就会枯萎,还从不结果。然而,在 150 年的漫长历史中,这棵树疯狂地生长,根系抵达整个城市的犄角旮旯,牢牢地掌控着整座城市的根基;其树冠覆盖广袤的天空,扮演着城市庇护人的角色,似乎要把整座城市都置于自己的庇护之下;同时,来自民间的种种神秘传闻,逐渐给菩提树笼罩上神圣的光环,使之成为当地民俗文化中的圣树,具有灵性,全城百姓对之顶礼膜拜。人们为了治病,为了解决生活中的各种困扰,为了解决工作中的各种难题,为了升官发财,如此等等,对之顶礼膜拜,在树周围点上蜡烛,施舍钱财,许愿,把自己的痛苦与祈愿用铁链绑在树身上。人们的迷信,一代一代给这棵菩提树编织着具有神话色彩的故事,人们盲目而狂热地崇拜这棵树,没有人敢对这棵树的神性提出任何质疑。

雅利安人都普遍有树神崇拜习俗,尤其崇拜根系发达、阔叶高大的榕树、橡树等。① 对菩提树的崇拜,更是印度雅利安人的重要民间习俗。中国受来自印度的佛教文化影响很深,这种树崇拜现象在中国寺庙里也司空见惯。按照惯常的说法:信仰源于崇拜,崇拜源于权威,权威源于恐惧,恐惧源于未知。因此,从惯常的眼光来看,这样的树崇拜其实就是一种宗教迷信。恩格斯在《反杜林论》中说:"一切宗教都不过是支配着人们日常生活的外部力量在人们头脑中的幻想的反映,在这种反映中,人间的力量采取了超人间的力量的形式。"②恩格斯的话虽然是在解释宗教的性质,但同时也说明宗教是一种"支配着人们日常生活的外部力量",因此我们应当理解宗教对社会文化所起的作用。小说中,菩提树俨然成为一种掌控整座城市的权威,而权威的树立则是靠权力的操纵。面对权威,谁也不敢说亵渎玷污这棵圣树的话,谁也不敢迈步走出这棵树的生长范围。因此,从反宗教狂热的视角来看,这部小说反映了宗教迷信与权力角逐之间的张力。

整部小说故事正是围绕着对这棵树的迷信而展开权力角逐。小说核心故

---

① J.G.弗雷泽:《金枝》上册,汪培基、徐育新、张泽石译,商务印书馆 2013 年版,第 190、270 页。

② 《马克思恩格斯文集》第 9 卷,人民出版社 2009 年版,第 333 页。

事之一是五代养树人与菩提树之间的依附关系。五代养树人实际上就是这棵树的园丁,表面上担负起了这棵树的养护责任,实际上是借这棵树在当地积聚自己的权势。第一代养树人最具幻想,编造了第一个神话。这个神话一代一代传下去,并且不断被添枝加叶。正如小说中人物沙布哈希(菩提树的旧主人)在家族墓地对自己悲伤的妻子说:"你要小心养树人,人们认可他的神圣性,也就是说,认可菩提树是神树。没错,他就是一个园丁而已,但他是我的菩提树的养树人。去他娘的!我这棵菩提树不结果,但有着各种各样的传说让老百姓深信不疑。并且,这种迷信越来越深沉。它不再如同其他树一样!现在,已经变成了人们迷信和权势的象征。因此,你应当认可养树人的神性,也认可这棵树的神性。"①传到第五代养树人哈梅德,他把编造的神话镌刻在青铜板上,成为不容置疑的"圣迹"记录在册,安置在朝拜地的入口,让膜拜者们满怀虔诚地诵读,从而使自己的家族在当地成为神性的代表,并利用人们对菩提树的迷信和大量施舍而敛聚钱财和权势。

阿扎尔帕德家族的故事是整部小说最核心的内容。这个家族的第一代伊斯凡迪亚尔·阿扎尔帕德实际上是第一个将这棵树的神话权威化的人。作为当地大土地主,他从沙布哈希手中买下了这棵树及其周围六万平方米的土地,想为妻子儿女建造一座带有亭子的园林。亭子的设计位置刚好在这棵树旁,他打算砍掉这棵树,让建造亭子的地面更加开阔。由此形成养树人一家与阿扎尔帕德家族之间的权力争夺。养树人一家煽动当地迷信这棵树的百姓,纷纷前来护树,阻止砍伐这棵树。砍树与护树双方对峙,相持不下。这时,伊斯凡迪亚尔十分机敏地捕捉到当地百姓迷信这棵树的利用价值,于是改变主意,把亭子建在园林别处,并用铁栅栏把树围起来,将树周围五百平方米的土地捐赠给这棵树,作为人们的膜拜场所,并签署了具有法律效应的捐赠书。还专门雇佣养树人一家继续做这棵树的园丁。由此,这棵树的神性得到正式确立。由此,养树人一家与阿扎尔帕德家族实现了利益共赢,权力共享。对这棵树的膜拜成为当地人的风俗礼仪,并且越来越盛大隆重。阿扎尔帕德家族作为这棵树的监护人,由此在城市中获得越来越大的主宰权力,有十年时间享足了荣

---

① Ahmad Mahmud, *Dirakht-i-Anjīr-i-Ma'ābid*. Tehran: Intishārāt-i-Mu'īn, 2000, p.90.

华富贵。

阿扎尔帕德家的园林设计师梅赫朗,不择手段地采用阴谋诡计,巧取豪夺了阿扎尔帕德家的所有家产及其园林的所有权,想在园林中建造一座现代化的宫殿,其设计也是需要砍掉菩提树。当他面对固执狂热、无法战胜的膜拜者们,他同样选择利用这棵树,利用百姓对这棵树的膜拜。他让树留在原处,还为之建造了公共饮水喷泉,重新整修礼拜地,设置专门的灯台,把整个礼拜地整修得富丽堂皇,成为"菩提树城"。梅赫朗本人也以"菩提树城"建造者之名,在当地权倾一时。

养树人一家、树的主人阿扎尔帕德一家及其园林设计师之间利用人们对这棵菩提树的迷信而展开疯狂的权力角逐。迷信与欲望,欲望与权力,权力与迷信,两两之间既相互支撑、相互交织,又相互对抗。家破人亡的阿扎尔帕德家族长子法罗玛尔兹在销声匿迹若干年后,以苏非苦行僧(宗教导师)的身份出现,利用人们对菩提树的迷信与崇拜,号召人们起义。最终,"菩提树城"在大火中化为灰烬。

从反宗教狂热的角度来看,小说全面展示了宗教作为人内心信仰一步步"物化"的过程。卢卡奇在 1922 年出版的《历史与阶级意识》中说:所谓的"物化",就是指"人自己的活动,人自己的劳动,作为某种客观的东西,某种不依赖于人的东西,某种通过异于人的自律性来控制人的东西,同人相对立。更确切地说,这种情况既发生在客观方面,也发生在主观方面"。[①] 宗教学家史密斯认为:"物化就是在观念中将宗教炮制成一种物体,并逐步地将它构想为一种客观的、体系性的实体。"[②]因此,宗教信仰的"物化"主要指原本存在于人内心中的宗教观念和相应的精神信仰被错误地当成了外在的客观存在,并且随着时间的推移,它又在历史中沉淀下来,成为下一代人信仰发生的处境。

阿扎尔帕德家族的姑妈塔姬,是一位受过良好西式教育的知识分子,置身于这种累积沉淀在当地民俗文化中的"物化"宗教的熏陶中,居然也相信这棵

---

① 卢卡奇:《历史与阶级意识:关于马克思主义辩证法的研究》,杜章智等译,商务印书馆 2009 年版,第 150 页。

② Smith, Wilfred Cantwell. *The Meaning and End of Religion: A New Approach to the Religious Traditions of Mankind.* New York: Macmillian, 1963, p.51.

树的奇迹与神力:"塔姬·莫鲁克,星期二下午去朝拜菩提树,施舍许愿。她插好蜡烛,将几张纸币扔进许愿箱,然后战战兢兢地站在朝拜这棵东方神树的祈求队伍中。先是凝重地读青铜板、哭泣,然后点燃蜡烛,又点了两炷香,祈求:请让法罗玛尔兹在高考中如愿进入医学院吧。祈求:指引他上正路吧。静静地流下眼泪,说:满足我的祈求吧!赐予满足吧,东方神树啊,慷慨大方之主!我希望法罗玛尔兹能成名,能重新光耀伊斯凡迪亚尔汗的声名!满足我的祈求吧。我将施舍两头羊给饥饿者,还捐赠一枚三梅斯噶尔重的金环给你自己。赐予满足吧,赐予满足吧……"①因此,从宗教伦理的视角来说,物化的宗教实际上呈现的是人的有限性,是人在社会中缓解精神压力和负担的凭借,因为"人借以保持其存在的力量是有限的,而且无限地为外部原因的力量所超过"。②

小说这里格外强调"东方神树",似乎强调东方的宗教文化传统。一方面,东方的宗教文化传统被一步步"物化"为宗教迷信。在世界历史从古代向现代转型的发展进程中,这种"物化"的宗教迷信往往成为民众接受现代思想的障碍,而民众的愚昧与迷信,正是统治阶级掌握民众的重要途径,也是东方专制主义的基石。《菩提树》是一个关于树和人的故事,更是一个关于迷信与权力的故事。伊斯凡迪亚尔、法罗玛尔兹、梅赫朗、养树人,他们这些人自己并不相信这棵树的神性,却拼命为树的神性添油加醋,充分利用这棵树,愚弄百姓,获得权势,成为全城百姓的统治者。而普通百姓缺乏清醒的理性认知,盲目跟随,迷信而崇拜,认为树能给自己带来好运,能够满足自己的一切祈求。

迷信的对象是靠权力话语塑造出来的,因此迷信本身即是一种权力关系的建构,由权力建构而形成的迷信模式,无法不服从整个权力结构。因此,塑造迷信的背后实际上是权力角逐。正如第四代养树人对儿子哈梅德所言:"你若拥有它的神性就拥有无边的权力,能够让帝王将相也顺从。"③由此,在权力话语的建构下,对树的迷信崇拜成为当地一种根深蒂固的民俗信仰;同时,民众的迷信反过来又支撑了权力的上升,即话语操纵者通过神灵崇拜来强

---

① Ahmad Mahmud, *Dirakht-i-Anjīr-i-Ma'ābid*. Tehran: Intishārāt-i-Mu'īn, 2000, p.210-211.

② 斯宾诺莎:《伦理学》,贺麟译,商务印书馆 2017 年版,第 173 页。

③ Ahmad Mahmud, *Dirakht-i-Anjīr-i-Ma'ābid*. Tehran: Intishārāt-i-Mu'īn, 2000, p.337.

化人们对政治权威的认同。

故事发展的核心时间是 1966—1976 年,这十年既是伊朗全面西化的十年,也是伊斯兰复兴主义在伊朗得到迅猛发展的十年,乃至于 1978 年开始爆发伊斯兰革命,1979 年推翻巴列维王朝,建立伊朗伊斯兰共和国。联系到小说出版的时间 2000 年,这时伊朗伊斯兰革命已经过去了 20 多年,宗教革命的狂热已经过去,理性的反思开始抬头。1997 年 8 月,哈塔米就任伊朗总统,力主变革,成为伊朗改革派的代表人物。之前许多宗教方面的极端做法得到改变。因此,从反宗教狂热的视角来看,这部小说描述了宗教狂热使社会民众内心信仰的"物化"过程,揭示了宗教狂热背后实际上是政治权力的角逐。因此,可以说,《菩提树》这部小说是伊朗老一辈作家对当下伊朗国家民族命运的反思与探索。

二、反全盘西化视角下的"物崇拜"隐喻

然而,倘若我们换一个视角,我们会从小说中看到完全不同的一种社会伦理。伊朗是一个伊斯兰教国家,伊斯兰教反对物崇拜,这种隆重而盛大的树崇拜根本就不可能发生在伊朗。那么,作者为什么会写这样一个根本不可能发生在伊朗的庞大故事,为什么这部小说赢得官方与非官方的一致好评,并获得 2001 年度伊朗小说最高奖"古尔希里小说奖"？

阿赫玛德·马赫穆德是伊朗现当代最杰出的作家之一,出生于南部大城市阿瓦士,是伊朗南方文学的重要代表人物。1953 年巴列维国王与美国勾结发动"八月政变"时,阿赫玛德·马赫穆德因参加左翼政治运动而被捕入狱。在狱中,阿赫玛德·马赫穆德拒不写悔过书,坚决不向巴列维政权低头,因此被关押了很长时间,由此落下严重的肺病,折磨了他一生,并最终夺走了他的生命。阿赫玛德·马赫穆德的一生都是反巴列维政权、反巴列维国王的全盘西化政策的,这在他各个时期的小说中有显著反映。

《菩提树》从大土地主伊斯凡迪亚尔·阿扎尔帕德购买菩提树及其周围六万平方米的土地开始,到整个"菩提树城"燃起熊熊大火结束,描写了一座

城市、一个家族在半个世纪中的兴衰,故事尤其集中在 1966—1976 年的十年间。小说描写的半个世纪的时间正好是巴列维王朝(1925—1979)统治伊朗的五十余年的时间,而 1966—1976 年则是伊朗经济最疯狂发展的十年,也是人们最迷惘彷徨的十年。

小说以浓墨重彩描绘了人们对树的"物崇拜"。很显然,"树"在小说中仅仅只是一个象征,而非实指,与佛教文化中的菩提树崇拜并无任何实质关联。那么,"菩提树"所喻指的"物崇拜"究竟隐喻什么呢? 在伊斯兰语境中,现代西方物质主义和实用主义才是真正的"物崇拜"。巴基斯坦著名诗人兼哲学家穆罕默德·伊克巴尔(1877—1938 年)对西方文化有很深的了解,并在伦敦获得博士学位,他认为西方虽然推动进步,却抛弃了延续性,西方的世俗个人主义使西方成为偶像崇拜而隐含邪恶。结果,西方最后会自我摧毁。[①] 在西方极度物欲主义的掌控下,现代人类的贪欲已经违背了自然法则。甘地(1869—1948 年)曾对人类的贪欲敲过警钟:地球足够所有人的需求,却不够少数人的贪婪。[②]

小说《菩提树》始终没有明确点出故事发生的城市的名字,但根据具体细节描写可以推断是伊朗南部重镇、作家的家乡阿瓦士。阿瓦士是伊朗南部最重要的港口城市,坐落在伊朗最大河流卡伦河畔。在巴列维王朝时期,该城市十分繁华,风光旖旎的卡伦河让这座城市成为伊朗的"国际都市",到处是灯红酒绿的酒吧,有波斯湾的"巴黎"之称,也是巴列维国王着意打造的所谓"现代化示范城市"。菩提树于 150 年前由一个外邦人从印度西孟加拉邦带来,似乎来自"东方",然而如果我们考察英帝国对印度的殖民史就会发现,当年英帝国正是从孟加拉地区打破印度国门进而实现对整个印度的殖民。这其中的隐含喻意使我们看到,伊朗在 20 世纪现代化进程中,实质上的全盘西化使物欲崇拜犹如菩提树的疯狂生长,成为掌控伊朗社会的新殖民手段。

1925 年,巴列维王朝建立之后,第一代国王礼萨王"决心使波斯'西方化',把它推进到 20 世纪去,因为他看到了西方一派生机、繁荣和强大"[③]。礼

---

① 凯伦·阿姆斯壮:《伊斯兰》,林宗宪译,左岸文化出版社 2003 年版,第 222 页。
② 梵当娜·施瓦、戴维·巴萨明:《单向度的全球化思想》,《读书》2002 年第 12 期。
③ 阿什拉芙·巴列维:《伊朗公主回忆录》,许博译,新华出版社 1984 年版,第 24 页。

萨王全面师法西方(主要是法国和德国),开始了经济和社会领域的大力度改革,礼萨王的改革使伊朗社会发生了巨大的变化,使伊朗基本上成为一个世俗主义的国家,人们的生活方式在一定程度上西化。1941 年,第二代巴列维国王穆罕默德·礼萨·巴列维(我国学界称之为巴列维国王)登基。由于巴列维国王完全是英美势力扶植起来的,因此采取的是亲英美的政策。盟军的军事占领,促使了伊朗社会的进一步西化。"这座城市(指德黑兰——笔者注)的生活步调加快了。我们生活在外国语言、外国音乐、外国习惯和外国观念的包围之中。"①由于石油收入的迅速增长,伊朗经济飞速发展。雄心勃勃的巴列维国王推出十年(1963—1972 年)发展规划,欲"把伊朗建成独具特色、君主专制政体的资本主义发达国家"②。该规划即著名的"白色革命"。"白色革命"的内容是多方面的,其中最主要的就是农业现代化和工业现代化。伊朗的支柱工业是石油化工,20 世纪 60—70 年代伊朗的石油产量迅速提高,而巴列维国王利用中东战争期间中东地区石油减产而抬高伊朗的石油价格,使伊朗的石油美元滚滚而来,为伊朗经济的全面现代化提供了充足的资金保证。20 世纪 60—70 年代伊朗经济的近乎疯狂的飞速发展在当时是世界上的奇迹。巴列维国王的"白色革命"使伊朗社会发生了根本性的质的变化,使伊朗成为一个发展迅速的资本主义国家。

伊朗在经济上全面实现现代化的同时,在社会生活和文化思想方面也走向全面西化。实际上,巴列维国王严重低估了西方文化对伊朗的强力渗透。对此伊朗公主也说:"美国人搞出了一个奇怪的援助方式,即文化援助,具体地说就是要使这些国家的文化尽可能'美国化'。"③一时间,西方的文化艺术、价值观念、生活方式如同疯狂生长的菩提树的根系一样很快掌控了古老的东方城市根基,对西方的迷信与崇拜渗透在大街小巷。正如小说中法罗玛尔兹在号召民众起义时所说:"我还有什么可以对你们说的呢?……你们自己也看到了,他们怎样肆无忌惮地拿起斧头,把我们的'信仰'从根砍断!然而,另一种信仰又带给我们什么可以让我们说我们还活着?我们还有什么可以让

① 阿什拉芙·巴列维:《伊朗公主回忆录》,许博译,新华出版社 1984 年版,第 47 页。
② 王新中、冀开运:《中东国家通史·伊朗卷》,商务印书馆 2002 年版,第 308 页。
③ 阿什拉芙·巴列维:《伊朗公主回忆录》,许博译,新华出版社 1984 年版,第 88 页。

我们说我们还是我们?"①一方面是西方价值观对人们思想意识的掌控,另一方面是人们就像崇拜菩提树的神性一样崇拜西方文化,沉浸在因经济高速发展而带来的种种物质享受中。然而,超速发展之下,表面上国家经济发达了,人民生活水平提高了,但实质上改革过程中出现的一系列问题和矛盾根本无法得到解决。社会生活表面繁华的光环掩盖之下的实际上是混乱——社会秩序的混乱,人心的混乱。精神信仰失落,传统消亡,道德沦丧,整个社会色情泛滥,物欲横流,唯利是图,不惜采取坑蒙拐骗等一切卑劣手段暴敛横财,政府官员贪污腐败极其严重,社会道德的沦丧则使每一个有良知的伊朗人触目惊心。因此,巴列维国王太过飞速发展的计划,使其无法从容而有效地解决和处理现代化过程中在社会、经济、政治方面所出现的种种问题,导致社会伦理完全崩溃,乃至伊朗宗教阶层"把所有现代化措施看作是牺牲老的价值观去换取颓废和不信真主的西方国家的那些东西"②,结果是巴列维国王无论如何也想不到的——伊朗社会在飞速全盘西化的同时,也使巴列维王朝飞速地走向灭亡。

小说中,阿扎尔帕德家的园林设计师梅赫朗,不择手段窃取钱财,巧取豪夺,卑鄙到没有底线。他先是通过大献殷勤,成功俘获了女主人阿芙桑内——伊斯凡迪亚尔·阿扎尔帕德的妻子的爱情。伊斯凡迪亚尔得知妻子与梅赫朗的私情之后,经受不住打击,暴病而亡。阿芙桑内在仅为亡夫守孝两个月之后,就迫不及待地嫁给了梅赫朗,令孩子们震惊和强烈反对,由此引发一系列的家庭矛盾和冲突,该家族本来的财产继承者长子法罗玛尔兹更是与梅赫朗水火不容。梅赫朗用尽心机,诱使阿芙桑内染上了鸦片烟瘾并沉溺其中,无心于打理家族财产,梅赫朗由此一步步侵吞了阿扎尔帕德家的财产。最终,法罗玛尔兹忍无可忍,意图枪杀躺在鸦片烟炕上的梅赫朗,子弹没有击中梅赫朗,却打伤了躺在旁边的母亲阿芙桑内。法罗玛尔兹因此入狱,被监禁三个月。阿芙桑内不堪这一连串的打击,突发脑中风死亡。梅赫朗买通狱卒,诱使法罗玛尔兹染上鸦片烟瘾。法罗玛尔兹出狱之后,因鸦片烟瘾深沉而完全受制于梅赫朗,完全沉溺于鸦片烟中,自我麻醉。但是,梅赫朗仍不满足,再设圈套,

---

① Ahmad Mahmud, *Dirakht-i-Anjīr-i-Ma'ābid*. Tehran: Intishārāt-i-Mu'īn, 2000, p.1036.

② 阿什拉芙·巴列维:《伊朗公主回忆录》,许博译,新华出版社 1984 年版,第 186 页。

让法罗玛尔兹因贩卖毒品而再次入狱。法罗玛尔兹再次出狱之后,数年内销声匿迹,乃至人们纷纷传说他已经死亡。阿扎尔帕德家族到此彻底分崩离析,梅赫朗侵吞了阿扎尔帕德家的所有财产,打造了他的"菩提树城"——一座"欲望之城",而梅赫朗则成为"欲望之城"的国王,拥有至上的权力。这座由物质欲望建筑起来的"菩提树城"的背后实际上是社会伦理道德的完全崩溃。

法罗玛尔兹销声匿迹之后,其实并没有死亡,而是在想方设法对梅赫朗实施报复。他知道要报复梅赫朗,必须获得权势,而在那个时代必须有钱财才能获得权势。因此,他在一段时间里冒充卫生部官员,敲诈勒索咖啡馆和餐馆的老板。败露之后,他又想抢银行或是抢走私物品仓库,一心想弄到一大笔钱。之后,他读了几本医学书,改名换姓,冒充内科医生,开了一家私人诊所,结果当然只能是草菅人命。

小说反映了当时伊朗社会在全盘西化进程中的一片乱象,整个社会充满了强烈的物质欲望;为了财富,可以不择手段地掠夺;为了金钱,可以到处坑蒙拐骗,甚至抢劫。正如斯宾诺莎所言:"从善恶的真知识所发生的欲望,可以为许多别的由刺激我们的情感而发生的欲望所压制或克制……刺激我们的情感愈强烈,则所发生的欲望亦愈强烈。因此这种欲望之力量的大小,增长的限度,必为外在原因的力量所决定。"①巴列维王朝时期,正是西方物欲崇拜这只强大的操盘手在操纵着伊朗社会及该社会中的每一个人。

倘若我们从"反全盘西化"的视角出发,可以看到小说描写了伊朗巴列维王朝时期在全盘西化进程中,社会伦理全面崩溃,社会道德完全失范。女主人阿芙桑内以在骑马俱乐部学骑马作为向他人炫耀的所谓西方贵族生活模式,并在所谓的性解放驱动下,先是与教练查斯布出轨,后又与园林设计师梅赫朗私通,完全置伦理道德于不顾,这是导致整个家族覆灭的最初起因。小说故事情节在崇拜西方价值观、迷恋西方生活方式中展开,那座"欧洲式的凉亭"②矗立其中的庞大园林从小说一开始就展现在读者面前,可谓是大土地主阿扎尔帕德家族物质奢华生活的集中体现。小说在西方价值观所支撑的"物崇拜"

---

① 斯宾诺莎:《伦理学》,贺麟译,商务印书馆 2017 年版,第 181 页。

② Ahmad Mahmud. *Dirakht-i-Anjīr-i-Ma'ābid*. Tehran: Intishārāt-i-Mu'īn, 2000, p.10.

与权力角逐之间形成强大的张力,体现出作者对西方极度物欲主义的反思。针对西方世俗主义的享乐至上,阿维夏伊·玛格里特和伊恩·伯鲁马在《西方主义》一文中说:"没有什么文明间的冲突。大多数宗教,尤其是一神教,都容易滋生出反西方的毒素。"①亨廷顿也认识到发生在伊斯兰世界的广泛的宗教复兴"并非拒绝现代性,而是拒绝西方,以及与西方相关的世俗的、相对主义的、颓废的文化"②。正如巴基斯坦著名诗人伊克巴尔所言:西方虽然推动进步,却最后会自我摧毁。③ 毋庸置疑,西方现代工业文明的确对人类现代文明的进步起到了非常大的推动作用,然而西方现代工业文明的种种弊端在当下也完全凸显。因此,西方文明的发展方向会不会把人类引进死胡同? 人类社会的发展在物质欲望的操控下,是否会如同伊朗巴列维国王的全盘西化一样——飞速发展的结果却是飞速走向灭亡? 因此,在西方物欲主义主导下的现代文明的发展方向越来越受到广泛质疑的今天,我们的确应该换一种思考。

小说最后,法罗玛尔兹在多年销声匿迹期间,意图复仇,用尽各种下三烂手段却未能遂愿,最终以苦行僧——宗教导师身份返回家乡,鼓动民众起来反对梅赫朗,烧毁了梅赫朗建造的"菩提树之城"——这座充满邪恶的"欲望之城"。因此,法罗玛尔兹最终是依靠宗教的力量实现了复仇的夙愿,正如彼得·贝格尔所言:"宗教在历史上既表现为维系世界的力量,又表现为动摇世界的力量。"④骚乱中,梅赫朗与歪斜、扭曲、无果的菩提树一起葬身火海,彻底毁灭。这最后的"火",同样具有强烈的象征隐喻,乃是一种宗教之火,是末日审判之火,是对罪恶的惩罚——既针对宗教狂热(伪信者),也针对西方物欲主义。《古兰经》有言:"伪信者必坠入火狱的最下层"(4∶145)。《旧约·出埃及记》也讲到,摩西将以色列人铸造的金牛犊——拜物教的象征——用火焚毁(32∶20)。

宗教的作用和影响与现实社会的生存和发展密切关联。伊朗是一个宗教

---

① 阿维夏伊·玛格里特、伊恩·伯鲁马:《"西方主义"》,张和龙译,《国外文学》2002年第2期。

② 塞缪尔·亨廷顿:《文明的冲突与世界秩序的重建》,新华出版社1998年版,第101页。

③ 凯伦·阿姆斯壮:《伊斯兰》,林宗宪译,左岸文化出版2003年版,第222页。

④ 彼得·贝格尔:《神圣的帷幕——宗教社会学理论之要素》,高师宁译,上海人民出版社1991年版,第120页。

意识形态(先是琐罗亚斯德教,后是伊斯兰教)浓厚的国家,几千年来宗教伦理道德一直是伊朗社会的支撑。在 20 世纪的现代化进程中,尤其是在巴列维国王时期的全盘西化政策主导下,传统的宗教信仰没落。在传统宗教信仰没落的地方,往往会兴起一种"物化宗教",取代没落信仰的地位。正如宗教学家史密斯所说:"现如今在某种程度上人们却已沦为一种寓身凡尘的类属性宗教的受害者或被造物。"①因此,不论是极端的宗教迷狂还是西方物欲主义价值观席卷一切,虽然表征各异,却实质同一,皆是传统的、内在的宗教信仰没落的产物。小说在社会伦理与迷狂者的个人行动之间、"物崇拜"象征和社会权力之间,构成相当深度的双重契合。

因此,《菩提树》这部作品显示出作家阿赫玛德·马赫穆德非凡的胆略和远见卓识,试图探索伊朗社会在现代历史进程中的变迁逻辑,既是对宗教狂热的反思,同时也是对巴列维王朝时期全盘西化的反思,双重视角,相辅相成,构成一部二重奏。像伊朗这样宗教文化传统悠久而深厚的东方文明古国,在现代化进程中,在传统与现代之间,如何取舍,如何进退,如何既现代化又不西方化,如何既保持传统宗教文化的生命力,又不陷入宗教狂热,这的确是一道十分复杂的命题。小说表现出作家对伊朗现实政治和人类命运的深度关怀与观照。

(本文原载《外国文学研究》2019 年第 1 期,人大复印报刊资料中心《外国文学研究》2019 年第 8 期全文转载)

---

① Smith,Wilfred Cantwell.*The Meaning and End of Religion:A New Approach to the Religious Traditions of Mankind.*New York:Macmillian,1963,pp.242-243.

《瞎猫头鹰》:希望与绝望的交响曲

　　《瞎猫头鹰》是伊朗现代著名作家萨迪克·赫达亚特(Ṣādiq Hidāyat 1903—1951 年)的代表作,在伊朗现代文学史上具有崇高地位,是伊朗跻身世界经典现代派小说之列的少数作品之一,也是学界对之研究最多的一部伊朗小说。因该小说至今在伊朗一直被列为禁书(其间有短暂开禁,但很快又复禁),伊朗学界多以批判的眼光来审视这部小说,视点多落在小说荒诞悲观的色彩上,并将之与赫达亚特本人的悲观厌世联系在一起,认为这是一部悲观颓废有毒的小说。西方学界与中国学界更多地看到了该小说作为 20 世纪现代文学对"异化主题"的深刻揭示,认为这是一部卡夫卡式的经典作品,在分析论述时侧重于其所受西方现代派文学的影响,对作品中蕴涵的伊朗琐罗亚斯德教传统文化因子分析不足。本文即尝试在这一方面有所突破。

　　《瞎猫头鹰》内容荒诞离奇,笼罩在神秘的迷雾中。整部小说分为上下两部分,上半部讲述了一个似梦非梦的故事:"我"是一位画工,每天的工作就是在笔筒上画一位美丽的少女,"我"叔父把这些笔筒带到印度去贩卖。一天,"我"无意中从房间的窗户瞥见画中少女出现在窗外的荒野上,她旁边有一个丑陋的老头,眨眼之间又全都消失没了踪影。我外出多方寻找无果。不久之后,那少女又突然出现在"我"家门口。"我"把她带进房间,给她喝了一点儿叔父从印度带回的用眼镜蛇浸泡的酒,结果少女在床上死去,并很快腐烂长蛆。"我"把少女分尸装进手提箱,走出家门,惊见那个丑陋的老头正驾着马车等在门口。"我"乘马车到荒郊野外一干涸的小溪旁掩埋那少女,挖坑时挖出一个古陶罐,骇然看见罐上画的正是那位美丽的少女。小说下半部写了"我"与妻子的感情纠葛:妻子是"我"青梅竹马的表妹,少女时代十分清纯圣洁,而现在变成了一个人尽可夫的荡妇。我因此备受折磨,病卧在床,浮想联翩,回忆少女时期的妻子,甚至挣扎起身到郊外的苏兰小溪边寻找妻子昔日的踪迹。"我"对妻子的放浪形骸实在忍无可忍,最后用刀杀死了妻子。这时,"我"忽然看见那个丑陋老头正抱着那只古陶罐从房间走出去,"我"追赶而去,那老头却没了踪影,而"我"一照镜子,发现自己异化成了那个相貌丑陋的老头。

《瞎猫头鹰》故事神秘诡谲,上下两部分表面上没有关联,实质上具有内在统一性。上半部充满梦幻色彩,而下半部即是上半部的现实版,讲述的是同一个故事,即圣洁少女腐烂(堕落)、死去的故事,所不同的是上半部以"我"得到陶罐结束,而下半部以丢失陶罐结束全书,整部小说具有浓厚的象征色彩和多重主题。

一、异化主题

异化主题无疑是《瞎猫头鹰》这部小说的核心旨归,也是学界以往分析论述的重点,对此笔者也深以为然。萨迪克·赫达亚特是第一位将西方现代派创作手法引入波斯语小说创作的作家,这与赫达亚特在 20 世纪 20 年代留学欧洲的经历密切相关,"他们受到欧洲文学的影响,更关注创作的方式"[1]。在他那个时代,伊朗小说的故事内容大多是在历史、社会和政治的背景下展开。而《瞎猫头鹰》完全是一部个人化、内倾化的作品,是一扇开向灵魂解脱的窗口,是伊朗小说从外向内转的一个标志。正如《发达资本主义时期的抒情诗人》一书序言所言:"在本雅明看来,由于资本主义的高度发展,城市生活的整一化以及机械复制对人的感觉、记忆和下意识的侵占和控制,人为了保持住一点点自我的经验内容,不得不日益从'公共'场所缩回到室内,把'外部世界'还原为'内部世界'。"[2]

---

① Ḥasan Mīr-Ābidīnī Ṣad Sāl Dāstān Nivīsī-yi-Irān , Jild 1 , Tehran , Nashr Chishma , 1380 , p.90.

② 本雅明:《发达资本主义时期的抒情诗人》,张旭东译,生活·读书·新知三联书店 1989 年版,第 12 页。

一般来说,现代主义小说"不研究现实,而是研究存在"①。人在现代社会中的存在,即是无法抗拒的异化命运,这是《瞎猫头鹰》展示给我们的最重要的一个主题。小说中的人物全都最终难逃异化的命运,全都最终走向异化。首先是那个画中美丽少女。画中少女没有名字,没有性格,没有物质意义上的肉体,只有美丽脱俗的形象,小说用了大段大段的、最美的句子来描写这位少女超尘脱俗的美丽,比如:"她不可能与这个尘世的东西有什么关联……她的衣服也不是用普通的羊毛或棉花织成的,不是用物质的手、人的手织成的。她是一个美丽绝伦的存在,……我相信如果红尘之水滴在她的脸上,她的玉颜就会憔悴。"②这里,美丽少女已成为一种象征符号,代表作者心中向往的一种圣洁美好的纯粹精神。然而,当画中少女忽然出现在现实生活中,出现在"我"家门口,"我"把她带进房间,她却在床上死去,并很快就腐烂长蛆。"我"无可奈何地只好把她埋掉。这是小说欲表达的第一层象征内涵,即人的精神一旦进入现代社会,其命运就是不可避免地走向堕落腐烂。

与画中少女相关联的形象是童年时代的妻子。倘若说"画中少女"是清纯精神象征的"幻想版",那么,童年时代的妻子则是纯粹精神象征的"现实版"。童年时代,青梅竹马的表妹有着一种晶莹剔透的清纯美。然而,长大成人之后,表妹在与"我"结婚时就已经不是处女了。婚后,更是堕落成一个人尽可夫的荡妇,与形形色色的男人通奸。这是一个纯真美丽的女孩堕落异化的故事。

与画中少女紧密关联的另一个形象是主人公"我"的母亲布高姆达西。"我"的母亲原是在印度圣庙里跳圣舞的舞女,是为神献祭的舞女,是圣洁美丽的象征。父亲为她所深深吸引。布高姆达西与"我"父亲结婚之后,堕落异化为在城市广场上卖艺的舞女。

画中的驼背老头已经是一个异化之后的形象。并且,小说中所有的男人——画中的驼背老头、赶马车老头、摆地摊老头、叔父、姑父全都是一个模子里出来的异化后的形象:苍老、驼背、瘘眼、豁唇,并且总是发出令人毛骨悚然的笑声。一般来说,人的堕落腐化总是有一个过程的,但小说并没有去展现这

---

① 昆德拉:《小说的艺术》,生活·读书·新知三联书店1992年版,第42页。

② Ṣādiq Hidāyat, *Būf-i-Kūr*, Itishārāt-i-Sipihr, Tehran, 1348, p.24.

些人如何一步步堕落的轨迹,小说呈现给我们的就是一个个已经堕落腐化的人。这些人物没有过去,更没有未来,只有"当下",而"当下"即是在现代社会中的异化状态。

赫达亚特尽管十分崇拜卡夫卡,不仅将卡夫卡的作品翻译成波斯语,而且还写了长篇专论《来自卡夫卡的信息》。然而,赫达亚特并没有亦步亦趋地仿效卡夫卡,让自己的作品呈现为全然的"陌生"与"异化"状态,让人看不到希望。在赫达亚特的心中,始终有一丝不泯的希望,那就是他笔下的主人公"我"与"异化"命运的抗争。这是赫达亚特与卡夫卡最大的不同。这种抗争小说是通过主人公"我"来展示的。"我"在黑暗、压抑的现实生活中苦苦挣扎,力图摆脱这痛苦的异化命运,但最终还是无法摆脱这一命运,无法避免地异化,变成一个苍老、驼背、瘘眼、豁唇的老头,并且总是发出令人毛骨悚然的笑声。人在现代社会中挣扎,不想堕落异化,苦苦抗争,但最终也无法抗拒地走向异化的命运。因此,小说最终给人的又是绝望。并且,比卡夫卡的绝望更加绝望。因为,卡夫卡的人物是"顺应"异化的命运,而《瞎猫头鹰》中的主人公"我"是在不屈的抗争,因而更加呈现出一种悲剧色彩。"悲剧之美和给欣赏者巨大美感的原因,正是由于这种惊心动魄的生死搏斗"①。也许"顺应"体现的是卡夫卡的孤独与睿智,故因病而终;赫达亚特的"抗争"则蕴涵了更深的执着与绝望,故最终自杀。

那么,是什么导致了人在成年之后就异化得面目可憎了呢? 小说中主人公"我"的父母之间的爱情本来是美好的,然而叔父插足进来之后,一切就变了。在眼镜蛇的考验中,父亲死亡,叔父被吓得完全改变了模样,也就是发生了根本性的变化。这里,作者成功地运用了宗教神话:伊甸园中的蛇引诱亚当夏娃偷食禁果,犯下了原罪。亚当夏娃的故事虽然是基督教的神话故事,但也被伊斯兰教所吸收。蛇作为魔鬼的象征在传统文学中通常是罪恶之源的象征,在《瞎猫头鹰》中也不例外,它揭示了异化的根源:蛇——人类心中隐藏的贪欲。小说中每个人物的异化都与蛇密切相关。这条"蛇"在作品中既是外显的又是内在的。首先,画中的清纯少女来到现实中,是因为"我"给她喝了

---

① 邱紫华:《悲剧精神与民族悲剧意识》,华中师范大学出版社 2000 年版,第 62 页。

浸泡眼镜蛇的酒而死去、腐烂；而这眼镜蛇酒又是母亲遗留给"我"的唯一礼物，"我"的父亲因这蛇而死，叔父因这蛇而异化，母亲亦如此。可以说，这条外显的蛇是左右小说情节发展的主角。

　　传统文学中，蛇往往是作为引诱人犯罪的外在魔鬼而存在，《瞎猫头鹰》表面上亦如此。然而，若我们细加体味，会发现赫达亚特在展现人因蛇而异化时，其关注点不是在外部，而是把目光集中到人性本身。在作者看来，与其说人的犯罪、异化、堕落是受到外在魔鬼的引诱，毋宁说是人性本身隐藏着的一种魔鬼精神所致。小说中的异化形象无一不是被这种魔鬼精神操纵的结果，而主人公"我"的异化更加清楚地体现了这种异化的过程：社会环境的压力已使"我"痛苦不堪，而使"我"更加痛苦的是"我"自身存在着一种魔鬼的力量，它使"我"感到自己活生生地被分解。小说写道："各种令人恐怖的、犯罪的、可笑的脸孔，随着手指的拉扯而不断变换——那个黑老头、屠夫、我妻子，他们的样子都出现在我脸上。似乎他们的幻影都存在于我身上。""我感到此时此刻，摆地摊老头和屠夫的灵魂附着在了我的身体里。"[1]"我"拼命挣扎，与这内心的魔鬼斗争。然而，"我"最终也无力揪出隐藏在"我"身上的魔鬼，走向异化。也就是说，异化根源即在我们自身。因此，可以说，《瞎猫头鹰》深刻揭示了现代社会中人类不可逆转的"异化"之悲剧命运，而"我"的最终异化更是象征了人在现代社会中无法走出的精神困境。

　　因此，卡夫卡呈现的是已经异化的状态，对于敏锐者而言是一种警醒的重击，然而对于浑然不觉自己已处在异化状态的"懵懂者"来说，多少有些隔膜，有些"事不关己"的旁观意味；而赫达亚特呈现的是异化的过程，让每一位"旁观者"都感同身受，置身其中，无法"旁观"，因而令人毛骨悚然。

二、拯救主题

　　赫达亚特的作品如同卡夫卡的作品一样，一方面让敏锐的读者与故事中

---

① Ṣādiq Hidāyat. *Būf-i-Kūr*, Itishārāt-i-Sipihr, 1348, p.157.

的主人公产生一种由同一性引发的共鸣，另一方面又表现出个人与社会的对立、矛盾与不相容。应当说，赫达亚特的作品在卡夫卡的精神特质之外，还有一种独特的朦胧梦幻之美感。如同卡夫卡，对于赫达亚特来说，写作不是谋生的手段，而是一种生活方式，不仅是尘世生活方式，更是精神生活方式，是灵魂的飞翔状态。不同于卡夫卡的是，赫达亚特的心中始终存有一种希望，尽管细若游丝。对于《瞎猫头鹰》的拯救主题，尤其是其中对伊朗传统宗教文化因子的运用，以往学界较少涉及。

《瞎猫头鹰》整部小说萦绕着浓厚的印度—伊朗雅利安人古老传统的情结。小说创作的时代正是巴列维王朝建立之后，开始大力打压伊斯兰文化，大张旗鼓地宣扬伊朗伊斯兰化之前的古波斯文明和文化，也就是琐罗亚斯德教（拜火教）的文化传统，也即是雅利安人的文化传统，认为这才是伊朗自身的文化传统。因此，第一代巴列维国王礼萨王在1934年正式将国家名称由"波斯"改为"伊朗"。"伊朗"一词从"雅利安"演变而来，意为"雅利安人的后裔"。在巴列维王朝时期，有相当一部分伊朗知识分子认为，伊朗之所以衰败正是从阿拉伯人的入侵开始的，认为古波斯文明所代表的雅利安传统才是伊朗的根。赫达亚特正是这样一位知识分子，他十分迷恋伊朗伊斯兰化之前的文化传统，在短暂的一生中，花了大量的时间和精力来收集整理伊朗伊斯兰化之前的民风、民俗和民间故事。他说："我们不应该忘记，其中一部分风俗习惯不仅可以令人喜悦，而且还是伊朗辉煌历史的纪念，如梅赫尔甘节、娄鲁兹元旦节、拜火节等，保护发扬这些风俗习惯是我们全体伊朗人的一项重要任务。"①赫达亚特还在印度生活了一年多，在他看来，印度比伊朗这样已经完全伊斯兰化了的国家，在对雅利安人古老文化传统的保持方面，做得更好一些。《瞎猫头鹰》整部小说也弥漫着浓厚的印度因素：父亲、叔父到印度经商，娶了印度舞女为妻，而"我"的营生也是将画的笔筒销往印度，反反复复出现的"莲花"意象，等等。然而，小说中，印度的代表形象是那个坐在柏树下的驼背老头，也就是说在两百年的殖民地历史之后，印度这个雅利安文化的代表国家与伊朗一样也衰败、老朽、异化了。

---

① Ṣādiq Hidāyat.*Nīrangstān*，*Muqadama*，Itishārāt-i-Hidarī，Tehran，1383，p.22.

　　小说中经典场景出现的时间具有深刻的拯救内涵。小说写道,主人公"我"是在正月踏青节那天,无意间从储藏室的通风口瞥见荒野上的美丽少女的。伊朗阳历的每个月的名字和每一天的名字都是用琐罗亚斯德教所崇拜的神祇的名字来命名的。正月也就是一月,称为法尔瓦尔丁,在琐罗亚斯德教的经书《阿维斯塔》中,法尔瓦尔丁是灵体神的名字,是人类的庇护神。正月元旦日是公历的 3 月 21 日春分,正月十三也就是公历的 4 月 2 日,与中国的清明节非常接近。伊朗人在这一天的民俗是全家外出郊游踏青,因为十三日这天的名字是提尔,在琐罗亚斯德教中"提尔"即雨神,是赐予甘霖的神祇。也就是说,在灵体降临人的肉体、又逢甘霖滋润的这一天,主人公"我"看见了荒野中出现的经典场景。

　　然而,转瞬之间,荒野上的场景就消失了,"我"开始四处寻觅。寻找了多少天呢? 小说在上半部三次提到是两个月零四天。当一个作家在作品中反复涉及某个意象,必定会有其特殊的含义在其中。从正月十三往后数两个月零四天,是伊朗阳历三月十七日。三月名为霍尔达德,是水神,代表完美和健康。在琐罗亚斯德教的神话传说中,水神霍尔达德将先知琐罗亚斯德躯体的分子置于雨水中,然后降落大地,让草木吸收,琐罗亚斯德的父亲赶着奶牛放牧,奶牛吃了含有琐罗亚斯德躯体分子的牧草,然后琐罗亚斯德母亲又喝了含有琐罗亚斯德躯体分子的牛奶,由此生下人类的第一个先知琐罗亚斯德。[1] 第十七日的神祇名索鲁什,是琐罗亚斯德教中的报喜天使。在寻找了两个月零四天之后,那个美丽少女在三月十七日这天出现在主人公的家门口。

　　画中的美丽少女无疑是赫达亚特心中的拯救天使,在正月十三日,灵体降临人的肉体又逢雨神普降甘霖的这一天,出现在"我"的视野中。然后又在三月十七日,代表完美和健康的水神霍尔达德主管的月份,在报喜天使索鲁什报喜的日子,来到"我"的现实生活中。小说用了不少的篇幅来描写少女那双乌黑晶莹的眼眸:那双充满魔力的威严的眼睛,那双像是在谴责人们的眼睛,那双焦虑、惊异、具有震慑力而又充满许诺的眼睛。[2] 无疑这是一双具有震慑

---

① 参见元文琪:《二元神论——古波斯宗教神话研究》,中国社会科学出版社 1997 年版,第90 页。

② Ṣādiq Hidāyat, *Būf-i-Kūr*, Itishārāt-i-Sipihr, Tehran, 1348, p.18.

力、洞察力、拯救力的眼睛，洞悉尘世间的一切苦难。这里，拯救主题凸显出来。

小说最经典的画面：少女向那个坐在柏树下的老朽的驼背老头献上荷花。在这一反反复复多次出现的经典画面中，不仅"少女献花"本身就蕴含了"拯救"之深意，而且还有两个不能忽视的象征意象：一是柏树，它既是生命长青之树（波斯文学中常用"柏树"比喻女性曼妙的身姿），也是祭祀哀悼之树（在公墓陵园中普遍种植柏树）。其实，祭祀哀悼也是祈祷亡者的灵魂长青不朽，二而为一。更为重要的是在琐罗亚斯德教的神话传说中，柏树是琐罗亚斯德游历天堂之后，带到人间的圣树，在伊朗人的民间信仰中是连接天堂与大地的生命之树。① 驼背老头坐在柏树下，既是对衰败和异化的哀悼，也是希望他能重新焕发活力。二是荷花，它是出淤泥而不染的圣洁之花，是佛教的圣花，佛教里有释迦牟尼步步生莲的传说。荷花代表超然脱俗，也代表了古老的雅利安传统。小说中写道："那荷花叶并非凡俗之花……如果她修长的手指去采摘凡俗的荷花，那手指便会像花瓣一样枯萎。"②

荷花的拯救象征还可以上溯到三千年前伊朗的琐罗亚斯德教的传统。前文讲到，该教传说中琐罗亚斯德的诞生，就是水神霍尔达德将先知琐罗亚斯德躯体的分子置于雨水中，然后降落大地，让草木吸收。琐罗亚斯德的父亲赶着奶牛放牧，奶牛吃了含有琐罗亚斯德躯体分子的牧草，然后琐罗亚斯德母亲又喝了含有琐罗亚斯德躯体分子的牛奶，由此生下人类的第一个先知琐罗亚斯德。因此，故人的细胞化入泥土和草木，生生不息。小说中也写道："我领悟到在那群山上，在那些房屋中，在那些用沉重砖头建造的荒芜了的居民区里，人们生活过，现在他们的骨头腐烂了，也许他们身体各部分的细胞活在了蔚蓝色的荷花中。"③

在正月十三灵体降临人的肉体又逢雨神普降甘霖的这一天，代表纯粹精神的少女，将代表古老雅利安传统的荷花，献给坐在柏树下的像印度瑜伽行者

① Ṣādiq Hidāyat.*Nīrangstān*,Intishārāt-i-Amīr Kabīr,Tehran,1342,p.155.

② Ṣādiq Hidāyat.*Būf-i-Kūr*,Itishārāt-i-Sipihr,Tehran,1348,p.24.

③ Ṣādiq Hidāyat.*Būf-i-Kūr*,Itishārāt-i-Sipihr,Tehran,1348,pp.47-48.

的驼背老头。这里,作者所想要表达的拯救主题是不言而喻的。

荷花的拯救寓意还体现在小说中反反复复出现的歪歪扭扭、奇形怪状的房屋、衰败的古城堡。这些破败房屋的象征意象在小说行文中有所揭示。主人公"我"在精神恍惚中,看见苏兰小溪边的柏树后走出来一个穿黑衣的小姑娘,向山上的古城堡走去,"此时山上城堡的影子似乎全都复活了,那位小姑娘是以前雷伊古城的一个居民"①。雷伊是伊朗古都名,在现今的德黑兰附近,在小说中是古波斯的一个象征。也就是说,曾经繁荣昌盛的古波斯帝国,现今只剩下这些破破烂烂的房屋了,俨然一片衰败的景象。然而,在这些破败房屋的中间,总是"有一些蔚蓝色的荷花长出来,沿着门和墙壁攀缘而上"②。破败房屋中的荷花,与美丽少女向那个驼背老头献上荷花,二者的象征含义是一致的,都是表达拯救的主题。

赫达亚特在其游记《伊斯法罕半世界》中,用了大量篇幅描写伊斯法罕城郊的一个拜火坛,虽然已是一堆残垣断壁,但作者却陷入感怀:这座琐罗亚斯德教的拜火坛,早先一定是非常巍峨壮观,有长年不灭的圣火和络绎不绝的参拜者。作者感叹:倘若这些地方能够重建,再次点燃令人缅怀往昔的熊熊大火,该有多好啊。③ 似乎在赫达亚特看来,荷花的外形正如同一簇熊熊燃烧的圣洁不灭的火焰。也许,印度的荷花与波斯的火焰在古老的雅利安传统中即是同源的。《瞎猫头鹰》中一再提及的荷花何尝不是作者心中不灭的火焰,从民族主义的层面上来说,是作者想要借助雅利安的古老传统重振伊朗昔日的荣光,使现代伊朗能走出贫穷、落后、愚昧的泥坑,重新振作强大起来;从更广阔的世界主义的层面上来说,作者是希望用一种东方的超凡脱俗的纯粹精神,拯救被西方文明所异化的物欲横流的现代人。

---

① Ṣādiq Hidāyat.*Būf-i-Kūr*,Itishārāt-i-Sipihr,Tehran,1348,p.60.

② Ṣādiq Hidāyat.*Būf-i-Kūr*,Itishārāt-i-Sipihr,Tehran,1348,pp.106-107.

③ 参见Ṣādiq Hidāyat,*Iṣfahān Niṣf-i-Jahān*,Itishārāt-i-Khāvar,Tehran,1311.

三、希望与绝望

现代人真的有获拯救的希望吗？作者赫达亚特的心中是既希望又绝望的。小说主人公"我"每天的工作就是在笔筒上画画,画的是同一幅画,即具有震慑力、拯救力的美丽少女。这说明作者在其中是寄托了深深的期望。在正月十三踏青节这天,作者寄托了深切希望的场景——少女向驼背老头献花——出现在原野上。然而,那驼背老头的恐怖笑声使这一场景转瞬即逝。也就是说,一种深切的期望,转眼就落空。然而,"我"并不甘心,天天外出,四处寻觅。整部小说写了两场寻觅,一是上半部,荒野中的少女消失之后,"我"发疯似的四处寻找。另一场是下半部,"我"在病中,不堪折磨,挣扎起来,走出城外,走到苏兰小溪边,寻觅童年时代与妻子两小无猜、玩捉迷藏的欢乐。

寻觅本身就是心中的希望并未泯灭的外在行为显示。的确,执着的寻觅使主人公似乎又获得了希望。在小说上半部,经过两个月零四天的寻找,在三月十七日报喜天使报喜的这一天,画中少女出现在"我"家门前。在小说下半部,主人公"我"在病了两年零四个月之后(这是两个月零四天的一个变异数字),挣扎起来,来到城外的苏兰小溪边。恍惚间,不仅看到一个象征着拯救的小姑娘从柏树后走出来,向山上的古城堡走去,同时也回忆起与童年的妻子在正月十三踏青节这天在苏兰小溪边玩捉迷藏的情景。因此,这又是在绝望之中的希望。然而,希望之后仍然是绝望。画中少女来到我家之后,转眼就死去了;童年时代纯真可爱的妻子,长大成人之后成为人尽可夫的荡妇。这是小说上下半部相互映照的同一个内容的不同的版本形式。也就是说,在整体结构上,小说不仅上下两部分各自分别有一种"希望与绝望"之旋律萦绕,而且上下两部分又共同组成了更大的一轮"希望与绝望"之旋律。

小说中的小溪也是非常重要的一个象征意象,笔者把它解读为文化传统的象征。我们一般的惯常比喻也是把文化传统比喻为一条源远流长的河流。小说上半部结尾,在挖坑埋葬死去的少女时,小说明确说道,是在一个干涸的小溪旁边。这里隐含了伊朗文化传统的干涸与断裂。从更广阔的层面上来说,意味着精神的枯竭。小说下半部写主人公"我"在病中外出游荡,来到苏兰小溪边,这时的小溪是流水潺潺的。但是,我们要注意到,这是主人公的幻觉,是在脑海里呈现与童年时代的妻子在小溪边玩捉迷藏的美好情景。童年时代是一个清纯美好的时代,映射在具体的周遭环境中,那就是文化的长河潺潺流淌,没有干涸。然而,幻觉终究是虚幻,清醒之后依然是一条干涸的河流。这是小说中萦绕的又一轮"绝望—希望—绝望"的变奏。

小说另一个重要象征意象是陶罐。小说明确说到,那个摆地摊的老头以前是个陶工,到最后就只剩下地摊上的一些破烂玩意儿和一只肮脏破旧的陶罐。这个摆地摊老头的陶工身份无疑是古波斯的象征。陶工和陶罐是波斯古典文学中的一个典型形象,尤其在海亚姆的四行诗中更是频繁地出现。在海亚姆的诗歌中,用含有先人骨殖的陶土做成的陶罐具有双重含义:一是本文前述的琐罗亚斯德的文化传统,即琐罗亚斯德先知身体的分子蕴含在草木陶土中;二是海亚姆深受古希腊原子学说的影响,认为人死后尸骨化为原子融入泥土。赫达亚特对海亚姆十分崇拜,深受其影响,不仅收集整理了海亚姆四行诗,而且还写了长长的序言对之深入论述。因此,在赫达亚特这里,用含有故人尸骨的陶土做的陶罐无疑是传统的象征。在干涸的小溪旁挖坑埋少女时,"我"捡到一个埋在土中的古陶罐,罐体一侧画着的正是那位美丽的少女。在这里,"陶罐"成为前人精神生生不息的象征,似乎寓示了传统精神的复活。

然而,值得注意的是这种传统精神的复活并不是整部小说的结束,而是小说上半部的结束。小说的上半部故事是主人公"我"在病中的幻觉,因此从中不难看出作者内心深处的绝望情绪。而小说下半部是在上半部美丽少女的幻觉消失后,主人公在深深的绝望中、在鸦片烟的迷雾笼罩中对妻子往事的回忆,又是另一种虚幻。小说最后,"我"在生不得生、死不得死的挣扎中最终走向异化,而那个象征着传统精神的古陶罐也被驼背老头拿走了。因此,上半部结尾,我在掩埋死去的画中少女时,捡到陶罐,陶罐上画有那少女的画像,让"我"深深震撼,这似乎是拯救之希望;下半部,那个驼背老头带走了陶罐,全书结束,这是更深的绝望。陶罐的失落是传统精神的彻底失落,与其说是在文本上象征了人类未来的终极无望,毋宁说象征了赫达亚特自己对人类未来的彻底绝望。

　　最后,猫头鹰的象征喻意:我们都知道猫头鹰是夜间眼睛最敏锐的动物,而黑夜是现实生活最惯常的比喻。人在现实生活中犹如猫头鹰瞎掉了眼睛,失去了对黑夜的感知,失去了洞悉人类悲剧的明亮的眼睛,就只能浑浑噩噩地异化,走向堕落和毁灭。"现代小说经典是那些最能反映 20 世纪人类生存的普遍境遇和重大精神命题的小说,是那些最能反映 20 世纪人类的困扰与绝望、焦虑与梦想的小说"①。因此,《瞎猫头鹰》是一部非常深刻的小说,它让我们思考人类的终极命运。

　　　　　　　　(本文原载《东方学刊 2014》,河南大学出版社 2014 年版)

---

①　吴晓东:《从卡夫卡到昆德拉》,生活·读书·新知三联书店 2003 年版,第 6 页。

是"木偶"还是"棋子"？

——从波斯文学翻译实例看文学翻译中的隐含政治性

文学翻译作为一种主观的、带有强烈自觉意识的文化行为,其中隐含着浓厚的政治文化因素。译者对待被翻译作品的态度,既蕴含着译者自在的传统文化所熏陶出来的审美趣味,也蕴含着译者自在的政治文化所染上的意识形态色彩。

中国翻译界,自从严复在《天演论》中提出:"译事三难:信、达、雅。求其信已大难矣,顾信矣不达,虽译犹不译也,则达尚焉。"信、达、雅就成为中国翻译界的基本准则,可以说是从事翻译工作的"三字纲领"。"信"为首,"信"即是"忠实",也就是说,翻译首先必须忠实于原文,不能篡改原文的意思,这是翻译的最基本要求。信、达、雅这一翻译原则,一方面表达了中国人是以一种平等的,既非居高临下也非仰视的态度来对待翻译,即在翻译中平等对待被翻译作品、平等对待被翻译作品背后的文化。这无疑是中国儒家文化所推崇的中正平和核心价值观的体现。另一方面,也是严复所在的当时中国社会的历史境遇的反映。当时的中国,积贫积弱,仰视西方文化,翻译对象主要是西方文化著作,迫切想了解西方文化,迫切需要原汁原味的东西,因此在翻译工作中,"信"成为第一位的,"忠实于原著"成为第一位的要求。因此,这样看似已经非常平和中正的翻译原则中实际上也隐含着深刻的政治文化因素。

语言本来只是一种工具,一种表达自我和交流沟通的工具,本无强弱高低之分。然而,国家有大小强弱之分,经济有发达与落后之分,建立在经济基础上的文化则有高低强弱之分。因此,承载着国家民族经济与文化状况的语言,在发生转换的时候,就会产生不平等关系。因此,当处于弱势文化语言的译者把一部强势文化语言的作品译入自身弱势文化语言中,译者通常对译介对象保持一种"仰望"的心态,会格外强调"信"——与其说是"忠实",毋宁说是"忠诚"。反之,当处于强势文化语言的译者把一部弱势文化语言的作品译入自身强势文化语言中,译者通常对译介对象保持一种"俯视"的心态,擅自对译文进行增删改造,使译文适应自身强势文化语言的审美习惯和心理期待。比如,莫言的小说在翻译成英文时,英译者对原著进行了大量的删改,以适应于西方人的审美习惯。

针对这种语言的不平等性,西方学者自有其一套理论,比如,卡萨诺瓦把语言划分为"中心语言"与"边缘语言",其划分标准是以格林威治子午线为"中心点";比如,理查德·杰奎蒙德的"翻译与文化侵略"模式,将语言分为侵略性语言与被侵略语言两种类型,"同时根据时间,将翻译分为殖民和后殖民时期,以此来评估在这个构架下的译本所连接的两种语言与文化的力量碰撞"[1]。其实,从马克思主义的政治经济学来说,语言的不平等性归根结底是由于经济力量的不平等而带来的政治力量和文化力量不平等所致,"我们判断一个人不能以他对自己的看法为根据,同样,我们判断这样一个变革时代也不能以它的意识为根据;相反,这个意识必须从物质生活的矛盾中,从社会生产力和生产关系之间的现存冲突中去解释"[2]。因此,不论是卡萨瓦诺的"中心语言"与"边缘语言"之分,还是理查德·杰奎蒙德的"侵略性语言"与"被侵略语言"之分,他们的语言划分理论本身就隐含着强烈的政治性,携带着由工业革命奠定的强势经济基础上的强势政治文化意识,把格林威治子午线视为理所当然的"世界中心",把欧洲语言视为理所当然的"侵略性语言"(在理查德·杰奎蒙德的理论话语中,"侵略"一词不但不具有任何贬义,反而具有一种"优势"的意义内涵),凸显西方的强势。"每一个政治实体创造文化,都会将自己的价值观和利益置于文化的中心位置,而且都企图用这种文化将其

---

① 沈一鸣:《后殖民主义翻译理论在世界文学中的运用——以欧玛尔·海亚姆的〈鲁拜集〉的翻译为例》,《东方文学研究集刊(6)》,北岳文艺出版社 2011 年版,第 321 页。

② 马克思:《政治经济学批判·序言》,《马克思恩格斯选集》第 3 卷,人民出版社 1995 年版,第 325 页。

他政治实体组织到自己的政治框架和利益中来"①。话语权掌握在谁手中,价值观的建立就掌握在谁手中。从欧洲工业革命至今,话语权一直掌握在西方人的手中,东方一直处在被西方话语权建构的地位。

这里,笔者以自己的专业领域波斯文学翻译中海亚姆四行诗的翻译为例来具体分析文学翻译中这种隐含的政治性。

欧玛尔·海亚姆(1048—1122 年)出生于伊朗呼罗珊地区尼沙普尔城,在生前并不以诗著名,而是以数学家、天文学家、医学家的身份受到人们的敬仰,他一生创作了很多四行诗(又音译为"鲁拜""柔巴依")。科学家的身份,决定了海亚姆必然以理性主义的眼光去看待宇宙万物、人生人死等诸多问题,因此他的四行诗秉承的是受古希腊哲学影响的伊斯兰理性主义精神,而伊朗传统文化更多地秉承了伊斯兰苏非神秘主义文化传统。因此,海亚姆四行诗的思想内容与波斯正统的宗教文化思想格格不入,流传不是很广泛,在大诗人林立的古代波斯诗坛籍籍无名。

1857 年,英国学者费兹杰拉德(Edward Fitzgerald)不知从何处获得波斯语的《欧玛尔·海亚姆四行诗集》,将之翻译成英文,介绍进欧洲,在西方广为流传,获得极高声誉。之后,海亚姆的诗名才"出口转内销"为伊朗人所熟悉。因此,在伊朗,海亚姆其著名诗人的地位首先是由欧洲人确立后,才传入伊朗国内的,民众对之喜爱的程度、尤其是官方赞赏的程度都远不及其他几位古代波斯大诗人。如今,海亚姆的四行诗在世界具有很高的声誉,是在伊朗之外拥有最多译本的波斯诗集。

因此,海亚姆成为世界性的著名大诗人这件事情本身即隐含了强烈的政治性,是欧洲人将海亚姆塑造成了世界性的大诗人。刚开始,费氏译本并未引起人们的关注,"第一版只是一种小小的 Pamphlet,并且是没有记名的,出版书店伦敦 Quaritch 把它丢进四片尼(便士)均一的书匣里,甚至减价到一片尼,也还没有人要。1860 年 D. G. Rossetti 先发现了这部译诗的好处;接着 Swin-

---

① 摩罗:《中国的疼痛:国民性批判与文化政治学困境》,复旦大学出版社 2011 年版,第 1 页。

burne,Lord Houghton 也极力称赞,一直到 1868 年又才出了第二版"①。罗舍蒂(D.G.Rossetti,1828—1882 年),英国诗人,画家,前拉斐尔学派的创建者,也是英国艺术唯美主义运动的主将;斯文邦(Swinburne,1837—1909 年),诗人,作家,批评家,《大英百科全书》第 11 版撰稿者之一;何通爵士(Lord Houghton,1809—1885 年),英国诗人,同时也是文学和政治家们的热心赞助人。显然,由于一些特殊人士的赏爱,费兹杰拉德的译本才热销起来,不断加印,费兹杰拉德也不断增译一些海亚姆的四行诗加进去。费兹杰拉德在翻译过程中植入了当时西方对于"东方"这个"他者"的猎奇式想象,并且肆意篡改增删原文,使之符合西方文化的审美趣味,甚至是某一些特殊人士的审美趣味。这从曾任美国驻英大使约翰·海伊(JohnHay,1838—1905 年)1897 年在欧玛尔·海亚姆俱乐部的讲演中可以窥见一斑:"(海亚姆的四行诗使)读者的好奇心被点燃,很多对东方文学一无所知的人,如我辈,都想去探索,去发现。我常常想,在 11 世纪,在遥远的呼罗珊,真有这么一位文学巨人活着? 后来我读到《鲁拜集》的一个'忠实'的译本,我才明白,费氏译诗的最显著特点之一恰恰是对原作的忠实。简而言之,海亚姆是费兹杰拉德的前身,费兹杰拉德是海亚姆的投胎转世。"②约翰·海伊也并不懂波斯语,如何去判断费兹杰拉德的译本对原著的忠实程度? 显然,费氏译本契合了、甚至是刻意迎合了西方某一些特殊人士对东方猎奇式想象的心理需求而形成一种滚雪球效应,影响范围越来越大,最终把海亚姆塑造成了世界性的大诗人。

这里,笔者以其中的一首诗来举例阐述③:

ما لعبتگانيم و فلک لعبت باز

از روى حقيقتى نه از روى مجاز

بازيچه همى کنيم بر نطع وجود

افتيم به صندوق عدم يک يک باز

---

① 郭沫若译:《鲁拜集》,光华书局 1933 年版,第 22—23 页译者前言。

② John Hay,An Address Before the Omar Khayyam club,p2.*The Rubaiyat of Omar Khayyam*,Translated by Edward Fitzgerald,Elber Hubbard 1906.

③ 《欧玛尔·海亚姆四行诗集》(波斯文版),声乐艺术文化社 2010 年版,第 42 页。

笔者直译：

> 我们全是木偶,操纵者是苍穹
>
> 这话出自真理,而非出自虚假
>
> 我们在"存在"之皮垫上演义
>
> 尔后一个个落入"虚无"之匣

费兹杰拉德译：

> 'Tisalla Chequer-board of Nights and Days
>
> Where Destiny with men for Pieces plays：
>
> Hither and thither moves,and mates,and slays,
>
> And one by one back in the Closet lays.①

首先,译文第一句"这完全是一张夜与昼的棋盘",费兹杰拉德发挥自己的想象,把昼夜想象为一张黑白相间的棋盘,并用 NightsandDays 置换波斯语原文"苍穹",然后把"木偶"译成"棋子",由此形成著名的"弈棋诗"。费兹杰拉德删略了原文第二句,直接把原文第三句改写成两句。译文第二句"在上面命运把人当颗颗棋子游戏"和第三句"移来移去,结伴又厮杀",把原文中人的主动"演绎"改为命运操纵棋子"厮杀",是命运主动把人当棋子玩弄,而不是人主动演绎自己的人生。译文第四句"然后一个一个放回密室",也是把"我们"主动落入"虚无"之匣子,改成命运主动把人放入匣子。

海亚姆的原文语态是一种"人"主动的态势,诗歌表达的是"人"对自己在尘世所作所为的追问,是"人"对操纵自己所作所为的操纵者的追寻,是"人"对"存在"与"虚无"这一对哲学概念的沉思。然而,费兹杰拉德英译的语态却是一种"神"主动的态势——命运之神在夜与昼的棋盘上操控着作为棋子的人,缺少了海亚姆的追问与追寻。海亚姆是以科学家、天文学家、哲学家的姿态,进行仰望星空式的追问与追寻;而费兹杰拉德则是以一种西方殖民者的优越感,以一种"俯视人间"的姿态来描写命运对人的操控,仿佛他自己就是操控棋局的"神",完全没有对"存在"与"虚无"这一对哲学概念的沉思。

这首费氏英译诗歌与波斯语原文差距非常大,完全改变了原文的意思。

---

① 《欧玛尔·海亚姆四行诗集》(波斯文版),纳希德出版社 1994 年版,第 59 页附录。

这种篡改不是出自对原文的理解有误或者是理解不到位,而是觉得原文不合自己心意,擅自重新"创作"或"改写"(至于译者在翻译中是否可以有自己的创造性翻译,那则是另外一个问题,不是笔者此文论述的问题),因为海亚姆的这首四行诗原文并不难理解,笔者相信费兹杰拉德的波斯语水平不至于连"木偶"与"棋子"两个词都分不清。这种"擅自篡改"的翻译方式体现了译者背后所隐藏的政治文化"强势",即在不平等力量的碰撞中,力量强势的一方对弱势的一方在内容和形式上的擅自篡改。费兹杰拉德翻译海亚姆四行诗的时间是维多利亚时代(1837—1901年),"大不列颠与爱尔兰联合王国女王和印度女皇"的名号昭示了"日不落帝国"在全球范围内的霸权。"文化决定着人们的知觉、思想过程、情感以及行为方式。这种作用是无意识的,但它却是文化影响的最终层次"[①]。"日不落帝国"的政治强势带来的文化心理优势使费兹杰拉德的英译不仅在文本翻译上肆意地篡改和增删原文,而且在精神气质上也禀具了一种霸气。

20世纪是东方诸文明古国经历从传统向现代转型的阵痛之世纪。在这个转型过程中,基于工业革命的成果而率先完成现代转型的西方成为东方诸文明古国仰望、效法和膜拜的对象。就中国来说,五四文化精英们的选择可以说是"全盘西化",不仅主张废除汉字,甚至鲁迅还号召青年人不要读中国书,多读外国书。[②] 正如汤一介先生指出:"在20世纪出现的'全盘西化'的思潮,使中国在一定程度上丧失了对自身文化的自信,中国人在吸收外来文化上有较强的自觉性和主动性。"[③]因此,这个时期在文化领域的文学翻译无不隐含政治性,昭示出译介与被译介之间政治经济的不平等关系。

在20世纪初我国对外国文学作品的翻译浪潮中,波斯文学也受到一定程度的关注。欧玛尔·海亚姆的两首四行诗,最早由胡适译自英语,发表在《新青年》1919年第6卷第4号上。然后,郭沫若根据英国费兹杰拉德的英译本,翻译了欧玛尔·海亚姆的四行诗,发表在《创造》1922年第1卷第3期,此后在多种刊物上转载,并出单行本,并在不同的时间由不同的出版社一再加印或

---

① 侯玉波:《社会心理学》,北京大学出版社2018年版,第265页。
② 《华盖集·青年必读书,鲁迅全集》第3卷,人民文学出版社1981年版,第12页。
③ 转引自侯玉波:《社会心理学》,北京大学出版社2018年版,第289页。

再版。郭沫若首先将之翻译介绍进中国之后,又受到中国读者的青睐和追捧,至今有 20 余种中译本问世。这里,我们来剖析具有代表性的郭沫若对上面这首海亚姆四行诗的译文:

> 人生不过是一套可怜的象棋,
>
> 昼与夜便是一张棋局,
>
> 任"他"走东走西或擒或杀,
>
> 走罢后又一一收归匣里。①

郭沫若把自己奉为"忠实"于费兹杰拉德英译"意义"和"气韵"的楷模,并抨击胡适的逐字逐句直译加注释的方式,他在《讨论注释运动及其他》一文中说:"一种文字有它的一种气势"②,"我们相信理想的翻译对于原文的字句,对于原文的意义,自然不许走转,而对于原文的气韵尤其不许走转。原文中的字句应该应有尽有,然不必逐字逐句的呆译,或先或后,或综或析,在不损及意义的范围以内,为气韵起见可以自由移易。"③郭沫若还由此抨击胡适的翻译为"不通"④。郭沫若在其译著《鲁拜集》译者前言中说:"翻译的功夫,到了 Fitzgerald 的程度,真算得和创作无以异了。"⑤这样的话语,反映出郭沫若对费氏"创作"式翻译的顶礼膜拜。其实,不论是胡适不敢越雷池半步的"忠实"翻译方式,还是郭沫若标榜的在"意义"和"气韵"上"忠实",皆是当时中国政治文化在西方政治文化面前的弱势地位的隐性体现,充满了对西方文化的仰望。

然而,郭沫若在把自己奉为"忠实"于费氏英译的楷模的同时,对费氏英译并没有理解到位,至少对这首诗没有理解到位。郭沫若的译文里多了一种人生的虚无和无奈感。第一句,费氏英译"这是夜与昼的棋盘",郭译则是"人生不过是一套可怜的象棋",其中"可怜的"一词是费氏英译中没有的,再加上"不过"二字使郭译呈现出一种浓厚的悲观的人生况味;郭译第三句中一个

---

① 郭沫若译:《鲁拜集》,光华书局 1933 年版,第 24 页、59 页译者前言。

② 《讨论注释运动及其他,郭沫若全集》第 16 卷,人民文学出版社 1989 年版,第 143 页。

③ 《讨论注释运动及其他,郭沫若全集》第 16 卷,人民文学出版社 1989 年版,第 144 页。

④ 《讨论注释运动及其他,郭沫若全集》第 16 卷,人民文学出版社 1989 年版,第 149 页。

⑤ 郭沫若译:《鲁拜集》,光华书局 1933 年版,第 24 页、59 页译者前言。

"任"字,表达了人在操纵者"他"面前的无可奈何与被摆布地位,缺少了费氏英译中命运主动摆弄人所折射出来的霸气。因此,郭译实际上改变了费氏英译的"气韵"。只不过,费氏英译对海亚姆波斯语原文的改造是一种主动的、明意识的改造,而郭沫若对费氏英译气韵的改变是一种潜意识的行为。从心理学来说,"文化不仅影响人们的社会行为,而且也影响人们的认知过程与思维方式。这种思维方式不仅体现了文化的特征,而且反过来又决定着文化,并在很大程度上制约着人们的心理与行为"①。因此,郭译折射出五四时期中国现代文化先贤们对西方文化的仰望与膜拜,同时也折射出当时中国社会积贫积弱的状况所带给郭沫若的那种人生无奈之感。

20世纪80年代,长期动乱之后的中国全方位落后于西方,国门洞开之后的中国文化界既仰视西方文化,也仰视五四时期的文化先贤,可谓双重仰望与膜拜。海亚姆四行诗除了费兹杰拉德英译本之外,还有其他数种英语译本。然而,中国从英文转译海亚姆四行诗的译者无一不是译自费兹杰拉德的英译,这一方面与费氏英译在英语世界的知名度相关,另一方面也与胡适、郭沫若等五四文化先贤们的选择密切相关。可以说,20世纪80年代的中国文化人乃是以五四先贤们的选择为选择。这里以80年代第一个把海亚姆四行诗从费兹杰拉德英译本翻译成中文的黄杲炘译本为例:

黄杲炘译:

> 但在这日夜相间的棋盘上面,
>
> 他摆弄的这些棋子也真可怜——
>
> 移过来挪过去,吃子又是捉将,
>
> 然后,一个个放回小盒里长眠。②

译出了费氏英译的"日夜相间的棋盘",也译出了郭氏中译的"可怜",也译出了"他摆弄"、命运对人的主动摆弄,表现出对费和郭的双重膜拜和仰视。笔者相信黄杲炘的英文水平不至于不知道费氏英译中没有"可怜"这个词,因此黄氏翻译可谓是既忠实于费兹杰拉德,又忠实于郭沫若,反而

---

① 侯玉波:《社会心理学》,北京大学出版社2018年版,第279页。
② 黄杲炘译:《柔巴依集》,译文出版社1982年版,第23页。

缺少一种自我特色。

1949年新中国建立之后,北京大学东方语言文学系从1957年开始正式招收波斯语言文学专业学生,由于人才成熟需要时间,因此这个阶段直接从波斯语翻译介绍过来的作品不多。"文革"动乱结束之后,波斯语专业学者开始承担起了翻译介绍波斯文学的重任,多种波斯文学作品直接从波斯语原文翻译成中文。其中,海亚姆的《四行诗》也有了多种直接译自波斯语原文的译本。这里以两位中国波斯语界的前辈学者的译文为例:

张鸿年译:

> 我们是一群木偶,牵线者是命运,
>
> 此非戏言,听了你应认真。
>
> 我们在场上任人舞弄一番之后,
>
> 又一一收到虚无匣中藏身。①

张晖译:

> 我们不过是木偶,供苍天玩耍;
>
> 这是确凿的真理,没半点虚假。
>
> 在尘世皮垫上,它玩够了我们,
>
> 便一个一个装入虚无的木匣。②

张鸿年翻译海亚姆四行诗在张晖之前,但出版在后。一方面,张鸿年、张晖二位波斯语前辈皆把被费兹杰拉德删掉的海亚姆原文第二句翻译出来了,

---

① 张鸿年译:《波斯哲理诗》,文津出版社1991年版,第91页。

说明:笔者从此网址 https://www.douban.com/group/topic/8998723/？type＝like 文章搜到先师张鸿年该四行诗译文为:"我们是一堆棋子,弈棋者是命运/这并非戏言,你可得当真。/在盘上任人舞弄一番以后,/又一一收入虚无的匣里藏身。"笔者曾因此一度误认为先师因参考费氏英译而受之影响,把"木偶"误翻译成了"棋子"。然而,笔者详查先师最早出版的译本文津出版社1991年版,以及先师之后出版的多种版本,均未把"木偶"误译为"棋子"。笔者又查上述网址文章说该"棋子"译文出自台湾木马文化事业有限公司2001年的版本。然而,笔者核查木马版本,该版本第173首四行诗为:"我們是一堆木偶,牽線者是命運,/這並非戲言,你可得當真。/我們在場上任人舞弄一番以後,又一一收入虛無的匣子裏藏身。"具体文字与文津1991年版本稍有出入,但依然是"木偶"而非"棋子"。因此,不知何人大约出自对费氏英译根深蒂固、五体投地的崇拜而擅自篡改了先师译作。这真是节外生枝的公案。

② 张晖译:《柔巴依诗集》,湖南人民出版社1988年版,第37页。

显示出在改革开放初期中国波斯语学者在膜拜西方文化的整体氛围中努力求得一种独立性——既指译者自身的母文化在西方文化面前的独立性,也指译者所从业的非通用语文化在西方文化面前的独立性。这种双重独立性正是中国非通用语学者持之以恒的追求,隐含着"被压迫""被边缘化"的第三世界国家民族的政治文化诉求。

另一方面,张鸿年译文第三句"任人"二字依然把海亚姆原文中人的主动演义翻译成了上苍的主动操纵,张晖译文的第一句"不过""供……玩耍",第三句、第四句也译成了苍天对人的主动玩弄。结合前面郭沫若、黄杲炘二位的中译,我们可以看到,他们的译文几乎都具有一种共性——凸显人生的无奈与虚无,折射出本不具有宗教信仰色彩的中国学者在面对人生与命运时,更加被动,更加无奈。海亚姆这首四行诗波斯语原文表达的是人"自动"在尘世演义,并不知被操纵,是对"存在"与"虚无"这对哲学概念的沉思;费氏英译表达的是命运对人的"主动"摆弄,充盈其中的是一种殖民主义者的霸气;上述四位中国学者译文表达的是"任"摆弄,"被"摆弄,人完全"被动",充盈其中的是人生的无奈感,在译作的精神气质上,既不似费氏英译,也不似海亚姆的原作。这无不与中国学者历经频繁的政治变革与政治运动相关,激烈的社会形态转换与不断革命使他们真真切切感受到人在命运面前完全处在一种被摆弄的地位,人生在世不过"寄蜉蝣于天地,渺沧海之一粟"(苏轼《前赤壁赋》),任由摆布。这是由于"华人与其生活环境的互动方式主要是社会取向,以社会取向作为个人行为的参照,社会文化对人的个人行为具有直接的较大影响"[1]。

我们再来看看"本是同根生"的中国台湾学者黄克孙对这首诗的中译:

> 纵横日夜为棋局,
>
> 枰上千秋劫正浓。
>
> 转换腾挪犹未了,
>
> 残棋一一入壶中。

黄克孙的中译本译自费兹杰拉德英译本,却把英译融化在了中国传统文化意蕴中。一方面对费兹杰拉德的英译没有篡改,另一方面又把中国自己的

---

① 侯玉波:《社会心理学》,北京大学出版社 2018 年版,第 55 页。

传统文化植入其中,可以说比较好地做到了信达雅,不卑不亢。并且,黄译既没有费氏英译中命运对人的"主动"操纵,也没有上述四位大陆学者译文中那种"被摆布"的"人生无奈感",而是一种对人生的哲理性沉思。尽管黄克孙不谙波斯语,然而其译文却较好地契合了海亚姆波斯语原诗的哲学意味,这无疑得益于译者自身的中国传统哲学修养。黄克孙出生、生长于台湾,长期在美国做教授。黄克孙中译一方面体现出中国传统文化对台湾文人的熏陶优于大陆;同时,也隐性折射出黄克孙因长期在美国做教授所带给他本人的一种"优势"文化底气。因此,同样是中译,不同的政治社会文化环境熏陶出来的译者其译文的内在意蕴呈现出差异。

然而,这段翻译公案还没完,还有节外生枝的故事。博尔赫斯,这位西班牙语大诗人,"百科全书"式的大作家,或许认为自己对神的定命的理解比海亚姆更加深刻,或许认为海亚姆的表达不够深刻(笔者根据博尔赫斯作品中的诸多迹象认为他可能在一定程度上懂波斯语),因此自己对之进行改写——在费兹杰拉德英译的基础上改写,既把自己凌驾于费兹杰拉德之上,更凌驾于海亚姆之上。诗的名字就叫《棋》,可见费兹杰拉德的篡改是多么影响深远。该诗有两首,第一首是铺陈棋局,完全是博尔赫斯的创作,与海亚姆的波斯语原诗和费氏英译均无太大关联。我们来看第二首。

> 博尔赫斯:棋(二)
>
> 王柔弱,相持重,后则暴戾凶残,
> 车直来直往,卒子狡诈而机警,
> 缘着那黑白交织的阡陌道路,
> 寻找战机,进行着殊死的抗争。
> 棋子们并不知道其实是棋手
> 伸舒手臂主宰着自己的命运,
> 棋子们并不知道严苛的规则
> 在约束着自己的意志和退进。
> 黑夜与白天组成另一张棋盘
> 牢牢地将棋手囚禁在了中间
> 这可是欧玛尔所作出的论断。

上帝操纵棋手,棋手摆布棋子。

上帝背后,又有哪位神祇设下

尘埃、时光、梦境和苦痛的羁绊?①

第一段写棋子们自己"自动"进行厮杀,写出了海亚姆波斯语原文中木偶自动演义的意味;第二段递进,棋子不知棋手主宰棋局,这与海亚姆的原意"木偶不知被操纵"相契合;第三段转折,从棋局转到苍穹,是海亚姆原意"苍穹是木偶操纵者"与费氏英译"昼夜棋盘"的组合,却又超越了二者的意思:海亚姆直接以"苍穹"为"木偶操纵者",费氏英译直接以"命运"为"棋手",博尔赫斯以"棋手"为"苍穹""命运"或"上帝"的"被缚者";第四段再次递进,完全是博尔赫斯的哲学追问。全诗层层递进,棋子—棋手—上帝—上帝背后的神祇,棋子自动演义,不知棋手主宰棋局;棋手操纵棋局,不知上帝在操纵着自己;那么,上帝背后又是哪位神祇操纵上帝? 海亚姆式的追问,但又完全超越于海亚姆原诗的意境。如此精彩绝伦的改写,这其中体现的是博尔赫斯对自己的文化自信。这种自信首先是对拉美文学的自信,20 世纪 60 年代以来,拉美文学大爆炸,让拉美文学家们有了充分的文化自信,让他们有了一种可以居高临下去俯视欧洲文化的自信,有了可以改写费氏英译的自信;其次,是博尔赫斯对自己的自信。博尔赫斯是一位形而上学色彩十分浓厚的作家(被称为"幻想型"或"冥想型"作家),博尔赫斯博览群书,对各种宗教及神秘主义学说多有涉猎,且睿智无比,从不受任何一种宗教学说的局限,而是让各种宗教学说为自己所用,颇有一种"六经注我"的气魄,才能敢于追问:哪位神祇在后面操纵上帝?

总之,文学翻译在一定层面上来说是一个国家民族的政治、经济、文化总体状况和强弱实力的体现。因此,对待翻译,一方面,我们应当遵循信达雅的原则,平等对待被翻译作品,不卑不亢;另一方面,我们也应当树立我们自己的文化自信。当我们中国的哪位作家可以对其作品的英译者说:你不许对我的原文有任何篡改增删! 那么,中国就真的成为一个文化强国了;当我们的某位译者敢于对某部英文经典,做出符合中国文化审美趣味的延伸性改写,其中融

---

① 博尔赫斯:《诗人》,林之木译,译文出版社 2016 年版,第 72—73 页。

入自己的创造性思想,并且能使之为广大读者所普遍接受,并与原著一样,同样被奉为经典。那么,中国就真的有了自己的文化大师,不再是撒切尔夫人贬称的"来料加工厂"!

　　(本文原载《东方丛刊》2018 年 2 月(总 75 辑),广西师范大学出版社 2018 年版)

《一千零一夜》主线故事探源

　　《一千零一夜》的最早源头来自波斯的民间故事集《一千个故事》,二者有着共同的主线故事,即开篇"山鲁亚尔与山鲁佐德"的故事,该故事已为人们所熟知。它如同一根金丝线,将《一千零一夜》中林林总总的故事串联在一起,成为一串精美的珍珠项链,而非散乱的零篇断章。整部故事集由此散发出奇异的光彩,成为阿拉伯民间文学的瑰宝。该主线故事除了男女主人公的名字之外,还可概括为一句话的核心内容,即:(妃子)给国王讲故事以拯救他人。一般认为,这一主线故事是一个地道的波斯故事,可以在伊朗神话传说和历史传说中找到若干原型或影子。然而,若仔细考察,我们还可以发现其中蕴含着很深的印度故事文学的因子。这一点,目前学界尚鲜见涉及。

一、《一千零一夜》的波斯之缘

　　著名的阿拉伯民间故事集《一千零一夜》,其最早源头来自波斯的民间故事集《一千个故事》(Hizār Afsāna),这一点已为学界所公认。《一千个故事》原本是巴列维语(中古波斯语)民间故事集,9世纪时被翻译成阿拉伯语。该书在传播过程中不断被添枝加叶,增加了大量阿拉伯民族自身的民间故事,也有不少直接来自印度和犹太民族的民间故事,最终形成为阿拉伯民间文学的珍宝《一千零一夜》。

　　关于波斯故事集《一千个故事》的成书年代,很可能至迟在公元前4世纪后半叶亚历山大征服波斯时期就已经成书。阿拉伯中世纪历史学家伊本·纳迪姆(890—989 年)在其《索引书》中谈道:"波斯人是最初期故事的编撰者,他们将那些故事编撰成书并保存于国库,这些书大都用动物寓言的形式讲述。在安息王朝,伊朗第二个王朝,这些故事书得到扩充,并添加进新东西……在这方面编撰的第一本书就是'赫扎尔·阿夫桑内',意为'一千个故事'。"接着谈到,波斯的《一千个故事》被翻译成阿拉伯语,并简述了《一千个故事》的主线故事,然后接着说:"事实是,最早熬夜听故事的是亚历山大。他有一伙人逗他笑,给他讲故事。他这样做倒不是为了取乐,而是引以为鉴,保持警醒。此后的国王也都采用这种方式。《一千个故事》包含一千夜,但只有不到二百个故事。"①这里显然是说亚历山大所听的故事即是来自《一千个故事》。古希腊历史学家阿里安(96—180 年)的著作《亚历山大远征记》中虽然没有明确讲到亚历山大夜晚爱听故事,但多处提及亚历山大与部下常整夜饮酒纵乐,尤其讲到亚历山大身边常有一个擅长占卜的叙利亚女人跟随,"她日夜都可随时晋见亚历山大,甚至在他入睡后,她还常常在旁看守"②。一般来说,这样的女人都擅长讲故事。

另外,公元 10 世纪时的一位波斯诗人伽特兰·大不里士的一联诗歌也可以从侧面证明这一点:青铜勇士过七关显一千零一种品质,我耳闻目睹这个故事从《一千个故事》。③"青铜勇士过七关"是伊朗上古时期的勇士故事,发生在亚历山大征服伊朗以前。"青铜勇士"是伊朗王子伊斯凡迪亚尔的美称,他骁勇过人,在出征邻国图兰时,专门选择了一条充满危险的道路,他一路斩妖除怪,连闯七关。该故事在伊朗民间广为流传。当然,故事发生的早晚与成书的早晚并无必然联系,但把这联诗歌与前面伊本·纳迪姆的记载结合起来,可以起到侧面的补充作用。从伽特兰的这联诗歌中,我们可以得知在《一千个故事》中已有"青铜勇士过七关"的故事。波斯著名大诗人菲尔多西(940—1020 年)的史诗《列王纪》也讲述了"青铜勇士过七关"的故事。因此,有伊朗学者认为《列王纪》中的有些故事可能取材于《一千个故事》。

《一千个故事》也并非在成书后就定型不变了,而是随着历史的发展,一

---

① 伊本·纳迪姆:《索引书》(波斯文版),阿萨提尔出版社 2002 年版,第 539—540 页。

② 阿里安:《亚历山大远征记》,李活译,商务印书馆 1997 年版,第 137 页。

③ http://mehremihan.ir/shahnameh/101-pajoohesh/1004-azar-shahnameh.html.

些新的民间故事不断被添枝加叶加进书中,尤其是萨珊王朝时期(224—651年)的一些故事和一些在萨珊王朝时期传入波斯的印度故事。但也并不是《一千零一夜》中所有的波斯故事,或曰带有波斯色彩的故事都是来源于《一千个故事》。有些波斯故事并不属于《一千个故事》,而是因为这些故事曾在阿拉伯地区广为流传,为阿拉伯人所接受,而后加进《一千零一夜》中的。这样的故事大多是萨珊王朝后期的一些故事,如:《叔尔康的故事》《阿基布的故事》,以及有关萨珊国王阿努希尔旺(531—579年在位)的故事,等等。

巴列维语的《一千个故事》现已失传,据伊朗国内学者考证,已确定《一千零一夜》中原本属于巴列维语的《一千个故事》中的故事有 12 个。这些故事译成阿拉伯语后,有的保持了原貌,有的则在内容上有所拓展和改变。这 12 个故事如下:1)山鲁亚尔与山鲁佐德的故事;2)水牛和毛驴的故事;3)商人和魔鬼的故事;4)渔夫的故事;5)努伦丁·阿里和艾尼斯·张丽丝;6)四色鱼的故事;7)戛梅禄太子和白都伦公主;8)乌木马的故事;9)阿尔戴细尔和哈亚图·努夫丝;10)白第鲁·巴西睦太子和赵赫兰公主;11)赛义夫·姆鲁克和白狄尔图·赭曼丽;12)巴士拉银匠哈桑。①

另外有 18 个属于印度本源的故事。伊朗学者认为它们或许是从《一千个故事》中译过去的,也或许是从印度直接翻译过去的,现在已很难判断考证其究竟。这些故事大多是与动物有关的寓言故事。这 18 个故事如下:1)辛巴德和猎鹰的故事;2)人·飞禽·兽;3)牧童和伊朗人的故事;4)鸭子和乌龟;5)狐狸和狼;6)猎鹰和鹧鸪;7)老鼠和黑貂;8)乌鸦和猫;9)狐狸和乌鸦;10)老鼠和跳蚤;11)猎鹰和飞鸟;12)秃鹰和麻雀;13)刺猬和斑鸠;14)猿猴和小偷;15)织工的故事;16)麻雀的故事;17)智者辛迪巴德(国王、太子和将相嫔妃);18)国王赭里尔德·大臣舍马斯和太子瓦尔德·汗。②

阿拉伯帝国时期,从阿巴斯王朝第二位哈里发曼苏尔(753—775年在位)开始,掀起了声势浩大、旷日持久的翻译运动,称为"百年翻译运动",大量

---

① 'Abd-Allah Laṭīfṭasūjī. *Hizār-v-yikshab*, *muqadama*('Ali Aṣghar Hikmat),Intishārāt-i-ufast,Tehran,1315.

② 'Abd-Allah Laṭīfṭasūjī. *Hizār-v-yikshab*, *muqadama*('Ali Aṣghar Hikmat),Intishārāt-i-ufast,Tehran,1315.

古希腊、古波斯的典籍被译成了阿拉伯语。正是在这一时期，约在 9 世纪，波斯巴列维语的《一千个故事》被译成了阿拉伯语，名字被改成《一千夜》。尽管《一千个故事》中并没有一千个故事，但伊朗人惯用一千之数喻多，也许阿拉伯人是出于模仿采用了一千之数，也许更因为《一千个故事》中山鲁佐德确实与国王山鲁亚尔过了一千个夜晚，因此阿拉伯人把译书改名为《一千夜》。

译成阿拉伯语的《一千夜》已不再等同于波斯的《一千个故事》，随着时间的推移和说书人的增删，很多阿拉伯人游牧时期、定居时期，以及阿巴斯王朝时期（750—1258 年）波斯的、印度的、犹太人的民间故事被加进了《一千夜》。比如，《辛巴德传》本是一部独立的巴列维语文学作品，不属于《一千个故事》，但被翻译成阿拉伯语之后，被糅合进了《一千夜》。而有些《一千个故事》中原有的故事或被改编合并，已面目全非，仅存一点波斯的影子，或被删掉，消失在历史的长河中。

约在公元 10 世纪时，《一千夜》传入埃及，说书人又加入了很多埃及人和犹太人的故事。大约在 12 世纪，《一千夜》在埃及被改名为《一千零一夜》。马格里兹（1363—1444 年）曾在《开罗地貌图》一书中提到在埃及有本名叫《一千零一夜》的书很流行，这是第一次提到《一千零一夜》这个书名。① 至于把《一千夜》改名为《一千零一夜》的原因，一般认为，波斯人喜欢用"一千"表示"多"之约数，而用"一千零一"表示"极多"，前面提及的"青铜勇士"一诗就是用"一千零一"这个数喻极多。这种习惯用法后为奥斯曼土耳其人所吸收，他们"喜欢说'一千零一个教堂'、'一千零一个圆柱'等以言其多"②。埃及人可能受了波斯人或奥斯曼土耳其人的影响。而西方学者 Gildemeister 认为把《一千夜》改名为《一千零一夜》是因为埃及人不喜欢整数，认为整数是不吉利的③，不知此说是否有依据。

今天规模的《一千零一夜》的正式成书，大约是在 16 世纪。因此，可以肯定，在《一千夜》变成《一千零一夜》之后，仍有许多故事添加进去。18 世纪

---

① 郅溥浩：《神话与现实——〈一千零一夜〉论》，社会科学文献出版社 1997 年版，第 21 页。
② 李玉侠：《〈一千零一夜〉前言》，纳训译，人民文学出版社 2007 年版。
③ 'Abd-Allah Laṭīfṭasūjī. *Hizār-v-yikshab*, *muqadama* ('Ali Aṣghar Hikmat), Intishārāt-i-ufast, Tehran, 1315.

初,法国人昂特旺·加兰把该书译成法文,介绍到欧洲,遂传遍世界。

《一千零一夜》经过"出口转内销"回到伊朗是在 19 世纪恺加王朝纳赛尔丁国王(1847—1895 在位)时期。1843 年,《一千零一夜》在伊朗大不里士由阿卜杜·拉提夫·塔苏基从阿拉伯语翻译成现代波斯语,1863 年出版,历时20 年。这是最早的一个译本。不过,这个译本在当时仍叫做《一千夜》。后来,阿布·法塔赫·设拉子采用诗歌体翻译了《一千零一夜》,诗译本则沿用了伊朗巴列维语古书名,叫做《一千个故事》,该译本在 1895 年出版。1936年,阿卜杜·拉提夫·塔苏基的译本再版,正式改名为《一千零一夜》。这部从伊朗流出的涓涓溪流,在阿拉伯的底格里斯河与幼发拉底河流域汇集成为肥沃丰饶的民间故事集,又重新回到伊朗,对伊朗近现代故事文学的发展起到了重要的推动作用。

二、《一千零一夜》主线故事的可能波斯之源

《一千个故事》这部书原本很可能是从印度传入波斯,这是学界的共识,伊朗学者对此也不讳言。一是因为书中有些故事带有明显的印度色彩,二是因为其故事套故事的框架结构显而易见源自印度。波斯语维基百科"《一千零一夜》"词条说该故事集的源头是波斯的《一千个故事》,"这部书可能在阿契美尼德王朝(前 550—前 331)之前就在印度产生了,在亚历山大入侵之前传入伊朗,翻译成了古波斯语。"①这里直言《一千个故事》可能是从印度传入的。当然,传入波斯的《一千个故事》也波斯本土化了,加入了波斯本土的一些故事,这也是学界共识。其中,对《一千个故事》——《一千夜》——《一千零一夜》三部作品中贯穿始终的主线故事,即山鲁亚尔(Shahryār)与山鲁佐德(Shahrzād)的故事,伊朗学界一般认为,是一个地地道道的波斯故事,其原型出自伊朗,并为捍卫这一信条而穷究其渊源。

---

① http://fa.wikipedia.org/wiki/%D9%87%D8%B2%D8%A7%D8%B1_%D9%88_%DB%8C%DA%A9_%D8%B4%D8%A8.

关于《一千个故事》主线故事之源,伊朗学界持神话传说与历史传说两种观点。前者是新近出现的观点,以伊朗学者、剧作家巴赫拉姆·贝扎伊(1938—)为代表,其研究专著《〈一千个故事〉源自何处?》考察了《一千个故事》主线故事的几种传统说法之外,提出该故事还有可能来自伊朗远古时期有关蛇王扎哈克的神话传说,并详细分析了伊朗远古时期频繁出现的勇士屠龙(蟒蛇)传说与此的关联。[①] 在远古时期,著名国王贾姆希德统治伊朗700年,国家繁荣昌盛,国泰民安。贾姆希德以此为傲,欲自称天神,结果失去神佑。扎哈克是阿拉伯部落王子,受蛇魔引诱,弑父登基,自立为王,打败了伊朗国王贾姆希德,统治整个伊朗,无恶不作,他两肩上长出的蛇魔每晚取两人脑髓喂食。贾姆希德的两个妹妹,一个名叫沙赫尔纳兹(Shahrnāz,被认为是山鲁佐德的原型),一个名叫阿尔纳瓦兹(Arnavāz),也被强行拖到扎哈克王宫,侍奉蛇王扎哈克。巴赫拉姆·贝扎伊认为该两姐妹是山鲁佐德与其妹妹迪纳尔扎德的原型。

笔者认为,巴赫拉姆·贝扎伊的此观点比较牵强,忽略了"(妃子)给国王讲故事以拯救他人"这一至关重要的楔子。因为,菲尔多西(940—1020年)的《列王纪》讲到,贾姆希德的两个妹妹沙赫尔纳兹和阿尔纳瓦兹被拉去做扎哈克的妃子之后,深得扎哈克宠爱,"蛇王娇宠她们惯坏脾气,教她们懒惰和害人妖术"[②],而扎哈克每日照旧让御厨杀人取脑。御厨心地善良,每次悄悄释放一人,用一羊脑替代人脑。被御厨释放的这些人集合在高山深谷躲藏,成为库尔德人的祖先。因此,在该神话故事中非但没有"(妃子)给国王讲故事以拯救他人"这一至关重要的楔子,而且两姐妹似乎还助纣为虐。

前面讲到伊本·纳迪姆(890—989年)的《索引书》简述了《一千个故事》的主线故事,尽管比较简略。这说明,伊本·纳迪姆所读的《一千个故事》中已有该主线故事。菲尔多西与伊本·纳迪姆差不多同时代,如前所述,菲尔多西在创作《列王纪》时很可能参考过《一千个故事》。倘若在菲尔多西时代已有"两姐妹给蛇王讲故事以拯救他人"这一民间传说,很难想象,菲尔多西不

---

① 参见 Bahrām Beyżāyī.*Hizār Afsān Kujāst*,Intishārāt-i-Rawshangarān,Tehran,1391。

② Firdawsī.*Shāhnāma*,Intishārāt-i-AmīrKabīr,Tehran,1369,p.29.

会将之写进《列王纪》中,反而写两姐妹骄奢淫逸、助纣为虐。

阿里·艾斯加尔·赫克马特在波斯文 1936 年版《一千零一夜》序言中,采用西方学界的观点,认为该主线故事可能来自《旧约·以斯帖记》,这一观点现已普遍为伊朗学界采用。上古时期,犹太民族在与其周边民族的角逐中屡遭灭顶之灾。而古波斯帝国居鲁士、冈比西斯、大流士、薛西斯前后四代君主皆善待犹太人,居鲁士大帝释放"巴比伦之囚"更是一桩伟大的义举。对个中原因的猜测便在伊朗人和犹太人中间产生了各种各样的传说,有的说居鲁士的母亲是犹太人,有的说居鲁士的妻子是犹太人,有的说波斯国王皆喜娶犹太女子为妻。这些传说在《旧约·以斯帖记》中似乎又得到一定程度的印证。据《旧约·以斯帖记》记载,波斯王亚哈随鲁(即阿尔塔薛西斯一世)的王后对国王不恭敬,亚哈随鲁将她打入冷宫,另选犹太大臣末底改之养女以斯帖为后。另一个名叫哈曼的大臣与犹太人为敌,欲灭波斯境内所有的犹太人。以斯帖为拯救自己的族人,不顾冒犯国王的危险后果,在未受召见的情况下果敢觐见国王,揭露了哈曼的阴谋。结果,哈曼被国王送上了绞刑架,犹太人额手称庆。直到现在,犹太教徒每年都纪念这个哈曼上断头台、犹太人获救的日子。以斯帖和末底改的陵墓在现今伊朗哈马丹市,直到现在仍受到世界各地犹太人的瞻仰。

该历史传说故事中的诸多因素,比如,王后对国王不敬而被废黜;侍臣为王遍寻"美貌的处女"(《旧约·以斯帖记》2:2);末底改后来升任亚哈随鲁王的宰相,那么以斯帖就是宰相之女;以斯帖为拯救犹太族人,毅然决定"我违例进去见王,我若死就死吧!"(《旧约·以斯帖记》4:16),冒死擅闯王宫,觐见国王,等等,的确与《一千零一夜》中的主线故事有几分相似。并且,在亚哈随鲁国王的后宫中,以斯帖因是犹太人,被讥称为 Chihrāzād,意为:高贵的"自由民"(反其意而用之)。因波斯语短元音 i 有时会被读作 a,因此 Chihrāzād 有可能因读作 Chahrāzād 而进一步讹音为 Shahrzād(山鲁佐德),而"山鲁亚尔(Shahryār)"在波斯语中本意即为"国王、君主",可以指任何一位国王。因此,亚哈随鲁王与以斯帖被视为"山鲁亚尔与山鲁佐德"的原型,尽管《旧约·以斯帖记》中亚哈随鲁王没有滥杀无辜,也没有以斯帖给国王每夜讲故事的记载。

《旧约·以斯帖记》的成书时间一般认为在公元前5世纪末或公元前4世纪初,因为波斯亚哈随鲁(即阿尔塔薛西斯一世)国王的在位时间是公元前465—前424年。结合前述伊本·纳迪姆《索引书》的记载,在亚历山大征服伊朗时期(公元前4世纪后半叶),就已有《一千个故事》这部故事集。因此,将《一千零一夜》中的主线故事与《旧约·以斯帖记》附会在一起,尚不算牵强。

这个历史传说与古波斯帝国后期的有关历史人物纠缠在一起,变得更加复杂。因巴列维语原本的《一千个故事》已经失传,我们现今只有从伊本·纳迪姆《索引书》的记载进行推测,该书记载:"有人说这部书是为巴赫曼的女儿胡玛编撰的,但关于此也有别的说法。"[1]荷兰东方学家 Degoeje 也指出:《一千个故事》《以斯帖记》和《列王纪》中的某些故事可能都出自同一源头,相互间有很密切的关系。[2] 这个共同的源头即是发生在公元前5世纪下半叶的有关伊朗国王巴赫曼与其女儿胡玛的故事。

前文讲到"青铜勇士"伊斯凡迪亚尔过七关的故事已在《一千个故事》中存在。伊斯凡迪亚尔死后,其子巴赫曼继位。这个伊朗上古传说中的国王巴赫曼,与历史上的阿尔塔薛西斯一世(前465—前424年在位,即《以斯帖记》中的亚哈随鲁王,按新波斯语语音记作阿尔戴细尔一世,绰号"长手阿尔戴细尔","长手"意指统治力量强大),被伊朗学界认作是同一人。传说,巴赫曼国王有一个女儿名叫胡玛,长成后十分美丽动人。巴赫曼就娶了自己的女儿(伊朗古代琐罗亚斯德教有血亲通婚的习俗),之后胡玛当政32年,成为伊朗历史上第一位女王。胡玛让位于其子达拉布。达拉布与马其顿国王菲利普作战,菲利普战败,将女儿陪给达拉布做妻子。过了一段时日,达拉布不喜菲利普之女,将其遣送回国。该女此时已有身孕,回国后生下一子,即亚历山大。因这个传说情节生动,围绕着巴赫曼和胡玛就产生了许多故事。菲尔多西的《列王纪》对此有比较详细的描述,并把胡玛叫做 Chihrzād:他有个女儿名叫胡

---

① Ibin Nadīm.*Al-fihrist*,Intishārāt-i-Asāṭīr,Tehran,1381,p.540.

② 'Abd-Allah Laṭīfṭasūjī.*Hizār-v-yikshab*,*muqadama*('Ali Aṣghar Hikmat),Intishārāt-i-ufast,Tehran,1315.

玛,聪慧过人、心地纯洁。/人们也叫她切赫佐德,世间万物看见她就兴高采烈。① Chihrzād 有可能是 Chihrāzād 的讹变。这说明至少在菲尔多西时代,民间传说已有把胡玛、以斯帖(Chihrāzād—Chihrzād)、山鲁佐德(Shahrzād)混同的倾向。

马斯欧迪(?—956 年)在其著作《黄金草原》中不仅提到了《一千个故事》这部书及主线故事男女主人公的名字,而且还讲到波斯"山鲁亚尔"(国王)洛赫拉斯帕"在把囚困的以色列诸部解往东方之后,他将一名叫作迪纳尔扎德的犹太女子娶为妻,她促成了以色列人返回圣城……据说,迪纳尔扎德与洛赫拉斯帕生了个儿子名叫戈什塔斯布。但对此也有别的一些说法。因此,胡玛通过其母亲而成为犹太人族裔"②。显然,这里的"迪纳尔扎德"指以斯帖,因为在《旧约》中只有《以斯帖记》明确记载以斯帖是犹太人,且被选入波斯国王后宫。而在《一千零一夜》和《一千个故事》的主线故事中,"迪纳尔扎德"是山鲁佐德的妹妹,她配合姐姐山鲁佐德给国王山鲁亚尔讲故事。

但在菲尔多西的《列王纪》中洛赫拉斯帕是"青铜勇士"伊斯凡迪亚尔的祖父,巴赫曼的曾祖父。与阿里·艾斯加尔·赫克马特同时期的另一位伊朗学者塔巴里认为以斯帖是巴赫曼的母亲,山鲁佐德即是胡玛;犹太历史学家约瑟夫斯则认为《以斯帖记》中的亚哈随鲁国王就是巴赫曼,即以斯帖是胡玛的母亲。③ 关于以斯帖究竟是巴赫曼的妻子还是巴赫曼的母亲,山鲁佐德是胡玛本人还是胡玛的母亲这些问题上众说纷纭。其实,这样的一些从历史传说或历史人物的追根溯源,都只是从人物的名称上着手,而忽略了"给国王讲故事"这一关键楔子。

还有另一个源自历史人物原型的说法。贾拉尔·塞塔里在《一千零一夜》波斯文译本序言中列举了"以斯帖说"之外,还认为该主线故事有可能出自波斯萨珊王朝时期(224—651 年)"霍斯陆与席琳"的著名故事。萨珊国王(山鲁亚尔)霍斯陆(590—628 年在位)娶亚美尼亚美女席琳为妃,因席琳不

① Firdawsī.*Shāhnāma*,Intishārāt-i-Amīr Kabīr,1369,p.340.

② Mas'ūdī.*Murūj-al-zahab*,Intishārāt-i-'ilmī-v-Farhangī,1390,p.223.

③ Firdawsī.*Shāhnāma*,Intishārāt-i-Amīr Kabīr,1369,p.340.

具有波斯贵族血统,且信仰基督教,因此被波斯宫廷上下讥称为 Chihrāzād(高贵的自由民,如对"以斯帖"一样,反其意而用之)。前面讲到,Chihrāzād 有可能讹音为 Shahrzād(山鲁佐德)。当时,有巴勒斯坦拿撒勒人的两个基督教教派生活在伊朗,一是聂斯脱利教派,一是亚古比耶教派。后者一直备受前者压制。席琳属于亚古比耶教派,她是一个机智的女人,用各种精彩美妙的故事赢得霍斯陆的欢心,以此获得霍斯陆的支持,让亚古比耶教派扬眉吐气。①

　　菲尔多西《列王纪》中的相关章节和内扎米(1141—1209 年)的《五卷书》之《霍斯陆与席琳》都只是写二人之间的爱情故事,没有涉及当时的教派冲突,也没有"给国王讲故事以拯救他人"。霍斯陆与席琳都是历史人物(席琳这个人物有点民间传说的色彩,类似乾隆的香妃),当时聂斯脱利教派与亚古比耶教派之间的教派冲突也是实有其事②,但席琳给霍斯陆国王"讲故事"使亚古比耶教派从被压制到翻身扬眉吐气很可能是民间的牵强附会,并且很可能是在《一千个故事》影响下产生的,而不是相反。因为,这个时期,不仅《一千个故事》早已存在了数百年,并且印度的其他故事书籍已传入波斯,菲尔多西《列王纪》写到霍斯陆的儿子西路耶阅读《卡里莱与笛木乃》③。因此,萨珊末期的波斯民间传说受到印度故事文学的较深影响当在情理之中。

三、《一千零一夜》主线故事的可能印度之源

　　尽管伊朗学界为捍卫该主线故事的"伊朗性"而穷究其渊源,但若仔细考察,该主线故事其实也具有诸多印度文学的因子。由于《一千个故事》的巴列维语原本已经失传,我们只能从伊本·纳迪姆的《索引书》的记载来窥探其主线故事:"这部书的缘起是:一位国王每娶一位女子,与她同床一夜之后,就将其杀死。后来娶了一位名叫山鲁佐德的王族之女,她足智多谋又机灵。她就

　　①　'Abd-Allah Laṭīfṭasūjī. Hizār-v-yikshab, muqadama(JalālSitārī), Intishārāt-i-ufast, 1366.
　　②　参见克里斯滕森:《萨珊时期的伊朗》(波斯文版),拉希德·亚萨米译,现代之声出版社 1999 年版,第六章伊朗的基督教徒。
　　③　Firdawsī. Shāhnāma, Intishārāt-i-Amīr Kabīr, 1369, p.525.

给国王讲故事,一直讲到夜尽时分,以使国王让她活到次晚,好继续听她讲下
面的故事。就这样,一直讲了一千夜。这期间,国王与她同床共枕,她给国王
生了一个儿子。她将孩子展示给国王,使国王从魔咒中清醒过来。国王也喜
爱她的聪慧,同她生活在一起。另一位女主角名叫迪纳尔扎德,总是与国王在
一起,她在讲故事上与山鲁佐德配合。"①在这一简单的记述中,具有了"(妃
子)给国王讲故事以拯救他人"这一关键楔子。

　　如本文前述,学界普遍认为《一千个故事》在亚历山大征服时期就已在波
斯存在。但是,"蛇王扎哈克说"与"以斯帖说"二者皆没有"给国王讲故事以
拯救他人"这一关键楔子。那么,这种"给国王讲故事以拯救他人"的文学样
式很可能源自《一千个故事》的母国印度。大而化之地说,故事套故事或曰故
事连环套的文学样式,早在印度史诗《摩诃婆罗多》中就已有体现,也可以说
是印度人的轮回思想在文学上的反映;以故事寄寓教化,也是佛经文学的典型
样式。然而,具体地寻找,我们发现在从印度传入波斯的故事集《卡里莱与笛
木乃》中就有"给国王讲故事以拯救他人"作为故事集开篇的叙事模式。

　　《卡里莱与笛木乃》源自印度的《五卷书》,波斯萨珊国王阿努希尔旺
(531—579年在位)命御医白尔才外从印度把梵语翻译成巴列维语带入波
斯。阿拉伯帝国时期,由波斯人伊本·穆格法(724—759年)把巴列维语译
成阿拉伯语。巴列维语译本《卡里莱与笛木乃》序言讲到该书来历:亚历山大
征服印度之后,委派自己的一位亲信做印度国王,自己率军继续征战。亚历山
大一离开印度,印度人就造反,废黜了亚历山大的委派国王,另立自己民族的
先王之子德卜舍里姆为王。德卜舍里姆一待政权稳固之后,就专横跋扈起来,
继而暴虐无度,任意鱼肉百姓。直谏的大臣都性命难保。当时,有一位婆罗门
智者名叫白德巴,召集自己的门生说:"他弃绝正义,为非作歹,虐待百姓,我
们的心灵怎能屈从这样的事情呢! 如果出了这样的君王,我们定要让其改邪
归正,弃恶从善……我们只有借我们的口舌与之斗争。"众门生说:"面对他的
权势淫威,我们既替你担心,同时也为我们自己忧虑。你一旦说出不顺他耳的
话语,我们真担心你会遭受他的暴烈之苦,甚至他会对你下毒手。"婆罗门白

①　Ibin Nadīm.*Al-fihrist*,Intishārāt-i-Asāṭīr,Tehran,1381,p.540.

德巴冒死觐见国王,他先是给国王讲大道理,结果被投入监狱,后来国王悔悟释放了他,还对他委以重任。于是,白德巴也改变了直谏的方式,改为撰写一部动物寓言故事集,即《卡里莱与笛木乃》(《五卷书》),"书中的对话皆通过牲畜禽兽之口说出,表面上好像是供官与民消遣散心的闲书,而内里却是对统治者理性的训教与开导"①。这里,《卡里莱与笛木乃》(《五卷书》)的成书原因与《一千零一夜》中的主线故事有很多相似之处,比如:国王暴虐,祸害无辜,婆罗门或妃子冒死觐见国王,最终以讲故事的方式柔化了国王的心,让国王改邪归正,只不过是"(妃子)给国王讲故事以拯救他人"变作了"(婆罗门)给国王讲故事以拯救他人(百姓)"。

季羡林先生译自梵语的《五卷书》原序的说法是:印度古代有一位名叫阿摩罗铄枳底的国王,他有三个儿子,都很愚钝,国王对此很恼火,觉得这样的儿子无法做继承人,无法胜任统治者的角色。于是,国王请一位名叫毗湿奴舍里曼的婆罗门智者撰写了一部专门教育三位王子的寓言故事集,即《五卷书》。三位王子读了此书之后,果然慧根开启,变得聪明了,"从此以后,这一部名叫《五卷书》的统治论就在地球上用来教育年轻人。"②这里,虽然《五卷书》的成书原因与上述《卡里莱与笛木乃》原序所说不一样,但内核是一致的,即:(婆罗门)给国王(王子)讲故事以拯救(教化)他人。其精神实质即是"统治论","按照印度传统说法,《五卷书》是《统治论》的一种。它的目的是通过一些故事,把统治人民的一些法术传授给皇太子们,好让他们能够继承衣钵,把人民统治得更好。"③比较二者,《五卷书》原序显得更古朴一些,而《卡里莱与笛木乃》原序很可能是波斯文人加工改造过的,呈现出珠圆玉润的美感。

而另一部泰米尔语《五卷书》抄本的楔子则与《一千个故事》—《一千零一夜》主线故事大致相同:一位国王让其宰相每天寻找一美女陪他过夜。一天,宰相未能找到如意女子,怕国王怪罪。宰相女儿为解父亲之忧,主动前去侍奉国王。晚上,她给女仆讲故事,在一旁的国王也听得入迷。就这样,故事讲了一年,国王将宰相女儿立为王后。只是,该抄本的年代不详,是早出还是晚成,

① 李唯中译:《卡里莱与笛木乃》,天津古籍出版社 2004 年版,第 6 页序言。
② 季羡林译:《五卷书》,人民文学出版社 1981 年版,第 3 页原书序。
③ 季羡林译:《五卷书》,人民文学出版社 1981 年版,第 2 页译者序。

难以断定。①

《五卷书》虽然传入波斯是在公元 6 世纪，时间较晚，但成书很早，应该是在亚历山大死后其继任者统治的希腊化时期，据考证最早版本的《五卷书》出现于公元前 3 世纪②。因此，我们是否可以认为，早在公元前，这种以"给国王讲故事以拯救他人"作为楔子的叙事模式就已在印度文学中存在，乃至比《五卷书》成书更早的《一千个故事》也是采用这样的叙事模式？只是情节可能会比较古朴简单。伊本·纳迪姆《索引书》中关于《一千个故事》主线故事的记载，与后来定型之后的《一千零一夜》的主线故事相比较，就显得十分古朴简单，国王滥杀无辜的原因似乎是受了魔咒。这也许更接近该故事的原始面貌。

我们现在看到的《一千零一夜》主线故事讲述国王山鲁亚尔滥杀无辜的原因是王后淫乐。只是，关于王后淫乐的具体细节，不同的版本有不同的描述。我们来看另一部阿拉伯民间故事集《一百零一夜》的相关描述。该书主要在北非马格里布地区流传，其成书年代不可考，有专家推测它比《一千零一夜》成书年代早，但《一百零一夜》并非《一千零一夜》的早期版本，而是两部不同的民间故事集，因为二者大部分故事都不相同，但也有少部分故事雷同。其中，其主线故事与《一千零一夜》的主线故事如出一辙，但是故事内容和情节比后者短小简单，"一般来说，同一故事，篇幅短的要比篇幅长的产生的时间要早"③。《一百零一夜》主线故事中的女主人公也叫山鲁佐德，是宰相的女儿，她有一个妹妹叫迪纳尔扎德，配合山鲁佐德给国王讲故事。国王则是一位名叫达里姆的印度国王。《一百零一夜》主线故事中王后淫乐的细节：王后与四十个女奴（《一千零一夜》作二十个女婢和二十个男仆，主仆一起聚众淫乐④，明显更进一筹，可以说是阿拉伯阿巴斯王朝时期社会奢靡风气的反映。）在御花园弹琴作乐。一个时辰之后，王后遣散众女奴，独自走到一棵大树旁，

---

① 黄宝生：《印度故事的框架结构》，《外国文学研究集刊》第 8 集，中国社会科学出版社 1984 年版。

② 中文维基百科《五卷书》词条：http://zh.wikipedia.org/wiki/%E4%BA%94%E5%8D%B7%E4%B9%A6。

③ 郅溥浩译：《一百零一夜故事》，大众文艺出版社 2001 年版，序言。

④ 参见李唯中译：《一千零一夜》第一卷，宁夏人民出版社 2006 年版，第 2 页。

"从树下的一个洞口走到地下,用脚踹了踹地面。这时,一扇石门打开了,从里面走出来一个高大的黑奴……二人尽情淫媾"①。该主线故事极有可能源自印度,一是其男主人公明确是一位印度国王,二是王后淫乐的细节与一佛经故事十分相似。《杂宝藏经》中《谄伪人》故事讲述:一位老婆罗门娶了一位年轻妻子,妻子与别人私通,老婆罗门愤而离家出走。一路上,老婆罗门遇到种种虚伪之人。其中,有一位外道出家人,貌似善良,不忍伤害蚁虫。老婆罗门对之十分信赖,"往至其家","至夜后分,但闻作乐歌舞之声,便出看之,乃见出家外道住室有一地孔,中出妇女,与共交通。若女人舞,外道弹琴;若外道舞,女人弹琴"②。二者不同之处仅仅是从洞中走出的人性别正好相反,但淫乐的方式是一样的。按照常理,产生时间早的应当更接近原始面貌。因此,《一百零一夜》的主线故事也许与波斯的《一千个故事》的主线故事更接近。

再者,《一千零一夜》主线故事中穿插的一个故事明显是印度故事。山鲁佐德向宰相父亲主动请缨,要去侍奉恼羞成怒的国王,要去拯救普天下的无辜姑娘。父亲怕女儿遭遇不测,被国王虐待,就讲了一个《毛驴、黄牛与农夫的故事》以劝告女儿:一个农夫懂兽语,听见自家黄牛对毛驴说,自己辛苦劳作耕地一整天,却只能吃一些粗草,而毛驴除了给主人当坐骑,整天不干啥事,还尽吃精挑细选的大麦和嫩草。毛驴就给黄牛出主意,让它少吃一点,没精神,主人就不会拉它去干活了。听懂了兽语的农夫第二天把毛驴拉去耕地。毛驴耕了一天地,脊背都磨破了,对自己自作聪明懊悔不已,就对黄牛说:"我听主人说,假若黄牛再不能干活,就把它送到屠户那里宰了,剥下牛皮,把肉块切碎。我真打内心里为你担惊受怕呀!我劝你还是干活去吧,以免白白送命。"黄牛听了,就拼命吃喝,然后乖乖去干活。农夫对此开怀大笑。妻子问其因,农夫说天机不可泄露,否则会丧命。妻子则绝情地说:"你就是因之丧命,也要把天机告诉我!"商人对绝情的妻子颇感无奈,决定吐露秘密,然后去死。这时,家里的一只公鸡教他痛打老婆一顿,老婆就柔顺了。商人果真用藤条将妻子痛打一番,妻子叫苦求饶,再不敢蛮横无理。③ 这个故事被认作是《一千

---

① 郅溥浩译:《一百零一夜故事》,大众文艺出版社 2001 年版,第 5—6 页。
② 王邦维选译:《佛经故事》,中华书局 2007 年版,第 143 页。
③ 参见李唯中译:《一千零一夜》第一卷,宁夏人民出版社 2006 年版,第 9—11 页。

个故事》中原有的故事(见本文第一节,纳训节译本将这个故事译作《水牛和毛驴的故事》)。

　　该故事显然是《佛本生故事》中《摩尼克猪本生》和《驴儿子本生》两个故事的合集。《摩尼克猪本生》讲述:菩萨转生为某富人家的牛,名叫大红,它有个弟弟名叫小红。主人饲养了一头名叫摩尼克的猪,整天用牛奶粥喂它。小红见了愤愤不平,说,我们兄弟俩整天干的都是牵引拖拉的重活,吃的却是粗料,而摩尼克猪啥事也不干,还吃牛奶粥。哥哥大红回答说:“你不要羡慕这头猪吃牛奶粥,它吃的是断头食。因为主人的女儿结婚时需要美味佳肴招待客人,他们才给这头猪喂牛奶粥。”几天后果真如此。小红也不再羡慕摩尼克猪的美食和安逸了。①

　　倘若说《摩尼克猪本生》故事与《毛驴、黄牛与农夫的故事》前半部分尚有些许差异,不尽一致,那么《驴儿子本生》故事则与《毛驴、黄牛与农夫的故事》后半部分完全如出一辙。《驴儿子本生》讲述:古时候,塞纳格国王因救了蛇王一命而与蛇王成为朋友。蛇王将自己的一个蛇女送给塞纳格国王作侍女。一天,国王发现蛇女在御花园的莲花池里与一条水蛇淫乐。国王一气之下,就打了蛇女。蛇女跑回娘家诉苦。蛇王不明真相,招来四条蛇,欲杀死国王,结果听见国王对王后说出蛇女淫乐的真相。蛇王惭愧,便教给国王能听懂兽语的咒语。从此,国王能听懂蚂蚁蚊蝇的话,国王为此频频发出笑声。王后问其因,国王说:“如果我把这个咒语教给你,我会死掉的。”但王后绝情地说:“就是你死,也要教我。”国王奈何不了王后,只好准备赴死而教授咒语。这时,菩萨转生的帝释天让一头公羊教诲国王,不要被女人左右,狠狠揍女人一顿,女人就听话了。国王果真用鞭子狠狠抽打王后,王后求饶,再也不贪图咒语了。②

　　这个《驴儿子本生》故事不仅其后半部分与《毛驴、黄牛与农夫的故事》后半部分完全如出一辙,其前半部分蛇女淫乐的故事也与《一千零一夜》主线故事中王后淫乐的情节有些许相似,而这蛇王的故事,与波斯的“蛇王扎哈克的

---

① 参见郭良鋆、黄宝生译:《佛本生故事选》,人民文学出版社2001年版,第20—21页。
② 参见郭良鋆、黄宝生译:《佛本生故事选》,人民文学出版社2001年版,第232—236页。

故事",也许会在民间流传中被牵强附会在一起。

　　佛经故事文学产生的时间可以追溯到佛陀圆寂后,公元前5、4、3 三个世纪佛教徒对佛陀言行和教义举行的三次结集,而"佛教徒利用本生故事来宣传教义,至迟可以追溯到公元前 3 世纪"①。用讲故事的方式达到拯救或教化人的目的,应当说与佛教"普度众生"的思想和印度的"统治论"传统密切相关。古波斯帝国阿契美尼德王朝(前 550—前 331 年,东部与印度为邻)时期及亚历山大征服波斯、印度时期正值佛教从兴起走向兴盛,《佛经故事》《佛本生故事》和印度民间故事大量传入波斯是完全可能的。因此,《一千个故事》中"给国王讲故事以拯救他人"这样的主线故事其本源极有可能来自印度,当然,在传入波斯之后,附会上了波斯的"山鲁亚尔与山鲁佐德"的民间传说或历史传说。尽管如此,根据伊本·纳迪姆《索引书》中关于《一千个故事》主线故事"国王受魔咒滥杀无辜"的记载,笔者认为,"王后淫乐"导致国王山鲁亚尔滥杀无辜的细节,很有可能是在阿巴斯王朝时期,在当时社会奢靡风气影响下,民间说书人糅合印度故事、加工改造而成。从《一百零一夜》中的"王后淫乐"细节到定型后的《一千零一夜》中的相关细节,我们可以看到这种明显的演变。几度加工改造之后,整个主线故事由古朴简单变得丰腴饱满、扣人心弦。

(本文原载《国外文学》2015 年第 1 期)

---

　　① 参见郭良鋆、黄宝生译:《佛本生故事选》,人民文学出版社 2001 年版,代序《关于巴利文〈佛本生故事〉》。

李珣词:回汉共融的先声

一、李珣家族入华路线与唐代海上丝绸之路

李珣(约 855—930 年),波斯籍人氏,其父李苏萨,是波斯巨贾,于 825 年进献可以做亭子的沉香木材给唐敬宗(825 年在位)。《旧唐书》卷一七《敬宗本纪》记载:"穆宗长庆四年九月丙午朔,丁未,波斯大商李苏萨进沉香亭子材。拾遗李汉谏云:'沉香为亭子,不异瑶台琼室。'上怒,优容之。"唐代对外族有功于唐皇室者往往赐姓"李",而波斯人以籍贯为姓氏。苏萨(Sūs)乃是古波斯帝国阿契美尼德王朝(前 550—前 331 年)的冬都,也是萨珊波斯帝国(224—651 年)的陪都,在今伊朗胡泽斯坦省境内。因此,笔者疑李苏萨乃波斯苏萨人氏。

李珣一家仰慕唐代中华文化,或许也与萨珊波斯帝国灭亡后,不愿做亡国奴相关,举家迁徙到中国。波斯李氏家族起初侨居长安。唐僖宗(873—889 年在位)继位后不久,爆发黄巢起义,880 年起义军逼近长安,僖宗逃亡四川避难。李珣一家随僖宗入蜀。李珣弟李玹被僖宗授予率府率(官职名称,从四品)。李珣一家由此迁居蜀地梓州(今四川三台县)。"李珣字德润,本蜀中土生波斯。少小苦心,屡称宾贡(唐代授予外籍士子的科举头衔,相当于进士——引者注)。所吟诗句,往往动人"(后蜀何光远《鉴诫录》),有词集名《琼瑶集》,现存词五十四首,诗三首,分别收录于《全唐诗》卷七六〇、八九六;李珣妹李舜絃为前蜀后主王衍(918—925 年在位)昭仪,存诗三首,收录于《全唐诗》卷七九七。

　　关于李珣一家入华路线没有任何史料记载,笔者根据李珣词所表达的种种意象推测,李珣一家乃经波斯湾海上丝绸之路(而非经传统陆上丝绸之路)从广州入华。首先,李珣父亲李苏萨当年进献沉香亭子木,能做亭子者必为粗大的原木,适合海运而不适合车拉驼载式的陆运。中国岭南地区与亚洲西部地区的交通往来,即海上丝绸之路的开通,也许远远早于张骞出使西域。中国学界近年来对此已有一些探讨。1983 年,考古发掘广州象岗西汉南越王赵眜(卒于公元前 122 年)墓时,在墓中发现了一只银碗(盒),其造型装饰风格与中国传统器皿迥异,经有关专家鉴定,认为是波斯产品。赵眜生活在远离中原的岭南地区,其去世的年代在张骞两次(公元前 138 年和公元前 119 年)出使西域之间,其陪葬器物中的波斯器皿与张骞出使西域很难有什么关联。"此银盒与伊朗苏萨城所出土的阿契美尼德王朝时期于公元前 5 世纪所制刻有波斯王薛西斯(Xerxes)的名字的银器类同"[1]。这说明中国岭南地区,尤其是广州一带的南越王国与波斯古都苏萨之间存在较密切的往来关系。中国著名史学家刘迎胜教授也认为:"这件文物的出土,说明可能在先秦时代,中国与波斯就已有海上往来。"[2]也就是说海上丝绸之路或许早于陆上丝绸之路。

　　值得注意的是,南越王国的意象在李珣词中多次出现,比如:"越王台下春风暖,花盈岸,游赏每邀邻女伴。"(《前调》)[3]"相见处,晚晴天,刺桐花下越台前。"(《前调》)"红豆蔻,紫玫瑰,谢娘家接越王台。"(《前调》)越王台,在广州市北越秀山上,汉时南越王国第一代国王尉佗(即赵佗,约前 240—前 137年)所筑。因其高耸,成为南越一带的地标,时有文人墨客登临怀古。在李珣时代,南越王墓并未被发掘,其中陪葬品与波斯苏萨古都的关联并不为人所知,而先秦时代南越王国与古波斯的交通往来,在越王墓被发掘之前并未有任何史料涉及,李珣词中频频出现越王台的意象,一方面说明波斯苏萨城与中国南越王国的往来,极有可能成为当地世代相传的言说而成为苏萨人的集体记忆,并在李珣的词中频频反映出来。前文已述,李珣一家极有可能是波斯古都

---

　　① 刘迎胜:《丝绸之路》,江苏人民出版社 2014 年版,第 394 页。
　　② 刘迎胜:《丝绸之路》,江苏人民出版社 2014 年版,第 394 页。
　　③ 夏承焘选校,张珍怀、胡树淼注释:《域外词选》,书目文献出版社 1983 年版。本文所引李珣词均出自该书,不再另作注释。

苏萨人氏。另一方面，也反映出李珣一家很可能是经海上丝绸之路从广州入华，越王台作为广州的地标成为李珣乡愁的凝聚地和生发点。

这里，附带简要论及"刺桐"一词的源流。学界一般将"刺桐"视为泉州的称呼，"五代时，留从效在泉州城周围种植刺桐树，泉州遂有刺桐城的称号。南宋时，泉州取代了广州的地位，成为中国对外贸易的最大的港口，那里有大量的阿拉伯侨民，他们把刺桐城叫做宰橛城，因为刺桐与宰橛（即阿拉伯语和波斯语中的'橄榄'zeytūn 一词——引者注）发音相近的缘故"①。实际上，"刺桐"一词最早是指广州。在李珣词中，"刺桐"一词就频频出现，比如："回塘风起波纹细，刺桐花里门斜闭。"（《菩萨蛮》）"相见处，晚晴天，刺桐花下越台前。"（《前调》）在唐代，泉州尚未成为重要港口，而李珣词中的"刺桐"与"越台"紧密关联，因此"刺桐"显然是指广州。唐代，广州城里普遍种植刺桐树，这在唐诗中也有反映，朱庆馀《南岭路》言："越岭向南风景异，人人传说到京城。经冬来往不踏雪，尽在刺桐花下行。"（《全唐诗》卷五一四）。后来，五代时，泉州籍人氏留从效（906—962 年）任晋江王，仿效广州，在泉州城内也普遍种植刺桐，才使泉州被称为刺桐城。宋元之时，泉州成为海上丝绸之路东端的最重要港口，阿拉伯—波斯商人集居该城，听当地人称该城为"刺桐"，因该词发音与阿拉伯语和波斯语中的"橄榄"一词近似，因此产生误会乃至疑惑，伊本·白图泰（1304—1377 年）在其游记中说："我们渡海到达的第一座城市是刺桐城，中国其他城市和印度地区都没有油橄榄，但该城的名字却是刺桐。"②学界一般将伊本·白图泰的记述作为阿拉伯—波斯商人最早将泉州称作"刺桐"的史料，因此，在李珣词中，"刺桐"与"越台"的含义一样，指代广州城。当经历了漫漫水路之后，双脚踏踏实实踩在陆地上的感觉无疑是令远航者最激动人心、最刻骨铭心的，尤其当这片陆地不是暂时的歇息地而是后半生的依靠之时。因此，广州无疑是李珣家族身世中最重要的一站，相关意象频频出现在李珣词中。

从波斯湾至广州的海上丝绸之路在唐代已十分成熟，不仅亚洲西部地区

---

① 马坚：《齐橛、橄榄、刺桐与泉州城》，见《泉州伊斯兰教研究论文选》，福建人民出版社 1983 年版，第 20—21 页。

② 马金鹏译：《伊本·白图泰游记》，宁夏人民出版社 2000 年版，第 545 页。

的商人纷纷经此水路,运来其当地物产并运走中国物产,进行往来贸易,而且唐朝自身也有商船经此水路前往亚洲西部经商。2014 年,陕西泾阳县出土一座石碑《唐故杨府君神道之碑》(现藏于泾县博物馆),经考证为唐代宦官杨良瑶(736—806 年)墓前神道碑。碑文有一千余字,内容除了杨氏家族的起源,协助唐王室"借兵回纥"平叛"安史之乱"等唐代重大历史事件之外,尤其值得关注的是其"出使大食"的事件。785 年 4 月,杨良瑶"奉命"出使黑衣大食(即阿拉伯阿拔斯帝国)。碑文表明,杨良瑶是从广州出发,经过南海,穿马六甲海峡到印度洋,进入波斯湾,登陆达到巴格达——当时阿拉伯帝国的都城。然而,在唐朝正史中,却尚未发现相关记载,因此该碑文是对正史的一个重要补充。杨良瑶出使大食是否真的是"奉唐王室之命",为何不见正史记载,这一点值得考究。我们是否可以作这样的分析判断,当时海上丝绸之路上的商贸往来很可能更多的是巨贾富商们的民间行为,或民间资助行为,而非朝廷官方行为,朝廷官员只是坐收贸易利税。杨良瑶并非像郑和那样乃是奉朝廷之命出使西洋,因而不见正史记载。"唐置市舶使于广州以收商舶之利,时以宦者为之"(《资治通鉴》卷二二三)。杨良瑶正是一位被朝廷任命为市舶使的宦官。至于杨良瑶是否不甘于坐收利税,而私自率船队前往亚洲西部,亲自参与贸易,这需要史学界的考证。无论如何,该碑文至少说明了唐代海上丝绸之路的成熟程度,水路东西两端的商人可以很容易地自由往来。

9 世纪的阿拉伯地理学家伊本·胡尔达兹比赫在其著作《道里邦国志》(初稿完成于 846)中,详细描述了从波斯湾港口巴士拉到中国广州、江都的海上线路,并且还详细记录了每一站的航程里数,还说"汉府(广州)是中国最大的港口"[①]。这说明当时阿拉伯—波斯的商人对这一航线了如指掌,完全驾轻就熟。

李珣家族登陆广州之后,千里迢迢运来的沉香亭子木要翻山越岭,运入京城长安,进献给皇帝,若无内陆水路,也是一桩难事。然而,玄宗(712—756 年在位)时代,岭南大庾岭道路开通,可谓打通了岭南与中原地区的大动脉,"唐时,广州之波斯阿拉伯商人,北上往扬州逐利者,必取道大庾岭,再沿赣江而

---

① 伊本·胡尔达兹比赫:《道里邦国志》,宋岘译注,中华书局 1991 年版,第 72 页。

下，顺长江再至扬州也。扬州在南北朝及隋唐二代，最为繁华，确有'扬都'之号也。……由扬州往长安大抵皆溯隋氏所开运河，而上至洛阳，再经陆道，过潼关而至西安也"①。由此可见，唐时此条水路已十分成熟，李珣父亲的沉香亭子木经此水路运至长安，应该并非难事。此条水路的开通，"促使波斯大食人开始在中国内地城市定居，从而使之成为对华贸易及经济发展有过巨大影响的首批蕃商。穆斯林可能在 8 世纪 25 至 50 年代开始在华定居"②。

唐代，扬州作为内地长江口岸，是当时重要的经贸货物集散地，十分繁华，是都城长安、广州沿海地区之外的另一个穆斯林商人的重要集居地。唐至德初年（756 年），宋州刺史刘展谋反，邓景山引平卢兵马使田神功助讨叛逆。神功兵入扬州，"大掠居人资产"，"杀商胡波斯数千人"（《旧唐书》卷一二四《田神功传》，《新唐书》卷一四四《田神功传》）。由此可见，当时扬州一带波斯—阿拉伯商人很多，其中尤其多波斯商人。这大约是因萨珊波斯帝国被阿拉伯大军覆灭之后，波斯人大批亡国去乡，选择侨居客乡，繁荣富庶的唐帝国成为他们的首选之地。从上面的分析，可以看出，李珣家族可能正是属于早期由海路来华，并经水路进入中国内地城市定居的穆斯林商人。

二、李珣家族营生与海上丝路的香料贸易

李珣父亲李苏萨，是波斯巨贾，因进献沉香亭材料给唐敬宗而获得唐王室青睐。沉香，素为众香之首（沉檀龙麝四大香料，沉香居首位），在当时是（至今依然是）十分昂贵的香料药材。以如此名贵的香料木材为亭子，唐王室的奢靡由此可见一斑，因此才有拾遗李汉劝谏，也因此才有波斯苏萨巨商获赐姓"李"。另一方面，从中我们也可以窥见李珣家族乃是波斯苏萨城的世家大户，很可能是世代专做香料生意的富豪大亨，才有可能以可以用作建筑亭子的庞大而沉重的名贵沉香木材慷慨进献。李珣本人通晓医理，在其侨居生涯中，

①　张星烺编注，朱杰勤校订：《中西交通史料汇编》第二册，中华书局 2003 年版，第 843 页。
②　张日铭：《唐代中国与大食穆斯林》，姚继德、沙德珍译，宁夏人民出版社 2002 年版，第 118 页。

以卖香药为生,著有《海药本草》,"多记海外名香奇药"①,为明代李时珍《本草纲目》所引用。从李珣家族的营生也可看出,从海路来华的波斯—阿拉伯商人多经营香料贸易。

香料类的物产一般多出自热带地区的芬芳植物和动物体腺分泌的香液,而温带和寒带地区较少出产。香料之所以名贵,主要由于中原大地属温带气候,土产香料种类较少,且质地偏温润清淡,不似热带地区的香料香味浓郁。波斯—阿拉伯地区、南亚次大陆以及东南亚沿海岛国以盛产香料著称,是中国香料消费的最大供应地。在名目繁多的香料中,来自波斯—阿拉伯地区的乳香(中国典籍又称"薰陆香")、没药、沉香、苏合香、青木香、龙涎香、安息香、阿魏、蔷薇水(玫瑰水)、茉莉花精油、水仙花精油,以及中亚西域地区的麝香是进口香料中的上品。大约因对香料的广泛需求,伊朗人研制出了苏合香、阿魏等多种复合香料。对香料的开发和研制在伊朗安息王朝时期(前247—224年)达至鼎盛,各种合成香料迭出,乃至法国学者布尔努瓦认为"伊朗发展了复合香艺术"②,"安息香"成为香料中的名贵品。

学界一般认为张骞通西域之后才有波斯香料进入中国,然而前述广州西汉南越王赵眜墓中发现的银碗(盒),内有十颗香药丸,该银碗放在紧靠近墓主遗体的地方。这说明在南越王时代,中国与波斯的香料贸易就已经存在,并且将香料作为防腐药材使用。

尽管中国与亚洲西部的海上贸易,很可能开始较早。然而,唐之前中国的南海贸易,昆仑(即东南亚)占主导地位,"直至8世纪中叶,波斯大食人始起而代之"③。这其中原因多多。首先,唐代对丝绸出口有所控制,瓷器成为替代丝绸出口的大宗贸易商品。瓷器易碎,不适合车拉驮运式的陆路运输,而适合海运。《伊本·白图泰游记》记述:"瓷器价格在中国,如陶器在我国一样或更为廉价。这种瓷器运销印度等地区,直至我国马格里布。这是瓷器种类中

---

① 张星烺编注,朱杰勤校订:《中西交通史料汇编》(第二册),中华书局2003年版,第1090页。
② 布尔努瓦:《丝绸之路》,耿昇译,山东书画出版社2001年版,第274页。
③ 张日铭:《唐代中国与大食穆斯林》,姚继德、沙德珍译,宁夏人民出版社2002年版,第108页。

最好的。"①尽管伊本·白图泰生活于公元 14 世纪,在元代时来到中国,但这一记述真实反映了中国瓷器海外贸易状况。其次,是时政方面的原因,当时吐蕃向西域征伐,占据西域大片地区,阻隔陆上丝绸之路的畅通;同时期,阿拉伯阿拔斯王朝于 750 年建立,这是阿拉伯历史上最强盛的一个朝代,其中波斯人在促进阿拔斯王朝的繁荣昌盛方面起了重要的作用。在古代,海上贸易的程度往往是一个国家实力的体现。阿拔斯王朝以其强盛的国力推动着商人们的远航贸易,《酉阳杂俎》卷十六记载:"大理丞郑复礼言,波斯舶上多养鸽。鸽能飞行数千里,辄放一只至家,以为平安信。"这说明来自波斯—阿拉伯的船舶多且频,以鸽报平安的特征才会受到时人关注,同时也说明波斯—阿拉伯商人海上通讯手段的新颖便捷。第三,奢华富足的唐人对香料的需求激增。因此,仿佛是双方一拍即合,海上贸易由此迅速繁荣。"中国传统的大宗出口商品运销海外,换得域外各国番货入华,其中最主要的是香料"②。据日本僧人真人元开记载,唐开元年间,广州珠江口岸"婆罗门、波斯、昆仑等舶,不知其数;并载香药、珍宝、积载如山"③。

这些外来番船与客商以大食、波斯为最多。"唐宋时代,东南沿海对外贸易大盛,外国商人纷至沓来,其中以大食、波斯之商人尤多,当时称为'商胡'或'胡商'"④。波斯—阿拉伯地区的穆斯林商人以他们非凡的经商才能,通过海上丝绸之路,将东非、西亚、中亚、南亚、东南亚的各种奇异香料贩运进中国。大唐帝国也以其兼容并包的恢宏气魄来者不拒,广州成了当时世界上最大的香料市场,异香云集。除了用于国家的重大祭祀活动和宗教活动之外,香料还被富足奢华的唐人广泛用于日常生活,也入食保健、入药治病或作炼丹的辅料,因此也被称为香药。香料税收在唐代成为国家的重要财政来源,乃至到了宋代,香料税收"最高时竟占整个财政收入的 10%"⑤。为了管理海上贸易,尤其是要掌控香料税收,"唐始置市舶使,以岭南帅臣监领之……贞观十七

---

① 马金鹏译:《伊本·白图泰游记》,宁夏人民出版社 2000 年版,第 540 页。
② 刘迎胜:《丝绸之路》,江苏人民出版社 2014 年版,第 319 页。
③ [日]真人元开:《唐大和尚东征传》,汪向荣校、注,中华书局 1979 年版,第 74 页。
④ 张星烺编注,朱杰勤校订:《中西交通史料汇编》第二册,中华书局 2003 年版,第 834 页。
⑤ 刘迎胜:《丝绸之路》,江苏人民出版社 2014 年版,第 319 页。

年,诏三路市舶司,番商贩到龙脑、沉香、丁香、白豆蔻四色,并抽解一分"(《天下郡国利病书》卷一三〇)。因此,海上丝绸之路,也被称为"香料之路"。

李珣一家世代经营香料贸易,定居西南梓州后,李珣仍以贩卖香料为生。李珣词涉及香料意象的地方繁多,比如:"入夏偏宜澹薄妆,越罗衣褪郁金黄"(《浣溪沙》),这里的"郁金"是指藏红花,是波斯最著名的香料之一。再如:"红豆蔻,紫玫瑰,谢娘家接越王台"(《前调》),红豆蔻和紫玫瑰均乃波斯特产,豆蔻多用作香料,玫瑰则多用于提炼精油和制作香露水。又如:"莺报帘前暖日红,玉炉残麝香犹浓。"(《前调》)"香断画屏深,旧欢何处寻?"(《前调》)"秀帘垂地,金鸭无香。"(《中兴乐》)"沈水香消金鸭冷,愁永。"(《前调》)"沉水"即是沉香,"金鸭"是焚香的器皿,形状似鸭。李珣词所反映出他所经营的香料多为:郁金(藏红花)、沉香、豆蔻、玫瑰、麝香等。

李珣常年居住内陆蜀地,其词却触目皆是"水路迢迢"和"南海风光"意象,其文采与汉族词人描写江南水乡的小曲几无二致,比如:"有客经巫峡,停桡向水湄。"(《巫山一段云》)"捻得宝筝调,心随征棹遥。楚天云外路,动便经年去。"(《前调》)"等闲一去,程遥信断,五岭三湘。"(《中兴乐》)"渔市散,渡船稀,越南云树望中微。行客待潮天欲暮,送春浦,愁听猩猩啼瘴雨。"(《前调》)①"水为乡,篷作舍,鱼羹稻饭常餐也。"(《前调》)"征帆何处客,相见还相隔。"(《菩萨蛮》)"春暮,微雨。送君南浦。……后会何时节?不堪回首相望,已隔汀洲,橹声幽。"(《前调》)等等,十分繁多。这些词句中的水乡意象,以及前文所举"越台""刺桐"的意象,说明李珣虽身居川蜀腹地,依然时常辗转水乡,从蜀地经三峡到楚地,然后经三湘水,进入岭南广州,与海上往来蕃船接洽,与家乡朋友常聚常散,做香料生意,并且往往是经年才返。

香料,是李珣在华赖以生存的营生;香料,是李珣家族入华的媒介;香料,是李珣故乡的代名词;香料,是李珣与同样侨居中华大地的家乡人的情感黏合剂;香料,是大量入华的波斯—阿拉伯商人的身份名片;香料,是李珣身份认同和情感归依的载体。水乡风光与香残、香断、香销、香冷,这样的意象和词句倘

---

① 《域外词选》第 162 页注释:"越南:李珣经商,其行迹尝近越南。"笔者认为,此处注释错误;现今的"越南",古称安南(北部)和交趾(南部)。此处"越南"应是指"越地南部",即南越广州一带。

若出现在一个汉族词人笔下,很可能只是长期的学识修养养成的一种用词套路,习以为常。然而,在李珣这样一位以贩卖香料为生的侨居者笔下,呈现出别样的内在意蕴,让我们仿佛看到主人公的无边乡愁和去国怀乡的生命轨迹。

三、李珣词:回汉共融的先声

唐代中华与阿拔斯王朝时期的阿拉伯是当时世界上并峙的双雄,双方的强盛国力促使从波斯湾至广州的海上丝路贸易空前繁荣,大批穆斯林商人因种种原因滞留于华,"海路对穆斯林在华定居所起的作用,较诸陆路更为明显,海路的发展更大"[1]。海外商人在广州的集居区(今广州光塔路一带)在唐代被称为"蕃坊",当时,"蕃僚与华人错居,相婚嫁,多占田,营第舍"(《新唐书》卷一八二《卢钧传》)。一些外蕃留居数十年不归,据苏莱曼《中国印度见闻录》(大约成书于9世纪中叶至10世纪初之间)记载,当时那里有蕃人12万,又说20万人。[2] 留居不归者中,固然有仰慕唐代中国的富庶而"乐不思蜀"者,但笔者认为,更多的是波斯商人,因为遭遇国破家亡之痛,而选择永久性侨居客乡,并落地生根。无论如何,"正是这些来自波斯湾的穆斯林……吸收了中国文化,并形成了最早的中国穆斯林,则是毫无疑问的"[3]。

唐统治阶层对异域文化热衷,异域民族则仰慕中华文化,双向异文化互动共融,使唐代中国成为汇集周边多种人种、多种宗教(佛教、景教、祆教、明教、伊斯兰教)、多种语言文化的国际空间。国际空间的共融色彩使得侨居的异乡客具有一种相对的归属感,从而加快他们对侨居地的主流文化的接纳。在《域外词选》中,其他所谓的"域外"词人都是日本、朝鲜和越南的词人,在古代都是属于儒家汉文化圈内的词人,汉民族语言文化对于他们来说是一种学识

---

① 张日铭:《唐代中国与大食穆斯林》,姚继德、沙德珍译,宁夏人民出版社2002年版,第138页。

② 苏莱曼:《中国印度见闻录》,中华书局1983年版,第96页。

③ 张日铭:《唐代中国与大食穆斯林》,姚继德、沙德珍译,宁夏人民出版社2002年版,第138页。

和文化修养,不存在隔膜与陌生感。而李珣与他们完全不同,来自一个非汉文化圈的国度,因此李珣词更凸显了唐代中华文化对外部的影响力,同时李珣词通过迢迢水路将遥远丝路的另一端引入到唐代中华内部,也带给唐文化内部以更多的丰富性和多元色彩。

李珣词体现出作者的双重文化背景,既有对乡土家国的思念也有对汉文化的皈依,而其语言上的纯熟性,可谓完全弥合了其母国文化与侨居地文化之间的界限。首先,李珣词承载了作者的浓浓乡愁和身世飘零、去国怀乡的情感。比如《前调》:"又见辞巢燕子归,阮郎何事绝音徽?帘外西风黄叶落,池阁。隐莎蛩叫雨霏霏。愁坐算程千万里,频跂。等闲经岁两相违。听鹊凭龟无定处,不知。泪痕流在画罗衣。"再如《河传》:"去去,何处,迢迢巴楚。山水相连,朝云暮雨。依旧十二峰前,猿声到客船。愁肠岂异丁香结,因离别,故国音书绝。想佳人花下,对明月春风,恨应同。"法国哲学家德勒兹指出"少数文学"的特点:"表现为个体与政治的直观性关联,其中内嵌着对个人和对政治的阐释。"[1]李珣词表面上看来完全是个人内心隐秘的思乡之情的表达,无关乎政治,其实折射了萨珊波斯帝国覆灭的亡国之痛与波斯民族的命运多舛和屈辱。唐代中华的富庶与曾经的波斯萨珊帝国的繁荣形成隐形对照,也与亡国之痛形成显然对照。"故国音书绝""恨应同"这样的句子把李珣内心深处的故国情感表达得十分深沉和沉重。

其次,李珣词中去国怀乡的愁思是与汉民族语言文学的表达方式密切融合的。词本身即是汉民族文学的一种特殊体裁。李珣词体现出的不仅仅只是对这种文学体裁的采用,而是在深层次上对这种文学体裁所具有的表达方式的熟练掌握。诗人词人自比女子,以女子对如意郎君的思愁表达自己内心深处对仕途的企盼与期许,这是中国古典诗词最普遍的表达方式。从李珣词可以看出,李珣完全掌握汉民族词曲这种婉约曲折的表达方式,并借此抒发自己的心声。比如《西溪子》:"金缕翠钿浮动,妆罢小窗圆梦。日高时,春已老,人来到,满地落花慵扫。离思正难缄,燕喃喃。"《酒泉子》:"寂寞青楼,风触秀帘

---

① 陈永国:《游牧思想——古尔·德勒兹、费利克斯·瓜塔里读本》,吉林人民出版社 2011 年版,第 111 页。

珠翠憾。月朦胧,花暗澹,锁春愁。寻思往事依稀梦,泪脸露桃红色重。鬓欹蝉,钗坠凤,思悠悠。"《巫山一段云》:"有客经巫峡,停桡向水湄。楚王曾此梦瑶姬,一梦杳无期。尘暗珠帘卷,香销翠幄垂。西风回首不胜悲,暮雨洒空祠。"《前调》:"露滴幽庭落叶时,愁聚萧娘柳眉。玉郎一去负佳期,水云迢递雁书迟。"李珣词可以说深得婉约派之精髓,将闺怨相思的情感表达得十分细腻。然而,李珣是以闺怨的情思寄托思乡之情,把描写儿女情长、男欢女爱的词句用作寄寓自己去国怀乡的情怀。细细品味李珣词,可以体悟到其中的水乡风光与儿女情长,并非缥缈的海市蜃楼,更非欲赋新词强说愁,而是绵延细长的乡愁所长年营造的真切意象,是切切实实的心声,正如叶嘉莹先生所言:"词的表面都是儿女之情,相思怨别,却把每一位作者真的性情,内心最幽微隐约的情思流露出来了。"①

第三,李珣词中去国怀乡的愁思是与汉民族语言文学的内在意蕴密切融合的。这主要体现为李珣词对汉民族语言文学常用意象的熟练运用,本文前面所举李珣词几乎每一首都充满种种常见意象,让我们读来十分熟悉,没有丝毫生涩与隔膜。这里再举一例《南乡子》:"烟漠漠,雨凄凄,岸花零落鹧鸪啼。远客扁舟临野渡,思乡处,潮退水平春色暮。"中国古代士大夫大多远离家乡,在仕途上奔波,在他们的词曲中,迢迢水路、远客扁舟的意象往往成为他们抒发离愁别恨的载体。然而,对于李珣来说,这样的一些意象却成为一条既隐秘又显然的通道,一端连接着故乡的亲切感与思乡之情对李珣的慰藉,另一端又融进地道的汉民族语言文化,从而消弭了侨居异乡的隔膜与陌生感。

第四,李珣词中去国怀乡的愁思是与汉民族传统文化的思想内涵密切融合的。中国古典文学中,诗言志,词言情,寄托着中国士大夫们以儒道互济而安身立命的人生追求。李珣词体现出他完全融入其侨居地的传统文化中,深得中国士大夫们人生追求的精髓。比如《前调》:"十载逍遥物外居,白云流水似相于。乘兴有时携短棹,江岛。谁知求道不求鱼。"《前调》:"避世垂纶不记年,官高争得似君闲。倾白酒,对青山,笑指柴门待月还。"《前调》:"九嶷山,三湘水,芦花时节秋风起。水云间,山月里,棹月穿云游戏。鼓清琴,倾绿蚁,

---

① 《词境灵谿许共寻——访叶嘉莹先生》,《中华读书报》2015 年 4 月 15 日。

扁舟自得逍遥志。任东西,无定止,不议人间醒醉。"逍遥物外的道家思想对中国文人根深蒂固的影响,似乎同样作用于李珣这样的外籍士人,然而却寄托了别样的情怀——在逍遥中品味乡愁,在逍遥中化解乡愁,在逍遥中享受新的家园。一般来说,移民作家并不真的渴望回家,尽管在他们的作品中频频出现思乡之情,但这种思乡之情更多的是一种精神慰藉和身份象征,他们在现实生活中身体力行的是,努力在异国他乡寻找自己的归属,并把异国他乡变成自己想象中的家园,乃至最终真的成为自己的家园。

李珣词为极其纯熟的汉语,是十分地道的汉文学词曲,其语言的准确流畅与意境的高妙不输于任何一位汉族词人。语言形式的采用体现出使用者内心深处的一种向往倾向,人们往往会采用自己认为最适合的语言来表达内心情感,母语往往成为首选,因为母语是个体的人生而受之的表达自我的语言方式,更是具有同一历史文化传承的某一相对固定的族群表达自我的语言方式。李珣词中语言形式与情感内容的高度一致性,反映了李珣在其内心深处已经认同用汉民族语言替代自己原来的母语来表达自己的思想情感。这正是后来形成的中国回族穆斯林在语言上的显著特征。中国回族在其形成和发展过程中,初始以阿拉伯语和波斯语为母语,在与汉民族长期共融的过程中,逐渐借用汉语来表达自我,到明末清初整体性将汉语作为自己的通用语,但又在汉语中保留了诸多原母语的成分——寄托着中国回族穆斯林的宗教情感和身份表达——由此形成独具特色的回族汉语。这些保留至今的原母语成分,体现出回族在使用汉语的同时,仍然保留了自己的民族文化属性。

作为早期侨居中国的穆斯林,李珣不仅在语言表达上认同汉语言形式,在情感表达上认同汉文学形式,而且更为重要的是,在思想表达上非常自然地化中国传统文化精髓为自己所用,同时在其中又融入了与其家族身世相关的诸多意象。这其中体现出李珣在异乡侨居生活中,并未与自己所侨居的异乡产生文化上的隔膜或情感上的抵触,而是恰恰相反,与汉民族语言和文化传统积极共融,共融中又有着特定的自我身份表达。正是这样的积极共融的方式,将侨居中华大地的波斯—阿拉伯穆斯林孕育成一个新生的民族——回族;正是这样的积极共融精神,使得回族成为中国信仰伊斯兰教的十个民族中最秉具中国传统文化特质和精髓的民族。正是这种语言和文化上的双重特殊属性,使得回族在宗教信仰的特征之外,既区别于汉族,又区别于其他信仰伊斯兰教的民族。李珣词,无疑是这种积极共融精神的早期表达,并且是极为成熟的表达。

(本文原载《回族研究》2016 年第 4 期)

纳瓦依:察合台语诗歌话语体系的奠定者

阿里希尔·纳瓦依（AlīshīrNavāyī,1441—1507年）是中古时期维吾尔民族的伟大诗人,其祖辈为察合台系巴鲁剌思部贵族,为帖木儿朝廷效力。纳瓦依生活在侯赛因·米尔扎·拜噶拉统治大呼罗珊地区(以赫拉特为文化中心)的时代,是这位国王的密友和文化顾问,获封"阿米尔"(亲王)尊号,是一位杰出的政治家和诗人。由于中亚地区在历史上曾有相当长的时间,波斯语为其文学书面通用语言,因此波斯语诗学文献对中亚地区的诗人多有记载。其中,有两部波斯语的诗人传记作品记载了纳瓦依的情况。本文立足于这两部波斯语诗学文献对纳瓦依的有关记载,分析论述纳瓦依为推动察合台语(现代维吾尔语和乌兹别克语的前身)诗歌创作所做出的卓越贡献,从而为国内纳瓦依研究提供一个更加广阔的参照视野,为评价纳瓦依在维吾尔语文学史上的崇高地位提供多维度的参考和有力的支撑。

一、波斯语诗学文献对纳瓦依的记载

第一部记载纳瓦依情况的波斯语诗学典籍是都拉特沙赫·撒马尔罕迪(Dawlatshāh Samarqandī)的《诗人传记》(Tazkiraal‐Shu'arā')。该书写于1486年,记载了151位从新波斯语诗歌产生初期到作者生活时代的著名诗人。他根据史书和历史文献的记载,以及诗人们在有声望的人群中的口碑,以及被苏丹国王们青睐的程度,按照天园的七个层次将波斯诗人们分为七个品级,每一品级记录20位左右的诗人,外加开篇和结章。开篇记录阿拉伯语诗人,结章记录了与作者同时代的 6 位杰出波斯语诗人。其中,贾米(Jāmī,1441—1507 年)和阿里希尔·纳瓦依排在结章第一位和第二位。

都拉特沙赫的《诗人传记》对纳瓦依的记载,在开篇引用了纳瓦依的几联波斯语诗歌,分析说这些诗歌是如何的优美精彩。然后,笔锋一转,说:"这位地位崇高的杰出的阿米尔,其父亲是察合台人中的领袖人物,尽管他没有刻意显示其察合台语知识分子的民族性……但他的察合台语诗歌技艺娴熟,在波斯语诗歌方面也具备相当高的知识。"对于其波斯语诗歌成就,都拉特沙赫评价说:"波斯语有了他的完美诗歌,扎希尔的诗歌算什么,安瓦里又是何人?"① 这是非常高的评价,扎希尔·法尔亚比(Zahīr Faryābī,出生于 1133—1137 年之间,卒于 1201 年)和安瓦里(Anvarī,? —1187 年)都是波斯中古时期诗歌史上的杰出诗人。

《诗人传记》记载,侯赛因·米尔扎·拜噶拉是一位非常喜欢诗歌和艺术的国王,对纳瓦依的才华非常赏识,时常在纳瓦依的公函文章中读到纳瓦依的察合台语诗歌和波斯语诗歌,对其高超的语言能力非常震惊,并受益匪浅。都拉特沙赫对此评价说:"他才华横溢的察合台语诗歌和波斯语诗歌,他制作谜语和破解谜语的特殊敏锐思维,使他学识的海洋波涛翻涌,播撒着诗歌体和散文体的一串串珍珠,让世人颇为受益,让智者的耳朵颇为享受。"②

都拉特沙赫还记载,纳瓦依对波斯著名诗人内扎米·甘贾维(Nizamī Ganjavī,1141—1209 年)的《五卷书》(Khamsa,又音译"海米塞")作了应和,用察合台语成功地创作了《五部诗》,都拉特沙赫说这一壮举是"之前任何人都没有在这一领域涉足过",并说,纳瓦依的《五部诗》不是对内扎米的简单模仿,而是"在这些故事中赋予了其自己的深刻意义"。③ 都拉特沙赫还引用纳瓦依《五部诗》中《蕾莉与马杰农》的片段进行分析评价。

都拉特沙赫还记载说,除了用"玛斯纳维"(Mathnavī)体(即叙事体诗)创作的《五部诗》之外,纳瓦依的"伽西德"(Qaṣīda)体(即颂体诗)诗歌水平也非常高,他在应和著名的印度波斯语诗人阿米尔·霍斯陆·德黑鲁维(Amīr

---

① Dawlatshāh:*Tazkiraal-Shu'arā'*,Intishārāt-i-Asātīr,Tehran,2003,p.490.

② Dawlatshāh:*Tazkiraal-Shu'arā'*,Intishārāt-i-Asātīr,Tehran,2003,pp.496-497.

③ Dawlatshāh:*Tazkiraal-Shu'arā'*,Intishārāt-i-Asātīr,Tehran,2003,p.497.

Khusrū Dihluvī,1253—1325 年)的《秘密之海》一诗所作的波斯语"伽西德"颂体诗,比别的诗人的应和之作具有更高的水平。都拉特沙赫全文记录了这一经典之作,并评价说:"尽管阿米尔·霍斯陆非常具有才华,在其《秘密之海》中蕴涵了深刻的苏非奥义和精妙的想象力,受到当时苏非长老们的青睐,但是这位阿米尔·卡比尔("伟大的亲王"之意,即指纳瓦依——引者注)也给自己的诗歌赋予了深刻的内涵,在诗歌才华、语言艺术、丰富的想象力方面毫不逊色。"①

都拉特沙赫还评价说:"这位阿米尔·卡比尔的察合台语诗集是苏丹和大人物们聚会上的必备品,他的诗歌旋律四处回荡,因此获得'纳瓦依'('优美流畅的曲调'的意思——引者注)之名。对手们在他芦苇笔的沙沙声中甘拜下风。他高雅的旋律是苏丹的至爱,从察合台大地传播到赫贾兹,其诗歌的咚咚拨弦从尼沙普尔传到伊斯法罕,波斯大地上人们的耳朵响彻着这一声音,直到世界的各个角落,清风信使从这充满珍珠的海洋把消息带到伊拉克,使天园中图巴树的树叶成为这棵树的枝桠。"②赫贾兹是现在的沙特阿拉伯地区,尼沙普尔是波斯东北部文化名城,伊斯法罕是波斯中南部文化名城,这说明当时纳瓦依的诗歌已经传遍中亚和西亚广大地区。

接下来,都拉特沙赫又记载了纳瓦依在"伽扎尔"(Ghazal)体(即抒情体)诗歌方面的成就。并且,书中所记载的纳瓦依的"伽扎尔"抒情体诗歌已经不是波斯语,而是察合台语。这说明,当时在抒情体诗歌方面,纳瓦依的察合台语诗作的水平胜于其波斯语诗作的水平,都拉特沙赫才会如此记载。另外,都拉特沙赫还提到,纳瓦依还有不少诗歌是用察合台语和波斯语交替写作的。

另一部记载纳瓦依情况的波斯语诗学著作是萨姆·米尔扎·萨法维(Sām Mīrzā Ṣafavī)的《萨米的礼物:诗人传》(Tazkirayi Tuḥfayi Sāmī)。该书始作于 1550 年,作者萨姆·米尔扎·萨法维是伊朗萨法维王朝(1502—1735 年)开国君主伊斯玛仪的第二子(一说是第三子),著名的塔哈玛斯普一世国王(1524—1576 年在位)的兄弟,1517 年出生于大不里士。萨姆·米尔扎不

---

① Dawlatshāh:*Tazkiraal-Shu'arā'*,Intishārāt-i-Asātīr,Tehran,2003,p.503.

② Dawlatshāh:*Tazkiraal-Shu'arā'*,Intishārāt-i-Asātīr,Tehran,2003,p.504.

仅自己写诗水平不凡,并且在诗歌的格律、韵律、修辞、鉴赏等诸多方面都有很高的造诣,他的《萨米的礼物:诗人传》一书是波斯诗学史中的重要著作。

《萨米的礼物:诗人传》一书在内容方面,上承都拉特沙赫的《诗人传记》,可以说是后者的一个延续和补充,其所记录的诗人或与贾米同时、或在贾米之后。该书共计七章,记载了 712 位诗人及其代表诗作,其中比较重要的是以下三章:五,被认可的诗人和才子记;六,察合台语诗人及其诗歌;七,其他平民诗人记。这三章因作者大胆臧否人物及其诗作而具有更大的诗学价值。贾米位列第五章第一诗人;阿里希尔·纳瓦依位列第六章第一诗人。贾米与纳瓦依同时代,并且二人是志同道合的好友,他们去世的年代距离萨姆·米尔扎写书之时仅半个世纪之遥,二人均位列各自语种诗人的榜首,一方面可见二人在当时的显赫声名,另一方面萨姆·米尔扎对诗歌的鉴赏能力也由此可见一斑。

《萨米的礼物:诗人传》第六章开头部分是对纳瓦依生平的记载,记叙了纳瓦依成长、学习以及效力于赫拉特地方宫廷的事迹。提到纳瓦依在文学上的成就非常高,深受苏丹们的赏识和青睐,"可以毫不客气地说,任何人在任何国王的宫廷中都没有获得过他所获得的赏爱。同时代,像他那样获得巨大成就的人在历史典籍中少有记载。他的整个生命没有片刻被闲置浪费,而是一直沉浸在学习和追求完美之中。他创作的'塔斯尼夫'歌谣和水灵的诗歌具有精雕细琢的语言,直到末日都将会留存在时代的册页中。他的著作有这样一些:

1.《波斯语诗歌集粹》;2.《珍品散文》;3.《清风和煦》;4. 惊人的《五部诗》;5.《萨安谢赫的故事》;6.《察合台语信札》;7.《谜语联句》;8.《察合台语诗歌阿鲁兹格律》;9.《历史瞬间》;10.《赛义德·哈桑·阿尔达希尔生平》;11.《穆罕默德·阿布萨也德勇士生平》;12.《心灵至爱》;13.《文坛精英》;14.《虔诚者的茫然》;15.《法尔哈德与席琳》;16.《蕾莉与马杰农》;17.《伊斯坎达尔城墙》。他还有五部诗集,其中四部为察合台语诗集,一部为波斯语诗集。即:18.《儿童奇事》;19.《青年奇闻》;20.《中年逸闻趣事》;21.《老年教益》;22.《波斯语诗集》,大约有三千联。他的察合台语诗歌采用的笔名全是'纳瓦依',而在他的波斯语诗集中用的笔名却是'法尼'(Fānī)。他在扶持具有才华和能力的人才方面作了巨大的努力,在他的精心培养下,每个人都在某项技艺方面成为时代的珍品。"还说:"他的察合台语的优秀诗歌因其显著的数量而无人能及"①。

这里记录的纳瓦依的著作个别作品与实际情况不符,比如《珍品散文》实际上是一部阿拉伯语著作,纳瓦依只是翻译了这部作品。另外,第 4 项提及"惊人的《五部诗》",后面又具体列出其中四部,没有提及《五部诗》中的《七星图》,这可能也是作者的一个疏忽。

二、从上述记载看纳瓦依对察合台语诗歌的卓越贡献

古代波斯有为诗人作传记的传统,几乎每朝每代都有诗人传记出现。笔者在做《波斯古典诗学研究》(昆仑出版社 2011 年 1 月出版)这一课题的过程中,阅读了其中不少的重要著作。尽管波斯语诗学文献对中亚地区的诗人多有记载,但记载的都是"波斯语"诗人。在都拉特沙赫的《诗人传记》(1486年)之前,就笔者阅读所及,未见有波斯语诗学文献记载古代维吾尔语诗歌的状况。我们知道,维吾尔民族的文学传统源远流长,比如早在喀喇汗王朝时期(840—1212 年),杰出的维吾尔族诗人优素福·哈斯·哈吉甫就用回鹘文(古维吾尔文)创作出了著名的哲理长诗《福乐智慧》(大约成书于 1069 年)。这说明,尽管喀喇汗王朝已经开始伊斯兰化,但在相当长的时期内,维吾尔民族拥有自己独立的文学书面语言(回鹘文),未被纳入波斯语的话语体系。即使是在察合台汗国时期(1227—1369 年),由于察合台汗国的统治者一直保持着自己游牧民族的特性,未能像定都北京的元朝与定都大不里士的波斯伊儿汗王朝那样,建立起自己的政治和文化统治。"察合台家族一直悬浮在别失八里的佛教—聂斯托里安教的回鹘文化和不花剌与撒麻耳干的阿拉伯—波斯文化之间,未能作出选择。"②因此,这个时期的维吾尔文化也依然保持着自己

---

① Sām MīrzāṢafavī:*Tazkirayi Tuḥfayi Sāmī*,Intishārāt-i-Asātīr,Tehran,2005,pp.336-337.

② [法]勒内·格鲁塞:《草原帝国》,蓝琪译,商务印书馆 2009 年版,第 415—416 页。

的民族独立性,未被纳入波斯语的话语体系。

　　然而,取代察合台汗国在中亚地区建立起统治政权的帖木儿王朝(1370—1507 年),以波斯文化为宗。帖木儿的第四子沙哈鲁,"热爱波斯文学,是一个伟大的建设者,是诗人、艺术家的保护者,是亚洲最杰出的统治者之一……沙哈鲁的长期统治(1407—1447 年)对于在文化领域内所谓的帖木儿文艺复兴,即波斯文学和艺术的黄金时代,是具有决定性意义的"①。沙哈鲁死后,其子兀鲁伯继位,"他使撒麻耳干的宫廷成为波斯文学灿烂的中心"②。因此,在帖木儿王朝时期,波斯语正式成为维吾尔民族普遍采用的文学书面语言,中古时期维吾尔族的文学创作由此进入波斯语的话语体系,成为波斯语诗歌创作的一部分。这在相当大的程度上抑制了维吾尔民族用自己的母语创作诗歌。维吾尔族诗人只有用阿拉伯语或波斯语创作的诗歌才能进入上层社会人士的视野,而用自己民族语言创作的诗歌则因不被看重而湮没。在都拉特沙赫的《诗人传记》之前的多部波斯文人撰写的诗人传记,记载了不少中亚地区的"波斯语"诗人,这其中必定有一些是维吾尔族诗人,但他们的创作全都湮没在波斯语的话语体系中,不见其民族属性的痕迹。

　　在喀喇汗王朝时期尚存的回鹘语的消匿是一个渐变的过程,其确切时间无法考证。但是,我们知道,"10 世纪以后,波斯文在东部穆斯林世界中的地位日益重要,察合台汗国西部的文人以阿拉伯文和波斯文作为他们的主要书面语"③。正是在阿拉伯语、波斯语和波斯文化的长期抑制下,维吾尔民族原有的民族语言回鹘语逐渐消匿。然而,维吾尔文化具有顽强的生命力,回鹘语中的一支方言,经过察合台汗国时期的逐渐演变,在帖木儿王朝时期发展成熟,称为察合台语,"这种文字虽然被称为察合台文,但在察合台汗国时代并未流行。其广为流行是在帖木儿时代,并在后来成为与波斯文、阿拉伯文并称的中亚、西亚三大穆斯林语言之一"④。

　　在察合台语发展的早期,即从 14 世纪后半叶到 15 世纪前半叶,在将近百

---

① 　[法]勒内·格鲁塞:《草原帝国》,蓝琪译,商务印书馆 2009 年版,第 527 页。
② 　[法]勒内·格鲁塞:《草原帝国》,蓝琪译,商务印书馆 2009 年版,第 575 页。
③ 　刘迎胜:《察合台汗国史研究》,上海古籍出版社 2011 年版,第 575 页。
④ 　刘迎胜:《察合台汗国史研究》,上海古籍出版社 2011 年版,第 575 页。

年的时间内,由于受制于阿拉伯语和波斯语的影响,察合台语一直未能成为维吾尔民族普遍采用的文学书面语言。纳瓦依在自己的诗人传记著作《文坛精英》中,记录了前代和与自己同时代的 458 位维吾尔族诗人,其中只有 35 人用自己民族的语言察合台语进行诗歌创作,其余的都是用波斯语进行创作。[①]这从一个侧面反映出,当时,维吾尔民族受制于阿拉伯语和波斯语,用自己民族的语言进行诗歌创作的情况还不是很普遍。但另一方面,我们也可以看到,正是纳瓦依,在波斯文人控制的话语体系中,顽强记录下自己民族的诗人,彰显他们的民族属性,即使他们是用波斯语进行文学创作。

在帖木儿王朝末期,侯赛因·米尔扎·拜噶拉统治大呼罗珊地区(1460—1506 年),这位国王与其先辈统治者的最大差异在于,他在崇尚波斯文化、以波斯文化为宗的同时,也大力扶持察合台语诗人用本民族的语言进行诗歌创作。拜噶拉苏丹以赫拉特为文化中心,网罗了大批诗人。汇集在拜噶拉赫拉特宫廷的既有大批波斯语诗人,如著名的波斯语大诗人贾米,更有不少察合台语诗人,以纳瓦依为代表。并且,纳瓦依是拜噶拉苏丹的亲密好友,担任苏丹的"瓦其尔"(首相、首辅)。在拜噶拉苏丹的支持下,纳瓦依竭力扶持、倡导察合台语诗歌创作。因此,正是纳瓦依,以其巨人般的存在,使察合台语诗歌在波斯文人控制的话语体系中如巨峰般强势崛起。

分析上述两部波斯语诗学典籍的记载,我们可以看到纳瓦依在以下几方面的卓越贡献:

首先,纳瓦依在波斯语诗歌创作方面成就非凡,与波斯语大诗人贾米并驾齐驱。都拉特沙赫的《诗人传记》将纳瓦依与贾米并列为同时代的"波斯语"大诗人,并对纳瓦依的波斯语诗歌成就作了极高的评价。波斯古典诗歌一般以贾米为黄金时期的终结。贾米的时代正是波斯语诗歌走向崇尚过分雕琢和矫饰的"印度体"风格的时代,诗歌的内在精神被忽视,只剩下华丽和晦涩辞藻的堆砌。贾米之后,波斯古典诗歌不再有大家产生。伊朗学界一般认为,15世纪,只有贾米一人能够担当"鼎级大诗人"这个称号,由于贾米本人是一位大苏非思想家、大诗人,他的诗歌以深邃的思想内涵肩负起了时代的重任。

---

① 艾赛提·苏莱曼:《海米塞现象与维吾尔文学》,新疆大学出版社 2001 年版,第 88 页。

然而,从以上两部波斯语诗学文献的记载,我们可以得出一个比较客观的结论,在 15 世纪,并非只有贾米一人在独撑波斯语诗歌的大厦,与他一起并肩支撑这座诗歌大厦的伟大诗人还有纳瓦依,并且他们二人是志同道合的好友。纳瓦依非凡的波斯语诗歌成就,可以让我们不是从单维度而是从多维度看到,"伟大诗人"这一称号对纳瓦依来说,乃实至名归。另一方面,也正是非凡的波斯语诗歌成就使纳瓦依在波斯文人的话语体系中成为一个无法"忽视"的存在,这也为波斯文人承认其察合台语诗人的民族属性奠定了基础。都拉特沙赫的《诗人传记》说"尽管他没有刻意显示其察合台语知识分子的民族性",这样的语句其内在意蕴体现出波斯文人的酸涩,即在波斯语的话语体系中不得不承认纳瓦依的民族属性。

其次,纳瓦依为察合台语诗歌建立起自身的语言规范。《萨米的礼物:诗人传》在罗列纳瓦依的著作时,专门提及了《察合台语诗歌阿鲁兹格律》一书。这部著作的分量与价值,在等量齐观的罗列中似乎不是太显著。实际上,结合对当时文学情形的考察分析,我们可以看到这是一部极其重要的著作。察合台语作为一种晚近发展成熟的语言,要想突破波斯语文学的话语体系,必须要建立起自己的诗歌语言规范。这也正是纳瓦依撰写这部著作的目的,因此可以说纳瓦依是察合台语诗歌格律的制定者。

阿鲁兹('arūż)格律是阿拉伯古典诗歌的格律,也是西亚、中亚地区诸多语言(如:波斯语、乌尔都语、库尔德语、普什图语等)的诗歌格律基础。对于古典诗歌来说,格律是最为重要的规范,它使无律动的散乱的语言成为声音和谐优美的诗歌,犹如让一盘散乱的珍珠串联成精美的珍珠项链,从而使语言具备高超的美学价值。波斯在公元 651 年被阿拉伯征服之后,在近 200 年的时间内阿拉伯语成为其文学书面语言,导致波斯原有的民族语言消匿。新波斯语诗歌在 9 世纪诞生之初,其格律正是在阿拉伯语古典诗歌阿鲁兹格律的基础上,融合波斯语自身的语言特点而形成的。这使波斯语诗歌脱离阿拉伯语诗歌的话语体系,获得了自身的独立,从而开创了中世纪波斯语诗歌繁荣昌盛的局面。关于这一点,笔者在拙著《波斯古典诗学研究》一书中有比较详细的论述。

察合台语诗歌在其发展成形之期,也面临着新波斯语诗歌产生初期所遭遇的相似情形。纳瓦依以其政治家和杰出诗人的高瞻远瞩的眼光,及时为察合台语诗歌制定了诗歌格律规范,从而为察合台语诗歌的发展繁荣奠定了坚实的基础,更为察合台语诗歌突破波斯语诗歌的话语体系、获得自身的独立提供了强有力的支撑。姑且不论纳瓦依的察合台语诗歌本身的巨大成就,单单就创建察合台语诗歌格律、制定察合台语诗歌规范这一点来说,笔者认为,纳瓦依对察合台语诗歌的贡献功及泰山。

第三,纳瓦依杰出的察合台语诗歌成就使察合台语诗人拥有了自己独立的民族属性,并使察合台语诗歌开始脱离波斯语的话语体系,获得自身的独立。纳瓦依不仅制定了察合台语诗歌规范,并且自己对这一规范身体力行,创作了大量察合台语诗歌,为后代察合台语诗人们树立了仿效的标本。上述两部波斯语诗学著作都记载纳瓦依在"玛斯纳维"叙事体诗(代表作是其《五部诗》)、"伽西德"颂体诗、"伽扎尔"抒情体诗歌方面,还有散文写作,都具有高超的技艺,成果卓著,并对纳瓦依的察合台语诗歌成就作了极高的评价。

都拉特沙赫的《诗人传记》说,纳瓦依的《五部诗》不是对内扎米同名著作的简单模仿,而是"在这些故事中赋予了其自己的深刻意义"。的确,纳瓦依的《五部诗》彰显的是维吾尔民族自身的文化传统和价值观。这方面,中国的维吾尔族学者已经作了较多的研究与探讨。这里不再赘述。纳瓦依的"伽西德"颂体诗多是波斯语,这是出自对统治者歌功颂德的需要。然而,在"伽扎尔"抒情体诗歌方面,纳瓦依更多的是用察合台语创作。抒情诗往往是一个民族最具民族精神内涵的诗歌形式,最能生动地反映一个民族的社会生活与情感。这其中可以窥见纳瓦依内心厚重的民族使命感。《诗人传记》还提到,纳瓦依还有不少诗歌是用察合台语和波斯语交替写作的。这可以说是诗人的炫技之作,旨在显示用察合台语母语做诗完全可以与波斯语相媲美。正如《中亚文明史》所言:"纳瓦依在他的著作里展示了其母语的巨大潜能、美感、丰富及悦耳之音,表明使用母语创作出优美的文学作品是可能的;因此,他被公认作……察合台文学语言的创造者。"①

---

① [英]C.E.博斯沃思、[塔吉克斯坦]M.S.阿西莫夫:《中亚文明史》第四卷下册,刘迎胜译,中国对外翻译出版公司2010年版,第331页。

　　第四,上述两部波斯语诗学著作都记载了纳瓦依在培养后学、奖掖提携察合台语诗人方面不遗余力。15 世纪后半叶,察合台语诗歌的迅猛发展的确与纳瓦依密不可分,"纳瓦依的赞助支持确保了文学和艺术的快速发展。然而,他自己的贡献才是文学和艺术发展的决定因素。"①这既是对纳瓦依扶持察合台语文学的褒扬,更是对纳瓦依本人成就的张扬。正是纳瓦依,使察合台语诗歌蓬勃发展,呈现出繁荣昌盛的局面。在帖木儿王朝末期出现的所谓"波斯文艺复兴",其中很大一部分成就实际上是察合台语诗歌的成就在支撑这种"复兴"局面。"纳瓦依使发展起来的察合台文学成了波斯文艺复兴的一部分"②。

　　综合以上四个方面的成就,我们可以说,纳瓦依为察合台语文学建立起了自身独立的话语体系。话语体系承载着一个族群的理念、思维和情感等诸多因素,是一个族群核心价值观的体现。因此,纳瓦依对察合台语诗歌的贡献可谓一座高耸入云的丰碑。

　　都拉特沙赫的《诗人传记》(1486 年)对于维吾尔民族的诗歌史来说,是一个重要的分界点。在此之前,维吾尔民族拥有自己民族的书面语言回鹘语,独立于波斯语的话语体系;在回鹘语消匿之后,维吾尔族诗人一度完全湮没在波斯语的话语体系中,失去民族属性。都拉特沙赫的《诗人传记》第一次把新生的维吾尔民族语言察合台语诗人纳瓦依与波斯语文学史上极其重要的一位诗人贾米并置,仅排在贾米之后,把纳瓦依视为"同时代的波斯语重要诗人"之一,但同时也对其察合台语诗歌成就作了极高的评价。在纳瓦依之前,肯定还有不少维吾尔族诗人,但或是因他们主要用波斯语创作诗歌,或是因他们察合台语诗歌的成就不高,被湮没在波斯文人的话语体系中。都拉特沙赫的《诗人传记》使我们看到,察合台语诗人因为有了纳瓦依如一座高山般的出现,从此察合台语诗歌才被纳入波斯文人的视野范畴,成为一个无法忽视的存在。在都拉特沙赫的《诗人传记》中,第一次,察合台语诗人在波斯文人的话语体系中拥有了自己的民族属性,尽管仍然被视

---

　　① ［英］C.E.博斯沃思、［塔吉克斯坦］M.S.阿西莫夫:《中亚文明史》第四卷下册,刘迎胜译,中国对外翻译出版公司 2010 年版,第 330 页。
　　② ［法］勒内·格鲁塞:《草原帝国》,蓝琪译,商务印书馆 2009 年版,第 582 页。

为"波斯语诗人"。

之后,《萨米的礼物:诗人传》(1550—1561年)一书则将察合台语诗人单章排列记叙,将纳瓦依排在察合台语诗人之首,并对他的诗歌成就作了极高的评价。这说明,经过70年左右的发展,察合台语诗歌相对波斯语诗歌来说,已经自成一体,尽管还没有完全脱离波斯文人的话语体系。波斯人从他们自身的民族主义的立场出发,将中亚地区的察合台语诗人纳入他们自身文学史的范畴,但另一方面又将察合台语诗人单章排列记叙。这说明,从纳瓦依开始,察合台语诗人尽管都精通波斯语(因为波斯语是当时中亚地区的通用语),都用波斯语进行诗歌创作活动,但是,他们用本民族的语言即察合台语创作的诗歌的成就,远远大于用波斯语创作的诗歌的成就,因此才有可能把他们单章归入察合台语诗人的范畴。

从《萨米的礼物:诗人传》的记载,我们可以看出,尽管纳瓦依的波斯语诗歌写得很优秀,影响也很大,波斯文人也将他视作波斯语大文化圈范畴中的一员来考察。但是,《萨米的礼物:诗人传》又没有将纳瓦依纳入波斯语大诗人的体系,而是将他视为察合台语的大诗人,这是与都拉特沙赫《诗人传记》的最大差别。这一差别蕴藏着巨大的文化信息:即在16世纪,察合台语诗歌已经相当发达,自成体系,傲慢的波斯文人已经无法再将之强行纳入波斯语诗歌体系的话语范畴了。"16世纪以后,察合台文在西域占有了明显的优势,取代波斯文和阿拉伯文,成为中亚地区操察合台语民族的书面语"[①]。

到了18世纪,波斯人罗特夫阿里·贝克·阿扎尔·比格德里(Luṭf'alī Bayk Āzar Bīgdilī, 1721 — 1777年)的诗人传记著作《阿扎尔拜火坛》(Ātashkada-yi-Āzar)记录了850位诗人及其诗歌佳作。尽管这部诗学著作按照诗人的出生籍贯进行分类记载,分为:伊朗诗人、突兰(Tūrān,即中亚地区)诗人、印度斯坦诗人,但是,作者只是记载了这些地区的波斯语族诗人的生平和诗歌佳作,没有记载任何察合台语诗人。这说明,在该书作者生活的时代,察合台语诗歌已经完全与波斯语诗歌分道扬镳,获得了自身的独立,不再被波

---

① 刘迎胜:《察合台汗国史研究》,上海古籍出版社2011年版,第575页。

斯文人纳入他们自己的话语体系之中。这正是以纳瓦依为代表的一批察合台语诗人的不懈努力,使察合台语诗歌拥有了自己独立的话语体系,为近现代维吾尔语文学的发展和繁荣奠定了坚实的基础。

(本文原载《民族文学研究》2014 年第 5 期)

伊朗现代派小说三大家

一

　　萨迪克·赫达亚特（1903—1951年），伊朗现代最杰出的作家之一，也是一位重要的翻译家和民俗学者，伊朗现代小说在他手中完全成熟，其代表作《瞎猫头鹰》（1936年）当在伊朗现代文学史上最著名、最优秀、最耀眼的作品之列。他一生短暂，却著述颇丰，除了自己的大量长短篇小说之外，还翻译了萨特、卡夫卡、契诃夫等法国和俄国的多部文学作品，并在收集整理伊朗民俗文化方面做了大量的工作。他的一生是富于传奇的一生，他的作品、人生经历、自杀都在伊朗知识分子中产生了深远的影响，相关的研究文章与著述层出不穷。他也是外国学界研究最多的伊朗现代作家。

　　赫达亚特出生于德黑兰仕宦世家，其曾祖父礼萨伽里汗·赫达亚特是恺加王朝的著名宫廷文人，其祖父是纳赛尔丁国王的教育大臣，其长兄是伊朗最高法院法官，次兄是军官，赫达亚特是其父母最小的一个孩子，这可能是其纤细敏感性格形成因素之一。赫达亚特6岁起即进入学校接受教育。1914年，11岁的赫达亚特在学校创办文学校刊，表现出对文学的强烈兴趣。1917年，进入德黑兰圣路易中学读书，开始接触到外国文学尤其是法国文学作品，同时接触形而上学和玄学，这影响了他的一生，他开始奉行素食，并始终坚持如一，并著有《素食的益处》。1926年，赫达亚特前往比利时留学，学习工程技术，继而转到当时文学艺术的圣地——法国巴黎。当时的欧洲，正是现代主义文学思潮席卷文坛之时。这种非理性的文学思潮一方面带给刚刚步入文坛的赫达亚特深刻的心灵震撼,使他的文学创作迅速迈上了新的高度;另一方面也带给性格内向脆弱的赫达亚特在精神上的很多负面影响,使他以悲观绝望与虚无怀疑的眼光看待人的存在,死亡的念头时时纠缠着他。内心悲观苦闷的情绪,加上失恋的打击,让他患上抑郁症,曾使他投塞纳河自尽,但幸被人救起。然而,悲观厌世的思想始终时隐时现地纠缠着他,最终也没放过他。

赫达亚特是将欧洲现代派文学创作手法引进伊朗文坛并身体力行的第一人。1930年,赫达亚特回到伊朗,在德黑兰与作家伯佐尔格·阿拉维等三人组成了一个文学小团体,名"四人小组"。他们在餐厅咖啡厅聚会活动,高谈阔论,激扬文字,发表文学见解。之后,不断有志同道合者加入进来,由此在德黑兰形成一个颇具影响的文学团体,而赫达亚特是该文学团体的核心人物。该文学团体举办各种文学活动,创办文学刊物,发表倡导文学革新的文章,并身体力行地进行创新文学写作。正是这个团体,他们致力于将欧洲20、30年代盛行的现代派文学引进伊朗现代文坛,由此形成伊朗现代文学史上第一波现代派文学高潮,对伊朗现代小说和诗歌创作产生了深远的影响。1931—1935年,是这个文学团体最活跃的时期,也是赫达亚特前期创作的高峰,他的很多优秀小说都写作于这个时期,尽管一些作品发表的时间晚于此:《萨珊姑娘帕尔温》(1930年)、短篇小说集《活埋》(1930年)、《三滴血》(1932年)、《淡影》(1933年)、《阿拉维耶夫人》(1933年)、《尼兰格斯坦》(1933年)、《马兹亚尔》(1933年)、《萨哈布的狂吠》(1934年),还有一些文学评论、收集的民歌和民间故事、游记和译著,以及其代表作《瞎猫头鹰》。

1936年,"四人小组"解散,各奔前程。赫达亚特到了印度孟买,跟随印度帕尔西人(萨珊王朝灭亡后移居印度的波斯籍侨民)学习中古波斯语即巴列维语,将著名的巴列维语著作《阿尔戴细尔·巴伯康业绩》翻译成了现代波斯语,并将之前已写好的小说《瞎猫头鹰》自费油印出版,赠送给自己的朋友。1937年,赫达亚特从印度回到伊朗,先仍在银行做职员,后到文化部工作,并在音乐机构和艺术学院兼职。同时,继续进行文学创作,出版了短篇小说集《流浪狗》,继续整理翻译其他一些巴列维语作品。

1941,盟军进占伊朗,成为伊朗现代史的一个分界点。1941—1953年是伊朗左翼文学最兴盛的时期,赫达亚特的许多作家朋友都加入了伊朗人民党

（共产党），赫达亚特也因此深受影响，尽管他没有加入人民党，但他这时期的文学作品也具有明显的左翼色彩，比如《明天》《生命水》等短篇小说，还有长篇小说《哈吉老爷》（1945 年），该小说塑造了一位在盟军占领期间发国难财的奸商的典型形象。1945 年，赫达亚特受邀到塔什干访问，感受苏联的社会主义气象。1945 年第二次世界大战结束后，人民党在库尔德斯坦和阿塞拜疆主权问题上的态度让赫达亚特感到十分沮丧失望。这使他本来寄托在人民党身上的国家民族希望破灭，他的人生观更倾向于悲观绝望。1947 年，赫达亚特创作了小说《马尔瓦砾大炮》，但这部作品在他去世之后才得以出版。这时期，赫达亚特还翻译了一些外国文学作品，尤其倾心于卡夫卡，翻译了卡夫卡的《变形记》等作品，还撰写了长文《来自卡夫卡的信息》赞美卡夫卡，同时也是表达自己的思想。

赫达亚特一生的创作与生活都深受卡夫卡的影响，强烈的虚无荒诞感不仅笼罩着他的作品，也萦绕着他的精神。作为一个受过良好教育的知识分子，赫达亚特的思想认识超越于当时的伊朗社会，曲高而和寡，知音难觅，终生未婚，一生落落寡欢，与家庭和当时的社会环境格格不入。他在自述中说："我的一生，没有任何突出之处……在学校里，我不是一个耀眼的学生，总是遭遇不成功。在机关里，我是一个不显眼的默默无闻的角色，领导对我很不满意，乃至每当我提出辞职请求时，他们都以一种忘乎所以的高兴接受。总之，我命中注定是一个毫无用处的废品。也许，真谛就在于此。"1950 年，赫达亚特持医生开具的证明，借健康原因，离开伊朗，移居法国。1951 年 4 月上旬，赫达亚特在巴黎租赁的寓所内打开煤气自杀。

纵观赫达亚特的整个创作和生活历程，可以看出他是个矛盾的集合体：一方面，内心深处是消极遁世的，荒诞虚无的世界观使他认为现实是痛苦的，唯有死亡才能解脱。这在他作品中的反映十分明显；另一方面，赫达亚特又是积极入世的，支持同情革命，对现实社会的黑暗腐朽、愚昧落后进行无情的鞭挞。这在他作品中的反映也十分明显。可以说，伊朗 20 世纪上半叶最具幻想性（《瞎猫头鹰》）与最具现实性（《哈吉老爷》）的作品都出自赫达亚特之手。然而，在其最具现实主义色彩的作品中，依然是荒诞虚无的精神意绪。

《瞎猫头鹰》是伊朗第一部中长篇现代派小说，并且极其成熟，被誉为卡夫卡式的经典之作,跻身于世界著名现代派作品之列。《瞎猫头鹰》的蕴涵十分深厚,异化主题与荒诞悲观色彩之外,还蕴涵着很深的伊朗琐罗亚斯德宗教文化传统的因子,其承载的是作者寄寓其中的拯救之希望,然而作者对这一希望本身又是深深绝望的。从一个层次上说,作品反映出作者希望现代伊朗能走出贫穷、落后、愚昧的泥坑,重新强大起来;然而,这种梦想在黑暗腐朽的现实社会面前彻底失落。在赫达亚特身上有一种深入骨髓的不平常的爱国情结,深以伊朗民族前伊斯兰时期的辉煌历史而自豪,这也是他沉湎于伊朗巴列维语典籍整理的原因。然而,当他面对西方近现代工业文明和伊朗这个文明古国的没落时,便产生了一种难以言状的强烈的失落感,形成了一种难以排解的情结:理智上清醒地认识到 20 世纪的伊朗已经不可能再现昔日波斯帝国的辉煌,情感上却十分怀念并沉醉于伊朗古代文明的那份绚丽。从另一个层次上说,《瞎猫头鹰》不仅反映了现代社会中人的异化和堕落,更反映了作者在以西方物欲主义为代表的现代社会中,对人的精神依托的寻求。作者希望用东方的传统精神重建人的精神价值,然而作者对这一希望又是十分绝望的。作者用象征主义的表现手法和意识流式的内心独白把萦绕在心中既希望又绝望的情绪表现得淋漓尽致,绝望——希望——绝望的旋律在整部作品中反复交织回荡,使整部作品呈现出一种异于其他现代派小说的独特美感。

二

第二次世界大战结束后,英美势力扶植起来的巴列维国王采取了亲美政策,美国也为了自己在中东地区的利益而大力扶植伊朗政府,投入了大量的资金。20 世纪 60 年代,巴列维国王推行"白色工业革命",在伊朗社会和经济的各个方面实行大力度的改革,取得了较大成绩。第二次世界大战后世界对石油的需求日益增大,也刺激了石油资源丰富的伊朗经济的飞速发展,经济实力大大加强。在 20 世纪 60 年代末 70 年代初,伊朗人均国民收入已列世界第 9 位,成为西亚地区国力最强盛的国家之一。这时期,伊朗的经济开放,与西方诸国的文化交流频繁。经济的发展、国力的加强、各种文化的交融汇合、思想

统治的相对宽松，使伊朗这时期的文学呈现出生气勃勃、丰富多彩的繁荣
景象。

在小说创作领域，这时期欧美经典小说大量被译成波斯语，促使伊朗小说
家们更加成熟，在表现技巧和手法以及组织结构上都较以前有了更大的进步，
伊朗文坛呈现出空前繁荣和成熟的景象，出现了"新浪潮"诗歌和"新小说"流
派，形成伊朗文坛上第二波现代派文学高潮，其中最具有代表性的是"《伊斯
法罕文集》作家群"。《伊斯法罕文集》第一辑出版于 1965 年夏天，该文集标
志着伊朗"新小说"现代派文学作家群的诞生。"新小说"作家群大都紧跟本
世纪欧美著名现代主义作家的步伐。其中，胡尚格·古尔希里是这一作家群
中最杰出的代表，曾是伊朗作协七人主席团成员之一，其作品在伊朗现当代文
学史上具有毋庸置疑的重要地位。可以说，萨迪克·赫达亚特的《瞎猫头鹰》
开创了伊朗现代文学中的现代主义流派，之后，现代派小说在胡尚格·古尔希
里达到顶峰。

胡尚格·古尔希里（1940—2000 年）出生在伊朗第二大城市伊斯法罕，并
在那里完成了自己的学业，获得文学学士学位，毕业后曾长期在伊斯法罕省的
各城市或乡村执教。与赫达亚特相似，古尔希里的文学生涯也是从整理伊斯
法罕地区的民间故事开始。起初，他既写诗歌也写评论，但很快意识到自己在
诗歌创作方面没有天赋与前途，便转入小说创作，很快就创作出伊朗文坛上最
富有组织结构的短篇小说《萨穆尔·阿比的墓穴》。这是一个半疯癫的教师
的内心独白，具有复杂的结构，内心世界与现实世界交织在一起，没有内在逻
辑，记忆、幻觉、幻想、听说的、读到的，任意在教师脑海中呈现。叙述者在幻想
中娶妻，过着单调乏味的家庭生活，然后他杀掉妻子，埋在了自家小花园中，而
他因此陷入抑郁症。在这篇小说中，赫达亚特与陀思妥耶夫斯基的影响十分
明显，如同《瞎猫头鹰》一样，作者以诗性的语言探索人的内心世界。

1969 年，古尔希里以中长篇历史小说《埃赫特贾布王子》一举成名，在"新
小说"作家群中脱颖而出。之后，古尔希里相继创作了《克里斯汀与基德》
（1971 年）、《我的小祈祷室》（1975 年）、《拉依的迷途羔羊》（1977 年）、《十二
张脸》（1990 年）、《屋中镜子》（1991 年）、《暗手明手》（1995 年）等。其作品
共计 17 部，包括小说、诗歌和文学评论。古尔希里曾多次获得伊朗国内各种

文学奖,其《埃赫特贾布王子》在德国获得最佳外语图书奖,其作品被译成英、法、德、俄、乌尔都、库尔德、日语和中文等多种外国文字。古尔希里还曾多次应邀访问美、英、法、德等国家,并作巡回讲演,是萨迪克·赫达亚特之后,在世界文坛上最具影响力的伊朗当代小说家。

古尔希里的创作受到福克纳意识流小说的较大影响,在他的小说中不难发现福克纳的影子,"在逝去的时光深处寻找"替代了传统的故事写作。《埃赫特贾布王子》虽是一部历史小说,但古尔希里采用的却是现代意识流的形式,通过伊朗恺加王朝(1794—1925年)遗老埃赫特贾布王子晚年与妻子法赫罗尼萨、女仆法赫丽以及老仆人莫拉德在生活中的琐碎事件,引发王子对过去时光的联想和回忆。这部小说将古尔希里的声誉送上顶峰。

古尔希里为写这部小说查阅了大量的恺加王朝的历史资料,做了大量的案头笔记。由于小说采用的是意识流手法,小说所涉及的历史人物和事件,对于不熟悉伊朗那段历史的读者来说不是很清晰,所以这里有必要简单介绍一下当时的历史状况。埃赫特贾布王子的曾祖父是莫扎法尔丁国王,1896年继位,1907年病逝。这期间,伊朗爆发了立宪运动(1905—1911年),要求实行君主立宪制。莫扎法尔丁国王1906年在病榻上迫于无奈签署了伊朗第一部宪法。国王和王室的权利被极大地削弱,王室地产被大量剥夺。埃赫特贾布王子的祖父穆罕默德·阿里国王于1907年1月登基,不甘心大权旁落,与沙俄势力勾结,血洗议会,残酷迫害立宪人士。立宪革命军誓死奋战,1909年7月终于把穆罕默德·阿里国王赶下了台。但这时的伊朗完全被英国和沙俄所控制,他们为了更好地控制伊朗,废黜穆罕默德·阿里国王之后,在众多王子中选中只有12岁的阿赫玛德当国王。被废黜的穆罕默德·阿里国王在1911年6月发动猖狂反扑,妄图夺回政权,但未能成功。这时,时任首相且素与废王穆罕默德·阿里不合的王叔萨姆索姆趁机与沙俄勾结,既彻底打垮了废王穆罕默德·阿里的势力,同时也把立宪运动最终镇压了下去。阿赫玛德国王是埃赫特贾布王子的叔叔辈,是恺加王朝的末代君主,1925年被废黜。是年,巴列维王朝(1925—1979年)建立。

《埃赫特贾布王子》描写了埃赫特贾布王子的父祖辈们荒淫腐朽的生活和血腥残暴的统治;描写了埃赫特贾布王子的姑妈虽然贵为公主,但在男权社会中,也难逃其悲惨的命运,成为政治和权利交易的牺牲品;描写了埃赫特贾布王子与表妹法赫罗尼萨之间情感上的恩恩怨怨;描写了恺加王室由盛及衰,到最后完全没落,只落得个白茫茫一片真干净。

《埃赫特贾布王子》可谓小说写作中时间艺术的经典之作:当下与过去往来穿梭,现实与历史,回忆与内心独白往复交织,淋漓尽致地展示出作家本人的艺术才华。在这个故事中,"现在"的时间没有意义,"未来"的时间不存在,只有"过去"的死亡的时间。一道"过去"的时间将另一道"过去"的时间往后推移,"现在"的时间却不能通往未来。王子正在死去,陷入"过去"时间的泥潭之中。然而,"过去"也不是秩序时间中的"过去",而是各个不同的"过去"在同一刻涌上王子脑海。这样的"没有未来"的时间艺术与小说的"没落"内容是那样的匹配完美,堪称绝唱。小说虽然描写的是伊朗封建末代王朝的灭亡,萦绕着深深的失落与惆怅,但小说又超越于简单的末代王朝覆灭的意绪,表现的是伊朗作为曾经的波斯帝国的光华散尽,是整个民族的哀伤与幽怨,因而尤其动人心魂。

《埃赫特贾布王子》可谓作家本人全部艺术才华的结晶,是古尔希里的代表作,也是伊朗现代文学中的经典之作,1969 年出版后又多次再版,于 1973年被改编成电影,同年在德黑兰国际电影节上获得最高奖。也许是《埃赫特贾布王子》太过完美,当古尔希里的《克里斯汀与基德》(1971 年)出版时,读者由于期望值过高而大失所望。公允地说,古尔希里后来的作品也非常优秀,充分显示出一代文豪的深厚与博大。

2000 年 6 月,胡尚格·古尔希里去世。这既标志着一个时代的结束,也是一个新时代的开始。之后,古尔希里遗孀和友人以他的名字设立了"古尔希里文学奖"并建立基金会。该奖每年评选一次,旨在奖励长篇小说和小说集,评选范围为上一年度出版的作品。该奖设四个奖项:最佳长篇小说奖、最佳小说集奖、最佳长篇处女作奖、最佳首部小说集奖。该奖颁奖仪式于伊朗阳历年末(即公历下一年年初)举行。"古尔希里文学奖"获得了广泛的关注和认可,是伊朗最重要最具权威性的非官方文学奖项,对新世纪的小说创作起了极大的推动作用。

三

1979 年,伊朗爆发伊斯兰革命,推翻巴列维王朝,建立伊朗伊斯兰共和国,开始了伊朗历史的新篇章。伊朗伊斯兰革命之后的文学状况,由于种种原因,中国读者了解不多,或出现误解。

伊斯兰革命之后,伊朗国家意识形态发生了极大的改变。因适应不了新的意识形态,业已有声名的作家,一部分移居海外,另一些则创作激情消退,基本上没有什么新作品问世,即使偶尔有新文字,也无足轻重。这的确是伊朗当代文坛的一种真实状况。然而,新的意识形态下有新的文学产生,伊朗当代文坛并不苍白,在战争文学、女性文学、反思文学等方面均产生了很多优秀作品,具有较大的思想力度,在世界当代文坛享有一定的影响。

就战争文学来说,取得的成就尤其显著。伊朗伊斯兰革命取得成功仅一年多,就爆发了两伊战争。这场战争给伊朗的社会经济造成了巨大的损失,同时也给伊朗人的精神世界造成了深刻而深远的影响。这种影响对于个人来讲既有正面的也有负面的,但在文学创作领域,这种影响表现为完全正面的积极的能动因素。两伊战争使人们的关注重心从伊斯兰革命本身迅速转移到保家卫国这方面上来,致使激越的卫国情怀、英勇无畏的牺牲精神、战争造成的人的精神创伤成为伊斯兰革命之后最重要的文学主旋律,催生了一批文学新人,也促使一些老作家焕发出激情,创作出伊朗当代文坛上最优秀的战争文学作品。从 1980—1994 年期间,伊朗有 258 位作家深入前线,体验战争,他们的作品或描写史诗性的战争宏大场面,或描写前线战士的浴血奋战和英雄事迹,或反映战争灾难给人们生活和精神带来的创伤,或呈现非战争区人们生活中的惶恐、惊慌及战争炮火下的城市、屠戮、废墟、经受战争灾难的人们的颠沛流离,等等,均有不少优秀之作。在丰富多彩的战争文学中,阿布克那尔的作品可谓是异军突起。

侯赛因·莫尔塔扎依扬·阿布克那尔(1966—),出生于德黑兰,德黑兰艺术学院表演艺术专业毕业。在两伊战争时期,阿布克那尔于 1986—1988

年服役,上了前线,亲身感受过战争的严酷与恐怖。两伊战争结束后,阿布克那尔于1990年加入"古尔希里小说写作坊",1998—2000年担任文学月刊《传记》内务负责人,该杂志是大作家胡尚格·古尔希里在人生的最后时日积极支持创办的。随着创作上的日渐成熟,阿布克那尔相继出版了小说集《禁止之弦的音乐会》(1999年)和《法兰西香水》(2003年),这两部小说集中的故事大多是关于两伊战争的。接着,阿布克那尔于2007年出版中篇小说《安迪梅西克铁路站台阶上的蝎子》,该小说在习惯了主旋律战争文学的伊朗文坛产生极大震动,也奠定了作家的文坛地位。在小说创作之外,阿布克那尔还创作了电影剧本《无人了解波斯猫》和《疲惫》,均已拍成电影。阿布克那尔现为自由作家,侨居美国。

阿布克那尔一步入文坛即生活在大作家胡尚格·古尔希里的文学圈子里,甚至可以说古尔希里是阿布克那尔的文学领路人。古尔希里的小说风格带给阿布克那尔十分深刻的影响,这种影响在其小说《安迪梅西克铁路站台阶上的蝎子》中表现十分明显。可以说,该小说是古尔希里《埃赫特贾布王子》内在气质在新世纪伊朗文坛的延续,从而也使阿布克那尔成为新世纪伊朗现代派文学的代表人物,尽管在后现代主义文学的冲击下,现代派文学已经日渐式微。

两伊战争在伊朗被称为"神圣卫国战争",主旋律战争文学皆充满英雄主义色彩和爱国主义情怀,这也是一个国家和民族不可或缺的核心价值观,具有不可置疑性。即使是所谓的反战小说,也主要是揭示战争带给人精神和心灵上的创伤。人在战争中所背负的苦难与坚韧,其潜在底蕴实际上是对战争"神圣性"的另一种向度的认同和维系。然而,阿布克那尔的作品可谓是在主旋律战争文学之外特立独行。

《安迪梅西克铁路站台阶上的蝎子,或:这火车正滴着血呢!》堪称是一部真正意义上的反战小说,与现实主义、主旋律的战争小说从内容到表现手法上都有很大的差异,具有强烈的反传统色彩。小说描写的是:退役士兵莫尔塔扎·赫达亚提在等待火车返乡回家的时候,陷入对战争经历的回忆。小说呈现的是前线士兵逃离"神圣"的束缚,具有尘世普通人的欲望:他们渴望解愁的香烟;渴望犒劳肚腹的美食;在战地的炎热中,渴望清新凉爽的空气;渴望女人,乃至梦见女游泳池;渴望性爱,乃至同性慰藉;渴望生还,乃至当逃兵,被宪兵追捕,等等。整部小说看不到任何"神圣",只有死亡与毁灭,正如小说的副名:这火车正滴着血呢! 小说大胆突破了一切"神圣"禁忌,在某些地方甚至突破了红线。正如"神圣卫国战争图书奖"评审委员会秘书穆罕默德·礼萨·散伽里所说:"这本小说是反神圣卫国战争的,消解了其价值。尽管我们对此类文学不持否定态度,事实上这本书与我们奖项的规则是不相符合的,不是捍卫神圣卫国战争的,不能给人美感和崇高感。"

然而,从另一个层面来看,这本小说解构的是一切战争的"神圣"意义,而不仅仅是伊朗的"神圣卫国战争",具有雷马克《西线无战事》和海明威小说的某些质素。在作者看来,战争犹如一场游戏,是跟人类开的一个荒诞滑稽的玩笑。整个小说融超现实主义、魔幻现实主义、意识流等现代派创作手法为一身,又以戏谑与反讽的描写手法解构神圣,解构价值,解构意义。因此,《安迪梅西克铁路站台阶上的蝎子》这本小说篇幅虽然不长,却在伊朗当代文学史上具有承上启下的重要意义。它承接的是赫达亚特开创、古尔希里发展的伊朗现代主义文学的气脉,开创的是伊朗后现代主义文学的先河。

因此,尽管这本小说与伊朗官方意识形态不相吻合,但伊朗文学评论家们却看到了其非凡的文学意义,给予小说很高的评价。2007 年,这本小说在出版当年囊括了伊朗该年度的三大非官方文学奖项:"古尔希里奖"(小说类最高奖项)、"梅赫尔甘奖"(伊朗设立时间最早的文学奖)、"瓦乌奖"(创新文学奖)。

该小说已被翻译成法语,名《蝎子》;还被翻译成了库尔德语。

(本文为译著《瞎猫头鹰》的译者序,河南大学出版社 2017 年版)

福露格:改变伊朗离婚法的女诗人

一

福露格·法罗赫扎德(ForughFarrokhzad,1934—1967年)是伊朗现代诗坛上最无畏不屈的杰出诗人,她的一生是与社会传统习惯势力不屈抗争的一生,她的生命在抗争中戛然而止,留给活着者巨大的心灵震撼。

1934年,福露格出生于德黑兰。其父亲是一位军人,平时很少在家,即使在家,也非常严肃,不苟言笑,一般不与孩子们玩耍,孩子们都怕他。所幸的是父亲除了读书之外没有别的嗜好,酷爱读诗歌,购置了大量的图书,把整个家变成了一个图书馆,让孩子们受益匪浅。酷爱读书的福露格很小就表现出了惊人的才华,从14岁起就开始写诗,并且写得一手好文章,她的作文老师都不太敢相信那些成熟的文字是出自她之手。福露格的母亲是位演员,在孩子们面前比较专制,总是强行要求孩子们按她自己的意愿行事,对孩子们的内心需求和教育却比较忽视。在兄弟姐妹中,福露格从小性格就非常倔强,每每对父亲的严厉和母亲的专制不服软,有一次竟把母亲强行要她穿的一件衣服剪成碎片。

父母对福露格倔强逆反的性格也颇感头痛,早早为她安排了亲事,在1950年把她许配给了一位远房亲戚帕尔维日·沙普尔。在那个婚姻由父母做主的年代,16岁的福露格没有其他的选择。应当说,福露格是包办婚姻中比较幸运的一个。沙普尔比福露格大15岁,是一位小有名气的讽刺漫画家,有良好的艺术情趣和修养,人品也不错,对福露格有着父兄般的疼爱,福露格也就喜欢上了他,同意了这门亲事,没有出现父母担心的抗婚场面。于是,两人很快结婚,婚后福露格随丈夫去了伊朗南方大城市阿赫瓦日。

新婚的福露格无疑是幸福的。福露格后来在《追忆往事》一诗中写道:
……
　明月看见,我融化了

　他的铁石心肠,以自己柔情之魔术;

　明月看见,激动的泪花在颤动,

　在他那野性而色彩怪异的双目。

　月色柔媚的深夜,我们去

　驾一叶扁舟在无边波浪的胸,

　划破半夜无序的静寂,

　星星的亮光在我们筵席上波动。

　他睡在我裙上似孩子,我温柔地

　亲吻他进入梦中的双眼。

　我的裙子落入波涛之口,他

　拽起那落入水中的裙边。

……多么温馨浪漫的画面,多么柔情似水的一对夫妻。的确,在人们看来,他们的婚姻家庭生活是幸福美满的。

一年后,他们的儿子出生了。一个新生命的诞生既会给一个小家庭带来无边的幸福,但同时也会给小家庭带来诸多辛劳,倘若处理不当,势必会影响夫妻间的关系和谐。遗憾的是,沙普尔与福露格这对恩爱夫妻正是在这个问题上出现了分歧和矛盾。

福露格是一位早慧的女孩,虽然没有受过高等教育,但有很高的天赋,酷爱诗歌,很早就开始创作诗歌。结婚后,尤其是生孩子后,热爱诗歌的福露格忽然之间诗歌创作的激情喷涌,几近于疯狂的状态。每天都处在一种诗歌创作的亢奋状态:在厨房里写诗,在缝纫机上写诗,上街买东西时也在写诗。结果是饭在炉子上烧糊了,衣服被熨斗烫出了洞,该买的东西没有买回来,家里没有洗的脏衣服成堆,孩子在摇篮里饿得哇哇大哭,而年轻的女诗人却沉浸在诗歌创作中。福露格沉迷于读书和诗歌创作,无暇顾及家务和孩子,由此与丈夫沙普尔产生矛盾。

沙普尔尽管是一位受过现代教育的艺术家,但在思想意识中对女人的看法与社会传统习惯没有任何差别,并没有把妻子认作是与自己并肩同行的伙伴,仅仅是当作男人幸福生活的一个辅助性角色。在他们的思想意识中,妻子懂点文学艺术未尝不可,可以增加他们向人炫耀的资本,但妻子的首要职责是相夫教子,料理好家务,照顾好孩子,不能把本职工作和业余爱好搞倒置。

但是,福露格是一位有着强烈自我意识的女性,不甘愿将自己局限在男权社会对女人规定的社会角色中,做这样的辅助性角色,做男人眼中的贤妻良母,为丈夫和孩子牺牲自己的人生价值。福露格后来在给友人的信中写道:"……那样的话,世界就是一间小屋子。我将满足于参加舞会,穿漂亮时髦的衣服,同邻居女人瞎聊天,同婆母吵嘴,总之成千种毫无意义的肮脏琐事。我将不会认识到更广阔更美丽的世界,就如同一只蚕在一个狭窄黑暗的天地在自己的茧中蠕动、生长、结束自己的生活。然而,我不能也不曾能这样生活。当我认清楚自己,我就开始了针对这种愚蠢生活的反抗和叛逆。我始终希望能成为一名伟人,我不能像千百万其他人那样生活——在某天来到世上,又在某天离开世上,而在他们的来往之间没有留下任何痕迹。"

于是,一心希望实现自我价值的福露格与一心希望她做贤妻良母的沙普尔矛盾日益尖锐,夫妻间的争吵越来越频繁,让福露格感到身心俱累,她在《囚徒》一诗中痛苦地写道:

> 我要你,而我明知不可能,
> 我无法如愿地将你拥抱。
> 那澄净明亮的天空即是你,
> 我是鸟儿,囚禁在这牢笼一角。
> 在冰冷而漆黑的栏栅中,
> 我痛楚的眼光迷茫地望向你,
> 我向往有只手伸过来,
> 我能忽然张开翅膀飞向你。
> ……

福露格感到自己被囚禁在一个由传统习俗构成的牢笼中,看不到自由飞

翔的希望:

......

> 我也是一个女人,一个
>
> 心在你的天空中展翅翱翔的女人
>
> 我喜欢你,精妙的幻想啊
>
> 我喜欢你,不可能的希望啊!(《坦白》)

福露格之所以觉得自己想在空中翱翔的希望是不可能实现的,是因为当时伊朗的婚姻法规定只能丈夫休弃妻子,妻子不能主动离开丈夫。福露格希望沙普尔主动提出离婚,但沙普尔在内心深处依然爱着福露格,不同意离婚。福露格在无奈中向亲朋好友求助,希望他们出面劝说沙普尔主动提出离婚。但是,亲朋好友中没有一个人向着福露格,都认为她在无理取闹,在大家眼中,沙普尔是个百里挑一的好丈夫。福露格未尝不知道沙普尔是个传统意义上的好丈夫,但她更知道自己在沙普尔爱的牢笼里将会永远没有自己飞翔的空间,她渴望在蓝天中飞翔,而不是在笼子中扑腾挣扎。

由于沙普尔执意不肯主动离婚,福露格父母曾经担心的"抗婚"终于发生了,倔强的福露格在1954年主动上诉法院,提出要同丈夫离婚。20世纪50年代初的伊朗虽然正在各个领域进行着现代化的改革,但在婚姻方面仍是一个保守的伊斯兰社会,福露格的叛逆行为在世俗眼光中被看作是极不守妇道,在伊朗引起了轩然大波,媒体连篇累牍地报道和渲染,几乎全是众口一词的谴责,卫道士们的抨击更是猛烈。一时间,福露格成了全伊朗的负面新闻人物。福露格的家人也为此受到连累,名誉受到伤害,因为福露格的父母在德黑兰也算是有头脸的人物。父母把自己受到的伤害倾泻到福露格身上,对她进行严厉责骂。

对于媒体的谴责,福露格以沉默对之,将自己心中的话都倾注到了诗歌中。对于家人的责难,福露格在给父亲的信中说:"我不是一个坏女孩,我从不愿意我的生活引起家人抬不起头来。我走上这条路,正是为了我的家人能因我的存在而引以为自豪。我就是如此想的,我相信我有一天会达到自己的目标。"福露格还说:"诗歌改变了我的灵魂,……我不能忍受千百万人所过的普通生活,我不再考虑结婚,我想过一种与众不同的生活,在我们的社会中成为一名出色的女性。"由此可见,福露格心中的自我意识是多么强烈。

当时的伊朗,巴列维国王倡导的现代化改革正在各个领域如火如荼地进行,改革派一直想对旧的婚姻法下手,因传统势力强大而一直不敢贸然行动。福露格诉讼离婚案成了当时的一个典型案例,改革派想借此案推动婚姻法的改革。于是,报纸上出现了一些支持福露格的文章,结果形成支持派和反对派的公开辩论。就这样,福露格自己个人的离婚请求成了全伊朗的一个公众事件。1955 年,受改革派影响的法院判决福露格与其丈夫沙普尔离婚。福露格以自己无畏不屈的倔强,在法律尚不许可的情况下,终结了伊朗女人不能主动离婚的历史,为自己赢得了飞翔的权利。福露格离婚案成为伊朗婚姻法改革的导火索,这之后,妇女的离婚权利越来越受到关注。但是,男权制几千年来所形成的伦理道德体系,根系发达,盘根错节,成为人们(男人和女人)心中难以打开的死结,不是一下就能解开的。伊朗解开婚姻法这个死结的时间从1955 年福露格离婚案算起,用了整整 12 年的漫长岁月。1967 年,伊朗终于正式在法律上赋予妇女主动提出离婚的权利,福露格毫无疑问是昂首挺立在这12 年漫长岁月起点上的坚强女性。

二

男权制几千年来所形成的伦理道德体系是一张密实而无形的网,无处不在,走出家庭的福露格,并没有感受到轻松自由生活的惬意,而是充满了深深的自责,在社会传统为女人规定的角色和与自己想要成为的角色之间的冲突中痛苦挣扎。这在她的诗歌中有清楚地反映,《逃避和痛苦》描述了福露格离开丈夫时的痛苦和自责,这说明二人并非感情完全恶化破裂:

......

啊,胸膛在灼热的高温中燃烧,

别再向我询问烈焰的情况。

我曾希望是烈焰,昂起叛逆的头,

却成为鸟儿关在笼一角,囚徒。

我是不安分的灵魂，夜晚对自己一无所知，

我在沉默中痛苦地哭泣，

对所做不安，对所说后悔，

我知道我配不上你和你的爱情。

依据传统法，福露格年幼的儿子卡米亚尔被判给了父亲，并且福露格被剥夺了对儿子的探视权，这对做母亲的福露格是一个非常沉重的打击，更加重了她内心的自责。《被抛弃的家》一诗将福露格内心的痛苦和自责表露得非常深刻：失去了母亲的孩子在哭泣，失去了妻子的丈夫守着空床，那遥远的家因失去了女主人而凌乱不堪，读来真是让人无比心酸。在诗的最后，福露格坦言自己是为了诗而舍弃了家庭和幸福：

然而，我已精神疲惫而惶然，

我正在夙愿之路上旅行，

我的朋友是诗，我的情人是诗，

我要去把他抓到手中。

福露格强烈的诗歌创作愿望和强烈的事业心和求知欲，使她感到家庭生活局限了她的发展，限制了她的发展空间。福露格是一只渴望在浩瀚的天空中自由翱翔的鹰，狭小而精致的笼子怎能囚禁得住她？虽然也曾彷徨，虽然也曾迷惘，但最终还是冲破笼子，展翅高飞了。

离婚后的福露格相继出版了诗集《囚徒》(1955年)、《墙》(1956年)和《叛逆》(1958年)。这些诗集为福露格既赢得了诗名，也招来了骂名。甚至有人恶意曲解她的诗歌，对她进行人身攻击。《囚徒》表现的是福露格对传统社会和家庭的叛逆，以及由此而生的面对亲人的自责，但诗人对自己所选择的道路坚定不移。福露格是与娜拉、子君完全不同的叛逆女性，其反抗更多的是基于对做一名成功女性的执着追求，并没有局限在对妇女既定命运的单纯反抗上。而娜拉与子君对命运的反抗是一种自发的行为，是为了反抗男权制的压迫而反抗，没有一个明确的目的，因而才会出现"娜拉出走以后怎么办"的问题，才会出现逃离了封建包办婚姻的子君却在自由婚姻中夭折。福露格对命运的反抗是一种自觉的行为，有着明确的目的，要实现一名女性的自我人生价值，要做一名出色的女人和伟大的诗人。

　　然而，一心为做一位名诗人而走出家庭的福露格却在离婚之后忽然感到诗歌创作的灵感消退，这使福露格感到十分的痛苦，乃至惶恐，似乎在自己所选择的路上看不到成功的希望。诗集《墙》表现的正是福露格的这种惶恐，是一种内心挣扎：

> 今夜在你崇高的门前
>
> 我因灵感的诱惑而迷惘
>
> 我的生命因这奋斗陷入困境
>
> 诗啊……吸血的女神啊
>
> 已很长时间了那支神灵的歌
>
> 你已不在我耳边慈祥地唱起
>
> 我知道你依然嗜血
>
> 然而，够了啊这所有的牺牲（《牺牲》）

　　的确，为了诗歌福露格舍弃了家庭，舍弃了名声，作出了常人难以作出的牺牲，忍受了常人难以忍受的痛苦。诗歌创作灵感的一度消退，使福露格感到失去了精神支柱，失去了向导，不知道路在何方：

> ……
>
> 我走着……然而我不问自己
>
> 路在何方？驿站在何处？终点是什么？
>
> 我给予吻，然而我自己也不知道
>
> 这颗疯狂的心将谁置为偶像（《迷失》）

　　命运似乎总是与诗人作对，本想冲出牢笼后的是海阔天空，却不曾想一头扎进了黑暗之中。其实，之所以出现这种情况，并非真的是因为诗人的诗歌创作灵感消退（倘若果真如此，我们就不会读到《墙》这部诗集），而是冲破家庭牢笼后的诗人当需要自己独自一人去面对纷繁复杂的人生世界时所产生的无所适从和不知所措，是一种挫败感。这种挫败感经过心理因素的整理以诗歌创作灵感消退的幻象表现出来。诗人在黑暗中冲撞，却似乎四周都有一道无形的墙，人在其中找不到出路：

> ……
>
> 我要逃离你，以便我在

> 远离你的地方开辟
>
> 一条通往希望之城的大道
>
> 在城内
>
> 将梦幻之殿的金色的沉重的锁打开
>
> 然而你的眼睛以无声的呐喊
>
> 使大道在我的视线中昏暗
>
> 依然在它的奥秘之黑暗中
>
> 在我周围砌上墙（《墙》）

伊朗著名诗评家米·阿扎德评论说："《墙》显示出想把整个传统的束缚都打破的人却发现自己处在一个找不到自我的世界中，其周围都砌着围墙。"这无疑是福露格在反抗命运的过程中遭受到的严重挫折和打击。诗人努力想要去实现自己的理想，从而反抗命运的安排，但结果却是诗人反而迷失了自我。

诗集《叛逆》由长诗《叛逆》和若干短诗组成，以《古兰经》"月亮章"中的片段作为序，显示出该诗集的哲学寓意。长诗《叛逆》探讨了"人性"和"魔性"，探讨了个人意志与宿命的哲学命题，表现出福露格对人的宿命的质疑。在该诗中，诗人引经据典地指出，撒旦本身也是真主的创造物，是真主将诱惑亚当夏娃的手段赋予了他。他所做的事情，正是在完成真主赋予他的使命。福露格在诗中指出了被造物人和撒旦各自所受到的限制，从而将"神性"拉到了前台，责难真主创造了这个充满罪恶的世界。诗人在最后希望自己能站在真主的位置片刻，以便创造一个充满真善美的世界，使整个人类获得自由。

福露格在冲出家庭牢笼后所遭受的人生挫折和心理挫败，使她转而对"神性"产生怀疑，显示出福露格的思想在向一个更高的层次飞跃，它使福露格的眼光从专注于性别差异的局限中跳出来，开始对更具普遍意义的"神性""人性"和"魔性"进行思索，尽管这种哲理性的思考在《叛逆》中还不是很成熟。在《叛逆》中福露格从对妇女既定命运的反抗转变为近乎以卵击石的对人的宿命的反抗，是福露格身上秉具的不屈不挠的悲剧精神的必然性发展，使福露格的诗歌更彰显出一种崇高的悲剧美。

在迷惘彷徨中，福露格与一位曾经正面报道过她离婚事件的记者相恋了。

但是,慢慢地福露格感觉到这位记者人品欠佳,便决然与他分手。没想到,这位记者为打击报复,竟把福露格写给他的私人信件在报纸上披露。由于信件涉及很多个人隐私,福露格感到自己犹如赤身裸体被暴露在公众面前一样,身心受到巨大的伤害。福露格经受不住这样的打击,精神一下崩溃了,住进了精神病院。

病情好转稳定之后,福露格为了逃避新闻媒体的追踪,只身到欧洲旅行,以期能获得某种精神上的安宁和解脱。她在意大利和德国生活了 14 个月,欧洲之行对于福露格来说是富于成效的。福露格以坚韧不拔的毅力如饥似渴地学习欧洲文化,在短短的时间内学会了意大利语和德语,能用这两种语言熟练交谈,并且还翻译了不少意大利和德国的文学作品。福露格在给父亲的信中说:"我做每一件事都是为了扩展自己的智力和理解力,我从不为获取文凭而学习,而是为了拓展我的知识广度,以使我能够从事我所热爱的诗歌并取得成功。"

福露格带着心灵的挫折感开始了欧洲之行,在德国学习生活期间,深受尼采思想的影响。可以说,是尼采哲学中超越苦难与死亡的强大精神力量使福露格重新振作起来。欧洲之行打开了福露格的眼界,拓展了福露格的知识结构,深化了福露格的思想层次,促使福露格走向精神上的超越,为福露格的后期诗歌向哲理化发展奠定了坚实的基础。回国之后,福露格完全恢复了精神状态。

三

1958 年,重新振作起来的福露格经人介绍,进入伊朗著名电影导演易卜拉欣·古勒斯坦的电影工作室工作,先是担任文字处理工作,后在古勒斯坦的电影中扮演过次要角色。由此,24 岁的福露格接触到电影制作,并对之产生了强烈的兴趣。1959 年,福露格去英国留学,专门学习电影制作。学成回国后,福露格开始独立制作电影。1962 年,福露格带着自己的摄制组,赴伊朗大不里士麻风病人聚居区,拍摄了关于麻风病人生活的纪录片《黑暗的家》。为拍摄这部片子,福露格完全与麻风病人生活在一起,表现出了高度的人道主义精神和无畏的敬业精神,还将一位麻风病人的孩子收作养子。1963年冬,《黑暗的家》在德国国际纪录片节上获得最高奖,电影评论家们给了这部影片极高的评价。1965年,鉴于她对麻风病人作出的杰出贡献,联合国教科文组织拍摄了有关她生活的纪录片《福露格·法罗赫扎德》,该纪录片后来在国际纪录片节上获最高奖提名,这对福露格来说无疑是一种极高的荣誉。1966年,福露格又应邀到意大利参加电影节。同年,瑞典有关人士向她发出邀请去瑞典拍片,福露格接受了邀请。由此可见,福露格在电影界的成就也得到了大家的认可。

在从事电影制作期间,福露格在诗歌上沉默了几年。这沉默的几年也是福露格砥砺思想的几年。在这几年中福露格如饥似渴地阅读了许多欧洲哲学著作和文学作品,重新研读了《古兰经》和《圣经》,以及波斯古典哲学和文学著作。另一方面,从事电影事业进一步开拓了福露格的视野,增加了福露格的人生阅历,对福露格的后期诗歌向深度发展起到了极大的促进作用。这些阅读和阅历打开了福露格的视野和思想,使福露格从只看见自己头上一片天的井蛙变成一只真正遨游天际、俯瞰人生的鹰。当一个人站得高,势必就看得远。看得远,因而也就想得深。

福露格在几年的沉默之后,又突然绽放,出版了两部诗集《再生》(1963年)和《寒季虽临我们当心怀信念》(1965年)。这两部诗集中的诗歌虽然也大部分是描写个人情感,但福露格对这种情感改变了审视的角度,将自己的这种情感与开阔的眼界和思想结合在一起,努力使自己从有限的小"我"去审视人的生命本身,思索生命的意义,从而使这种情感具备了形而上的普遍意义。福露格也因这两部诗集获得了一种再生,完成了精神上的超越。

对福露格后期诗歌创作起到促进作用的事件,除了欧洲之行和电影制作之外,另一重大事件就是福露格与著名导演古勒斯坦之间的爱情。爱情照亮了诗人的生活,诗人也因爱情迸发出诗歌创作的激情,她的后两部诗集可以说是这份爱情的结晶。古勒斯坦不仅是一位导演,而且也是著名的作家和诗人,与福露格志趣相投。尽管此时古勒斯坦已有妻室,但他们还是情不自禁地双双坠入爱河。毫无疑问,在传统眼光中,他们的爱情是不道德的,至今没有他们俩的合影被公之于世：

> 他们的爱,是一种被审判的情欲
>
> 他们的结合,是一场令人怀疑的梦境。(《死水》)

> 幸福,是因为我们相爱
>
> 忧郁,是因为爱情受谴责。(《在夏日的绿水中》)

古勒斯坦的妻子是一位善良的家庭妇女,倘若古勒斯坦与之离婚,将意味着毁了她的后半生。在个人幸福与道义和责任之间,古勒斯坦和福露格共同选择了后者,这意味着同时他们也选择了流言蜚语和异样的目光。为此,福露格承受着巨大的心理压力,感到屈辱,有时也流露出悲观的思想,福露格在给古勒斯坦的一封信中说:"从恒在的大地中一股力量钻出来吸引住了我。往上走或往前走对于我来说已不重要,我的心只愿往下走,带着我所热爱的一切往下走,带着我所热爱的一切在一个不会转化的整体中消融。在我看来,逃离毁灭,逃离异化,逃离失去,逃离虚无的唯一之路就是此。"

尽管如此,但这份热烈真挚的爱情更多的是使福露格的生命焕发出瑰丽的光彩,使她去思索爱的真谛和生命的意义,也使她再一次表现出无畏不屈的叛逆精神,勇敢面对流言蜚语,坦然迎接世人异样的目光,大胆去拥抱爱情。《征服花园》一诗表现了诗人对传统道德的反叛,诗人与自己的恋人不畏流言蜚语,主动摘取禁果,勇敢相爱,享受自己的幸福。于是,被逐出伊甸园的恋人又重返伊甸园,完成了对伊甸园的征服:

> ……
>
> 我和你从那愁眉苦脸的冰冷的窗口
>
> 看到了花园
>
> 并从那遥远的嬉戏的树枝上
>
> 摘得苹果
>
> 大家都害怕
>
> 大家都害怕,然而我和你
>
> 已与灯、水和镜子结为一体
>
> 我们并没有害怕

......

我们找到了路通向凤凰寒冷而默默无语的梦

我们在小花园中找到了真理

在一朵无名的花儿的羞涩的目光中

找到了永存,在一无限的瞬间

——两轮太阳相互注视

在此,诗人否定了所谓的原罪,指出相爱的恋人建立起的私人空间即是人在其中能找到永存的伊甸园。这首诗以对人间爱情——不是抽象的爱,而是具体的活生生的饱含生命欲望的爱——的着力歌颂,以优美的语言和旋律征服了无数青年人的心,时常被人们朗诵。

在《结合》一诗中,福露格用饱含激情的笔墨描写了性爱的快感和疯狂,使生命原欲呈现为一股强烈的生命力,这种饱满的生命力超越一切,超越神对人定下的原罪,使诗歌在展现个人情欲中迸发出一种奋发昂扬坚强不屈的精神:

......

我看见我的全身都涌起波浪

似红色火焰的炎热

似水的反射

似出自雨水收缩的云

似出自炎热季节的呼吸的天空

直到没有尽头

直到生命的那一边

它铺张开去

我看见在他双手的摩挲下

我存在的肉体

分崩离析

......

我看见我身体的皮肤因爱情的快感膨胀而绽裂

我看见灼烫的体积

慢慢地化成水

倾洒,倾洒,倾洒

在月亮,

月亮停在水洼,昏暗的倒影月亮

我们相拥而泣

在相拥中疯狂地享受

合一之不可靠的所有瞬间。

　　对性爱的描写在伊朗诗歌中可以说是一个禁区,但福露格勇敢踏进禁区,用饱满的生命力去诠释这种性爱,从而使这种性爱得以升华,没有流于肤浅的色情。这首诗也成为福露格的优秀诗作之一,得到人们的肯定。

　　人的生命是有限的,但人的生命力是可以是无限的。与古勒斯坦之间的爱情,使福露格感受到生命力的升华,感受到精神在飞扬中对个体生命有限性的超越。在《变成太阳》一诗中,诗人将有限的个体生命与无垠的宇宙时空融合在一起:

……

你把我引上星光灿烂之路

你把我引到比星星更高处

……

请看我已到了何处

到了银河,到了无垠,到了永恒

此刻,我来了,直到顶峰

请用浪涛之酒为我施洗

请用你的亲吻之丝绸将我包裹

在持久的夜里将我要求

别再放开我

不要把我与这些星星分开

……

请看

我的诗歌之摇篮

你一吹气它就变成太阳。

这首诗真是充满了生命力的豪迈。促使福露格从个体生命的有限走向生命力的无限的不仅仅是爱情，更为重要的因素是诗歌，是诗人对诗歌执着的爱，是诗歌改变了诗人的一生，诗人将诗歌比作照亮自己人生黑暗的明灯：

我因你而死去

然而你即是我的生活

你曾与我同行

你曾在我体内歌唱

当我在街上

毫无目的地游逛

你曾与我同行

你曾在我体内歌唱

你在榆树中央将热恋的麻雀

邀请到窗边的清晨

当夜晚不断地重复

当夜晚没有尽头

你在榆树中央将热恋的麻雀

邀请到窗边的清晨

你带着你的灯来到我们小巷

你带着你的灯到来

当孩子们都走了

槐花串都睡着了

你带着你的灯到来（《我因你而死去》）

诗歌照亮了诗人的灵魂，照亮了诗人的生活，旺盛的诗情使诗人感到生命力的膨胀，使诗人的生命呈现出绚丽的光辉，对人生的苦难和生命的意义有了通彻的认识：

我谈论着夜的尽头

黑暗的尽头

我谈论着夜的尽头

如果你来我家,亲爱的,请为我带一盏灯来

和一扇小窗

让我通过它观看幸福小巷中的人群(《礼物》)

该诗最能反映福露格的思想:人处在黑暗中,但不畏惧黑暗,坚信黑暗的尽头是光明,但同时也不消极地坐等光明,而是希望在眼前的黑暗中就能拥有一盏灯和小窗,能够照亮处在黑暗中的人生。福露格的这首小诗在相当程度上代表了所有对人生苦难与生命意义有着正确的哲理性认识的人的思想。《礼物》作为福露格思想的代表,常常被印在与之相关的贺年卡或书的扉页上。

《再生》和《寒季虽临我们当心怀信念》两部诗集赢得了极高的赞誉,福露格被认作是开创了伊朗女性主义诗歌传统、改变了伊朗情诗的传统表现方式的杰出诗人,其后期诗歌在思想内涵上达到了相当的哲理深度,在诗坛上竖起了一座孑然独立的高峰,难以企及,因为男诗人缺少她的女性特质,而女诗人则缺少她的视野和深度。至此,福露格以她坚强不屈的抗争和坚忍不拔的努力,终成伊朗现代诗坛一大家。1966 年,德国、瑞典、英国、法国相继出版了她的诗集。这时,福露格达到了事业的巅峰状态,在诗歌和电影制作方面都取得了非凡的成就。

四

然而,福露格的生命在巅峰状态戛然而止。1967 年 2 月 14 日,福露格在 33 岁这风华正茂的年龄和诗歌事业的顶峰时期,遭遇车祸,不幸身亡。福露格的遇难在伊朗引起强烈的震动,全国各地举行了广泛的悼念活动,报纸杂志上出现了大量的悼文和悼诗,以及回忆福露格的纪念性文章。人们对福露格的隆重哀悼,一方面是因为女诗人不屈的性格,但更主要的原因是因为在新诗发展的鼎盛时期,出乎意料地损失了一位非常重要的新诗诗人。伊朗著名诗评家米·阿扎德撰文说:"福露格的死震动了我们的社会,不仅是知识分子,而且是民众——大街小巷里的民众。似乎人们刚刚才意识到失去了怎样的一颗珍贵的珍珠。"

为了纪念福露格对伊朗诗歌作出的卓越贡献,1971 年在福露格的兄弟费里东·法罗赫扎德的操办下,成立了以福露格名字命名的诗歌奖"福露格奖"基金会,成立了颁奖委员会,定于每年 2 月 14 日福露格去世祭日那天,将一枚铸有福露格像的银质奖章颁发给当年或近年来公认的最佳诗人,并且还拨专款奖励当年诗坛最佳新秀,还提供五份奖学金资助学文学的五名大学生。"福露格奖"曾一度是伊朗诗坛的最高奖,该奖共颁发了七届。后因伊朗爆发伊斯兰革命,诗坛注意力转向政治,艺术诗歌衰微,"福露格奖"无奈停止颁发。

福露格虽然英年早逝,但她在有限的生命中遨游苍穹,谱写了一曲惊天动地的生命赞歌。她首先在生活中做了一名无畏不屈的叛逆女性,为了实现自我价值,为了自己挚爱的诗歌,在法律不准许妇女主动离婚的年代,以自己的勇气改变了法律,又以自己的勤奋努力和执着,取得了事业的成功,又以自己的善良和人格魅力征服了大家,赢得了大家的尊重。可以说,福露格以自己的人生经历为伊朗妇女树立了一个自强不息的坚强独立的女性形象。

（本文原载《传记文学》2008 年第 2 期）

20 世纪伊朗诗歌发展进程

随着 20 世纪上半叶剧烈的社会变革,伊朗诗歌实现了从严格的古典格律诗到现代自由新诗的转型。完成转型之后的伊朗新诗十分繁荣昌盛,涌现出了一大批杰出的新诗诗人和优秀的新诗作品。20 世纪,也是伊朗政治风云变幻莫测的世纪,发生过数次重大政治事件。文学虽然不是政治的附庸,然而却与政治密切关联。政权的更迭,意识形态的变化,往往会使文学的特征随之发生很大的改变。因此,20 世纪伊朗诗歌的发展与相应的重大政治事件和社会事件密切关联,据此大致可以分为六个时期。

一、立宪运动时期:伊朗诗歌从古典诗歌向现代新诗转型

从 19 世纪起,伊朗这个长期雄踞西亚的文明强国开始没落,饱受英、俄等欧洲列强的欺侮,被迫签订一系列的不平等条约,出让国家政治上和经济上的主权。在欧洲列强面前,伊朗从昔日的文明强国一下跌落为愚昧落后的弱国。这种巨大的现实落差首先促使了伊朗知识阶层的觉醒,他们认识到要摆脱受人奴役、任人宰割的地位,必须实行变法图强。20 世纪初,在俄国 1905 年革命的影响下,内忧外患的伊朗爆发了声势浩大的立宪运动(1905—1911 年)。

立宪运动从根本上说是一次政治运动,它要求伊朗凯加王朝(1794—1924 年)的国王实行君主立宪制。运动的领导力量,除了一部分宗教领袖和资产阶级商人外,还有一部分是文化界人士(伊朗的宗教阶层和商人阶层皆属于知识阶层,但不属于文化界人士)。这些文化界人士利用手中的文化工

具,在思想文化战线上推动着立宪运动的蓬勃发展。因此,可以说,立宪运动在一定程度上又是一场思想文化上的解放运动。在思想上,传播西方的民主自由思想,反对封建集权专制;在文化上,提倡适应新时代的文学。正如著名诗人巴哈尔(1886—1951年)在总结这时期的文学时所说:"作为革新与革命时期,顾名思义,标志着这一时期的特点是革命的思想与革命的文学。散文作品与诗歌作品都发生了巨大变化。产生了新的诗风,即以朴实的语言和深挚的感情创造具有爱国主义思想的政治诗歌。出现了各种流派的诗人以及形形色色的诗歌创作。同时,旧形式也继续加以利用,所以在颂体诗与抒情诗方面也有所革新。"①

在诗歌方面,尽管立宪运动的诗人们已经感到古典格律诗不能适应如火如荼的斗争需要,严重地束缚了新思想的自由表达,但他们基本上奉行的是改良主义路线。这种改良主义首先表现为以"塔兰内""塔斯尼夫"等民间俚曲创作的诗歌在报纸杂志上大量涌现和迅速传播。诗人们在这些民歌体诗歌中大量使用活泼的口语,使广大群众读起来格外亲切,对发动广大群众起来斗争起到了很大的作用。

在一批诗人试图用民歌体诗歌排挤古典格律诗在诗坛的统治地位的同时,以巴哈尔为首的另一些学院派诗人,对古典格律诗作了适应于时代发展需求的改良性变革。巴哈尔是伊朗现代文学史上的元老,出生于诗歌世家,在很年轻的时候就获得了"诗王"的称号。立宪运动爆发后,巴哈尔积极投身于斗争中,是文化界的领袖人物。置身于立宪运动中的巴哈尔已清楚地认识到古典格律诗若不进行变革,就必然被时代所淘汰。然而,深厚的古典文学造诣使巴哈尔在革新派中倾向于保守,他认为古典格律诗在形式上是完美的,只需在这完美的形式中装入新时代的内容。

在立宪运动之前,伊朗古典格律诗的内容主要有以下几个方面:歌功颂德、宗教劝诫、宴饮郊游、男女爱情。巴哈尔突破了古典格律诗一千多年以来一成不变的内容,用古典格律诗形式创作了大量具有新时代内容的诗歌。这些诗歌充满了反帝反封建的思想,充满了对外国入侵势力的愤慨,充满了对灾

---

① 张鸿年:《波斯文学史》,北京大学出版社 1993 年版,第 222 页。

难深重的祖国的忧伤,充满了唤醒民众的激情。

巴哈尔首先冲破了古典格律诗在内容方面的森严壁垒,不论巴哈尔的主观意向如何,但在客观上巴哈尔对古典格律诗内容的革新使后来的诗人们认识到古典格律诗并不是神圣不可动摇的,从而使他们冲破古典格律诗在形式上的枷锁成为可能。

立宪运动时期的诗歌改良主义,引起了激进派诗人们(他们一般都通晓法语,熟悉法国现代诗歌)的极大不满,他们开始着手于颠覆古典诗歌秩序。激进派诗人拉胡蒂(1884—1957年)在积极投身于革命运动的同时,不声不响地实践着"推倒古典诗歌大厦",于1909年创作了伊朗诗歌史上第一首新韵律的诗歌《践约》。

可以说,拉胡蒂在巴哈尔冲破古典诗歌在内容上森严壁垒的基础上,对古典诗歌一千多年一成不变的形式发起了冲击,其意义非同寻常。现代诗歌与古典诗歌在思想内容上固然有很大的不同,但诗体的演变和发展在任何时候都是以诗歌形式(包括外在形式和内在结构)的变化为标志的。

二、1922年至1941年:尼玛创建伊朗现代新诗范式

立宪运动尽管取得了一些政治上的成功(比如:迫使凯加王朝成立了国会,这可以说是君主立宪制的一个标志),但在国内外反动势力的镇压下,于1911年以失败而告终。之后,立宪革命者还爆发了多次武装革命起义,直到1925年哥萨克军官礼萨汗用军事强权扑灭革命的火种,建立了巴列维王朝(1925—1979年),伊朗现代历史进入一个新时期。

正是在凯加王朝摇摇欲坠的时期,伊朗诗坛发生保守派与革新派的激烈论争。保守派也称为学院派,主要是一些精英知识分子,对伊朗传统文化有着很深的眷恋,认为波斯古典格律诗的严谨规范是不可动摇的;而革新派却又因对现代诗歌内在机理缺乏深刻的体认,一味在形式上标新立异,难以得到人们的认可。正是在这样的两难夹缝中,从伊朗北部山区走出一位诗人——尼玛·尤希吉,用具有现代意识的诗歌理念在伊朗诗坛上树立起了两座丰碑,开

创了伊朗新诗的新纪元。

1. 尼玛创建"新古典主义"范式

正式在伊朗诗坛竖起一座里程碑、宣告伊朗新诗诞生的作品是尼玛·尤希吉(1897—1960 年)于 1922 年创作的抒情长诗《阿夫桑内》。

《阿夫桑内》这座"新大厦"的结构完全区别于古典结构,从形式到内容都与之前的诗歌有本质的区别。首先,《阿夫桑内》在思想内容上具有鲜明的现代意识,既非古典诗歌欲赋新词强说愁式的作和酬唱,也非直接诉之于外部事件与社会环境,而是揭示了 20 世纪现代人的精神状态,展现了现代人的内心冲突,是伊朗诗歌史上前所未有的新篇章。如果说巴哈尔的诗歌显示了伊朗现代新诗之种子业已在内部发育细胞,拉胡蒂的《践约》则标志着伊朗现代新诗业已萌芽,而尼玛的《阿夫桑内》则破土而出,标志着伊朗现代新诗正式诞生,为伊朗现代新诗竖起了一座里程碑。

《阿夫桑内》在诗歌的外在形式和内在结构上冲破了古典格律诗的堡垒,其在格律和韵律上的创新,开创了伊朗现代新诗的两大主要形式之一:新古典主义形式。该形式的主要特点是:在格律上另起炉灶,或部分地借鉴古典形式,一种格律用到底,或在格律基本框架不变的情况下稍作变化,但这种变化有规律可循;在韵律上采用新式韵律,押韵方式规则,有章可循;一般采用四句一段或五句一段的形式,句式整齐,段落整齐。"新古典主义"诗歌形式曾一度在伊朗现代诗坛占据主要地位。

2. 尼玛创建"尼玛体"诗歌范式

1938 年,尼玛与其他几位文化界人士一起创办了《音乐》杂志。该杂志由官方出资,由文化部音乐司主管,具有较大的影响力,杂志内容以音乐方面为主,辟有诗歌专栏。尼玛在《音乐》杂志社工作的几年正是其诗歌创作的一个高峰时期。

1938 年和 1939 年,尼玛在《音乐》杂志上相继发表了《渡鸦》和《凤凰》两首具有划时代意义的作品。这两首诗歌完全抛弃"韵脚规律化"的模式,根据诗歌本身的内容,自然而然地形成韵脚。这一创新是诗歌从"规律化"走向"自由化"迈出的重要的一步。这两首诗歌还在格律上第一次打破了一种格律用到底,不能换格的限制。旧律句与新律句掺杂使用,至于旧律句、新律句在全篇的何处出现,完全无规律可循;新律句的格律变化多端,不统一,也是无规律可循。

关于此,尼玛后来说:"三月里,我坐在游泳池边凝视着起起伏伏的涟漪。游泳池好像在喃喃自语,起起伏伏的涟漪便是它的话语,依赖于时空的需要而起伏。我要把这种自然的秩序置于诗歌的形式中。"①的确,水面的涟漪每一次都不同于前一次,但这每一次的涟漪都有其自身的律动,这律动是自然形成的,没有规律。《凤凰》和《渡鸦》所运用的正是这种"涟漪律动",一句诗如一次起伏的涟漪,句子的律动随思想情感的需要而形成。从此,人们把律动自由化的诗称为"尼玛体",也称为"断裂体",指格律断裂,不连贯,没有以一种格律贯穿全篇。

《凤凰》和《渡鸦》在形式上不仅完全彻底地打散了伊朗古典诗歌1000多年一成不变的"骨架",而且也是对《阿夫桑内》所代表的"新古典主义形式"的颠覆,在伊朗现代新诗史上又竖起了一座里程碑。《凤凰》和《渡鸦》开创了伊朗现代新诗两大重要形式中的另一种形式:"尼玛体",即自由体形式。"尼玛体"诗歌的主要特点是:具有某种韵律和格律,但这种韵律和格律乃随思想内容的需要而形成,是自由的,无章可循。"尼玛体"后来成为伊朗现代新诗的"正宗"。

尼玛开创了伊朗现代新诗史上的两大诗歌形式,在诗歌的思想内容和艺术手法上带领伊朗诗歌进入到现代诗歌的行列,为伊朗现代新诗竖起了两座里程碑,其对伊朗现代新诗的贡献无人可及。因此,"伊朗新诗奠基人""伊朗新诗之父""伊朗新诗宗师"等称号对于尼玛乃当之无愧。

三、1941年至1953年左翼运动时期:现代新诗迅速发展

1941年,盟军为了开辟一条从苏联高加索地区经伊朗通往波斯湾和阿拉

---

① 夏姆士·兰格鲁迪:《伊朗新诗编年分析史》第一卷(波斯文版),玛尔卡兹出版社1999年版,第142页。

伯海的运输通道,出兵占领了伊朗,迫使奉行亲德政策的礼萨王退位。礼萨王的儿子穆罕默德·礼萨·巴列维在盟军的扶持下登上王位。第二代巴列维国王迫于同盟国的压力在政治和文化上采取了相对宽松的政策,1941 年后文学出版物一下增加到数十种。这些刊物背后大都有英美或苏联的支持,或介绍西方自由民主的新思想,或介绍社会主义新思想,并介绍和翻译世界著名作家和诗人的作品,文坛开始迅速繁荣起来。人们的思想越来越解放,视野越来越开阔,对现代诗歌的发展形势越来越了解,越来越认识到必须改革古典诗歌,才能使具有辉煌历史的伊朗诗歌在新的时代走向世界诗坛。1941 年后,文学界逐渐形成共识:诗歌必须改革。

1941—1953 年随着伊朗人民党(共产党)的建立,社会主义思潮和运动在伊朗蓬勃发展,左翼革命诗歌成为伊朗新诗走向繁荣的重要组成部分。当时,伊朗的思想文化界主要受苏联的影响,人民党成为伊朗的第一大政党,各个知识领域中的很多有着非凡成就和名望的知识分子都加入了人民党或者积极拥护人民党,"人民党在工薪阶层具有强烈的影响力,在工程师、大学教授、大学生、知识分子尤其是作家、新知识女性,乃至军队中的一些军官中都可以看到其力量"[1],"1951 年大学生中有 25%是党员,另外 50%是拥护人民党的积极分子"[2],因此,可以说伊朗整个知识文化界普遍"左转"。

人民党对文艺界的绝对领导以及对新诗的极力倡导,使社会主义思潮的革命性与伊朗诗歌的革新结合在一起,用新诗创作在一定程度上代表了诗人自身思想上的革命性,从而使新成长起来的年轻诗人们都自觉地用新诗创作,以此表明自己思想上的革命性。这是伊朗新诗在 40 年代迅速走向繁荣的重要原因之一。

曼努切赫尔·希邦尼(1924—1991 年)是第一位追随尼玛创作"尼玛体"诗歌的诗人,也是一位杰出的左翼诗人,他的诗集《星火》是伊朗左翼革命诗歌的优秀篇章。希邦尼受欧洲现代主义诗歌的影响很深,他的左翼革命诗歌

---

① 叶尔万德·阿布罗哈米扬:《两次革命之间的伊朗——从立宪运动到伊斯兰革命》(波斯文版),玛尔卡兹出版社 1999 年版,第 300 页。

② 叶尔万德·阿布罗哈米扬:《两次革命之间的伊朗——从立宪运动到伊斯兰革命》(波斯文版),玛尔卡兹出版社 1999 年版,第 302 页。

是思想内容上的革命性与艺术形式上的现代性相结合的典范。比如《攻克柏林之际》一诗歌颂了苏联卫国战争的胜利,表达了对社会主义的坚强信念。该诗完全采用意象的组合,共产主义的标志"镰刀、麦穗、铁锤、红星"在诗中组合成十分动人的形象,一直为评论家们所称道。

1948年,人民党的各种文艺刊物开始着力倡导社会主义现实主义,号召作家和诗人们摈弃自己的小资产阶级情感,用手中的笔宣传马克思主义、歌颂社会主义、描写广大劳动人民。在这样的政治气氛下,诗坛开始笼罩着上一股政治热情。刚刚成长起来的年轻的新诗诗人们成为人民党文艺路线的忠实执行者和捍卫者,其中最具有代表性的有党员诗人胡尚格·埃布特哈吉(1927—)、伊斯玛仪·沙赫鲁迪(1925—1981年)、瑟亚乌什·卡斯拉伊(1926—1995年)和非党员诗人阿赫玛德·夏姆鲁(1925—2000年)。

瑟亚乌什·卡斯拉伊(1926—1995年)是伊朗诗坛上最坚定的左翼革命诗人,也是取得最高诗歌成就的左翼革命诗人。在石油国有化运动时期,卡斯拉伊刚刚在诗坛上崭露头角,这时期他最有名的一首诗是发表于1952年的《筑路工——给我的父亲》:"原野一片焦渴/铺满阳光的大路/热风在盘旋/步履迟缓的太阳//广阔的沉寂/一顶黑色的帐篷/滚烫的细沙/枯井般的双眼//几个男人的身影/映在尘土之帘幕/一只水罐,几只铁铲/疲惫不堪,仍工作。"这首描写劳动人民的短诗可以说是社会主义现实主义的优秀作品,诗人用十分简练的语言将烈日炎炎之下筑路工人仍辛勤劳作的场景生动地呈现在读者眼前,十分打动人心。

1953年之前的左翼革命诗歌在形式上是多种多样的,瑟亚乌什·卡斯拉伊的诗歌较多地具有"尼玛体"形式的本色,希邦尼和夏姆鲁的诗歌较多地吸收了现代主义诗歌形式的特点,而埃布特哈吉和沙赫鲁迪的诗歌较多地采用新古典主义诗歌形式。尽管文艺界出现过极左思想,产生了一些政治口号式的诗歌,但总的来看这时期的左翼革命诗歌在艺术上仍取得了较大的成就。

伊朗左翼革命诗歌从1941年盟军进入伊朗、伊朗人民党建立开始,到1953年"八月政变"之前,一直是诗坛的中坚力量。伊朗新诗在40年代后半期迅速发展,取代了旧体诗在诗坛1000多年的统治地位,这其中左翼革命诗歌可谓居功至伟。

四、1953 年至 1972 年:伊朗新诗的繁荣鼎盛

1953 年 8 月,伊朗石油国有化运动如火如荼,巴列维国王的专制政权岌岌可危。美国为了自身在中东的利益,用重金收买伊朗军队中的保王派军官发动政变,血腥镇压了石油国有化运动,同时也镇压了伊朗的左翼革命运动,人民党成为非法组织,转入地下活动。

"八月政变"之后,巴列维国王在政治上以英美为靠山,在意识形态领域力图用西方的自由民主思想扼制社会主义思潮,在经济上采取西方资本主义经济模式,伊朗社会和民众生活开始迅速走向西化。同时,西方各种文学作品和诗歌集被大量翻译介绍进伊朗,促使伊朗诗歌很快走出"八月政变"之后的低谷,重新繁荣起来,仅 1955 年就有 30 多部新诗诗集问世,这之后几乎每年都有几十部诗集诞生,由此开始了伊朗新诗最为辉煌灿烂的 20 年。

1. 新古典主义诗歌

尽管在 20 世纪浪漫主义在西方已基本上退出了文学舞台,是现代主义文学唱主角的时期,但浪漫主义文学,尤其是法国的浪漫主义诗歌在 50 年代的伊朗影响依然强劲。究其原因,笔者认为在于伊朗诗歌的现代化进程在 20 世纪 40 年代后期才告基本完成。从法国诗歌的发展历程来看,浪漫主义是从古典主义到现代主义之间的不可或缺的重要桥梁。刚刚解脱了古典格律束缚的伊朗新诗,倘若猛地一下全面转入现代主义诗歌,不论对创作者还是欣赏者来说,都是难以接受的。人们的认识观和审美观需要有一个过渡。这时,以法国浪漫主义诗歌为精神楷模的伊朗新古典主义诗歌正好迎合了这种需要。

自从 1943 年以罕拉里为首的新古典主义流派将尼玛的《阿夫桑内》所创造的新古典主义形式作为伊朗新诗的一种"标准"固定下来,在相当长的一个时期内新古典主义一直是伊朗新诗的重要组成部分。但新古典主义在罕拉里和塔瓦洛里的手中本质上仍然是一种古典主义,直到纳德尔·纳德尔普尔(1929—2000 年)的出现,才使新古典主义呈现出"新"气象。

纳德尔普尔在沟通波斯古典诗歌艺术与西方现代诗歌艺术方面,进行了

许多有益的探索,作出了很大的贡献,这使他的诗歌兼有二者之美,既具有古典意韵又具有现代气质。多年的留法生涯,使纳德尔普尔深深浸润在法兰西的深厚文化之中,给纳德尔普尔诗歌创作以巨大影响的是法国浪漫主义诗歌。法国浪漫主义诗歌注重人与大自然的融合,追求奇特而瑰丽的想象,着重描写痛苦、忧郁、爱恋等情感。这些也是纳德尔普尔诗歌的主要内容和特征。可以说,纳德尔普尔将法国浪漫主义诗歌的精神贯注到了他的诗歌创作中。

纳德尔普尔是伊朗新古典主义流派中最具现代气质的一位诗人。对此,评论家巴拉汗尼说:"塔瓦洛里没能使自己从那矫揉造作的灾难性的厌倦(指新古典主义——笔者注)中解脱出来,但纳德尔普尔因自己的独特才能和比塔瓦洛里强的能力,接近了真实的诗歌,找到了自我,并在找到自我中前行,建立了一种更自由、更广阔、更深厚的风格。"①的确,在当时,对于一个刚刚接受了新诗的民族来说,纳德尔普尔的诗歌是最能被广大读者接受的。纳德尔普尔的新古典主义诗歌以富于激情的浪漫主义情调、浓厚的伤感色彩、优美流畅的语言、隽永的古典韵味和崭新的现代精神在50年代成为最受读者欢迎的诗歌,并且其魅力至今不减,纳德尔普尔被认为是伊朗最杰出的新诗诗人之一。

2. 象征主义诗歌

随着国家政策的全面西化,人们在文化方面的需求和认识也随之变化。为了适应新形势下人们的文化需求,从1955年开始在伊朗文化界出现了一个声势浩大的翻译热潮。由于伊朗人有着崇尚诗歌的优秀历史传统,在翻译热潮中欧美现代主义诗歌得到了最为广泛的翻译和介绍,其中最引人注目的是《今日文学艺术》在1955年创刊号上全面介绍了艾略特及其《荒原》,并且翻译和详细分析了《荒原》,给伊朗诗坛带来巨大的震动,给伊朗诗人带来强烈的内心震撼,使他们对现代诗歌有了全新的认识。一时间,艾略特成为最受伊朗人喜欢的外国诗人,艾略特的其他诗歌也相继被翻译和介绍。被翻译介绍的比较多的诗人还有:波德莱尔、魏尔伦、马拉美、兰波、瓦莱里、艾吕雅、阿拉贡、庞德、叶芝……,等等。另外一部在伊朗产生巨大影响的书是哈桑·胡纳

---

① 亚兹当·萨拉赫舒尔:《在镜中——纳德尔·纳德尔普尔诗歌批评》(波斯文版),珍珠出版社2001年版,第67页。

尔曼迪编著的 1957 年出版的《从浪漫主义到超现实主义》,该书详细探讨并研究了法国诗歌,收录了 26 位法国诗人的 141 首诗,并介绍了这些诗人的诗歌理论。在 20 世纪 50 年代的翻译热潮中,从法国滥觞的象征主义诗歌,以及从象征主义发展而来的后象征主义、意象主义,以及表现主义和超现实主义诗歌成为最主要的被介绍对象,使伊朗新诗深受其影响。欧美现代主义诗歌的大量翻译和介绍强烈刺激了伊朗新诗的发展,它不仅促使了新古典主义诗歌走向没落,象征主义诗歌兴盛,而且还是 60 年代"新浪潮"诗歌诞生的催化剂。

尽管尼玛早在 1938 年在《凤凰》和《渡鸦》中就将象征主义引入了伊朗新诗中,尽管尼玛的诗坛地位在 50 年代初已经确立,但是在当时"尼玛体"诗歌仍然频频受到守旧者们的攻击,加之纳德尔普尔又在 50 年代中期掀起了一阵新古典主义诗歌的热潮,对于大多数诗歌爱好者来说,新古典主义诗歌更受欢迎。但 50 年代后期随着阿赫旺、夏姆鲁、福露格等杰出的象征主义诗人在诗坛的崛起,象征主义诗歌随之兴盛,"尼玛体"诗歌也与象征主义紧密地结合在了一起,诞生了一批伊朗新诗史上最优秀诗人及其诗歌作品。

阿赫旺(1928—1990 年)可以说深得后象征主义诗歌的精髓,他并没有停留在对现实政治的隐喻性抨击上,而是更多地思考伊朗民族在现代社会中的生存境遇问题,用伊朗古代的神话传说建立起自己象征主义诗歌的核心体系。伊朗古代的神话传说和宗教文化思想在其《〈列王记〉的结束》(1959 年)、《从这本〈阿维斯塔〉》(1965 年)和《狱中之秋》(1969 年)等诗集中得到了充分的展现。在这些诗集中阿赫旺追怀伊朗民族在前伊斯兰时期古波斯帝国的荣光,哀叹伊朗现今的败落。在 20 世纪 60 年代,使阿赫旺的声望达到顶峰,进入世界性的大诗人之列。"1965 年,阿赫旺的诗集《从这本〈阿维斯塔〉》出版,使阿赫旺的声誉如日中天,达到顶峰,只有世界乐坛巨星和电影巨星的名望堪与之相比"①。

50 年代中期从事新古典主义诗歌创作的诗人不少在 50 年代末转向了

---

① 亚兹当·萨拉赫舒尔:《在镜中——纳德尔·纳德尔普尔诗歌批评》(波斯文版),珍珠出版社 2001 年版,第 39 页。

"尼玛体"诗歌,并且走向象征主义,其中最具代表性的是福露格·法罗赫扎德(1934—1967年)。福露格的前期诗歌主要采用的是新古典主义形式,但在其诗集《墙》(1956年)和《叛逆》(1958年)中已经出现了一些具有浓厚象征主义色彩的"尼玛体"诗歌。其中最有影响的一首诗是《影子的世界》,该诗探讨了肉体与灵魂的关系。而福露格认为,灵魂固然是肉体的影子,反过来肉体更是灵魂的影子:"夜晚在潮湿的路面/我不停地问自己:/生活真的从我们的影子内部获得色彩?/抑或我们只是自己影子的影子?"灵魂是肉体的影子在于揭示灵魂与肉体的紧密性和哲学关系,肉体是灵魂的影子则在于阐释肉体的虚幻性。可以说,福露格的《影子的世界》奠定了其后期诗歌走向哲理化的发展方向。福露格的后期诗集《再生》(1963年)、《寒季虽临我们当心怀信念》(1965年)完全抛弃了新古典主义,转向了"尼玛体"诗歌,从浪漫主义走向了象征主义。

3. 夏姆鲁与"白诗"

夏姆鲁(1925—2000年)是伊朗现代诗坛上受西方文学影响很深的一位诗人,对西方文学的广泛阅读,使他深得象征主义文学的精髓,象征主义诗歌的主要特征在他的诗歌中都可以找到。夏姆鲁擅长在同一首诗内采用多个片段式的象征喻体,指向某种被喻体,或某种思想。多个象征喻体的使用,倘若其中的关联不显然,整首诗便显得朦胧恍惚,读者不细读不思索是难以把握其内在思想蕴涵的。因此,可以说夏姆鲁的诗歌更接近象征主义的本质特征。

夏姆鲁是一位热血诗人,在20世纪50年代和70年代伊朗火热的政治斗争中,夏姆鲁都不是冷静的观望者,而是置身其中,把个人的命运放在社会巨大的背景中来观察,用诗歌反映出当时的社会现实和诗人自己对政治、道德、命运、生命、死亡、灵魂拯救等一系列问题的关注和思考。这种强烈的现实感与诗人的深度哲理性思考紧密融合,使其诗歌的深度和广度都堪称伊朗现代诗歌的巅峰。

夏姆鲁对伊朗新诗的另一大贡献是创建了"白诗"的形式。在伊朗现代诗坛上,尼玛诗歌主张的真正继承者是夏姆鲁。在诗歌的思想内容上,尼玛一贯主张诗歌应当反映时代精神,抨击旧体诗的空洞无物和与时代精神脱节。夏姆鲁高擎尼玛的大旗,针对当时诗坛上无病呻吟的新古典主义作品的泛滥,夏姆鲁提出"诗即是生活"的主张,猛烈抨击新古典主义诗歌,与纳德尔普尔展开论战。

在诗歌形式上,尼玛一贯主张自由化,只是限于当时的认知程度,尼玛未能做到完全自由化,尼玛的"尼玛体"诗歌是有格律的(这里"格律"一词专指由词的声音构成句子抑扬顿挫的律动),只是其格律是自由的而不是像旧体诗那样是固定的。夏姆鲁接过了尼玛关于诗歌形式自由化的大旗,使伊朗诗歌完全走向现代无格律的自由诗,夏姆鲁创立的这种完全无格律的自由诗被伊朗诗界称为"白诗"。

夏姆鲁的"白诗"全面更新了诗歌观念,一洗铅华,祛除了诗歌的各种附加因素,使诗歌成为纯粹的情感表现载体。夏姆鲁将诗歌创作比喻为情感的洪流从山上奔涌而下,本来应该是汪洋恣肆地奔涌流淌,而格律就如同给情感的洪流挖了个河床,让洪流顺着这人为的河床走。夏姆鲁还认为诗歌创作如同大洋中的火山爆发,火山自由尽情喷发,自行成为各具风情的座座美丽岛屿,不需要任何人为的外在因素的约束来使它成为某种规定性的岛屿。归根结底,在夏姆鲁眼中,"格律——甚至'尼玛体'的自由格律——是一座牢笼,限制了诗人的展翅飞翔"①。夏姆鲁还说:"我从不将格律看做诗歌必备的本质性的东西,格律也不是诗歌的特权。相反,我认为,格律将诗人的思维引上歧途。因为为了格律,不得不在有限的几个相符合的词中进行选择,而将其他很多词抛弃,而实际上很有可能正是这些不符合格律的词才更符合诗人的创造性思维。"②可以说,夏姆鲁斩断了伊朗现代新诗与旧体诗的最后一丝外在联系,是伊朗现代新诗的又一大变革。

4."新浪潮诗歌"

20 世纪 60 年代伊始,伴随着伊朗社会的全面迅速西化,伊朗本身的传统道德观念迅速土崩瓦解,整个社会面对的是"价值重估",这种情况颇似一战后的欧洲社会所面临的信仰和传统价值崩溃的情况。因此,20 世纪上半叶在

---

① 贾瓦德·玛加比:《阿赫玛德·夏姆鲁资料汇编》(波斯文版),伽特勒出版社 1998 年版,第 80 页。

② 恩·帕沙依:《阿赫玛德·夏姆鲁的生活和诗歌》上册(波斯文版),萨勒斯出版社 1999 年版,第 425 页。

欧洲出现的荒诞性的、非逻辑性的一些现代派文学思潮在伊朗有了滋生的土壤。

在巴列维国王 1941 年登基前后出生的一代人,这时正是 20 岁左右的青年。这一代青年可以说是伴随着巴列维国王的全面西化政策成长起来的,他们的思想观念思维方式都是西式的,他们叛逆,颠覆传统,蔑视责任,渴望新观念新价值。在诗歌观念上,这一代年轻人厌倦了浪漫主义和象征主义,厌倦了重复不断的比喻、象征和忧伤,他们希望从此以后,"夜"在诗歌中不再象征暴虐和社会黑暗,而就是"夜"本身,太阳就是太阳,不再象征光明和希望,一切事物都是它本身。这些青年从各方面与传统相对抗,打碎了一切旧的和新的标准,将格律、韵律、文学性、感情、想象、朦胧、比喻、象征、甚至意义和逻辑全都统统抛弃,他们创作的诗歌与在他们之前的诗歌没有任何相似。第一本这种"新新诗歌集"就是当时年仅 21 岁的阿赫玛德·礼萨·阿赫玛迪(1940—   )在 1962 年出版的《印象》。

阿赫玛德·礼萨·阿赫玛迪的诗歌是个历史的幸运儿。他的幸运在于他的诗歌活动的开始,正好适逢伊朗全面西化过程中社会上新阶层的出现,他的审美嗜好正好与这个新阶层的审美需求相合拍。在渴望重建新价值的社会需求下,需要非常先锋性的诗歌与之相适应,阿赫玛德·礼萨·阿赫玛迪的诗歌正是顺应这种趋势的产物,因此在当时深受伊朗青年的追捧。

应当说,"新浪潮"诗歌在诗歌形式和艺术手段方面作出的探索虽然很多是倾向于极端和荒诞的,但其中也有一些有益的探索是值得肯定的。这些有益的探索使"新浪潮"诗歌运动中涌现出了一些优秀诗人,取得了一些成绩。但是,"新浪潮"诗歌运动没有产生诗歌大家,最根本的原因在于"新浪潮"诗歌徒有其表,缺少内在精神。伊朗新诗史上的大家如尼玛、阿赫旺、夏姆鲁、福露格、塞佩赫里、纳德尔普尔等无一不是将西方现代主义诗歌的现代思维方式与伊朗文化传统和民族精神相结合的结果,他们的诗歌充满了对社会、人生、生命的严肃思考,而"新浪潮"诗歌缺少的正是这些。

5. 传统苏非神秘主义诗歌在现代诗坛的延续

20 世纪的伊朗新诗是伴随着社会主义思潮和现代化浪潮成长、发展、壮大、繁荣、鼎盛的。不论是马克思主义,还是以科学实证主义为基础的现代工业文明,都没有宗教神秘主义的生存空间。因此,苏非神秘主义传统对于大多数伊朗新诗诗人来说,更多的是作为一种文化背景和文化底蕴,在他们的笔尖或隐或显地流露。隐匿的流露,主要表现为诗人们的某些词句某些思想意识流露出苏非神秘主义的痕迹;显然的流露,主要表现为该诗人的诗歌从整体上来看不具有苏非神秘主义思想,但其个别诗歌中会流露出明显的苏非神秘主义思想。也有一些诗人,苏非神秘主义不仅仅是他们诗歌的文化底蕴,而且是他们诗歌的主要思想内涵。在伊朗新诗中,只有塞佩赫里的诗歌堪称宗教神秘主义的大海,其他诗人具有宗教神秘主义思想的诗歌只能说是一股股汇入大海的细流。

苏赫拉布·塞佩赫里(1928—1980年)是伊朗现代诗坛上的"隐身人",一生远离诗坛各种事件交织的漩涡,但他的作品却是矗立在伊朗现代诗坛上的一座高峰,让人不能不仰视。

塞佩赫里是一位极具天赋的诗人,其第一部诗集《颜色之死》(1951年)就引起诗坛的广泛关注。塞佩赫里是一位性格内敛的诗人,厌倦喧嚣与嘈杂,他的心灵一直在纷扰的尘世中寻找躲避之处,从第二部诗集《梦中生活》(1953年)起,塞佩赫里开始关注以佛教文化为代表的东方文化,最后他找到了"佛陀的花园",获了内心的安宁,在静观中获得一种精神的超脱。塞佩赫里在60年代伊朗全面西化的浪潮中游历东西方,对东西方文化进行了对比性的考察和审视,深深迷恋上了东方神秘主义文化,认为在西方工业文明的喧嚣中,唯有东方神秘主义文化才能使人拥有内心的宁静和灵魂的安详,才能使人的精神达到一种永恒的境界。由此,塞佩赫里创作了大量的神秘主义诗歌,表现自己对东方神秘主义的认识和体验。这些诗歌依次收录在以下诗集中:《背井离乡的太阳》(1961年)、《悲悯的东方》(1961年)、《水的脚步声》(1965年)、《行者》(1966年)、《绿色空间》(1967年)、《我们无为,我们观看》(1977年)。这些诗集以深邃的神秘主义思想和纯熟的诗歌语言艺术在伊朗现代诗坛上竖起了一座神秘主义的高峰。塞佩赫里的诗歌翻译成了英、法、德、阿拉伯、西班牙、土耳其、瑞典语等语种。

塞佩赫里的神秘主义诗歌可以分为两个时期:前期诗集为《梦中生活》《背井离乡的太阳》《悲悯的东方》,后期诗集为《水的脚步声》《行者》《绿色空间》《我们无为,我们观看》。前期诗歌主要表现塞佩赫里对东方神秘主义的一种探索性认识,后期诗歌主要表现诗人获得人生觉悟后对世间万物的一种圆融观照。

苏非神秘主义作为伊朗宗教文化传统的核心,对伊朗知识分子的思想和人生观的影响是潜移默化且根深蒂固的。伊朗的知识分子或多或少地都具有苏非神秘主义思想,在现代诗人们的作品中苏非神秘主义思想也或隐或显地有所反映。塞佩赫里与其他诗人的不同在于:苏非神秘主义对于其他诗人来说更多地表现为一种文化背景或一种文化底蕴,而对于塞佩赫里来说则是贯穿于其思想意识的人生观。

五、1972 年至 1979 年:伊斯兰复兴主义诗歌的兴起

巴列维国王全盘西化的举措的确较有成效地扼制了社会主义思潮在伊朗的传播。然而,他未曾预料到的,正是他的全盘西化政策成了自己的掘墓人。在西方自由民主思想浸淫下成长起来的新一代人,对巴列维国王的君主专制更加痛恨。而且,伊朗社会的全面西化损害了伊朗社会中另一重要阶层——宗教阶层的利益,使宗教阶层站在了巴列维西化政府的对立面。从 20 世纪 70 年代开始,各个阶层反对巴列维国王统治的斗争此起彼伏,宗教阶层逐渐取得了整个斗争的领导权,并于 1979 年推翻了巴列维王朝的统治,取得了伊斯兰革命的胜利,结束了伊朗几千年的君主专制整体,建立了伊朗伊斯兰共和国。

应当说,20 世纪 70 年代席卷整个伊朗诗坛的"使命诗歌"都是反对巴列维政府的,但真正对全面西化政策形成逆动的是"使命诗歌"中的另一支重要力量——主张复兴伊斯兰的诗人们,这个阵营中的代表诗人有沙菲仪·卡德坎尼、内玛特·米尔扎扎德、阿里·穆萨维·伽尔玛鲁迪,可以说他们是伊斯兰复兴主义诗人阵营中的三驾马车,正如 50 年代初,伊斯玛仪·沙赫鲁迪、瑟亚乌什·卡斯拉伊、胡尚格·埃布特哈吉是社会主义诗歌阵营的三驾马车一样。主张复兴伊斯兰的诗人们的诗歌与"使命诗歌"中的左翼诗歌一样,歌颂游击战争、歌颂游击队员、描写枪林弹雨、反对巴列维政府,但他们是以现代伊斯兰复兴主义为其政治使命,将西方意识形态作为伊斯兰意识形态的对立面,

他们的诗歌表现出对西方的强烈敌对情绪。主张复兴伊斯兰的诗人们将倡导恢复伊斯兰传统作为自己的使命,因而他们的诗歌在歌颂游击队员的同时更抒发对先知、圣徒的崇敬之情,也表达自己对回归伊斯兰的理性思考。这是与左翼诗歌最大的区别。

沙菲仪·卡德坎尼(1939—)是知识界皈依伊斯兰宗教传统的先行者,浓厚的伊斯兰色彩是卡德坎尼诗歌的重要特征,在各本诗集中都有显著表现,因此他也是伊斯兰复兴主义诗歌阵营的最杰出的代表诗人,如同卡斯拉伊是左翼诗歌阵营最杰出的代表诗人。"卡德坎尼是卡斯拉伊政治性诗歌的继续者。后来卡德坎尼与苏尔丹普尔一起成为'森林诗歌'或'游击队诗歌'的奠基者、捍卫者和宣传者"①。1971 年年初,爆发了"西亚赫库尔起义",掀起了游击战争的高潮。同年,卡德坎尼的诗集《在尼沙普尔花园小径上》出版,"是完全意义上的'森林诗歌'代表作,也是 70 年代最值得一提的诗集。"②该诗集以革命性的内容,强有力的流畅的节奏,迅速地在知识界和广大群众中流传,其中的很多诗歌被谱写成歌曲,广为传唱。

六、1979 年之后:伊朗伊斯兰共和国时期的诗歌

1979 年,伊朗爆发伊斯兰革命,推翻巴列维王朝,建立伊朗伊斯兰共和国,开始了伊朗历史的新篇章。伊朗伊斯兰革命取得胜利仅一年多,伊拉克趁伊朗新政权立脚未稳之机,于 1980 年 9 月 22 日向伊朗领土发起了大规模入侵进攻,并空袭德黑兰,两伊战争全面爆发。

毫无疑问,这场战争给伊朗的社会经济造成了巨大的损失。同时,也给伊朗人的精神世界造成了深刻而深远的影响。这种影响对于个人来讲既有正面的也有负面的,但在文学创作领域,这种影响表现为完全正面的积极的能动因

---

① 夏姆士·兰格鲁迪:《伊朗新诗编年分析史》第三卷,玛尔卡兹出版社 1999 年版,第 185 页。

② 夏姆士·兰格鲁迪:《伊朗新诗编年分析史》第三卷,玛尔卡兹出版社 1999 年版,第 262 页。

素。伊斯兰革命之后，伊朗国家意识形态发生了极大的改变。因适应不了新的意识形态，一部分作家移居海外，另一些作家则创作激情消退，基本上没有什么新作品问世，即使偶尔有新文字，也无足轻重。两伊战争使人们的关注重心从伊斯兰革命本身迅速转移到保家卫国这方面上来，致使激越的卫国情怀、英勇无畏的牺牲精神、战争造成的人的精神创伤成为伊斯兰革命之后最重要的文学主旋律，催生了一批文学新人，涌现出以恺撒·阿敏普尔（1959—2007年）和帕尔维兹·北极为代表的一批反战诗人。

帕尔维兹·北极（1954—　）是诗坛以反战诗歌著称的诗人。他高中毕业即服兵役，在伊朗空军效力，2003年以上校军衔退役。之后进大学深造，获波斯语言文学学士学位。帕尔维兹·北极是伊朗伊斯兰革命后第一代诗人中的杰出代表，他的数首有关战争的诗歌被谱成曲，在一旦有悲情事件发生的时候，被全国广播和传唱。北极受邀参加过伊朗周边伊斯兰国家的众多重要诗歌活动，获得十余种奖项。他至今出版的诗集有：《乡愁》《永远的史诗》《尘埃中的镜子》《那永恒的绿色》《花、抒情诗、炮弹》等。他最典型的一首反战诗歌非常简短，却十分强劲有力："M1/G3/F4/RPG7/数字都被灌输了什么！" M1是一种半自动步枪，G3是一种突击步枪，F4是美式轰炸机，RPG7是一种反坦克火箭。该诗短短5行，借用5种武器的型号，将深刻的反战思想融于其中。

伊朗伊斯兰共和国的诗坛尽管与战争有关的诗歌占据了一大部分内容，但总体来说，还是比较多元化的。诗人萨罗希（1947—2006年）在伊斯兰革命之前业已成名，20世纪80年代进入诗歌创作的一个彷徨时期。1992年岁末，萨罗希在读了《一千零一夜》之后，创作灵感喷涌，在短短几个月的时间里，创作了大量诗歌，在随后的几年中又陆续创作了不少诗歌，这些诗歌当时发表在各种诗刊上，产生很大反响，后来在2001年结集出版，名为《一千零一面镜子》。诗集《一千零一面镜子》是萨罗希诗歌创作的一个巅峰，几乎每首诗歌都优美而深刻。这部诗集体现出萨罗希在诗歌创作上的重大转向，走向哲理化，蕴涵着浓厚的伊朗苏非神秘主义文化传统，代表着伊朗宗教传统文化在当代伊朗诗坛的延续。

（本文为译著《伊朗诗选》的译者序，作家出版社2019年版）

附录:历年学术成果一览(1990—2019 年)

一、专著

1.《凤凰再生——伊朗现代新诗研究》,北京大学出版社 2004 年 12 月出版。

2.《波斯古典诗学研究》,昆仑出版社 2011 年 1 月出版。

3.《伊朗小说发展史》,浙江工商大学出版社 2019 年 5 月出版。

二、个人论文集

1.《波斯札记》,河南大学出版社 2014 年 6 月出版。

三、译著

1.《玛斯纳维全集》(第一、二、六卷),湖南文艺出版社 2002 年 1 月出版。

2.《海亚姆四行诗百首》,德黑兰坦迪斯出版社 2002 年 3 月出版。

3.《伊朗现代新诗精选》,华艺出版社 2005 年 1 月出版。

4.《灵魂外科手术——伊朗现代小说精选》,华艺出版社 2006 年 10 月出版。

5.《恺撒诗选》,作家出版社 2009 年 7 月出版。

6.《伊朗当代短歌行》,译林出版社 2011 年 10 月出版。

7.《萨巫颂》,重庆出版社 2012 年 7 月出版。

8.《瞎猫头鹰》,河南大学出版社 2017 年 6 月出版。

9.《亡者交响曲》,五洲传播出版社 2019 年 4 月出版。

10.《伊朗诗选》(上、下册),作家出版社 2019 年 8 月出版。

四、学术论文

1.《巴哈尔及其〈达莫万德峰〉》,载《世界名诗鉴赏辞典》,北京大学出版社 1990 年出版。

2.《德胡达及其〈怀念〉》,载《世界名诗鉴赏辞典》,北京大学出版社 1990 年出版。

3.《艾特索米及其〈孤儿的眼泪〉》,载《世界名诗鉴赏辞典》,北京大学出版社 1990 年出版。

4.《拉胡蒂及其〈践约〉》,载《世界名诗鉴赏辞典》,北京大学出版社 1990 年出版。

5.《东方文学辞典》(波斯文学部分词条),吉林教育出版社 1992 年出版。

6.《唐绝句与波斯四行诗之比较及其可能联系》,载中国台湾《中国国学》年刊 1994 年。

7.《试析〈恶之花〉对〈盲枭〉的影响》,载《国外文学》1997 年第 3 期。

8.《萨迪与〈蔷薇园〉》,载《外国文学名著导读》,吉林人民出版社 1998 年。

9.《波斯中世纪诗歌中的苏非思想审美价值》,载《国外文学》1999 年第 4 期。

10.《波斯中世纪诗歌中的苏非思想审美价值》,人大复印报刊资料中心《外国文学研究》2000 年第 3 期全文转载。

11.《从细密画看伊朗文化的顽强性》,载《东疆学刊》2002 年第 1 期。

12.《中波古典情诗中的喻托》,载《国外文学》2002 年第 2 期。

13.《西方出现"鲁米热"》,载《外国文学评论》2002 年第 3 期。

14.《中伊诗歌现代化进程差异及原因探析》,载《东方文学研究通讯》2003 年第 2 期。

15.《波斯古典诗歌中的诗酒风流》,载《东方文学集刊(1)》,湖南文艺出版社 2003 年 8 月出版。

16.《伊朗诗坛两姐妹》,载《外国文学动态》2003 年第 5 期。

17.《阿富汗现当代文学一瞥》,载《外国文学动态》2004 年第 6 期。

18.《〈玛斯纳维〉,伊朗文化的柱石》,载《环球时报》2005 年 6 月 3 日第 19 版。

19.《穆拉维与〈玛斯纳维〉》,载《回族研究》2005 年第 2 期。

20.《穆拉维与〈玛斯纳维〉》,人大复印报刊资料中心《外国文学研究》2005 年第 9 期全文转载。

21.《融会贯通东方神秘主义——塞佩赫里思想研究》,载《回族研究》2006 年第 1 期。

22.《达内希瓦尔:要走的路遥远又漫长》,载《新京报》2006 年 4 月 14 日 C21 版。

23.《小昭的哀怨》,载《北京青年报》2006 年 8 月 14 日"历史纵横"版。

24.《从一朵野花看天国——简谈波斯细密画艺术》,载《北京青年报》2006 年 9 月 18 日"历史纵横"版。

25.《拨开西方霸权语境的迷雾探求伊斯兰的本真》,载《回族研究》2006 年第 3 期。

26.《对〈西岸上的宣礼〉的再认识》,载《国外文学》2006 年第 3 期。

27.《对〈西岸上的宣礼〉的再认识》,人大复印报刊资料中心《外国文学研究》2007 年第 1 期全文转载。

28.《埃姆朗·萨罗希,伊朗诗界的"阿凡提"》,载《新京报》2006 年 9 月 22 日 C21 版。

29.《卮遭遇迷惘》,载《北京青年报》2006 年 11 月 27 日"历史纵横"版。

30.《蓝的马,绿的天空》,载《读书》2006 年第 12 期。

31.《漫谈伊朗诗歌形式的嬗变》,载《中国社会科学院院报》2007 年 3 月 8 日"学苑"版。

32.《大片背后是非多》,载《北京青年报》2007 年 3 月 19 日"历史纵横"版。

33.《文明对话——〈玛斯纳维〉的当前意义》,载《东方文学研究通讯》2007 年第 1 期。

34.《波斯之城漫嗟荣辱》,载《北京青年报》2007 年 5 月 21 日"历史纵横"版。

35.《度尽劫波兄弟成仇》,载《北京青年报》2007 年 7 月 23 日"历史纵横"版。

36.《侵略者为何千古流芳?》,载《北京青年报》2007 年 9 月 10 日"历史纵横"版。

37.《伊朗现代化进程中的文化认同》,载《中国社会科学报》2007 年 11 月 15 日。

38.《图兰朵怎么成了中国公主?》,载《北京青年报》2008 年 1 月 7 日"历史纵横"版。

39.《图兰朵是中国公主?》,《侨报》2008 年 3 月 8 日 D4 版转载。

40.《论〈玛斯纳维〉中的和平主义思想》,载《回族研究》2008 年第 1 期。

41.《镜中之旅——读〈一千零一面镜子〉》,载《当代国际诗坛》(1),作家出版社 2008 年 1 月出版。

42.《镜中之旅——读〈一千零一面镜子〉》,《诗选刊》2015 年 3 月全文转载。

43.《福露格:改变伊朗离婚法的女诗人》,载《传记文学》2008 年第 2 期。

44.《安息:丝绸之路那一端》,载《北京青年报》2008 年 5 月 5 日"历史纵横"版。

45.《波斯苏非情诗审美论》,载《回族研究》2008 年第 2 期。

46.《在卡夫山上追寻自我——奥尔罕·帕慕克的〈黑书〉解读》,载《国外文学》2008 年第 2 期。

47.《在卡夫山上追寻自我——奥尔罕·帕慕克的〈黑书〉解读》,人大复印报刊资料中心《外国文学研究》2008 年第 8 期全文转载。

48.《佛从伊朗来》,载《北京青年报》2008 年 10 月 27 日。

49.《帕慕克:在东西方的夹缝中追求身份》,载《东方文学研究集刊》(4),北岳文艺出版社 2008 年 12 月出版。

50.《波斯古典诗学之诗人论诗简述》,载《东方文学研究通讯》2009 年第 2 期。

51.《丝绸大战》,载《北京青年报》2009 年 2 月 9 日"历史纵横"版。

52.《葡萄美酒波斯情》,载《北京青年报》2009 年 3 月 30 日"历史纵横"版。

53.《刻意的平淡》,载《新京报》2009 年 4 月 25 日。

54.《"崇洋媚外"炼丹家》,载《北京青年报》2009 年 7 月 6 日"历史纵横"版。

55.《波斯语诗歌之父——鲁达基》,载《新消息报》7 月 28 日。

56.《波斯末代皇族亡命丝路》,载《北京青年报》2009 年 9 月 7 日"历史纵横"版。

57.《造纸印刷西游记》,载《北京青年报》2009 年 11 月 9 日"历史纵横"版。

58.《失踪的波斯大军找到了?》,载《北京青年报》2009 年 12 月 14 日"历史纵横"版。

59.《易逝的钱财与永恒的名声——论波斯"生存之道"诗学观》,载《东方文学研究集刊》(5),北岳文艺出版社 2009 年 12 月出版。

60.《伊斯兰文化中关于诗歌和诗人地位的论争》,载《回族研究》2010 年第 1 期。

61.《伊斯兰文化中关于诗歌和诗人地位的论争》,人大复印报刊资料中心《外国文学研究》2010 年第 7 期全文转载。

62.《悼念纯真》,载《光明日报》2010 年 3 月 4 日。

63.《好一朵传奇的茉莉花》,载《北京青年报》2010 年 4 月 12 日"历史纵横"版。

64.《再谈图兰朵的中国身份——与谭渊先生商榷》,载《外国文学评论》2010 年 2 期。

65.《藏红花的奇异旅程》,载《北京青年报》2010 年 6 月 28 日"历史纵横"版。

66.《波斯文学翻译与研究在中国》,载《外国文学研究 60 年》,浙江大学出版社 2010 年 7 月出版。

67.《异香》,载《北京青年报》2010 年 8 月 16 日"历史纵横"版。

68.《水仙三重奏》,载《北京青年报》2010 年 11 月 8 日。

69.《"以诗邀赏"促成了波斯语诗歌规范迅速齐备》,载《中国图书商报》

2010 年 11 月 30 日。

70.《阿姆河畔几度兴衰》,载《北京青年报》2011 年 2 月 28 日"历史纵横"版。

71.《琵琶正传》,载《北京青年报》2011 年 4 月 11 日"历史纵横"版。

72.《波斯"诗歌神授"观——兼与柏拉图"摹仿说"之初浅比较》,载《东方文学研究集刊》(6),北岳出版社 2011 年 6 月出版。

73.《帕慕克的阅读与思考》,载《人民日报》2011 年 5 月 3 日。

74.《别样的帕慕克》,载《时代周报》2011 年 5 月 16 日。

75.《匡扶正义与匡扶人性——评〈少林寺〉与〈新少林寺〉》,载《中国社会科学报》2011 年 6 月 9 日。

76.《胡乐当路琴瑟绝音》,载《北京青年报》2011 年 7 月 4 日。

77.《阿拉伯诗歌对波斯诗歌成形的影响》,载《东方文学研究通讯》2011 年第 1 期。

78.《亦喜亦悲话唢呐》,载《北京青年报》2011 年 9 月 26 日。

79.《家住波斯久作长安旅——"苏幕遮"的来源与演变》,载《北京青年报》2012 年 2 月 20 日"历史纵横"版。

80.《舞破尘世升上重霄》,载《北京青年报》2012 年 4 月 16 日"历史纵横"版。

81.《一部"研究之研究"的力作——读〈信仰的内在超越与多元统一——史密斯宗教学思想研究〉》,载《世界宗教研究》2012 年第 3 期。

82.《傣族上座部南传佛教信仰情况考察》,载《中国社会科学报》2012 年 6 月 15 日。

83.《国际政局中的伊朗——从〈萨巫颂〉看伊朗独特的民族性》,载译著《萨巫颂》,重庆出版社 2012 年 7 月出版。

84.《帕慕克作品中的身份意识》,载《文景》2012 年第 12 期。

85.《在传统与现代之间——伊朗现代化进程中的文化认同》,载《东方文学研究集刊》(7),北京大学出版社 2013 年 6 月出版。

86.《两大奖项与伊朗新世纪小说》,载《外国文学动态》2013 年第 3 期。

87.《伊朗知识分子的寻路历程》,载《光明日报》2013 年 7 月 8 日"国际文化"版。

88.《伊朗文化传统的双重性》,载《光明日报》2013 年 8 月 12 日版"国际文化"版。

89.《论波斯细密画的伊斯兰合法性》,载《东方论坛》2013 年第 5 期。

90.《纳瓦依:察合台语诗歌话语体系的奠定者》,载《民族文学研究》2014 年第 5 期。

91.《大片背后是非多》,载《外国商业电影及其影响研究》,中国社会科学出版社 2014 年 10 月出版。

92.《〈瞎猫头鹰〉:希望与绝望的交响曲》,载《东方学刊 2014》,河南大学出版社 2014 年 12 月出版。

93.《〈一千零一夜〉主线故事探源》,载《国外文学》2015 年第 1 期。

94.《中国宫廷画院体制对伊斯兰细密画发展的影响》,载《回族研究》2015 年第 1 期。

95.《胡乐及当路琴瑟殆绝音》,载《礼志》2015 年第 5 期。

96.《20 世纪的伊朗女性解放思潮与女性诗歌》,载《职大学报》2015 年第 3 期。

97.《摩尼教绘画艺术对伊斯兰细密画发展的影响》,载《世界宗教文化》2015 年第 4 期。

98.《泉州开元寺大殿妙音鸟翅膀造型溯源》,载《美术研究》2015 年第 4 期。

99.《中国民族乐器的波斯源流——琵琶、箜篌、唢呐入华小考》,载《探索"东方学"》,北京大学出版社 2015 年 10 月出版。

100.《伊朗女性小说写作发展进程》,载《东方文学研究集刊》(第 8 集),社会科学文献出版社 2016 年 1 月出版。

101.《波斯细密画的文化密码》,载《礼志》2016 年 1—2 月合刊总期第 90 期。

102.《〈新中国 60 年外国文学研究〉:开创对自我研究的新范式》,载《文艺报》2016 年 1 月 22 日。

103.《〈玛斯纳维〉在中国东乡族中的传诵》,载《回族研究》2016 年第 1

期(穆宏燕、马长寿合作)。

104.《从伊斯兰教的一元性看其包容性——以〈玛斯纳维〉为考察对象》,载《西北民族大学学报》2016 年第 1 期。

105.《西双版纳傣族宗教信仰现状考察分析》,载《云南社会科学》2016 年第 3 期。

106.《波斯细密画对中国古代绘画艺术的借鉴及其向印度的流传》,载《东方研究 2012—2014》,黄河出版传媒集团阳光出版社 2016 年 6 月出版。

107.《李珣词:回汉共融的先声》,载《回族研究》2016 年第 4 期。

108.《纳瓦依:察合台语诗歌话语体系的奠定者》,载《新疆师范大学学报》维吾尔语版,2016 年第 4 期。

109.《伊朗现代派小说三大家》(译者序),载译著《瞎猫头鹰》,河南大学出版社 2017 年 6 月。

110.《伊朗现代派小说三大家》,《中华读书报》2017 年 8 月 23 日第 6 版转载。

111.《男权思维框架内的女性小说写作》,载《中华读书报》2017 年 8 月 23 日第 7 版。

112.《波斯文学翻译与研究在中国》,载《中华读书报》2017 年 8 月 23 日第 7 版。

113.《苏非主义促进波斯细密画繁荣鼎盛》,载《回族研究》2017 年第 2 期。

114.《摩尼教经书插图的艺术史意义》,载《美术研究》2017 年第 4 期。

115.《〈罗摩衍那〉导读》,载《清华大学荐读书目》,清华大学出版社 2017 年 9 月出版。

116.《〈波斯古代诗选〉导读》,载《清华大学荐读书目》,清华大学出版社 2017 年 9 月出版。

117.《〈先知〉导读》,载《清华大学荐读书目》,清华大学出版社 2017 年 9 月出版。

118.《博尔赫斯文学创作中的伊斯兰文化元素探析》,载《回族研究》2017 年第 4 期。

119.《印度—伊朗"莲花崇拜"文化源流探析》,载《世界宗教文化》2017
年第 6 期。

120.《摩尼教艺术家在伊斯兰早期书籍装饰中的作用》,载《文学与图像》
第六卷,江苏凤凰教育出版社 2017 年 12 月出版。

121.《马尔达曼在美索不达米亚文明中的兴衰》,载《光明日报》2018 年 6
月 13 日第 13 版。

122.《模仿者、制作者与创造者——再论博尔赫斯对伊斯兰文化的妙用》
载《回族研究》2018 年第 2 期。

123.《印度文化特征成因探析》,载《东方论坛》2018 年第 3 期。

124.《蒙古大〈列王纪〉:波斯细密画走向成熟之作》,载《北方工业大学学
报》2018 年第 6 期。

125.《波斯花园:琐罗亚斯德教与伊斯兰教文化元素的融合》,载《回族研
究》2018 年第 4 期。

126.《"木偶"还是"棋子"? ——从波斯文学翻译实例看文学翻译中的隐
含政治性》,载《东方丛刊》2018 年 2 月(总 75 辑);广西师范大学出版社 2018
年 12 月出版。

127.《权力结构与权力制衡:反思伊朗伊斯兰革命》,载《西亚非洲》2019
年第 1 期。

128.《〈菩提树〉:伊朗现代历史进程中的双重"物崇拜"隐喻》,载《外国
文学研究》2019 年第 1 期。

129.《〈菩提树〉:伊朗现代历史进程中的双重"物崇拜"隐喻》,人大复印
报刊资料中心《外国文学研究》2019 年第 8 期全文转载。

130.《摩尼教经书插图的发展与世俗化转型》,载《西域研究》2019 年第
1 期。

131.《中国造纸术促进伊斯兰书籍装饰艺术的兴起》,载《回族研究》2019
年第 2 期。

132.《伊朗新诗发展历程》,载译著《伊朗诗选》,作家出版社 2019 年 8 月
出版。

133.《景教"十字莲花"图案再认识》,载《世界宗教文化》2019 年第 6 期。

134.《20 世纪外国文学史》(伊朗文学部分),译林出版社 2005 年出版。

135.《外国文学》(伊朗文学部分),人民出版社 2006 年 7 月出版。

136. 为奥尔罕·帕慕克小说《我的名字叫红》配图和注释,其中注释部分 4 万字,世纪出版集团上海人民出版社 2007 年 8 月出版。

137.《外国文学教程》(波斯文学部分),浙江大学出版社 2007 年 9 月出版。

138.《伊朗知识分子的效忠与背叛——访阿姆罗依、穆宏燕》,载《南风窗》2007 年 11 月 16 日。

139.《采访帕慕克:伊斯坦布尔塑造了我》,载《环球时报》2008 年 5 月 21 日 12 版。

140.《采访帕慕克:身份认同与文化融合》,载《渤海大学学报》2008 年第 5 期。

141.《外国文学基础》(波斯—伊朗文学部分),北京大学出版社 2008 年 7 月出版。

142.《外国文学在我国社会主义精神文明建设中的地位和作用》(问卷调查分析部分),译林出版社 2010 年 2 月出版。

143.《当代中国外国文学研究》(第四章"东南亚文学研究"),中国社会科学出版社 2011 年 12 月出版。

144.《当代中国外国文学研究》(第四章"波斯(伊朗)—阿富汗文学研究"),中国社会科学出版社 2011 年 12 月出版。

145.《当代中国外国文学研究》(第四章"土耳其文学研究"),中国社会科学出版社 2011 年 12 月出版。

146.《波斯去哪儿了》,载《旅伴》2015 年 3 月。

147.《现代化进程中的外国文学》(伊朗文学部分),中国社会科学出版社 2015 年 12 月出版。

148.《双面帕慕克》,载《北京青年报》2008 年 6 月 17 日。

149.《变脸——帕慕克 2008 中国行》,载《传记文学》2008 年第 7 期。

150.《奥尔罕·帕慕克访华综述》,载《外国文学动态》2008 年第 4 期。

151.《岔道里的胜景——记波斯语文学翻译家张鸿年先生》,载《传记文学》2011 年 11 期。

152.《我眼中的沃勒·索因卡》,载《中国社会科学报》2013 年 2 月 1 日。

五、译文

1. 中篇小说《瞎猫头鹰》(即《盲枭》),载《世界文学》1999 年第 1 期。

2.《伊朗小品文二篇》,载《世界文学》2004 年第 3 期。

3.《诅咒魔鬼》,载《2004 年外国文学作品精选》,长江文艺出版社 2005 年 2 月出版。

4.《再生》《内伽尔的月亮》,载《小说山庄》,人民文学出版社 2005 年 7 月出版。

5.《埃姆朗·萨罗希诗二十二首》,载《外国文学》2007 年第 1 期。

6.《尼玛·尤希吉诗选》,载《中西诗歌》2007 年第 2 期。

7.《诗选·萨罗希诗歌 18 首》,载《世界文学》2007 年第 2 期。

8.《伊朗现代新诗四首诗歌》,载《世间最美的情诗》,中国青年出版社 2007 年 1 月出版。

9.《埃·萨罗希诗歌 7 首》,载《诗选刊》2007 年第 7 期。

10.《一千零一面镜子》(节选),载《当代国际诗坛》(1),作家出版社 2008 年 1 月出版。

11. 中篇小说《埃赫特贾布王子》,载《世界文学》2008 年第 2 期。

12.《天堂般的城市》,载《IN 小说》2008 年第 4 期。

13.《希林柯罗》,载《IN 小说》2008 年第 10 期。

14.《寻找诗歌的定义》(穆·阿里·塞庞鲁),译诗两首《条件反射》和《逝去的渔夫的月台》(穆·阿里·塞庞鲁),载《现实与物质的超越——第二届青海湖国际诗歌节诗人作品》,青海人民出版社 2009 年 8 月出版。

15.《优素福阿里·米尔沙卡克诗选 10 首》,载《诗林》2010 年第 1 期。

16.《塞庞鲁诗选》,载《世界文学》2010 年第 2 期。

17.《丢失的灵魂》,载《天津日报》2010 年 5 月 13 日。

18.《译诗两首·萨罗希的诗歌》,载《诗歌中的诗歌》,译林出版社 2010 年 10 月出版。

19.《恋曲组歌》,载《中西诗歌》2011 年第 1 期。

20.《帕尔维兹·北极诗歌选》,载《诗歌:无限的可能——第三届青海湖国际诗歌节诗人作品集》,青海人民出版社 2011 年 8 月出版。

21.《伊斯凡迪亚尔的母亲穆内丝》,载《朔方》2012 年 4 期。

22.《阿巴斯·基亚罗斯塔米访谈录集锦》,载《西部》2012 年第 8 期。

23.《等待诗人》,载《西部》2012 年第 8 期。

24.《再生》,载《西部》2012 年第 8 期。

25.《伊朗现代派诗人三家》,载《西部》2012 年第 8 期。

26.《消磨》,载《回归的灵魂与远游的思想——青海国际土著民族诗人帐篷圆桌会议诗文选》,青海人民出版社 2012 年 8 月出版。

27.《一千零一面镜子》(节选),载《诗选刊》2015 年 3 月。

28.《波斯艺术家在印度莫卧儿:影响与转型》,载《东方学刊 2015》,河南大学出版社 2015 年 12 月出版。

29.《没有男人的女人们》,载《世界文学》2016 年第 2 期。

30.《七美图选》(《图兰朵故事原型》),载《西部》2016 年第 12 期。

六、文学创作:

1. 小说《梨花满地》,河南文艺出版社 2007 年 1 月出版。

2. 散文《飘过帕米尔的云——怀念萨罗希》,载《当代国际诗坛》(1),作家出版社 2008 年 1 月出版。

3. 诗歌《过河》,载《现实与物质的超越——第二届青海湖国际诗歌节诗人作品》,青海人民出版社 2009 年 8 月出版。

4. 散文《我与〈回族研究〉》,载《回族研究》2010 年第 3 期。

5. 诗歌《塔尔寺断想》《坎布拉的河》,载《母语的白天与黑夜——中外著名诗人眼中的青海》,青海人民出版社 2010 年 12 月出版。

6. 散文《"波斯经典文库丛书"诞生记》,载《中国和伊朗的故事》,五洲传播出版社 2019 年 4 月出版。

七、主编论文集

1. 主编《东方学刊 2014》,河南大学出版社 2014 年 12 月出版。

2. 主编《东方学刊 2015》,河南大学出版社 2015 年 12 月出版。

后　记

　　1982 年高考结束之后,估分自我感觉良好,班主任刘明兰老师就鼓励我填报北京大学。当年,北京大学外语类在四川的招生有英语、德语、波斯语三个专业。当时的志愿填报是一个大学可以报两个专业,我想,初中高中一直在学英语,在大学里学一门新的语言吧。深刻留在我记忆中的是,当时刚 16 岁的我完全不知道波斯语是个什么东西,因此就把德语填在第一专业,波斯语填在第二专业。收到北京大学录取通知书那天,真的是非常兴奋,打开录取通知书一看是被录取到了波斯语专业。我心里琢磨,可能是分数够不上德语专业吧,因此就被录取第二专业了。就这样,懵里懵懂,我跨进了北京大学波斯语专业的门槛。

　　时光荏苒。1995 年,当我因工作调动看到档案中我当年的高考志愿填报表,第一志愿第一专业就是北京大学波斯语专业,并且是我的亲笔字体,我愕然了。我想,这是冥冥中的安排,注定我会与波斯语结下一生的不解之缘。1995 年,也是我人生中的一个重要转折,我从北辰国际旅游公司调到中国社科院外国文学研究所,从事学术研究工作,真正开始了我与波斯(伊朗)文学艺术和宗教文化相依为伴的一生。2016 年,我又从中国社科院调到北京外国语大学亚非学院,从事教学科研工作,在忙碌中也真真切切体会到教学与科研相互促进。长期的相依为伴,让我深深热爱上波斯(伊朗)的古老文明与文化,也真切体会到其博大深邃,穷尽一生也只能是打捞出一鳞半爪。

　　岁月倥偬。从 1990 年我发表最初的学术文章开始,至今已三十载。三十年辛勤劳碌,点点滴滴,积攒下来,竟然也有些许文字。适逢北外八十华诞,有幸入选北外新时代文库,自然十分欣喜。整理三十年的文字,几多感慨,仿佛那一个一个的文字就是那滴答滴答的钟表声,把我从满头青丝敲打得华发丛生。几多韶华化作一个一个无声的字符,光阴逝去,字符不灭,那逝去的光阴就在这字符中化作永恒。

由衷祝福北外八十华诞,同时由衷感谢北外领导层有关出版北外新时代文库的决定,感谢北外相关工作人员的辛苦付出,感谢人民出版社领导和编辑付出的辛苦。

穆宏燕

2020 年 3 月 16 日

统　　筹:张振明　孙兴民
责任编辑:孙兴民
封面设计:徐　晖
版式设计:王　婷
责任校对:杜凤侠

图书在版编目(CIP)数据

波斯文化多元性研究/穆宏燕 著. —北京:人民出版社,2021.9
(新时代北外文库/王定华,杨丹主编)
ISBN 978－7－01－023716－9

Ⅰ.①波…　Ⅱ.①穆…　Ⅲ.①民族文化-文化研究-伊朗　Ⅳ.①G137.3

中国版本图书馆 CIP 数据核字(2021)第 176339 号

波斯文化多元性研究
BOSI WENHUA DUOYUANXING YANJIU

穆宏燕　著

人民出版社 出版发行
(100706　北京市东城区隆福寺街 99 号)

北京新华印刷有限公司印刷　新华书店经销

2021 年 9 月第 1 版　2021 年 9 月北京第 1 次印刷
开本:710 毫米×1000 毫米 1/16　印张:28.5　插页:1 页
字数:438 千字

ISBN 978－7－01－023716－9　定价:120.00 元

邮购地址 100706　北京市东城区隆福寺街 99 号
人民东方图书销售中心　电话 (010)65250042　65289539